STORIA DELL'ITALIA CONTEMPORANEA

IL PROFILO POLITICO

diretta da

ANDREA CIAMPANI

Volume secondo

Andrea Ciampani, Sandro Rogari

Patria, rappresentanza politica e mutamento sociale 1866-1887 / 1887-1903

RUBBETTINO
50°

Storia dell'Italia contemporanea
Il profilo politico

Direzione scientifica
Andrea Ciampani

Coordinamento editoriale
Maurizio Serio

Progetto grafico di copertina
Andrea Caligiuri / Emilio S. Leo

88049 Soveria Mannelli
Viale Rosario Rubbettino, 10 - tel (0968) 6664201
www.rubbettino.it

Indice

Andrea Ciampani

La sfida liberale (1866-1887)

«Però anche il potere è una scuola.
Oserei chiamarla la scuola superiore d'applicazione»

Agostino Depretis,
Camera dei deputati,
Roma, 11 dicembre 1878

I.

La contesa dello spazio politico nazionale e Roma capitale

Durante la seconda metà degli anni Sessanta del XIX secolo le istituzioni politiche del Regno d'Italia furono impegnate in una complessa riflessione sulle dinamiche suscitate dall'unificazione compiuta[1]. Mentre era in corso un profondo mutamento dello scenario internazionale, per consentire lo sviluppo del Paese parve prioritario assicurare allo Stato la stabilità interna, il risanamento finanziario e la coesione socio-economica; la competizione per assumere il governo del processo in cui conseguire tali obiettivi sarebbe stata determinante per definire il carattere proprio del liberalismo nel giovane regno.

La pubblicazione del primo censimento della popolazione italiana, tra il 1864 e il 1866, offrì alla classe dirigente nazionale un quadro d'insieme del Paese. La Camera dei deputati ebbe così l'opportunità di riflettere sul profilo di una popolazione di 24.281.860 abitanti, di cui 23.958.103 registrati di «lingua italiana». A questo dato generale, in particolare, fu accostato il rilevamento della religione professata: erano stati censiti 24.167.855 cattolici a fronte di 32.932 acattolici, 29.233 cittadini di religione «israelitica» e appena 1.840 di religione «diversa»[2]. I tratti della cittadinanza italiana così delineata contribuirono a diffondere la percezione di un opportuno coinvolgimento delle élites cattoliche e il rilievo delle modalità per conseguire l'aspirazione a Roma capitale d'Italia.

Dopo la Convenzione di settembre e l'enciclica pontificia *Quanta Cura*, nella campagna per le elezioni politiche dell'ottobre 1865 – furono poco più di 500.000 gli elettori aventi diritto al voto, il 2% degli italia-

[1] Una visione d'insieme dei percorsi per l'Unità ora in R. Balzani, C.M. Fiorentino, *Risorgimento: costituzione e indipendenza nazionale*, Storia dell'Italia contemporanea, vol. 1, Rubbettino, Soveria Mannelli 2022.

[2] Cfr. *Censimento generale della popolazion*e, a cura del Ministero dell'Agricoltura, Industria e Commercio, 3 voll., Torino 1864-1866, ripreso in *Le pubblicazioni della Direzione di Statistica, Relazione a S.E. il Ministro di Agricoltura, industria e commercio, con note bibliografiche e sommarii statistici fatta dal direttore Dott. Pietro Maestri, e parere della Giunta consultiva di statistica*, Tip. Tofani, Firenze 1869, p. 25.

ni – avevano partecipato esponenti di associazioni cattoliche sostenuti dalla loro stampa, accompagnati talora da parte rilevante della gerarchia ecclesiastica e della stessa Curia romana. Si era allora riproposto il tema, già affacciato dallo stesso Cavour nel 1861, dell'impatto dell'elettorato cattolico sulla composizione della rappresentanza parlamentare. Nella stessa Firenze, capitale d'Italia, Bettino Ricasoli, uno dei principali leader della Destra liberale al governo, fu costretto al ballottaggio con Vito D'Ondes Reggio, parlamentare che si era apertamente espresso per la libertà della Chiesa. L'Associazione liberale si era trovata a misurarsi con un Comitato elettorale cattolico fattosi forte dell'appello al voto di teologi come Salvatore Magnasco (poi arcivescovo di Genova) e Gaetano Alimonda (poi arcivescovo e cardinale di Torino). Come in quel caso, riuscendo vittorioso grazie alla desistenza elettorale della Sinistra costituzionale, spesso il moderatismo liberale riuscì a sottrarsi all'alternativa di accogliere le richieste cattoliche per contrastare la sinistra radicale o di consentire l'avvicinamento dell'elettorato cattolico all'opposizione parlamentare. Un indirizzo, questo, che tuttavia non aveva evitato un ridimensionamento della Destra, segnatamente nel Mezzogiorno, in una tornata elettorale che produsse un elevato coefficiente di rinnovamento dei deputati, accrescendo l'instabilità della Camera.

Nella maggioranza ministeriale ai deputati toscani e lombardi della Consorteria erano collegati alcuni conservatori dell'Italia centrale e meridionale; convergenze tra gli esponenti della Destra raccolti nella Permanente piemontese e l'opposizione liberale meridionale non condussero a «una divisione vera d'opinione politica»[3]. Frazioni regionaliste e locali segnarono anche nel campo della Sinistra liberale l'emergere di "uomini nuovi" che, come proposto da Francesco De Sanctis, in nome della buona amministrazione aspiravano a una maggioranza progressiva e antiradicale. In tale contesto la questione della partecipazione cattolica alla vita pubblica costituì il terreno principale in cui scaricare le tensioni della politica liberale. Nel 1866 erano state affrontate, con l'introduzione del corso forzoso della lira, le ripercussioni della crisi finanziaria europea e internazionale sul sistema economico italiano[4]. L'intervento delle truppe nazionali domò la fiammata insurrezionale, alimentata da gravi frizioni culturali e sociali, che in settembre coinvolse Palermo per oltre una settimana. Peraltro, alla fine dello stesso anno parve conclusa con successo la

[3] Così R. Bonghi citato in A. Capone, *Destra e Sinistra da Cavour a Crispi*, Utet, Torino 1981, p. 191.

[4] Per l'impatto sistemico del corso forzoso cfr. S. Rogari, *Alle origini del trasformismo. Partiti e sistema politico nell'Italia liberale*, Laterza, Roma-Bari 1998, pp. 55-56.

repressione del brigantaggio politico nel Mezzogiorno: scioltosi il governo borbonico in esilio, il 1867 poteva aprirsi con un'amnistia per i reati politici e con un accordo con la gendarmeria pontificia per contenere il residuo brigantaggio criminale. Non stupisce, dunque, come le relazioni del governo italiano con il mondo cattolico e con il papato fossero per le forze politiche nazionali terreno privilegiato di contrastanti strategie e tatticismi. I dibattiti sulla nomina dei vescovi del 1865 o sull'applicazione delle leggi eversive dell'asse ecclesiastico del 1866 avevano avviato una delicata partita politica.

Sullo sfondo, si misurarono diverse interpretazioni della carta costituzionale, lo Statuto Albertino. Già Cavour aveva rivendicato una politica capace di unificare l'Italia «senza passare per le mani dittatoriali di un Cromwell», svincolandosi «dall'assolutismo monarchico senza cadere nel dispotismo rivoluzionario» e conseguendo una «libertà legale [...] inseparabile compagna della indipendenza della nazione»[5]. Se questo fu l'orizzonte moderato che avrebbe dovuto contraddistinguere la Destra, nella Sinistra fece presa a lungo la suggestione che la Camera fosse utile solo a consentire una qualche rappresentanza all'agitazione condotta al di fuori. La risoluzione espressa da Francesco Crispi «a non lasciare il terreno legale»[6] e la scelta di Antonio Mordini di sostenere una Sinistra "parlamentare" contribuirono a definire i confini dell'arena politica. In dissidio sul carattere riformatore da dare a un partito liberal-democratico lungo percorsi divergenti, comunque, i due leader della Sinistra legalitaria si opposero a una sinistra radicale; nell'estate 1866, tuttavia, entrambi respinsero la proposta di entrare nel governo Ricasoli, per mantenere un profilo di credibili mediatori per le iniziative garibaldine presso il monarca sabaudo. Vittorio Emanuele II e Garibaldi, del resto, convergevano nel rilievo attribuito al nesso tra potenza militare e direzione politica per definire i rapporti di forza che, nel crepuscolo della diplomazia dei congressi, produssero le trasformazioni del quadro internazionale e gli stessi esiti della guerra austro-prussiana.

La sconfitta dell'impero absburgico del 1866 non creò solo un'instabilità nell'Europa centro-orientale, appena velata dalla creazione nel 1867 della duplice monarchia austro-ungarica. Espressione di una realpolitik critica verso teorie, dottrine e principi, la Cancelleria prussiana divenne

[5] Cavour a Salvagnoli, 2 ottobre 1860, cit. in R. Romeo, *Cavour e il suo tempo (1854-1861)*, vol. 3, Laterza, Roma-Bari 1984, p. 825.

[6] *Crispi* a Lojacono, Torino, *3 marzo 1864*, in F. Crispi, *Carteggi politici inediti (1860-1900) estratti dal suo archivio*, ordinati e annotati da T. Palamenghi Crispi, L'Universelle, Roma 1912, p. 196.

riferimento di una politica di potenza diretta in prima istanza dalla difesa di interessi nazionali. L'ombra di un redivivo Stato-Leviatano parve accompagnare la diffusa percezione che trovò voce nell'esclamazione del segretario di Stato vaticano, cardinale Giacomo Antonelli, alla notizia di Sadowa: «Casca il mondo, casca il mondo!»[7].

A Roma, peraltro, l'evoluzione della situazione italiana fu interpretata all'interno di una visione di ampio respiro dei processi che, maturati a metà degli anni Sessanta, segnarono l'ultimo periodo del pontificato di Pio IX. Già nell'enciclica *Quanta cura* la rivendicata indipendenza della Chiesa dall'autorità civile fu collocata accanto alle richieste di libertà a favore della società civile, osservando come il potere politico si affermasse con «la forza materiale» piuttosto che in nome della giustizia e del diritto legittimo: «*In ordine politico facta consummata, eo ipso quod consummata sunt vim iuris habere*»[8]. Nel dicembre 1864 il papa volle chiudere il dibattito sul *Sillabo* – evitando la condanna delle costituzioni e del Regno d'Italia – per sondare il collegio cardinalizio sulla possibilità di un concilio ecumenico che affidasse la difesa del papato al radicamento della Chiesa tra i popoli cattolici piuttosto che alle sorti di un declinante Stato Pontificio. Nonostante l'avvertito pericolo di possibili guerre europee, la S. Sede avviò nella primavera 1865 una più estesa consultazione nell'episcopato cattolico sulla convocazione del concilio, nel quale sarebbe stato possibile affrontare i profondi mutamenti intervenuti nella società più «efficacemente con un'esposizione positiva della vera dottrina [...] che colla semplice negazione di alcune proposizioni particolari». Solo un concilio avrebbe consentito di rafforzare l'indipendenza della Chiesa grazie al suo radicarsi nelle più differenti situazioni:

> il variare nei mezzi e nelle misure secondo che lo richiede l'essenziale suo fine, lo sviluppare di continuo dal fondo immutabile dei vitali suoi principii nuove maniere di operare secondo che lo esigono la condizione dei tempi e i rispettivi bisogni dei popoli, è il carattere tutto proprio della Chiesa cattolica, la quale perché fondata sulla pietra conserva e fortifica nel libero e multiforme sviluppo delle sue forze la sua divina e immutabile essenza e vita[9].

[7] Cfr. da ultimo E. Lamberts, *La lotta con il Leviatano. Percorsi di un ordine politico conservatore in Europa (1815-1965)*, Rubbettino, Soveria Mannelli 2016, p. 151.

[8] L'enciclica ora in *Il Sillabo di Pio IX*, a cura di Luca Sandoni, Clueb, Bologna 2012, p. 98.

[9] Così nel gennaio 1865 il cardinale August von Reisach rispondendo alla richiesta del papa sull'indizione di un concilio generale, ora in *Il Concilio Vaticano I e la modernità*, a cura di M. Baumeister, A. Ciampani, F. Jankowiak, R. Regoli, G&B Press, Roma 2021, p. 249.

Per Pio IX l'esercizio del governo spirituale della Chiesa, cui provvedere con le congregazioni cardinalizie e con l'unità dell'episcopato e delle popolazioni attorno al papa, costituì obiettivo prevalente rispetto alla causa del dominio temporale dello Stato Pontificio. Se negli anni Cinquanta era stata insufficiente l'iniziativa economico-istituzionale a favore di un apparato statuale la cui debolezza, irriformabilità e indifendibilità erano note in Roma non meno che nelle corti europee, si rafforzò nel decennio successivo un percorso che avrebbe portato a riformulare «lo stesso concetto di sovranità temporale dei papi, e le ragioni che la rendevano prerogativa irrinunciabile del sommo pontefice»[10], come già adombrato con la proclamazione del dogma dell'Immacolata concezione nel 1854[11]. La mancata consultazione delle Potenze cattoliche sulla decisione di tenere il concilio, deliberazione assunta introducendo una frattura epocale nella storia della Chiesa, manifestò nel 1865 lo scetticismo maturato dalla S. Sede sulla protezione che potevano assicurarle gli Stati, accompagnato dal ripensamento sul ruolo dei concordati con imperi o repubbliche costituzionali.

Nelle relazioni tra il governo del giovane Regno d'Italia e la Sede Apostolica intorno alla questione di Roma non si trattava, dunque, di persuadere Pio IX sulla impossibilità dello Stato Pontificio a garantire l'indipendenza della Chiesa universale, ma di assicurare che tale indipendenza fosse sottratta al vincolo della mutabile politica dello Stato italiano, consentendo al papa di disporre liberamente dalla Città Eterna dei mezzi per esercitare il suo ministero spirituale in unione con la comunità universale dei fedeli. Già Cavour aveva sottolineato che la riunione all'Italia della città centro del cattolicesimo non doveva

> essere interpretata dalla gran massa dei cattolici d'Italia e fuori d'Italia come il segnale della servitù della Chiesa. Noi dobbiamo, cioè, andare a Roma, senza che per ciò l'indipendenza del pontefice venga a menomarsi. Noi dobbiamo andare a Roma, senza che l'autorità civile estenda il suo potere all'ordine spirituale[12].

Il progetto cavouriano "libera Chiesa in libero Stato", dunque, non fu ispirato solo dall'intento tattico di togliere una bandiera politica dal-

[10] F. Traniello, *Chiesa e mondo cattolico italiano di fronte alla questione nazionale: dalla Restaurazione alla proclamazione del Regno d'Italia*, in *La nascita dello Stato italiano. La nazionalità fattore del nuovo equilibrio europeo*, a cura di S. Rogari, Istituto per la storia del Risorgimento italiano, Roma 2013, p. 308.

[11] C.M. Fiorentino, *La questione romana intorno al 1870*, Archivio Guido Izzi, Roma 1997, p. 52.

[12] C. Benso di Cavour, *Discorsi parlamentari*, vol. 15 (1861-1861) a cura di A. Saitta, La nuova Italia, Firenze 1973, p. 484.

le mani dell'opposizione, riponendo la soluzione della questione a un tempo più maturo. Piuttosto espresse una strategica visione politica che mirò «all'abrogazione della fede religiosa come elemento di divisione dei partiti»: un obiettivo sul quale si sarebbe giocato la «questione della qualità e della continuità del moderatismo al centro della storia dell'Italia contemporanea»[13]. Lungo tali itinerari avrebbe potuto ridursi la distanza del governo italiano dalle aspettative della S. Sede, disposta a consentire l'accesso di personalità cattoliche nell'arena politica, impegnate sul piano del comportamento morale piuttosto che in schieramenti di partito.

In attesa di sciogliere la questione romana, invece, il dibattito parlamentare del Regno d'Italia vide affacciarsi, negli anni Sessanta, contraddittorie proposte legislative, allo stesso tempo separatiste e neo-giurisdizionaliste. Era da tempo evidente che per la S. Sede i «criteri di relativa flessibilità in materia di "forme di governo" restavano comunque subordinati, in primo luogo, alla maggiore o minore disponibilità dei regimi politici a riconoscere quelli che la Chiesa considerava propri irrinunciabili diritti, compiti e prerogative»[14]. Evitare l'inasprirsi della legislazione ecclesiastica e l'ingerenza nella giurisdizione episcopale, dunque, avrebbe sollecitato possibili aperture pontificie. Nel gennaio 1866, peraltro, sembrò potersi affermare l'opinione che «moralmente Roma papale è divenuta italiana»[15]. Più tardi, il 22 ottobre 1866, mentre si svolgeva il plebiscito per l'adesione del Veneto al regno sabaudo, ricevendo in udienza il leader liberale Gladstone (in procinto di incontrare a Firenze Ricasoli) il papa espresse la sua premura per l'unità d'Italia «colle Alpi a proprio confine» e la disponibilità a incontrare inviati dello Stato italiano. Quando l'ospite britannico, introdotto dal cardinal von Reisach, accennò alla possibilità di un parlamento in grado di rappresentare la popolazione cattolica nell'Italia unita, il pontefice auspicò un mutamento di condotta della politica italiana verso la religione, lamentando la mancanza di una reale libertà nel momento elettorale che aveva provocato «molta timidità o indifferenza dei buoni, e molta sfrontatezza dei cattivi»[16]. Un cenno che illumina il senso della risposta positiva data il 27 novembre 1866 dalla Congregazione degli

[13] A. Capone, *op. cit.*, p. 79.

[14] F. Traniello, *op. cit.*, p. 302.

[15] Così il monaco benedettino Pappalettere a Ricasoli del 20 gennaio 1866, ora in *Carteggi Ricasoli, 1 luglio 1865-19 giugno 1866*, vol. 21, III, a cura di B. Taverni, Roma 2015, pp. 422-423.

[16] A. Gotti, *Gladstone e Pio IX*, in «Nuova Antologia», fasc. 635, 1 giugno 1898, pp. 517-523; cfr. ora U. Corsini, *Dopo il plebiscito del Veneto Pio IX e Gladstone parlano degli affari d'Italia il 22 ottobre 1866*, in *Profili di storia veneta: sec. XVIII-XX*, a cura di U. Corsini, Università di Venezia, Venezia 1985, pp. 137-190.

Affari ecclesiastici straordinari al cardinal Riario Sforza, arcivescovo di Napoli, perché si potesse accettare l'ufficio di deputato dai cattolici eletti e perché i vescovi ricordassero, se interpellati in occasione delle elezioni, il dovere di fare tutto il possibile per impedire il male e promuovere il bene.

Nell'incerta gestione degli equilibri politici nazionali, tuttavia, ricorrenti timori nella composita Destra liberale sull'incidenza di una rappresentanza cattolica nell'agone parlamentare sfiancarono il liberalismo italiano nella palude dell'incompiuto disegno cavouriano. Pur evitando di attaccare la religione cattolica, il governo del regno oscillò tra la ricerca di compromessi di fatto con il mondo cattolico e un'ostentata intransigenza in via di principio verso la presenza pubblica della Chiesa; il realismo degli ambienti moderati mirò così a modellarsi in base all'evoluzione della Sinistra, a sua volta intenta a conquistare nuovi spazi politici. Negli schieramenti liberali il richiamo a mantenere una legittimazione identitaria si accompagnò sempre alla competitiva tensione per ampliare il consenso e contendersi la leadership al centro delle dinamiche parlamentari. Nell'autunno 1866, l'esigenza di gestire gravi riforme interne, superando provvedimenti emergenziali seguiti alla nascita dello Stato nazionale, rese comunque il terreno di confine dei tradizionali profili politici così permeabile alle suggestioni di un necessario mutamento da lasciar trapelare una «trasformazione dei partiti» quale «raccoglimento di forze intellettuali e morali del Paese allo scopo di migliorare le sue ultime condizioni economiche»[17]. Evocata dalla testata del giornale in cui apparvero tali espressioni, peraltro, incombeva sull'evoluzione del sistema politico una questione dalle molteplici implicazioni: Roma.

1. Il Regno d'Italia fuori dall'emergenza e il superamento della politica risorgimentale

In vista della ripresa dei lavori parlamentari del dicembre 1866, la monarchia e il suo governo mostrarono una condivisa attenzione a far emergere le opportunità di stabilità politica e crescita economica nel regno. A tal fine occorreva ripensare il "fiato corto" delle scelte iniziali dello Stato appena nato, sopire i conflitti di politica interna e internazionale dopo la sofferta conclusione dell'ultimo conflitto e affrontare i problemi del debito pubblico dopo la svolta del corso forzoso, recuperando risorse di credibilità politica per conseguire piena sovranità e fiducia dei gruppi

[17] Così il direttore di «Roma», il deputato democratico napoletano Giuseppe Lazzaro, sul giornale del 28 settembre 1866.

sociali[18]. Il profilo di garanzia assegnato a Ricasoli, personalità immersa nell'azione di governo piuttosto che nei quotidiani equilibri di partito, parve in grado di continuare ad assicurare la tenuta di un esecutivo assai composito. Ritenendo conseguita una sufficiente stabilità allo Stato nazionale e completato il suo riconoscimento internazionale, Ricasoli giudicò possibile recuperare il gradualista approccio cavouriano nei confronti della questione romana. Da settembre il barone toscano sondò la via di un eventuale dialogo con la Curia romana, per porsi nelle condizioni migliori ad affrontare un nodo politico il cui scioglimento non si prevedeva imminente. In tal senso, Ricasoli emanò, come ministro dell'Interno, le circolari del 22 ottobre e del 5 novembre per consentire il ritorno alle loro sedi pastorali di vescovi e parroci che in precedenza ne erano stati allontanati (il cardinale Riario Sforza, così, rientrò a Napoli il mese seguente). Peraltro, le manovre di Napoleone III per riaffermare il ruolo della Francia nella Penisola, nel tutelare l'applicazione degli oneri assunti dall'Italia verso il papato e nel premere su quest'ultimo richiedendo riforme amministrative, irritarono i governi dei due regni e la loro opinione pubblica. Se i nuovi passi francesi rinverdirono le sensibilità italiane verso la Prussia, nella S. Sede l'atteggiamento di Napoleone III suscitò una non troppo paradossale apertura di credito al governo italiano. Lo scetticismo del cardinal Antonelli circa un consesso internazionale da convocarsi per dare una garanzia collettiva allo Stato Pontificio, proposto in ottobre dalla Spagna, confermò la fine dell'epoca dei congressi. Alle pubbliche proteste del papa sull'attitudine dello Stato italiano verso la Chiesa, d'altra parte, si accompagnò la disponibilità espressa «privatamente» da Pio IX a ricevere un inviato del governo di Firenze.

Consapevole che il dibattito su Roma potesse costituire elemento deflagrante per la solidità della maggioranza, il presidente del Consiglio italiano avrebbe confidato: «Meno si parlerà di Roma e meglio sarà»[19]. La strada intrapresa, tuttavia, si rivelò presto non priva di difficoltà, anche perché durante l'autunno 1866 il ritiro delle truppe francesi da Roma, concordato due anni prima, richiamò sulla sorte dello Stato Pontificio l'attenzione delle correnti laiciste dello schieramento liberale, della polemistica cattolica e del sistema di relazioni internazionali. La politica di Ricasoli per avvicinare la S. Sede, pur confortata da interessati segnali pontifici, peraltro, trovò alcuni limiti interni nella visione che lui assegnava allo Stato nazionale nella riforma

[18] G. Conte, *Il credito di una nazione. Politica, diplomazia e società di fronte al problema del debito pubblico italiano. 1861-1876*, Roma 2021, pp. X-XI e 60-61.

[19] Ricasoli a Bon Compagni, Firenze, 5 settembre 1866, in R. Mori, *Il tramonto del potere temporale. 1856-1870*, Edizioni di Storia e Letteratura, Roma 1967, p. 12.

dell'organizzazione ecclesiastica, in questo distante dalla linea separatista di Cavour. Per quanto tolleranti potessero essere le aperture che il presidente del Consiglio era disposto a fare per la nomina dei vescovi, esse pur restavano unilaterali concessioni dello Stato italiano, definite sulla base di un ordinamento legislativo esposto alle pressioni politiche dell'opposizione parlamentare e comunque modificabili da futuri mutamenti di governo. Lo stesso Ricasoli avvertì le difficoltà della posizione assunta nel fronteggiare le opposte contestazioni delle associazioni cattoliche e dei comitati anticlericali: nella circolare ai prefetti del 15 novembre 1866, vietando ogni agitazione che avesse a pretesto la questione romana, egli osservò come proprio la doppia qualità del pontefice porgesse argomento a confondere la questione politica con quella religiosa; il governo del re, dunque, in materia religiosa avrebbe seguito la norma della libertà e della legge.

Nel gioco di specchi tra relazioni internazionali e politica interna sulle opportunità offerte dalla partenza delle truppe francesi dai territori pontifici, infine, si ripresero le trattative con la S. Sede sugli *exequatur* governativi per le sedi episcopali vacanti in Italia, nelle quali il monarca volle affiancare l'iniziativa del leader liberale che in passato non aveva mancato di ostentare una qualche indipendenza dalla Corte. Furono ripresi i contatti col senatore Vegezzi, già protagonista di una precedente missione a Roma e stimato anche da Pio IX: informato a Firenze delle istruzioni del governo, egli si ritrasse dalla ripresa dei negoziati sospesi l'anno prima. Infine, il 6 dicembre, mentre il pontefice riceveva in udienza lo stato maggiore del corpo di spedizione francese in procinto di tornare in patria, senza alcuna parola di ringraziamento per Napoleone III, il re d'Italia scrisse al papa di aver inviato a Roma il consigliere di Stato Michelangelo Tonello, già noto presso la Curia romana.

Nel discorso della Corona del 15 dicembre 1866, Vittorio Emanuele II sottolineò il tornante storico in cui si apriva la sessione autunnale della legislatura: «La patria è libera finalmente da ogni signoria straniera». Gli italiani, dopo aver concorso all'indipendenza del Paese, si sarebbero potuti finalmente concentrare concordi nel «far rifiorire le condizioni economiche della Penisola». In questo scenario politico, il governo italiano avrebbe mantenuto l'impegno preso a rispettare il territorio pontificio, facendo leva sull'attitudine della Francia, del pontefice e delle popolazioni romane e italiane nel «distinguere e conciliare gl'interessi cattolici e le aspirazioni nazionali, che si confondono e si agitano in Roma»:

Ossequioso alla religione dei nostri Maggiori, che è pur quella della massima parte degli Italiani, io rendo omaggio in pari tempo al principio di libertà che informa le nostre istituzioni, e che, applicato con sincerità e con larghezza, gioverà a rimuovere le cagioni delle vecchie differenze fra la Chiesa e lo Stato. Questi nostri intendimenti – aggiunse Vittorio Emanuele II – rassicurando le coscienze cattoliche, faranno, io spero, esaudito il mio voto, che il Sommo Pontefice continui a rimanere indipendente in Roma[20].

Queste dichiarazioni, pur nella loro nebulosità, dovevano costituire un buon viatico per dialogare con un pontefice determinato a restare a Roma e soddisfatto del comportamento della cittadinanza romana dopo che l'11 dicembre fu ammainata a Castel S. Angelo la bandiera francese, fino allora quotidiano avvertimento al papa della sua debole sovranità e simulacro di una forza militare straniera sul suolo italiano. Avviati i colloqui con l'inviato del Regno d'Italia già il 15 dicembre, la S. Sede ebbe facile gioco a portare la discussione dal piano dei principi a quello degli accordi concreti, dalla sistemazione delle dogane tra i due territori alla creazione di una qualche unione finanziaria con la fusione della Banca Romana con la Banca Nazionale d'Italia. Il ministro degli Esteri italiano, Visconti Venosta, illustrò al proprio corpo diplomatico l'attitudine assunta perché rappresentassero ai diversi governi l'intento di stabilire con lo Stato Pontificio una pacifica corrente di interessi comuni e uno scambio reciproco di risorse tra i due territori; una linea di condotta, questa, compatibile con la dichiarazione di Pio IX a Gladstone di voler instaurare ordinati e pacifici rapporti con l'Italia.

All'inizio del 1867 la prospettiva evocata dal discorso della Corona e ripresa dall'indirizzo parlamentare al sovrano, non mancò di suscitare timori e aspettative. Lo stesso Mazzini, in una prospettiva antimonarchica, in dicembre si era rivolto ai Romani, sottolineando il mutato scenario postunitario nel quale delineare le prospettive d'azione:

L'Unità materiale d'Italia è ormai irrevocabilmente fondata; né le vostre decisioni o i vostri indugi possono farle correr pericolo. Quel ch'oggi importa non è che voi siate d'Italia il tale o tal altro giorno; importa che lo siate in modo degno di voi, e che promova i fati d'Italia e l'Unità morale, mancante tuttora e inaccessibile alla Monarchia[21].

Eletto alla Camera nel collegio di Messina, peraltro, Mazzini rifiutò di far parte del Parlamento; corsero intanto voci sulla ricerca di volontari per

[20] Cfr. la pubblicazione degli atti parlamentari delle discussioni della Camera dei deputati (da ora AP, CD, *Discussioni*) della sessione dei lavori aperta nel dicembre 1866, pp. 2-3.

[21] G. Mazzini, *Ai Romani*, in Id., *Scritti editi e inediti di Giuseppe Mazzini*, vol. 14, *Politica*, vol. 12, Tip. Lit. Democratica, Forlì 1885, p. 246.

una spedizione nello Stato Pontificio. Da parte sua, il governo italiano cercò di anticipare politicamente le resistenze a eventuali intese con la S. Sede. I primi successi dei negoziati per le nomine episcopali della "missione Tonello", così, furono accompagnati dalla presentazione di un progetto di legge avente per titolo *Libertà della Chiesa e liquidazione dell'asse ecclesiastico* da parte di Antonio Scialoja, ministro delle Finanze, e di Francesco Borgatti, ministro di Grazia e Giustizia e dei Culti. Aboliti l'*exequatur* sugli atti del pontefice e il *placet* per gli atti delle diocesi, si prevedeva però che la Chiesa non possedesse più beni immobili, imponendo che fosse l'episcopato a liquidare il patrimonio ecclesiastico. Il calcolo del presidente del Consiglio, che ricercò un precario equilibrio governativo collegando assieme politica ecclesiastica e risanamento finanziario, sulle orme di un precedente progetto Vacca-Sella, evidenziò presto tutti i suoi limiti. Anzi, forse anche per l'attitudine di Borgatti, che mostrò scarsa fiducia nel Parlamento e insofferenza nell'eludere lagnanze dell'episcopato italiano, la condotta ministeriale riuscì nell'effetto opposto di indebolire la maggioranza.

La Curia romana non poteva accettare il carattere unilaterale della proposta, il riaffermarsi di tutele e controlli della legislazione italiana sulla Chiesa in un provvedimento destinato a incrinare l'unione del cattolicesimo italiano attorno al papa. Fu così subito smentito ogni consenso della S. Sede alla prevista convenzione con un banchiere cattolico belga per l'attuazione della legge. Né il progetto Borgatti-Scialoja ebbe migliore fortuna tra i partiti liberali e in Parlamento: scoraggiò i moderati separatisti, irritò i cattolici liberati, deluse i conservatori di cultura giurisdizionalista; raccolse critiche da Ruggero Bonghi e Giovanni Lanza, da Giacomo Dina e Quintino Sella. Dubbiosi furono Mordini e Cesare Correnti. Ma fu nell'esame degli Uffici della Camera che prevalse una decisa opposizione al progetto, guidata da esponenti di una Sinistra pronta a lanciare una forte mobilitazione politica. Pur incapace «ad elaborare una proposta operativa di ispirazione più elevata e di maggiore efficacia nei confronti del più grave problema politico del paese, la questione cattolica»[22], la Sinistra strinse i ranghi in una campagna contro un indirizzo volto ad aggregare a una maggioranza che superasse i partiti del passato, come auspicato da Manco Minghetti, per collegare nell'area della Destra ambienti di corte, moderati e cattolici.

Che una simile convergenza potesse davvero prendere forma, forse fu anche la speranza che coltivò lo stesso Ricasoli. Dopo il divieto di alcuni comizi in Veneto, motivato dall'eventuale sovrapporsi della protesta anticlericale a quella contro l'inasprimento fiscale in Veneto, la Camera

[22] A. Capone, *op. cit.*, p. 98.

approvò l'11 febbraio 1867 un ordine del giorno di Pasquale Stanislao Mancini che censurò l'iniziativa governativa come violazione del diritto costituzionale della libera riunione dei cittadini. Con l'occasione il presidente del Consiglio allora presentò le dimissioni al re, che secondando Ricasoli le respinse e sciolse la Camera. Con un rimpasto del governo privo dei ministri più contestati, il presidente del Consiglio poteva così affrontare la campagna per le successive elezioni politiche, fissate nel primo turno al 10 marzo e per il ballottaggio al 17 marzo. In una circolare ai prefetti del 19 febbraio, Ricasoli delineò il suo programma elettorale: auspicò una forte maggioranza a sostegno dell'Esecutivo contro le fluttuazioni dei partiti; evidenziò le priorità del riordino finanziario e della riforma delle amministrazioni; dichiarò di riformulare, con nuovi studi, la separazione della Chiesa e dello Stato in nome delle libertà e dell'ordine sociale, sperando di attrarre consensi nel cattolicesimo italiano. Lo stesso giorno il sindaco di Firenze, Luigi Guglielmo di Cambray-Digny, auspicò «che i cattolici votassero per i candidati del governo» e che Tonello «procurasse che una parola d'ordine in questo senso venisse da Roma ai Vescovi. [...] Senza quella parola d'ordine tutti i nostri maneggi concluderanno poco»[23].

Intanto, nonostante la resistenza della S. Sede a molti candidati proposti dal governo italiano per le sedi episcopali vacanti, a Roma continuavano le trattative: ancora nei primi giorni di marzo, Ricasoli si mostrò soddisfatto dei risultati raggiunti e confidò che potessero incidere positivamente sulla breve campagna elettorale. Del resto, dal Vaticano il nuovo penitenziere maggiore, cardinale Antonio Maria Panebianco, in febbraio aveva ribadito ai vescovi che in occasione di elezioni politiche era lecito ai cattolici l'accesso alle urne, applicando il principio ai casi particolari secondo le circostanze, «le quali ben ponderate faranno giudicare quando si debba o possa concorrere alle elezioni»[24]. Orientato a valutare i profili dei singoli candidati, tuttavia, l'elettorato cattolico rimase freddo verso le scelte compiute dal Ministero, che alla vigilia del voto ignorò le attese sollevate per una rappresentanza parlamentare che coinvolgesse suoi esponenti.

Le associazioni del liberalismo moderato, animate da gelosie municipalistiche, non riuscirono ricompattare la maggioranza intorno al polo del moderatismo toscano. Il rimpasto di governo sottolineò scarsa condivisione delle scelte in Consiglio dei ministri e poca coesione nella Destra:

[23] Cambray-Digny a Ricasoli, 19 febbraio 1867, *Carteggi Ricasoli*, cit., p. 347.

[24] Cfr. A. Ciampani, *Da Pio IX a Leone XIII: il dibattito nella Curia romana dopo l'Unità d'Italia*, in *La moralità dello storico. Indagine storica e libertà di ricerca. Saggi in onore di Fausto Fonzi*, a cura di A. Ciampani, C.M. Fiorentino, V. G. Pacifici, Rubbettino, Soveria Mannelli 2004, p. 85.

la sostituzione di Domenico Berti all'Istruzione con Correnti, appoggiata dal ministro Agostino Depretis (esponente della Sinistra che assunse la responsabilità delle Finanze), evidenziò la ricerca di consensi verso l'area della sinistra moderata anche dopo la conclusa congiuntura emergenziale dell'anno precedente. La tradizionale pressione prefettizia – preferita da Ricasoli alla mobilitazione associativa per orientare il consenso elettorale e per evitare un temuto astensionismo – operò in modo contraddittorio nell'indirizzare il voto degli impiegati pubblici, finendo per indebolire il disegno del presidente del Consiglio. Si vigilò sulla propaganda svolta nei convegni della massoneria del Grande Oriente d'Italia, guidato da Francesco De Luca e Lodovico Frapolli, le cui logge erano state messe in sonno durante le elezioni per evitare possibili formali divisioni al loro interno; tuttavia, «mentre si tentava un po' ipocritamente di cacciarla fuori dalla porta, la politica rientrava dalla finestra»[25]. Del resto, l'opposizione continuò a mobilitare la protesta contro il negoziato con Roma e il progetto Borgatti-Scialoja di un Gabinetto ritenuto liberticida, col forte coinvolgimento di Garibaldi che proprio da Firenze avviò la sua campagna elettorale.

Tra le aspettative del primo turno e le disillusioni alla vigilia del ballottaggio seguente, prese corpo la delusione di Ricasoli circa il risultato elettorale, che segnalò anche un calo di partecipazione al voto (dal 53,9% al 51,8% degli aventi diritto); la X legislatura si aprì senza diradare quella confusione parlamentare considerata dannosa per la stabilità ministeriale. Se nella capitale del regno Ricasoli ebbe facilmente la meglio su Garibaldi, in Piemonte e nel Mezzogiorno si registrò il successo di antagoniste opposizioni regionali, nel complessivo declino di una maggioranza che, pur vittoriosa, non risultò né consistente, né compatta come auspicato dal presidente del Consiglio. Bruciò in lui la disillusione sull'apporto di comitati elettorali cattolici, talora attestati su un astensionismo di desistenza, ma comunque in grado d'inviare alla Camera una piccola pattuglia di deputati. Le pressioni delle istituzioni civili sul clero e il mancato seguito elettorale alla ventilata ipotesi di consentire l'elezione di alcune decine di deputati notoriamente cattolici furono elementi che favorirono le resistenze della gerarchia ecclesiale a farsi strumento di propaganda governativa e la convinzione nel laicato cattolico di poter concorre a una futura leadership nel campo moderato. Proprio alla vigilia del ballottaggio di marzo, comunque, Ricasoli risolse di sospendere la missione romana, concedendo a Tonello il riposo da lui sollecitato da qualche tempo; nei giorni seguenti

[25] F. Conti, *Storia della massoneria italiana dal risorgimento al fascismo*, il Mulino, Bologna 2003, p. 69.

gli comunicò che, dopo il secondo concistoro per la nomina dei vescovi concordati, non ci sarebbero stati accordi come auspicato dal pontefice. Di fronte alle preoccupate reazioni della Curia, Tonello insinuò che la fine del congedo sarebbe stata accelerata da più conciliativi propositi della S. Sede verso i candidati proposti alle sedi vacanti; non trascurò, peraltro, di accennare all'insoddisfazione del governo italiano sul «contegno del clero nelle ultime elezioni, il cui risultato avrebbe dovuto stargli molto a cuore, se non altro per amore di quei grandi principi di ordine e di moralità ch'è sua missione di rafforzare»[26]. Pio IX manifestò il rincrescimento per le sospese trattative e rispose in modo evasivo al rammarico per il comportamento dei vescovi nelle ultime elezioni espresso da Tonello; quando questi lasciò Roma con l'incarico di portare la benedizione del papa al re d'Italia, comunque, la situazione politica del fragile ministero Ricasoli era già diventata critica su altri fronti.

L'insuccesso dell'operazione elettorale ebbe gravi riflessi nei già difficili rapporti tra Vittorio Emanuele II e Ricasoli e nei tentativi di comporre un nuovo governo[27]. L'indebolita posizione del presidente del Consiglio trapelò nell'assenza di qualsiasi cenno alla questione romana nel discorso che tenne alla Camera il 22 marzo 1867. La «legittima liquidazione dell'asse ecclesiastico» era collocata all'interno di un accennato programma di riforme che – pur nell'impossibilità di alleggerire il peso fiscale – avrebbero allontanato nuove tasse, semplificato la riscossione delle imposte, risolto la centrale questione delle finanze. In questo modo, Ricasoli aveva dovuto accogliere le critiche di settori considerevoli della Destra perché separasse le sorti della legge sulla libertà della Chiesa dagli interventi, ritenuti prioritari, per il risanamento finanziario. Più arduo sarebbe stato per lui recepire le conseguenze politiche dell'intenzione del sovrano di rafforzare assieme l'autoritarismo della monarchia e il consenso popolare promettendo maggiore benessere; girò persino la notizia della pressione di alcuni ambienti vicini alla Corona per invitare il re a trattenersi dalla tentazione di superare le prerogative costituzionali.

Mentre si delineava la candidatura di Urbano Rattazzi al Ministero dell'Interno, Ricasoli reagì tentando di rafforzare il ruolo politico della presidenza del Consiglio dei ministri facendo leva sull'irritazione di Vittorio Emanuele II verso le posizioni che rendevano instabile il governo. Egli

[26] Ricasoli a Tonello, Firenze, 24-25 marzo 1867, in *I documenti diplomatici italiani* (d'ora in poi DDI), serie I, vol. 8, La Libreria dello Stato, Roma 1986, pp. 428-429.

[27] Sulla tensione di Ricasoli con il sovrano perché Casa Reale non si costituisse in "corte politica", cfr. C. Satto, *"Un leone alla catena corta". Bettino Ricasoli politico nell'Italia unita (1861-1880)*, Le Monnier, Firenze 2019, pp. 213-230.

ottenne così tra il 26 e il 28 marzo di far approvare dal re un decreto in cui si stabilivano le attribuzioni della presidenza: rappresentare il Gabinetto, mantenere l'unità dell'indirizzo politico e amministrativo di tutti i ministeri e curare l'adempimento degli impegni presi dal governo nel discorso della Corona, «nelle sue relazioni col Parlamento e nelle manifestazioni fatte al Paese»[28]. Per dare sostanza a tale rilevante iniziativa, tuttavia, Ricasoli avrebbe dovuto contare su una solida maggioranza parlamentare, che egli invece non era riuscito ad assicurarsi o coltivare; la sua iniziativa piuttosto fu presa in sospetto da vari settori della Camera, timorosi di un rafforzato ruolo politico del presidente del Consiglio, lasciando trapelare una contrarietà sfruttata da chi mirava alla caduta del Gabinetto. Il 27 marzo 1867 il candidato ministeriale a presiedere la Camera, Adriano Mari risultò eletto con 195 voti, mentre il candidato delle opposizioni, Crispi, con 142 voti raddoppiò quelli ottenuti l'anno precedente: la sua elezione era riuscita solo grazie al sostegno del gruppo di deputati vicino a Rattazzi, rivelatosi figura centrale degli equilibri politici. La vita politica del regno, come consueto, trovava in questi passaggi parlamentari l'espressione delle sue principali dinamiche. Il tentativo d'una ricomposizione di Ricasoli con Rattazzi, suo antico avversario, propostosi come mediatore tra Casa Reale e composizione della Camera, tuttavia, sfumò con la proposta di riservare il dicastero della Giustizia al leader alessandrino, che piuttosto già mirava a subentrare al barone toscano. A destra, peraltro, complessi si rivelarono i rapporti di Ricasoli con Lanza e La Marmora, che avevano salutato con favore la caduta dei progetti ricasoliani. Accontentato nel ridimensionamento della politica ecclesiastica, Sella, all'inizio di aprile, pose come condizione per entrare nel governo di riprendere la proposta tassa sul macinato: richiesta in sintonia con gli umori di una maggioranza che assegnava vitale priorità alla risoluzione della grave situazione finanziaria dello Stato, tanto più dopo gli accordi internazionali che aggravarono il suo bilancio assumendo il debito del Veneto e quello delle province pontificie annesse nel 1860.

Il Ministero che infine Ricasoli il 4 aprile presentò al re, con Depretis all'Interno e Sella alle Finanze, tuttavia, ottenne un rifiuto scritto da Vittorio Emanuele II, che accolse piuttosto le dimissioni del presidente del Consiglio. La centralità assegnata all'Esecutivo da Ricasoli non era riuscita a proporsi come bandiera di un gruppo dirigente nazionale: le ripetute aperture a singoli parlamentari non lasciarono intravvedere il desiderato ampliamento politico della maggioranza. Così, confermato

[28] Cfr. S. Merlini, *Lo Stato costituzionale*, in *Storia dello Stato italiano dall'Unità ad oggi*, a cura di R. Romanelli, Donzelli, Roma 1995, pp. 24-25.

nell'avversione verso un'opaca "politica di Corte", il presidente del Consiglio uscente non fu in grado di introdurre elementi di riforma nel governo dello Stato, costituzionale e non parlamentare, innervato sull'iniziativa regia. Le motivazioni esposte dal sovrano nel rifiutare la formazione del Ministero lasciano trasparire implicazioni di sistema nell'attrito maturato con Ricasoli, cui addossò la responsabilità dello scioglimento della Camera e dell'incerto risultato conseguito. In quanto «Capo del Governo», il re dichiarò di non poter accettare tra i ministri Quintino Sella, il cui programma d'inasprimento delle tasse era contraddittorio con il discorso della Corona alla nazione e foriero di malcontento popolare; un veto, peraltro, motivato anche dai propositi del deputato biellese di ridurre la Lista Civile della Corona e di tagliare le spese militari. Vittorio Emanuele II colse comunque l'occasione per riaffermare la volontà regia su quella del «Capo del Gabinetto» e per rinsaldare il rapporto tra la monarchia e un'ampia parte dell'opinione pubblica, non escludendo anche iniziative politiche che coinvolgessero l'opposizione parlamentare e la mobilitazione nazionale. Ricasoli evitò di presentarsi alla Camera e di esporre al dibattito pubblico il ruolo giocato nella crisi dal sovrano. Declinata rapidamente una candidatura di Menabrea, il re diede l'incarico a Rattazzi di formare un nuovo governo, che si insediò il 10 aprile 1867: già il 26 aprile giunse l'abrogazione del decreto sulla presidenza del Consiglio approvato meno di un mese prima, simbolico pegno di possibili convergenze tra sovrano e opposizione parlamentare.

Visconti Venosta, che si rifiutò di entrare nel ministero Rattazzi, aveva collocato il Regno d'Italia nello scacchiere internazionale come forza di civiltà, di ordine e di pace. Nella crisi europea suscitata dalla ventilata annessione del Lussemburgo alla Francia, focolaio di un possibile conflitto con la Prussia, la scelta italiana di considerare «interesse capitale la conservazione della pace in Europa»[29] consentì allo Stato unitario di essere ammesso per la prima volta, col sostegno britannico e l'assenso francese, a un consesso europeo: la risoluzione della conferenza di Londra del maggio 1867 vide l'Italia tra le Potenze interessate alla tranquillità del continente. La direttiva di «raccoglimento» sul piano internazionale, intesa come funzionale a consentire auspicati interventi di riordinamento all'interno del Paese, tuttavia, fu reinterpretata dagli indirizzi politici del nuovo Gabinetto con alcune significative discontinuità. Così, mentre il re non disdegnò ancora in aprile di caldeggiare sondaggi con Roma e ridurre le tasse gravose ai ceti popolari, il ministro degli Esteri Paolo di Campello, pur richiamando l'opportuna ricerca di un *modus vivendi* con lo Stato

[29] Nigra a Visconti Venosta, Parigi, 12 aprile 1867, DDI, serie I, vol. 8, cit., p. 486.

Pontificio del governo precedente, ritenne deludenti i risultati del "negoziatore del Re" e sottolineò i nodi politici che impedivano di proseguire sulla strada intrapresa: «Ces difficultés nous viennent non seulement de la résistance qui nous est faite par la Cour de Rome, mais aussi de certaines répugnances que ces négociations soulèvent encore dans notre pays»[30]. Si impegnava in tal modo l'ambasciatore a Parigi a ricercare comprensione nel governo imperiale per la «la situation anormale existante entre la Papauté et le nouveau Royaume» qualora si fosse alterata la calma esistente in Italia nei confronti della S. Sede[31]. A Roma i motivi di preoccupazioni sullo stato dello spirito pubblico nella Città Eterna dopo la partenza dei francesi si erano ridimensionati a tal punto da confortare il pontefice nel convocare in giugno vescovi provenienti da tutto il mondo per celebrare solennemente l'anniversario del martirio di Pietro e Paolo con l'annuncio di un concilio ecumenico. Nel governo italiano, tuttavia, non mancavano elementi per prevedere mutamenti nell'opinione pubblica del Paese alla luce delle notizie sulla mobilitazione degli ambienti garibaldini, che non si era arrestata dopo le elezioni. Del resto, il massone e democratico Quirico Filopanti aveva scritto a Ricasoli ancora in aprile perché predisponesse una «opposizione soltanto apparente del Governo» nel caso di una rivoluzione a Roma appoggiata dall'esterno; si proponevano contatti riservati con Garibaldi, cui lasciare mano libera «da qui a sei mesi, un anno»[32].

Intorno ai rapporti avviati da Rattazzi con la Sinistra parlamentare, nel profilarsi di un rinnovato attivismo garibaldino, prese forma un'ampia partita politica che coinvolse strategie di partito, problematiche istituzionali e dinamiche internazionali. La Sinistra, che aspirava a diventare una parte determinante dell'assetto politico monarchico costituzionale, già prima della crisi di governo aveva espresso le sue priorità come indicato da «Il Diritto»: riordino dell'esercito e riduzione delle spese militari, risanamento finanziario ricalibrando le imposte, semplificazione amministrativa negli affari pubblici, allargamento della scolarizzazione, cui collegare l'estensione del diritto di voto. Al programma per le libertà amministrative si accompagnò la richiesta di bonifiche, di infrastrutture, di riforme burocratiche. Soprattutto si propose un'evoluzione in senso parlamentare del sistema politico a fronte delle ricorrenti crisi extraparlamentari: «I ministeri devon sorgere per ragion propria e significare l'opinione della

[30] Di Campello a Nigra, Firenze, 27 aprile 1867, *ivi*, p. 550.

[31] *Ibidem*.

[32] Filopanti a Ricasoli, il 5 aprile 1867 in *Lettere e documenti del Barone Bettino Ricasoli*, a cura di M. Tabarrini e A. Gotti, vol. 9, (3 novembre 1866-11 aprile 1867), Successori Le Monnier, Firenze 1894, p. 370. Vedi anche F. Conti, *op. cit.*, pp. 66-81.

maggioranza rappresentata dai suoi capi più autorevoli»[33]. Il gruppo di Mordini, allora vicepresidente della Camera, non aveva esitato a porsi al centro del processo di trasformazione dei partiti avviato alla fine del 1866: «Oggi per noi, lo dichiariamo altamente, non esistono più amici o nemici. Ci uniamo a quanti si uniscono a noi. Chiunque arriva sarà benvenuto»[34]. Si comprende, dunque, il tentativo di Ricasoli di coinvolgere nei progettati rimpasti ministeriali Mordini e il rifiutarsi di quest'ultimo di costituire semplicemente un terminale delle pressioni della Sinistra sul governo. Dopo le aperture della maggioranza all'opposizione sulla commissione d'inchiesta per la durissima repressione dei fatti di Palermo del 1866, l'evoluzione politica segnata dalla battaglia anticlericale aveva rilanciato all'interno della Sinistra parlamentare la leadership di Crispi, nell'aprile del 1867 interlocutore del governo Rattazzi perché ritenuto capace di trattenere le iniziative avviate da Garibaldi per sostenere un centro insurrezionale romano. Il profilo del politico siciliano era funzionale alla triangolazione tra la Sinistra, la Corona e il Gabinetto formatosi in discontinuità col precedente. Crispi rifiutò comunque d'entrare nel governo, non rinunciando a guidare la Sinistra in una prospettiva concorrente a quella di Mordini. Il protagonismo crispino fu sancito dalla nascita in giugno di un nuovo giornale politico, «La Riforma», in cui fu affiancato da Agostino Bertani e da Benedetto Cairoli.

Il crescente movimento per finanziare e reclutare volontari per un'impresa garibaldina contro Roma, peraltro, incoraggiò Rattazzi a mantenere contatti con gli ambienti dell'estrema sinistra attraverso il gruppo crispino. L'affacciata ipotesi di una insurrezione dei romani contro il papa poteva delineare uno scenario non contemplato dai vincoli della Convenzione di Settembre per consentire un intervento dell'esercito italiano nello Stato Pontificio a favore del ristabilimento dell'ordine e dell'indipendenza spirituale del papato; Napoleone III avrebbe forse lasciato fare per evitare di gettare l'opinione pubblica italiana in braccio alla Prussia. Il governo imperiale francese, al contrario, fin da giugno mostrò tutt'altra intenzione, per ragioni di politica interna e di prestigio internazionale: lo stesso Nigra invitò a non sottovalutare l'eco che il predisporsi di un evento rivoluzionario a Roma avrebbe avuto a Parigi. Alla fine del mese, dunque, il governo italiano intervenne a disarmare e sciogliere volontari raccoltisi a Terni e in procinto di entrare nei territori dello Stato Pontificio. Solo pochi giorni dopo, il 26 giugno 1867, Pio IX avrebbe annunciato solennemente il

[33] C. Satto, *Dalla rivoluzione al governo. La Sinistra di Antonio Mordini nell'età della Destra (1861-1869)*, Franco Angeli, Milano 2014, p. 137.

[34] *Ivi*, p. 138.

concilio, aprendo un'ulteriore fase della strategia pontificia: tra le cinque commissioni costituite a luglio per studiare le materie conciliari, quella dedicata agli «affari politico-ecclesiastici» fu affidata al cardinale von Reisach; nella Commissione direttrice dei lavori del concilio, in cui fu coinvolto il giovane cardinale piemontese Luigi Bilio, invece non ci fu spazio per il segretario di Stato Antonelli, segno della cura di un'assise ecumenica rivolta al radicamento della Chiesa presso le popolazioni mondiali e al suo governo spirituale sotto la guida del pontefice.

Intanto il gabinetto Rattazzi si trovò a contemperare le aperture alla Sinistra con il varo di un pacchetto di interventi volti al risanamento di un disavanzo pubblico ben superiore a quello prospettato da Scialoja. Il ministro delle Finanze, Ferrara, propose la concessione delle dogane e dei tabacchi a due regìe cointeressate e, in giugno, la tassa sul macinato già avanzata da Sella; a controbilanciare iniziative sgradite all'opposizione, si delineò come un principale provvedimento economico la vendita dei beni ecclesiastici. In luglio, tuttavia, la diffusa contrarietà alle modalità della prevista eversione dell'asse ecclesiastico, giudicate troppo accondiscendenti nei confronti della Chiesa, portò Ferrara a rassegnare le dimissioni[35]. Rattazzi allora assunse l'*interim* delle Finanze, potendo così rinnovare le aperture alla Sinistra crispina del governo del re, con uno sguardo al dibattito politico e un altro all'evoluzione della propaganda garibaldina.

Nel Parlamento italiano la ricerca di nuovi equilibri tra maggioranze e opposizioni dominò la discussione politica. De Sanctis non esitò a dichiarare che la questione dell'unità d'Italia aveva portato a una tregua tra i partiti, impedendo un effettivo confronto di politica interna tra una maggioranza e una opposizione. Infine, egli giunse ad avanzare un'inedita distinzione degli schieramenti politici sulla base della politica ecclesiastica, in contrasto con l'approccio cavouriano, seguito da Minghetti, dell'abbandono «dell'uso cosmologico della politica e la sua piena laicizzazione»[36]. Contando comunque sul sostegno della Sinistra parlamentare e di trasversali posizioni giurisdizionaliste, intanto, Rattazzi ottenne a fine di luglio un'ampia approvazione dalla Camera alla legge sulla soppressione di enti ecclesiastici e sulla liquidazione dell'asse ecclesiastico; approvata al Senato, fu promulgata il 15 agosto 1867. I beni del clero secolare, collegiate, chiese ricettizie, cappellanie, canonicati,

[35] Cfr. F. Mazzonis, *Ministro delle Finanze per tre mesi. L'"anomala" esperienza di Francesco Ferrara nel secondo governo Rattazzi*, in *Ricerche di storia in onore di Franco Della Peruta*, a cura di M.L. Betri e D. Bigazzi, vol. 1, Franco Angeli, Milano 1996, pp. 293-326.

[36] A. Capone, *op cit.*, p. 107.

fondazioni e legati pii, furono privati di personalità giuridica e incamerati dal Demanio statale e dal Fondo del culto. A chiarire lo scenario politico del momento, il 19 agosto giunse la comunicazione del regio decreto di proroga della sessione parlamentare, spia di gravi decisioni che l'Esecutivo avrebbe preso fuori dal controllo parlamentare.

Durante il diffondersi dell'epidemia colerica nel Paese, l'eco nella stampa del dibattito parlamentare sulla politica ecclesiastica fu accompagnata dalle voci sulla vigilia di una spedizione garibaldina a Roma e dall'attesa per l'attitudine che avrebbe assunto il governo italiano. Se l'opinione pubblica nazionale era allertata, Garibaldi contribuì a destare anche quella internazionale. A Orvieto a fine agosto egli ricordò come inevitabile la presa di Roma, anche a costo di porsi contro Napoleone III; recatosi a Ginevra si scagliò ancora una volta contro il papato dalla tribuna di un agitato congresso della Lega della Pace e della Libertà, il 9 settembre 1867, prima di rientrare a Firenze. I suoi movimenti sostennero la propaganda, il reclutamento e il finanziamento di volontari per appoggiare l'insurrezione invocata dalla costituita Giunta nazionale romana; l'aperta mobilitazione suonò d'avvertimento a Roma e a Parigi, ma soprattutto fece pressione sul governo italiano perché prendesse posizione. Sotto l'ancora fresca memoria dei fatti d'Aspromonte del 1862, la tessitura politica tra il governo del re e la Sinistra fu dilaniata: da un lato, si coltivò l'aspettativa di un sommovimento romano che ponesse le basi politico-diplomatiche di un intervento che non violasse formalmente la Convenzione stipulata coi francesi; dall'altro, crebbe la percezione dei rischi di un prevedibile impegno militare di Napoleone III, che avrebbe messo in discussione l'esistenza stessa dello Stato unitario. Infine, il 21 settembre 1867 il governo pubblicò un monito per dichiarare, richiamando l'amor patrio degli italiani, che non sarebbe stata permessa la violazione dei confini del territorio pontificio; non si interruppe tuttavia la raccolta dei volontari, a centinaia presenti anche nella capitale del Regno dove si trovava Garibaldi, di cui ormai si aspettava l'arresto. Quando questo avvenne, a Sinalunga il 24 settembre, il trasferimento del Generale, prima ad Alessandria, poi a Genova e infine a Caprera, fu occasione di contatti politici e dimostrazioni di solidarietà. A Roma, dove giunse il deputato Francesco Cucchi, si avviarono i piani di una sollevazione. Le forze garibaldine, costituite da circa diecimila volontari, erano state organizzate per agire lungo tre direttrici: l'ingresso da nord e da sud dello Stato Pontificio fu affidato rispettivamente ai deputati Giovanni Acerbi e Giovanni Nicotera, mentre dal reatino i garibaldini si sarebbero rivolti verso Roma guidati da Menotti Garibaldi.

Quando a fine settembre si ebbero i primi sconfinamenti delle bande garibaldine nello Stato Pontificio, il governo italiano mostrò l'intenzione di frenare l'invasione, di precedere i francesi e attribuirsi un ruolo attivo nell'evolversi della situazione. Considerata poi inarrestabile l'iniziativa garibaldina, anche la Sinistra di Mordini si dispose ad assecondarla, immaginando di poterla indirizzare. Crispi, peraltro, si ritagliò un ruolo di interlocuzione tra Garibaldi e Rattazzi perché la situazione sul campo si raccordasse con l'opera politico-diplomatica di un governo italiano che fece trapelare l'ipotesi dell'ingresso delle truppe regie in territorio pontificio a seguito del minacciato arrivo di un corpo di spedizione francese a Roma. La cautela delle diplomazie prussiana, russa e britannica rafforzò, tuttavia, il convincimento sull'impossibilità di rischiare una guerra con la Francia; infine, convintosi della necessità di sottrarre il Regno d'Italia a una grave crisi interna e internazionale, il 19 ottobre 1867 Vittorio Emanuele II manifestò il suo dissenso dall'attitudine assunta da Rattazzi, che offerse le dimissioni del Ministero.

La Corona incaricò, dunque, il generale Cialdini, gradito ai francesi, ma legato anche a Crispi e Mordini, di formare un governo mentre a Firenze giungevano notizie sui limiti dell'immaginata sollevazione romana, nonostante i finanziamenti profusi e l'organizzazione dispiegata. Roma in effetti non insorse: il coordinamento tra comitati liberali romani non funzionò e la polizia pontificia riuscì a contenere i moti avviati dopo la mina fatta esplodere il 22 ottobre sotto la caserma Serristori, il cui crollo parziale provocò oltre una ventina di morti tra la truppa e due civili. Inconcludenti risultarono i colpi di mano tentati in Campidoglio, a piazza Colonna e Porta S. Paolo; il giorno seguente, una settantina di volontari guidati da Enrico e Giovanni Cairoli giunti lungo il Tevere a ridosso delle porte di Roma non trovarono insorti ad attenderli e furono sopraffatti dai gendarmi pontifici a Villa Glori. Nel frattempo, Garibaldi, con la complicità di Rattazzi, aveva potuto lasciare Caprera in direzione di Firenze, da dove si mosse per assumere il comando dei volontari impegnati nella campagna verso Roma; non prima di aver incontrato nella capitale, ancora impegnato a comporre il Ministero, lo stesso generale Cialdini. Quest'ultimo contava su Mordini, per dar vita a un Esecutivo che realizzasse il comune «progetto di costituire una nuova maggioranza, un nuovo partito progressivo»[37]. Mordini avrebbe assunto temporaneamente il Ministero dell'Agricoltura, per evitare di comprometterlo in possibili decisioni impopolari, come quella di bloccare l'azione di Garibaldi; si tentò anche di offrire una responsabilità nel governo a esponenti della Sinistra moderata come Depretis e Correnti. A costo di apparire rinunciatario, tuttavia, pur

[37] Cialdini a Mordini, 24 ottobre 1867, cit. in C. Satto, *Dalla rivoluzione al governo*, cit., p. 160.

rivendicando i personali trascorsi garibaldini, Mordini respinse l'offerta: egli considerò in quel frangente una partecipazione del suo gruppo al governo dannosa al proprio progetto politico, perché avrebbe lacerato la Sinistra e l'avrebbe reso ostaggio della Corona. Per Cialdini, che considerava inaccettabile dare via libera a Garibaldi rischiando di provocare una guerra con la Francia, la rinuncia di Mordini significò rimettere il mandato nelle mani del re, che impose di formare il governo al suo primo aiutante di campo, Luigi Federico Menabrea, esponente della Destra savoiarda. Il 27 ottobre 1867 si costituì un governo "cortigiano" con la partecipazione dei "consorti", mentre il sovrano in un proclama alla nazione prese ufficialmente le distanze dalla campagna garibaldina.

Durante la grave crisi istituzionale del Regno d'Italia, a Roma il 25 ottobre l'irruzione di zuavi e gendarmi pontifici al lanificio Ajani, dove si erano raccolti alcune decine di insorti, spense del tutto i progetti rivoluzionari capitolini. Né servì a rianimarli l'avvicinarsi di Garibaldi che lo stesso giorno assalì la cittadina di Monterotondo, riuscendo a occuparla con difficoltà l'indomani. La mancata insurrezione romana, il proclama reale e le divisioni interne al movimento liberale influirono sull'organizzazione politica e militare delle colonne garibaldine, colpite da numerose defezioni; d'altra parte, le truppe pontificie furono incoraggiate alla resistenza nell'attesa che giungesse parte almeno del contingente francese sbarcato a Civitavecchia il 29 ottobre. Le leadership della Sinistra ora si interrogavano su una possibile ritirata del Generale e sul ruolo dell'esercito italiano, che infine entrò in territorio pontificio il 30 ottobre, evitando ogni complicazione con le truppe di Napoleone III e rispettando le autorità pontificie. Menabrea poteva, così, dare parvenza di una politica d'ordine e, nel contempo, mostrare sensibilità verso l'opinione pubblica nazionale. Infine, il 3 novembre 1867, la battaglia provocata presso Mentana con l'esercito pontificio sostenuto dalle truppe francesi si risolse con lo sbandamento della compagine garibaldina, che lasciò sul campo alcune centinaia di morti e feriti e almeno un migliaio di prigionieri. Un Garibaldi spento ed esacerbato, appena rientrato nel Regno d'Italia, fu arrestato il 4 novembre a Figline Valdarno dai carabinieri inviati da Firenze, un atto che tornò a sollevare nel Paese le proteste dell'opposizione politica.

2. L'ombra di Mentana sugli equilibri tra Monarchia, Governo e Parlamento

Si comprende, così, come a nessuno potesse sfuggire il rischio politico della campagna garibaldina protrattasi per oltre un mese e l'esigenza di superare il suo catastrofico esito. Sul piano internazionale si era bruciato il credito faticosamente acquisito dopo 1866, provocato il ritorno nella Penisola dell'esercito francese e sottolineata la debolezza militare italiana; non restò, come suggerì Visconti Venosta, che adoperarsi a ritardare e mandare a monte una possibile conferenza delle Potenze sulla questione romana. Sul piano politico-istituzionale riemerse la centralità dei poteri statutari della monarchia, che contribuiva a rendere instabili i Gabinetti: una realtà che alimentò la reazione di quella Destra parlamentare volta a rafforzare l'Esecutivo a fronte della Corona. Sul piano politico, Mentana consumò l'eredità già logora del Risorgimento come azione eroica di minoranze, poi rielaborata nella propaganda retorica patriottica; entrò in crisi il mito di Garibaldi in una Sinistra che non seppe immaginare alternative all'azione rivoluzionaria. Tra i deputati che, per convinzione o fascinazione, avevano infine aderito o preso parte diretta all'azione dei volontari, non sfuggì la frattura politica rappresentata dall'impresa fallita. Già il 4 novembre 1867 Angelo Bargoni scrisse a Mordini: «Il garibaldinismo è spento e spento male perché caduto sotto i colpi dei soldati del papa»[38]. Lo stesso Agostino Bertani confidò a Crispi: «Finito il garibaldinismo ognuno deve agire secondo le proprie convinzioni»[39]. Occorreva dunque costruire nuovi equilibri politici, che ancora una volta presero le mosse dalla questione romana.

Mentre le attività di ospedali, prigioni e polizia tennero vive per qualche tempo a Roma le memorie dei recenti fatti, la Curia cardinalizia presto tornò a sollecitare gli studi delle commissioni preconciliari con l'ingresso di canonisti e teologi di varie nazioni: il 15 dicembre 1867 la Congregazione direttrice per il futuro concilio ricordò l'esigenza di prestare una cura speciale alla «*esposizione positiva e netta* della dottrina della Chiesa» e di considerare quanto i tanti cambiamenti avvenuti negli ultimi tre secoli avessero reso opportuna qualche cauta modificazione nella vita ecclesiale[40]. Intanto la S. Sede, comunque, nulla modificò circa la partecipazione dei cattolici italiani alla vita politica, sulla base delle situazioni contingenti; piuttosto, all'interno del mondo cattolico nazionale si acuirono i contrasti sul significato dei pronunciamenti delle congregazioni romane. In tale contesto, nella Destra liberale i fatti di Mentana confermarono la strada di andare a Roma predisponendo le condizioni per la «inevitabile e graduale decomposizione del Governo temporale»[41]. Da parte sua Mordini,

[38] Bargoni a Mordini, *ivi*, p. 168.

[39] Bertani a Crispi, 9 novembre 1867 in F. Crispi, *Carteggi politici inediti di Francesco Crispi (1860-1900)*, cit., p. 330.

[40] Le indicazioni conciliari ora in *Il Concilio Vaticano I e la modernità*, cit., p. 258.

[41] Visconti Venosta a Minghetti, 24 ottobre 1867, cit. in DDI, serie I, vol. 9, La Libreria dello Stato, Roma 1987, p. 375.

confortato nelle precedenti cautele, ritenne giunta l'ora di proporre come perno degli equilibri parlamentari un partito progressivo che potesse distinguersi dal radicalismo ostentato nell'opposizione e confrontarsi in maniera distinta col governo. Un'operazione, tuttavia, che trovò a misurarsi con la resistenza di una Sinistra ora serrata dietro la figura di Rattazzi per approntare una linea politica sostenibile alla riapertura della Camera. Il 5 dicembre 1867, in avvio dei lavori parlamentari, Menabrea, presentando le vicende che avevano portato alla costituzione del Ministero, sostenne l'esigenza di andare a Roma quando il Paese fosse stato meglio organizzato, più forte all'interno e più credibile all'esterno; peraltro, concluse annunciando l'amnistia per i garibaldini che fu varata il giorno stesso. Seguì un dibattito che si protrasse nelle settimane seguenti; quale fosse, tuttavia, l'umore dei partiti fu evidente già l'indomani, quando si passò all'elezione del presidente della Camera. Occorsero due votazioni per radunare intorno alla candidatura di Lanza una maggioranza di 194 voti: il composito mondo della destra liberale ebbe infine il sostegno del gruppo di Mordini, che aveva raccolto in prima battuta 45 consensi su Depretis. Candidato d'opposizione, sostenuto nella sinistra anche da Crispi, fu il precedente presidente del Consiglio, Rattazzi.

Ancora una volta la Casa Reale parve tenersi aperte più opzioni, mentre si faceva sempre più viva la contesa per occupare il centro politico in vista di futuri equilibri di governo. La prospettiva di Ricasoli di aggregare individuali disponibilità in un partito di libertà e d'ordine, familiare ai ministri dell'Interno, Gualterio, e delle Finanze, Cambray-Digny, non fece della Destra un "partito politico" come in Belgio: «La religione non può essere considerata come l'emblema, la divisa di un partito politico. Ciò mi sembra della massima evidenza. Ci possono essere cattolici convinti, sinceri a destra; ve ne possono essere, e spero ve ne siano, a sinistra»[42]. Peraltro, Sella tenne aperto un canale con la Sinistra, con una intonazione antiministeriale, per sostenere nella destra una leadership capace di recupere una unità dei partiti in nome del programma nazionale con Roma capitale. Confermata l'ostilità della Permanente, quando Menabrea accolse nel suo programma le priorità del gruppo di Mordini, questi ritenne il suo «Terzo partito» padrone della situazione e in grado prendere lo spazio politico lasciato libero da Rattazzi, che per difendere le ambiguità ministeriali d'ottobre fece suo l'indirizzo della sinistra crispina. Fu Depretis a delineare un Terzo partito capace di tenere in equilibrio il sistema politico, superando le ostilità reciproche dei partiti liberali dovute all'emergenza

[42] Cfr. l'intervento di Giuseppe Massari, AP, CD, *Discussioni*, tornata del 11 dicembre 1867, p. 3054.

recente e, come nel passato, costruire lo Stato nazionale con la convergenza unitaria di tutti. Tuttavia, oltre la diffusa insofferenza per crisi politiche costantemente gestite fuori dal Parlamento, il laboratorio delineatosi in quei giorni non riuscì a produrre un nuovo scenario. A conclusione del dibattito sulla questione di Roma, il 22 dicembre 1867, anzi, il Ministero provocò una polarizzazione della Camera sull'ordine del giorno finale e, per due voti, risultò sfiduciato dai deputati. Peraltro, la vittoria dell'opposizione si mostrò politicamente fragile, non solo per l'apporto dei voti di deputati cattolici come il siciliano Vito D'Ondes Reggio e il piemontese Edoardo Crotti di Costigliole, ma soprattutto di quelli del gruppo di Mordini che, dopo aver affacciato una benevola astensione, votò infine con le componenti della sinistra dimostrando il suo peso per la maggioranza.

Così, alle dimissioni di Menabrea nelle mani del re in attesa di «ordini superiori», si sondò senza successo la disponibilità a entrare nel Gabinetto degli uomini legati a Mordini; il Terzo partito continuò a premere sul Ministero senza rinunciare a porsi, in polemica con «La Riforma» crispina, come riferimento per trasformare la Sinistra in un partito progressista candidabile al governo. Infine, si tentò la sostituzione di alcuni ministri nel vano tentativo di attirare nel governo la Permanente, cui la Sinistra meridionale e Rattazzi opposero una rafforzata intesa con Sella. In tale situazione, il re optò per una ricomposizione del ministero Menabrea (con Carlo Cadorna all'Interno al posto di Gualterio), presentato alla Camera l'11 gennaio 1868: obiettivo dichiarato l'approvazione del bilancio e di essenziali riforme dell'amministrazione e delle finanze dello Stato, assicurando concordia intorno alla monarchia nella vantata assenza di gravi perturbazioni sociali. Si cercò di rassicurare l'opinione pubblica borghese, «quella gran massa di italiani che pagano e lavorano»: l'attenzione delle forze politiche fu condotta sulla necessità di evitare il fallimento dello Stato, fattore preponderante su qualsiasi iniziativa diplomatica e militare. Tema centrale si impose allora il risanamento finanziario, prevalendo sul nodo divisivo della questione romana; proprio nel gennaio 1868, peraltro, a seguito delle discordie interne al mondo cattolico sul modo di comportarsi a seguito della politica ecclesiastica del governo italiano, dalle congregazioni vaticane si rese nota la deliberazione del *non expedit*, che attraverso l'episcopato indicò all'elettorato cattolico l'astensione dalle urne politiche.

Nello stesso giorno in cui la Camera approvò la dote alla principessa Margherita di Savoia, il cui annunciato matrimonio col principe Umberto suscitò nel Paese un movimento di simpatia verso la monarchia, fu approvato l'esercizio provvisorio del bilancio. Tra le polemiche per i tagli proposti alla Pubblica istruzione e per gli incerti progetti di riforma dell'amministrazione provinciale e centrale, il piano di risanamento economico proposto da Cambray-Digny per raggiungere il pareggio del bilancio non evitò il riemergere di laceranti fratture interne al sistema politico sull'abolizione del corso forzoso e sull'introduzione dell'imposta del macinato. L'itinerario delineato dal ministro della Finanze, pur nella cauta ricerca di consenso, fu criticato dai rappresentanti di contrastanti interessi regionali e sociali. Nel Terzo partito, deciso a far pesare un suo eventuale sostegno alle proposte ministeriali, si evidenziarono presto le tensioni tra scelte tattiche e strategia di fondo: attratto verso il governo e in dialogo con la Permanente, pur considerando la Destra nemica della trasformazione politica da lui avviata, Mordini finì per scavare progressivamente un fossato con la Sinistra che intendeva guidare.

All'inizio del marzo 1868 si discusse alla Camera sui mezzi e sui tempi di abolizione del corso forzoso della carta moneta, istituito due anni prima. Per il governo il provvedimento avrebbe dovuto seguire il varo di nuove entrate allo Stato, soprattutto tramite il riordino delle imposte; nonostante la resistenza di Crispi e De Sanctis, fu approvato un ordine del giorno che affidò al governo lo studio di un progetto in merito. Il passo, in realtà, fu propedeutico al riaccendersi dello scontro politico, come dimostrò il nervosismo che alla vigilia del voto circondò l'iniziativa presa da Depretis per favorire il convergere di un'ampia maggioranza: respinta con dispetto dall'Esecutivo, essa fu ripresa da Rattazzi. Depretis sostenne di aver ricercato una vasta concordia in Parlamento, senza togliere autorità al governo; egli non aveva sollevato una questione politica, di fiducia o sfiducia al Ministero, che semmai sarebbe stata posta al complesso dei suoi provvedimenti finanziari. Il Terzo partito votò contro l'ordine del giorno delle opposizioni, ma Depretis si astenne e il 14 marzo, comunicò di non poterne più far parte; il suo rientro nelle fila della Sinistra fu apprezzato da «La Riforma». Provocato da Mordini o dallo stesso Depretis, comunque, l'incidente annunciò il duro scontro sull'identità del Terzo partito e sulla sua scommessa per trasformare gli schieramenti politici.

In questo clima prese forza la discussione per la tassa sulla macinazione dei cereali, cuore dei provvedimenti finanziari di Cambray-Digny, avanzata in scia alle precedenti proposte dei ministri Sella, Scialoja e Ferrara. Il dibattito parlamentare su una imposta tanto impopolare quanto capace di un gettito per lo Stato superiore alle tassazioni proposte in alternativa, come quella sulle vincite del lotto e sui dazi di consumo, si avviò nel marzo 1868. Si discussero le modalità per accertare la quantità del macinato e per ottenere la riscossione della tassa, anche per evitare che apparisse un balzello vessatorio alle popolazioni, specialmente quelle rurali. Rattazzi obiettò che la ripulsa popolare avrebbe colpito la credibilità della monarchia, sebbene Menabrea ribadisse l'apprezzamento degli italiani per la dinastia sabauda. Invano Minghetti propose il rinvio della legge all'attuazione del riordino complessivo delle imposte; dura fu l'annunciata opposizione crispina. Depretis, appena eletto con ampio consenso alla commissione bilancio della Camera, il 30 marzo votò contro la chiusura del dibattito generale e il passaggio all'esame dei singoli articoli, come richiesto dal gruppo di Mordini assieme alla maggioranza. Il 21 maggio 1868, infine, furono approvati i disegni di legge dell'unificazione delle tasse sulle concessioni governative, delle tasse di registro e bollo e, a scrutinio segreto, della tassa sul macinato – 219 i voti a favore contro 152 (2 furono gli astenuti). Il voto, con i suoi importanti riflessi sulla sorte economico-sociale dell'assetto statale, innalzò uno steccato programmatico e ideologico tra le parti che nel Paese sostennero e avversarono il provvedimento.

Il confronto politico parve concentrato sulle condizioni poste dal Terzo partito per sostenere il Ministero: pur tra numerose remore, Mordini puntò a ottenere la guida della riforma amministrativa in cambio dell'appoggio alla politica finanziaria di Cambray-Digny; questi, sebbene interessato ad allargare la fragile maggioranza, non intendeva consentire il rafforzarsi di una Sinistra progressista. Le profonde passioni della lotta politica, trattenute dalla rigidità del conflitto sul macinato, tuttavia esplosero apertamente nell'estate 1868. Nel quadro del reperimento di ulteriori fondi per le finanze pubbliche il governo propose una convenzione che affidava per 15 anni a una regìa cointeressata di privati l'amministrazione dell'azienda del monopolio statale dei tabacchi, bisognosa di profonde riforme, in cambio dell'erogazione di canoni periodici e dell'anticipazione allo Stato di 180 milioni di lire. Varata la convenzione per la costruzione di ferrovie calabro-sicule, ai primi di agosto il dibattito parlamentare sulla già "famosa" convenzione sui tabacchi, stipulata il 25 luglio dal governo con un gruppo di banchieri internazionali e il Credito mobiliare italiano di Domenico Balduino, fu anticipato da petizioni, polemiche giornalistiche e, durante l'ennesima discussione sul corso forzoso, dalla dichiarata opposizione di Sella; la destra piemontese annunciò così la sua battaglia. Il 4 agosto, infine, iniziò alla Camera la discussione sul provvedimento legislativo, presentato come garanzia per il pareggio dei bilanci del 1868 e del 1869, spunto per un confronto su indirizzi di fondo della politica italiana e terreno delle tattiche iniziative dei frammentati gruppi politici.

Sollevando sospetti sulla legalità del contratto, stipulato a condizioni censurate dall'ex ministro Ferrara (che in passato aveva effettuato analoga proposta) in quanto ritenute troppo lucrose per la società privata, la Sinistra non esitò a cercare nell'Aula sensibilità trasversali per valutare intese in grado di affossare il Gabinetto, ora contrapponendo libertà economiche a monopoli societari, ora solleticando pulsioni anticlericali in margine alla convocazione del Concilio. Sul fronte opposto, la questione di fiducia al governo sottesa al provvedimento avrebbe consentito di valutare la misura del dissenso della Permanente piemontese; Massari si appellò al senso di appartenenza della destra e, nel gioco delle parti, giunse a invocare una sinistra in grado di proporsi come possibile maggioranza alternativa, auspicando la formazione di partiti stabili e ben organizzati sul modello britannico. Rattazzi, viceversa, posto a capo di un raggruppamento instabile alla ricerca di consensi, contrappose alla disciplina dei partiti gli interessi della nazione espressi nel sistema rappresentativo, aprendo la porta al convergere di tutte le dissidenze. In tale clima, lo stesso presidente della Camera, Lanza, scagliò un duro attacco contro la convenzione, con gli occhi di chi intese il provvedimento volto a scardinare l'ordinamento piemontese dello Stato e di allontanarne dal suo vertice gli uomini che l'avevano attuato[43]. Altri, come il torinese Giacomo Dina, non esitarono a insinuare apertamente che il governo volesse favorire la Consorteria toscana. Lanza enfatizzò la dimensione politica del dibattito rivendicando le libertà dei parlamentari e ponendo una questione di leadership nella Destra, contestando decisioni prese «da una frazione di una maggioranza, la quale non si sa da chi sia rappresentata»[44]. Sella portò ulteriori obiezioni economiche alla convenzione e riaffermò il ruolo dello Stato nella promozione dell'industria. Nei loro confronti si rivolse, dunque, l'attenzione della Sinistra – ritenuta da Lanza in grado di costituire un'alternativa di sistema sotto la guida di Rattazzi – in vista di una possibile crisi politica.

Il ministro delle Finanze Cambray-Digny, respingendo le voci di immoralità e corruzione evocate da polemiche giornalistiche, si fece portavoce di una visione che assegnava allo Stato funzioni di vigilanza e di regolazione, opponendosi all'idea che un «Governo si faccia utilmente manifatturiero, agricoltore, industriale»[45]. Né esitò a raccogliere la sfida politica: ricordò come, assieme agli altri «consiglieri della Corona», egli avesse serrato le fila della maggioranza in un momento di pericolo del Paese e invitò a superare le divisioni provocate dagli autorevoli dissidenti piemontesi nella Destra. Menabrea esortò a non vanificare la recuperata credibilità internazionale del regno dopo la crisi dell'autunno 1867 e lo

[43] Lanza a Castelli, 18 luglio 1868, cit. in A. Capone, *op. cit.*, p. 198.

[44] L'intervento di Lanza in AP, CD, *Discussioni*, tornata del 6 agosto 1868, pp. 7969-7983, qui 7972.

[45] *Ivi*, pp. 7988; vedi anche l'intervento di Cambray-Digny del 7 agosto sul preteso "monopolio dell'onestà e della moralità" e sulle divisioni del "partito governativo", *ivi*, pp. 8003-8004.

sforzo compiuto per uscire dall'incertezza economica dello Stato nei minacciati orizzonti della pace europea. Il richiamo alla nascita dello Stato unitario come fattore innovativo nella storia nazionale non contribuì certo a frenare lo strumentale convergere delle opposizioni sul nesso tra la vicenda del Piemonte e quella italiana, rievocato da Rattazzi. Non restò al governo altra strada che ricorrere al sostegno del Terzo partito, oggetto della corriva irrisione di Bertani ai «partiti nascituri».

Decretata la chiusura della discussione, l'8 agosto 1868, Mordini illustrò un ordine del giorno che propose il passaggio alla votazione della legge. Considerato «il malcontento, dal quale è travagliata tanta parte d'Italia, [...] un malcontento assai più amministrativo che politico», il deputato toscano valorizzò le aperture della maggioranza a riordinare lo Stato con maggiori libertà per comuni e province. Mordini ottenne, così, da Cambray-Digny, con il riconoscimento dell'esigenza di riforma e di semplificazione della pubblica amministrazione, l'appoggio al suo ordine del giorno. Messa in votazione nominale la sospensione del provvedimento richiesta dalla Sinistra, essa ebbe il sostegno dei gruppi legati a Sella e Lanza, che si dimise dalla presidenza della Camera dopo aver espresso un voto che implicava la sfiducia al «Consiglio della Corona». Il Ministero, tuttavia, ebbe la meglio con 201 voti contro 182 e 2 astensioni; approvato l'ordine del giorno Mordini e l'articolo unico della convenzione, anche la legge passò a scrutinio segreto. Il Terzo partito dimostrò, dunque, di poter essere il perno degli equilibri di maggioranza, ma scontò politicamente il successo con l'aumento di una duplice pressione esterna. Angelo Bargoni, Cesare Correnti e Giovanni Cadolini votarono a favore del governo con Visconti Venosta e Ricasoli; distaccatisi da Mordini, Nicolò Ferracciu e Stefano Castagnola si schierarono con Depretis assieme a Sella e Lanza, Rattazzi e Crispi. Prioritario divenne per la Sinistra colpire la fragilità programmatica del gruppo di Mordini, separandolo dalla sua tradizione politica. Cambray-Digny, a sua volta, mirò a depotenziare le forze di un manipolo parlamentare in grado di orientare la maggioranza, mentre la lotta interna alla destra alimentava la minaccia di un ministero piemontese sotto una presidenza Rattazzi. Quale prezzo avrebbe pagato il partito moderato per l'avvicinamento di Lanza alla Sinistra? Era più che mai aperta la competizione per delineare un partito della maggioranza in grado di ottenere la doppia fiducia del sovrano e del Parlamento[46].

Il quadro allora delineato costituì il retroterra di conflitti politici che si protrassero nei mesi seguenti. La visione strategica di Mordini si giocò sul

[46] Sul tema F. Rossi, *Saggio sul sistema politico dell'Italia liberale. Procedure fiduciarie e sistema dei partiti fra Otto e Novecento*, Rubbettino, Soveria Mannelli 2001.

filo sottile della scommessa di mantenere l'equilibrio interno al gruppo e di ottenere dagli interlocutori di governo concreti avanzamenti sugli obiettivi convenuti[47]. Era, tuttavia, tangibile la difficoltà del fornire un appoggio esterno alla maggioranza: la Destra, domandò Mordini, sarebbe andata dietro a chi faceva «professione di voler vedere trasformati i partiti?»[48]. L'autunno 1868 trascorse tra le incerte attese del raggruppamento progressista, il prolungarsi del dibattito sul riordinamento dell'amministrazione centrale e provinciale, il puntello politico del Terzo partito al Gabinetto. Cambray-Digny ancora a dicembre parve voler rafforzare il governo con l'eventuale ingresso di Ricasoli e Mordini, per controbilanciare l'ostilità della Permanente.

La fragilità del Ministero Menabrea, peraltro, si era manifestata anche in politica estera: mentre si prospettava la candidatura del duca di Aosta al trono di Spagna, si affacciò il vano tentativo, sostenuto da Vittorio Emanuele II, di realizzare una triplice alleanza con Francia e Austria, nell'ipotesi di un possibile conflitto franco-prussiano. La richiesta italiana dell'autunno 1868 di inserire nel trattato di alleanza la soluzione della questione romana seguì l'esigenza di gestire un tema di politica interna riemerso già nell'estate. Il governo Menabrea, tra le pressioni di politica interna ed esigenze internazionali, si mostrò ancora una volta ondivago di fronte al processo avviato da Pio IX con la pubblicazione della bolla d'indizione del Concilio, il 29 giugno 1868. L'iniziativa papale fu accolta con sospetto dagli Stati europei e in particolare dalle Potenze cattoliche, non invitate all'assise conciliare con un atto che ruppe una tradizione secolare, rafforzando in esse la preoccupazione di mantenere il controllo sulla gerarchia cattolica e sulle popolazioni dei loro Paesi. Da parte sua il Ministero degli Esteri italiano, mentre cercava di rassicurare la Francia per ristabilire le condizioni del ritiro delle sue truppe da Roma, avviò l'ennesimo tentativo per un *modus vivendi* con la S. Sede[49]. Una missione informale si era svolta tra il luglio e il settembre 1868 affidata al diplomatico Alessandro Fé D'Ostiani; la sua partenza da Roma, dopo il rifiuto francese di ritirare le truppe dallo Stato pontificio, fu ancora una volta appresa con rammarico dal cardinal Antonelli e dal papa. I tempi negoziali della diplomazia pontificia non coincidevano con quelli di fragili governi sottoposti a continue pressioni interne ed esterne. In novembre,

[47] Cfr. anche M. Pignotti, *Il "terzo partito" di Mordini e il ministero Cambray-Digny*, in «Rivista di Storia dell'Agricoltura», a. XLIX, 2, dicembre 2009, pp. 123-130.

[48] Mordini a Cambray-Digny, 28 ottobre 1868, cit. in C. Satto, *Dalla rivoluzione al governo*, cit., p. 195.

[49] Cfr. R. Mori, *op. cit.*, pp. 334-339.

peraltro, l'esecuzione delle condanne a morte per l'attentato alla caserma Serristori di Monti e Tognetti, per i quali il re d'Italia sollecitò la grazia, diede un ulteriore colpo alla reputazione dell'instabile Stato Pontificio e suscitò interpellanze nella Camera dei deputati italiana. E le polemiche verso il papato si rinfocolarono nel febbraio 1869 col dibattito politico intorno a una supposta proclamazione dell'infallibilità del pontefice sul potere temporale[50].

Covato all'ombra del confronto sulle riforme, un duro scontro politico esplose nei primi giorni del 1869 con l'entrata in vigore dell'imposta sul macinato, seguita dai tumulti scoppiati nel Paese per la sua impreparata applicazione, soprattutto in Emilia e in Veneto. Se la chiusura dei mulini e le proteste delle campagne, sorte da rabbia e timori, consentirono agli ambienti democratici e cattolici di evocare rispettivamente attese repubblicane e nostalgie paternalistiche, in Parlamento non mancò chi accusò il governo di riscuotere le tasse a fucilate: il ministro dell'Interno Girolamo Cantelli era ricorso all'intervento militare delle truppe di Raffaele Cadorna per sedare i moti di protesta, che provocarono oltre duecento morti e un migliaio di feriti. Un ordine del giorno presentato alla Camera da Ricasoli il 26 gennaio 1869, ancora una volta sostenuto da Mordini, appoggiò infine il Gabinetto, in nome dell'esigenza di affermare la legalità del giovane Stato nella nuova emergenza sociale; tuttavia, l'uno e l'altro criticarono l'incapacità del governo a prevenire le difficoltà e quella dell'amministrazione nel garantire corrette operazioni di riscossione della tassa. Cambray-Digny sollecitò allora un rimpasto di governo per coinvolgere nell'Esecutivo tanto la Permanente quanto il Terzo partito: aperta il 3 maggio una crisi extraparlamentare, Menabrea presentò alla Camera il 14 maggio 1869 un "Ministero di conciliazione", con Luigi Ferraris all'Interno, Minghetti all'Agricoltura, Bargoni all'Istruzione e Mordini ai Lavori pubblici (con Cadolini suo segretario generale)[51]. L'operazione politica, che parve premiare in un primo tempo l'abilità manovriera del re e di Cambray-Digny, presto si rivelò una "vittoria di Pirro": sorto per consolidare un programma di riforme con l'ingresso di uomini che dovevano ampliare la maggioranza, il nuovo Gabinetto fu derubricato a Ministero di transizione dalla forte reazione delle tradizionali componenti dell'opposizione. I nuovi ministri non furono in grado di attrarre nell'area governativa i gruppi parlamentari che avrebbero dovuto rappresentare: Ferraris fu bollato come transfuga

[50] Cfr. C. Pioppi, *Concilio Vaticano I* (1869-1870), in *Storia dei concili ecumenici: attori, canoni, eredità*, a cura di O. Bucci e P. Piatti, Città nuova, Roma 2014, p. 424.

[51] Sul Ministero e sulla reazione della Sinistra, F. Ronchi, *La vita travagliata del terzo ministero Menabrea*, in «Rassegna storica del Risorgimento», 2, 1986, pp. 209-210.

dalla destra piemontese; Mordini e Bargoni, ex garibaldini, isolati dalla Sinistra, abbandonati da Bixio e da «Il Diritto». Del resto, Ricasoli diffidò dell'ingresso al governo del Terzo partito senza la presenza di Correnti.

Invano si cercò d'indebolire i rapporti di Lanza e Sella con l'opposizione meridionale: una sinistra ancora frastornata dall'eco di Mentana, proprio mentre riaffioravano notizie di trame mazziniane tra Milano e Napoli, rafforzò l'asse con i due autorevoli piemontesi, avversari di un Centro governativo intento a colpire le identità di partito per guidare la loro trasformazione. Compattata contro il progetto progressista di Mordini, la Sinistra compensò la minoritaria presenza parlamentare con una vivace mobilitazione politica dell'opinione pubblica: il terreno individuato fu allora la polemica sulla moralità pubblica, orientata contro la convenzione della regìa cointeressata dei tabacchi che era stata occasione dello strappo di Lanza e Sella nell'estate 1868. Sull'episodio si concentrò una campagna giornalistica dal carattere scandalistico, amplificata nel maggio 1869 proprio dalle udienze del processo per diffamazione vinto dagli accusati. In sintonia con gli umori della destra piemontese, l'opposizione della sinistra radicale seguì la tentazione di colpire l'Esecutivo, cavalcando un latente sentire antiparlamentare. La compagine governativa appena sorta si trovò così investita da sospetti di illeciti e speculazioni collegati all'approvazione della legge sulla regìa cointeressata, finché l'intera Camera richiese un'inchiesta per la dignità del Parlamento sui presunti episodi corruttivi, riferibili all'evoluzione filogovernativa di esponenti della Sinistra. Gestita dall'opposizione crispina come questione di moralità e giustizia, un insuccesso della campagna avrebbe rischiato di indebolire anche la leadership di Crispi nel suo partito. In suo soccorso sembrò giungere, con un colpo di teatro, la dichiarazione del deputato Cristiano Lobbia, ex garibaldino e maggiore dell'esercito: il 5 giugno alla Camera egli sostenne di possedere serie testimonianze d'accusa in plichi sigillati, che avrebbe fornito solo alla proposta Commissione d'inchiesta.

Secondo l'auspicio comune, questa commissione fu costituita l'11 giugno 1869 con la presenza di autorevoli componenti degli schieramenti parlamentari (tra gli altri Biancheri e Pisanelli, Cairoli e Zanardelli). La notte precedente la prevista relazione di Lobbia alla Commissione, tra il 15 e il 16 giugno, egli fu ferito (sebbene si parlò presto di "assassinio") in un oscuro attentato, la cui notizia colorò di cronaca criminale l'*affaire* politico: l'impatto emotivo provocato fu presto utilizzato in chiave antiministeriale dalla stampa, a partire da «La Riforma». In un surriscaldato clima politico, il 12 luglio la Commissione d'inchiesta all'unanimità, infine, scagionò tutti gli inquisiti. Tuttavia non ebbero tregua le polemiche sulla regìa cointeressata, che non mancarono di gettare ombre anche su

Casa Reale. Prese forma a settembre l'incriminazione dello stesso Lobbia per la sospetta simulazione del tentato delitto, dando il via a una vicenda politico-giudiziaria che esacerbò i contrapposti schieramenti. I conflitti interni al composito Gabinetto sull'attitudine da tenere in ottobre portarono alla sostituzione dei ministri dell'Interno, Luigi Ferraris, con il deputato siciliano Rudinì, e della Giustizia, Michele Pironti, con il senatore Paolo Onorato Vigliani. Alla riapertura della Camera, il 18 novembre 1869, toccò a quest'ultimo leggere il discorso della Corona, mentre il re era convalescente da una malattia[52]. Due giorni prima Lobbia era stato condannato dal tribunale: la richiesta sull'autorizzazione a procedere nella Camera continuò a diffondere le tossine dello scontro, destinate a riemergere a ogni passo successivo di un lungo itinerario processuale. Sebbene presto altri avvenimenti richiamassero l'attenzione dell'opinione pubblica, lo sconquasso provocato dall'uso politico-giudiziario della vicenda ne fece nel corso degli anni un episodio paradigmatico dell'intreccio tra affari, mondo politico e interessi occulti, alimentando narrazioni contrapposte che deturparono il profilo eroico della classe dirigente risorgimentale[53].

Nell'immediato, comunque, l'evoluzione politica non premiò la Sinistra, sebbene il Gabinetto fosse ormai impopolare. Il 19 novembre, candidato dalle opposizioni, riuscì eletto presidente della Camera proprio Lanza, diventato simbolo della resistenza parlamentare alla regìa cointeressata. Rattazzi condusse la Sinistra a proporre il nome dell'esponente della Destra come l'unico possibile per ottenere un successo sul candidato governativo, ma dietro le quinte l'iniziativa ruotò intorno a Michelangelo Castelli, «padre nobile dei deputati subalpini»[54]. L'esito non troppo paradossale della rovente estate politica fu presto evidente quando la risoluzione della crisi originata da un voto parlamentare per la prima volta produsse un cambiamento di governo nella storia del Regno d'Italia. Infatti, a seguito del voto Menabrea rassegnò le dimissioni nelle mani del re: escluso il reincarico e allontanato lo scioglimento della Camera, il 23 novembre il sovrano sondò la disponibilità dello stesso Lanza, appena giunto a Firenze, a formare un nuovo Gabinetto. Poco dopo, insediandosi alla presidenza della Camera, richiamato il "significato politico" della sua elezione a 15 mesi dalle dimissioni, Lanza sostenne la necessità di rispondere alle esi-

[52] R. Ugolini, *La malattia di Vittorio Emanuele nel 1869*, in «Rassegna Storica del Risorgimento», 1, 1978, pp. 3-10.

[53] Cfr. A. Arisi Rota, *1869: il Risorgimento alla deriva: affari e politica nel caso Lobbia*, il Mulino, Bologna 2015.

[54] C.M. Fiorentino, *La crisi del novembre-dicembre 1869 e la formazione del ministero Lanza-Sella*, in *La moralità dello storico*, cit., p. 126.

genze poste dai «voti ardenti del popolo italiano: l'assetto della finanza e delle pubbliche amministrazioni»[55]. Chiedendo di procedere concordi in tale via per sostenere la «fortuna privata e pubblica», nonché il credito dello Stato e le stesse istituzioni parlamentari, forse Lanza già pensava agli alleati necessari a costituire il Gabinetto: eccetto l'enfatizzato cenno alla «rappresentanza nazionale», equilibrato dal richiamo ai fausti eventi della famiglia reale, egli delineò un orizzonte politico non molto diverso dai precedenti governi. Certo, il presidente della Camera intese utilizzare distinti strumenti, insistendo sulle economie da realizzare nel settore dell'esercito e della marina; un indirizzo che impattava sul rapporto tra Corona, Esecutivo e Parlamento. In tale prospettiva va letta la contrarietà di Lanza ai nomi di Mordini, Bargoni e Rudinì suggeriti dal re per comporre il governo; anzi, il presidente della Camera chiese e ottenne dal sovrano di allontanare da Casa Reale gli ex ministri Menabrea, Cambray-Digny e Gualterio, considerati a capo di un partito di corte.

Il percorso intravisto da Lanza, peraltro, conduceva a una coalizione di Centro Destra, escludendo un Centro Sinistra considerato da Visconti Venosta prologo al ritorno di Rattazzi. L'idea di costituire un forte partito di maggioranza spinse Minghetti a favorire un accordo con Sella, richiesto da Lanza per governare le necessarie economie. Il timore di un governo Rattazzi restò il perno politico di tutta la crisi: decisivo per convincere a ricompattare la destra contraria ad alleanze con l'opposizione; determinante per superare le resistenze del generale Govone a tentare la mediazione per una riduzione delle forze militari che Vittorio Emanuele II ritenne impossibile. Il 3 dicembre, così, le resistenze del sovrano ai tagli nel bilancio della Difesa convinsero Lanza a rimettere il mandato. Il giorno dopo Cialdini ebbe l'incarico di tentare un nuovo governo. Quale che fosse la «commedia ministeriale»[56] impostata, l'ombra del 1867 aleggiò sull'iniziativa: nel rinunciare al coinvolgimento di Mordini, per il suo comportamento nella crisi di due anni prima; nel riallacciare i rapporti con Bixio, Depretis e Correnti; nella difficoltà a coinvolgere Sella. Dopo alcuni colloqui col re, in cui accennò un'iniziale apertura, infatti, il Biellese finì per condividere l'opposizione di Chiaves, deputato della Permanente, che accusò Cialdini di rinunciare a porre la contropartita di Roma nelle trattative con Napoleone III per una possibile intesa italo-franco-austriaca. Con l'indisponibilità di Sella declinò non solo l'ipotesi di un governo Cialdini, ma anche la prospettiva di un'intesa Minghetti-Mordini.

[55] L'intervento di Lanza in AP, CD, *Discussioni*, tornata del 23 novembre 1869, p. 19.
[56] Così Sella ripreso in C.M. Fiorentino, *La crisi*, cit., p. 145.

Sondato da Vittorio Emanuele II, fu ancora Minghetti a suggerire un incarico a Sella, cui l'8 dicembre 1869 comunicò il mandato del re. Di fronte alla posizione della Corona che avrebbe considerato un rifiuto la prova di un «partito piemontese [...] congiurato per impedire qualsiasi governo»[57], Sella accettò ribadendo la propria fedeltà a Casa Savoia e ponendo alcune condizioni. Consultati esponenti non solo della Destra, ma anche del Centro e della Sinistra moderata come Castagnola e Depretis, Sella scrisse a Lanza di volerlo nel Gabinetto e nello stesso tempo, l'11 dicembre, dichiarò di accettare l'incarico. Solo allora il re formalizzò le dimissioni di Menabrea, accogliendo la compagine ministeriale proposta ed evitando l'ennesimo conflitto con la Camera: «en politique – scrisse Vittorio Emanuele II – on fait comme on peut»[58]. Con questa espressione di realismo politico, tuttavia, egli marcò la fine di un biennio in cui le fratture interne alla Destra e alla Sinistra avevano posto in primo piano l'iniziativa della Corona, periodo «culmine del controllo della politica da parte del sovrano»[59].

3. Il governo Lanza-Sella: la sorte politica si gioca ancora su Roma

Nel rinnovato confronto tra "rappresentanti della nazione" e monarca, la competizione liberale tornò a offrire spazi di manovra alla ricerca di nuovi equilibri. L'indisponibilità a partecipare al governo di esponenti della Sinistra, già pentita delle intese passate, facilitò il coinvolgimento nell'Esecutivo della Destra lombarda che espresse i ministri Gadda e Visconti Venosta: li unì lo spettro di un fallimento che potesse aprire le porte al ritorno di Rattazzi, che invano tentò di riaccreditarsi a Parigi pur mantenendo contatti con gli ambienti mazziniani. Sella offrì a Lanza la presidenza del Consiglio; in seguito, ne rafforzò il ruolo accogliendo la richiesta di coinvolgere Castagnola accanto agli esponenti della Destra "pura" (il siciliano Matteo Raeli e i due ministri lombardi) e gli affidò anche il dicastero dell'Interno. Intanto i lavori parlamentari erano gestiti con difficoltà dal vicepresidente della Camera Cairoli, in un dibattito disseminato da nervose provocazioni della Sinistra per intralciare la formazione del governo: ora polemizzando sulle nomine di oltre duemila sindaci, ora protestando per lo scioglimento a Napoli della simbolica e caotica

57 Vittorio Emanuele II a Sella, 9 dicembre 1869, *ivi*, p. 148.

58 Vittorio Emanuele II a Vimercati, 11 dicembre 1869, *ivi*, p. 154.

59 P. Gentile, *L'ombra del re. Vittorio Emanuele II e le politiche di corte*, Carocci, Roma 2011, p. 279.

adunanza di un "anticoncilio" radunata a fronte dell'apertura solenne, l'8 dicembre 1869, del primo Concilio Vaticano, con l'intervento di centinaia di padri conciliari provenienti da tutto il mondo a Roma, proprio mentre si avviava a risoluzione la crisi ministeriale italiana. La Sinistra fu costretta ad accettare per "patriottismo" il Gabinetto di *Lanza al fianco di Sella*, come intitolò «La Riforma» il 17 dicembre 1869: un "governo onesto", avverso al "sistema", chiamato a varare provvedimenti per il pareggio del bilancio. Intorno a questo *porro unicum*, la Destra era pronta a sfidare le sinistre[60].

Il governo di Sella e di Lanza, infine, fu presentato alla Camera il 15 dicembre 1869. Lanza parlò a nome di entrambi, senza entrare in un completo programma di politica estera e di politica interna, ma soffermandosi su due urgenti aree d'intervento: l'amministrazione interna e la finanza pubblica. Se per la riforma amministrativa si doveva procedere con cautela, i provvedimenti finanziari furono presentati come vitali e altamente politici. In tale prospettiva Lanza si pose nel solco dei governi precedenti, che dal 1866 avevano anteposto alle divisive tematiche di politica estera l'appello a uno sforzo unitario per il risanamento economico. Lanza non promise il pareggio del bilancio, ma la riduzione del suo disavanzo, grazie a tasse ed economie (specie in ambito militare) che la conseguita unità e indipendenza dell'Italia consentivano di realizzare. Seguì l'intervento di Sella, non per pronunciare un atteso e parallelo discorso, ma solo per preannunciare come ministro delle Finanze le leggi sui bilanci del 1870 e sull'esercizio provvisorio. Lungi dall'essere frutto di una precisa progettualità, ma compromissorio esito dei complessi rapporti del re con le componenti della Destra liberale, il gabinetto Lanza-Sella non chiuse, ma riaprì la competizione politica per il governo della maggioranza. Con il declino dell'astro di Rattazzi come guida verso il governo della Sinistra, ricacciata nei dubbi di un'opposizione identitaria, la ricerca delle combinazioni ministeriali nella Destra fece tramontare anche la stagione di Mordini e del Terzo partito come perno degli equilibri parlamentari. La formazione del governo, pur affidata al non facile rapporto tra Sella e Lanza, parve spazzare via le proposte di trasformazione delle aggregazioni parlamentari avanzate dopo il 1867, secondando il ricomporsi di fratture interne alla Destra e alla Sinistra. Il poco amato ma necessario dialogo tra schieramenti fu posto nelle mani di Sella, consentendo al governo di aprire o di chiudere le porte alla Sinistra.

Dopo le aspettative seguite all'apertura del canale di Suez nel novembre 1869, l'auspicata pace in Europa – da Lanza ritenuta solidamente

[60] A. Berselli, *Il governo della Destra. Italia legale e Italia reale dopo l'Unità*, il Mulino, Bologna 1997, pp. 46-48.

affidata alla determinazione dei governi, dell'opinione pubblica e dei popoli – nel corso dell'anno entrò in una grave fase critica. In Italia le implicazioni di tale processo furono presto evidenti, risollevando una questione mai sopita, ma volutamente espunta dal discorso programmatico del presidente del Consiglio per le sue gravi implicazioni sull'indirizzo di governo: portare a Roma la capitale del regno. Finché resse un'instabile pace, il ministro Visconti Venosta ripropose una politica di attesa, ma non di rinuncia: per lavorare a ottenere lo sgombro dei francesi da Civitavecchia, egli avrebbe desiderato che della questione romana si parlasse il meno possibile, come già Ricasoli nell'autunno 1866. Il ministro degli Esteri, tuttavia, si comportò con maggiore coerenza rispetto ad allora; considerando il Paese bisognoso di una qualche tregua politica e ricordando la lezione di Mentana, egli considerò da evitare qualsiasi negoziato con Parigi o Roma che offrisse modo di sollevare un dibattito pubblico a una opposizione che, ancora timida nei confronti del governo, teneva anch'essa il silenzio sulla questione. Lo scenario non mutò nei mesi seguenti, ricercando il governo italiano una posizione diplomatica nello scacchiere internazionale che legittimasse eventuali iniziative nel successivo autunno: il deteriorarsi dei rapporti tra la S. Sede e la Francia, che parve minacciare il ritiro delle truppe dallo Stato Pontificio a seguito del dibattito conciliare sulla infallibilità, poteva consentire all'Italia maggiore libertà dal governo imperiale francese, ora criticabile per la messa in discussione dell'impegno assunto con la Convenzione di settembre. Mentre il Concilio Vaticano I entrava nel vivo delle sue discussioni – ben note al Regno d'Italia che si astenne da qualsiasi intervento, a differenza di Francia, Austria, Baviera e Prussia – Visconti Venosta delineò il piano del governo per negoziare, con adeguati margini di manovra, il processo per giungere a Roma nelle condizioni poste dall'evoluzione degli scenari europei.

La Camera dei deputati, riconvocata solo nel marzo 1870, si trovò ad affrontare i problemi della manovra finanziaria, per poi discutere a maggio la riduzione del bilancio dell'esercito e lo sviluppo delle ferrovie alpine dopo la convenzione di Berna del 15 ottobre 1869; nello stesso mese un regio decreto insediava un comitato d'inchiesta industriale per comprendere lo stato dell'economia italiana. L'opinione pubblica nazionale, intanto, scossa da uno scandalo sui legami tra banche e usura a Napoli, fu turbata dalle trame insurrezionali mazziniane e dall'agitazione di un movimento repubblicano che si manifestò in tutta la penisola, come nel tentativo di rivolta del 24 marzo 1870 nelle caserme di Piacenza e Pavia, in cui fu arrestato il ventenne caporale Pietro Barsanti, poi in maggio condannato a morte dal tribunale. A fronte del riemergere del pericolo repubblicano e dei declinati timori di dogmatizzazione del potere temporale, il governo si mostrò fermo nella difesa delle istituzioni nazionali. In tale quadro, la consapevolezza del ruolo della cultura cattolica nelle famiglie italiane lo spinse a ribadire il rispetto dei diritti di tutti i cittadini e del principio di libertà religiosa. Lo spostamento del confronto con il mondo cattolico dal piano politico a quello morale corrispose alla speranza, nutrita dalla classe dirigente moderata, di recuperare i cattolici a un partito conservatore, considerando anche gli orientamenti che nel marzo 1870 parvero filtrare da «La Civiltà Cattolica»:

Diagli la Chiesa un cenno anche indiretto, per quale gli mostri essergli lecito aderire a un certo ordine di cose – scrisse la rivista dei Gesuiti – e il buon cattolico sarà costituzionale, repubblicano, monarchico, unitario, federalista, quel che vorranno le condizioni del suo Paese. D'altra parte la Chiesa mai non ha fatto questione di forma di governo; né mai si è mostrata difficile e ritrosa a passar sopra ed a tollerare tutto il possibile. E questo è appunto il motivo per cui la Chiesa e i cattolici fioriscono sotto tanto diversi governi[61].

Perché potesse prendere forma un prospettato «partito degli onesti, che in Italia non vuol dire altro che il partito dei cattolici», il governo parve assumere un mutato atteggiamento[62]. Il protrarsi dell'azione di bande armate repubblicane promosse da Mazzini in Svizzera, come quella guidata da Giuseppe Nathan arrestato in giugno, pose in difficoltà la Sinistra legataria e favorì l'avvicinamento ministeriale ai cattolici, anche alla luce dell'incerta politica francese per le frizioni tra governo e Parlamento.

Nella prima settimana del luglio 1870, tuttavia, proprio le connessioni tra politica interna della Francia e la sua opposizione alla candidatura del principe Leopoldo Hohenzollern-Sigmaringen al trono di Spagna provocarono una svolta nei rapporti diplomatici con l'Italia, che rivendicò con maggiore peso il ritiro delle truppe francesi da Roma in applicazione della Convenzione di settembre. Coerente con la strategia scelta all'inizio del Ministero, Visconti Venosta posizionò il governo accanto alle altre Potenze impegnate a offrire buoni uffici per il mantenimento della pace in Europa. Sondando di continuo l'atteggiamento britannico a favore della neutralità, egli operò, così, una svolta nei rapporti italo-francesi aumentando il proprio potere negoziale con una Francia che riscopriva l'Italia come possibile alleata in chiave antiprussiana. A tal fine, facendo valere

[61] *I conservatori in Italia*, in «La Civiltà Cattolica», XXI (1870), vol. 7, fasc. 481, pp. 35-44, qui p. 43.

[62] *Ivi*, p. 36.

anche un'opposizione interna favorevole ai diritti dei popoli e contraria alla guerra, all'inizio di luglio Visconti Venosta con Sella e Lanza frenò le iniziative del re per un trattato con l'Austria accanto alla Francia che non contenesse espliciti rinvii a interessi diretti per l'Italia. Quando il 15 luglio in Francia si annunciò la dichiarazione di mobilitazione delle truppe per l'ormai inevitabile conflitto con la Prussia, preparato dall'abile politica di Bismarck che si era assicurato l'appoggio della Baviera e degli altri Stati germanici, Visconti Venosta fece sapere a Vienna che la semplice attuazione della Convenzione di settembre non era per l'Italia ormai una condizione affatto sufficiente a negoziare un accordo[63]. Declinata una proposta di mediazione italo-austriaca nell'imminente conflitto, aumentarono le pressioni del re per una triplice alleanza italo-franco-austriaca. In tale clima non mancarono frizioni nell'Esecutivo e tra questo e gli ambienti della Corte, né ipotesi di dimissioni e rimpasti o schermaglie alla Camera. Il gabinetto Lanza-Sella seppe tuttavia muoversi nella neutralità puntando a un rinvio delle decisioni, sostenuto dall'esplorazione dell'attitudine inglese e austriaca, per ottenere garanzie nel dopoguerra e un diffuso consenso internazionale.

La dichiarazione di guerra della Francia alla Prussia, il 19 luglio 1870, giunse l'indomani della solenne approvazione al Concilio Vaticano I dell'infallibilità pontificia quando il papa si esprime *ex cathedra*: un passaggio importante nella strategia vaticana per unire le popolazioni alla Chiesa di Roma, in un percorso di "detemporalizzazione" che accompagnò il rilancio conciliare del ruolo spirituale del papato nel mondo[64]. In tale chiave si inserì anche il passo fatto il 22 luglio da Pio IX presso Guglielmo I e Napoleone III, con una proposta di mediazione quale «vicario in terra del Dio della pace», mediazione «di un sovrano che non può destare gelosia nella sua qualità di Re, atteso la grande ristrettezza del suo territorio; ma può bensì meritare fiducia per la sua morale e religiosa rappresentanza»[65]. L'iniziativa pontificia evidenzia la distanza che ormai separava Roma da Parigi, ma anche il non troppo paradossale avvicinarsi diplomatico a Firenze, che ora chiedeva anche all'Austria il via libera a sostituire la guarnigione francese con una italiana nel garantire l'indipen-

[63] Visconti Venosta a Artom, Firenze, 15 luglio 1870, DDI, serie I, vol. 13, Liberia dello Stato, Roma 1963, p. 89 e p. 147.

[64] Sull'ingresso nella storiografia di tale tema, sollevato con diversi profili da G. Siegwalt, F. Jankowiak e G. Dalla Torre, vedi A. Ciampani, *Una nuova stagione storiografica per il Concilio Vaticano I*, in «Ricerche di Storia Politica», 3, 2021, pp. 315-330.

[65] *Pio IX e Vittorio Emanuele II dal loro carteggio privato (1864-1879)*, III, parte II, *I documenti*, a cura di P. Pirri, PUG, Roma 1961, p. 231.

denza del papa da mazziniani e garibaldini. A fine di luglio, l'esigenza di Napoleone III di avere disponibili tutti i soldati aprì le porte al richiamo in patria del contingente francese presente negli Stati pontifici. Minghetti, che alla Camera aveva ricordato di evitare la situazione di Mentana, si recò in missione a Parigi e Londra per conto di Visconti Venosta; all'inizio di agosto il costituito Corpo d'Esercito d'osservazione nell'Italia centrale venne mobilitato a guardia della frontiera pontificia, mentre nelle settimane seguenti le truppe francesi si concentrarono a Civitavecchia per rientrare in patria.

Il ministro degli Esteri italiano giocò una complessa partita a scacchi con l'azione diplomatica del sovrano, con gli equilibri politici parlamentari e con l'opinione pubblica, ponendo le condizioni di un «interesse nazionale immediato» per mutare la posizione di una politica estera rivolta alla pace per sostenere «la quistione di Roma [...] col prendere una buona e forte posizione nel concerto europeo»[66]. La pressione russa sull'attitudine austriaca e, soprattutto, l'accordo completo con la Gran Bretagna rafforzarono l'azione del governo italiano. L'incertezza del conflitto e il profilarsi di una vittoria prussiana negli scontri che si protrassero nell'agosto cambiarono gli umori dell'opinione pubblica e modificarono gli scenari. Bismarck, ritenuto complice di comitati mazziniani e garibaldini che imbarazzavano il governo italiano, per neutralizzare la diplomazia francese già il 9 agosto fece sapere al re e a Visconti Venosta che se l'Italia avesse voluto andare a Roma non sarebbe stata impedita dalla Prussia. Così il ministro degli Esteri italiano chiese al suo ambasciatore a Berlino di informarsi se il Governo prussiano non avesse «obbiezione a che, il caso occorrendo, la questione romana abbia una soluzione conforme ai voti e agli interessi dei Romani e dell'Italia e tale da dare guarentigia all'indipendenza spirituale del Capo della Chiesa»[67]. Visconti Venosta delineò fin dall'11 agosto i termini di una linea politica per l'azione futura, considerando sulla base di una realistica visione politica il prevalente interesse della diplomazia europea alla conservazione dell'ordine alla fine del conflitto[68]. Confermata l'attitudine prussiana nei confronti del Vaticano, il disegno diplomatico del Regno d'Italia era ormai predisposto, come indicò il richiamo da Vienna dell'inviato del re che aveva lavorato per la triplice alleanza e il rientro da Parigi di Minghetti in vista del dibattito da tenersi alla Camera dei deputati.

[66] Visconti Venosta a Nigra, Firenze, 4 agosto 1870, DDI, serie I, vol. 13, cit., p. 253.
[67] Visconti Venosta a De Launay, Firenze, 11 agosto 1870, *ivi*, p. 308.
[68] *Ivi*, p. 311.

Una volta presa nella prima decade di agosto «la decisione di andare a Roma», si aprì una complessa partita sulla sua gestione politica, sul come e sul quando attuarla: «se vi fu divergenza tra Sella da un lato e Lanza e Visconti Venosta dall'altro – ricorderà il ministro Gadda – questa divergenza riguardò il momento opportuno da scegliere per invadere lo Stato pontificio»[69]. Visconti Venosta mirava a ottenere un mandato a occupare Roma che legittimasse il Regno d'Italia; nello stesso tempo, egli teneva conto anche dell'attitudine vaticana, nei suoi riflessi politici nazionali e internazionali (come emerse già dalle iniziative del ministro Correnti in contatto con Propaganda Fide). Non era necessario di provocare un isolamento diplomatico del pontefice, già emerso fin dall'indizione del concilio, che ne fu più effetto che causa. La proclamazione del dogma dell'infallibilità pontificia il 18 luglio 1870, aveva confermato la tendenza della S. Sede a rafforzare maggiormente il legame con i popoli piuttosto che con gli Stati; anche questo indusse i liberali moderati a coinvolgere l'opinione pubblica italiana e non turbarla. Mentre si protraevano le iniziative per chiedere la grazia per Barsanti, del resto, si strinse la sorveglianza su possibili movimenti di Ricciotti Garibaldi verso il napoletano e, soprattutto, sul moto insurrezionale repubblicano in Sicilia, collegato ad alcuni ambienti massonici tramite il giovane Camillo Finocchiaro Aprile. Accorso a Palermo nel vano tentativo di animare l'iniziata, Mazzini vi fu arrestato, per essere poi incarcerato nel forte di Gaeta il 14 agosto. Il giorno seguente al Corpo d'Osservazione dell'Italia centrale si diedero istruzioni per impedire l'irruzione di bande armate nello Stato Pontificio ed eventuali insurrezioni lungo il suo confine. In questo quadro si collocò l'incontro a Firenze, negli stessi giorni, di Visconti Venosta con mons. Lorenzo Randi, governatore di Roma e capo della polizia pontificia, con il probabile obiettivo di rassicurarlo sulla desistenza italiana a provocare moti rivoluzionari interni al centro della cattolicità, elemento molto caro alla diplomazia vaticana e alla strategia pontificia, nell'ambito di riservati contatti sull'evolversi degli eventi[70].

Riconvocata la Camera il 16 agosto, l'allineamento tra Vittorio Emanuele II e il responsabile degli Esteri si concentrò sulla risposta da dare al voto dei romani di aderire al Regno d'Italia, individuata come chiave di volta della linea governativa per affrontare un dibattito pubblico avviato con veemenza da una interpellanza di Mancini, già avvocato difensore del

[69] Cfr. C.M. Fiorentino, *La questione romana intorno al 1870*, Archivio Guido Izzi, Roma 1997, p. 40.

[70] *Ivi*, p. 25; ora anche Id., *Coulisse della diplomazia. L'Italia, la guerra franco-prussiana e la presa di Roma*, in «Nuova Storia Contemporanea», 3, 2022, pp. 38-39.

giovane Barsanti. Al prevedibile invito della Sinistra a non indugiare sulla strada di Roma, Visconti Venosta replicò confermando la scelta di non impegnare il governo fuori del rispetto del concerto europeo e dei trattati, lasciando tuttavia aperta la via alle eventualità da quelli non contemplate, che non potevano regolarsi *a priori*. Fu Lanza a chiedere la fiducia alla Camera dei deputati il 20 agosto, dichiarando che il Gabinetto, come rappresentante della nazione, avrebbe saputo «approfittare di tutte le opportunità e di tutte le contingenze politiche» per poter arrivare a sciogliere il nodo di Roma. Più direttamente, anche Sella reclamò la «pienissima fiducia dal Parlamento» assicurando l'opera del governo alla «soluzione della questione romana secondo le aspirazioni nazionali»[71]. Proseguendo nel gettare ponti con la Sinistra, egli conseguì su tale espressione il pieno successo di un ordine del giorno della Camera dei deputati che approvò l'indirizzo politico del Ministero (214 voti contro 152 e 12 astensioni); al Senato, camera di nomina regia e moderata, il 24 agosto il Gabinetto ebbe solo due voti contrari.

Nel breve periodo intercorso tra le due votazioni la Sinistra avvertì l'esigenza di non farsi togliere l'iniziativa su Roma: insoddisfatti per i toni diplomatici usati dal ministro degli Esteri, Bertani, Cairoli, Crispi, Fabrizi e Rattazzi minacciarono eclatanti dimissioni collettive dei deputati della Sinistra parlamentare se il governo non avesse chiarito le sue posizioni. L'intervento di Sella, che si recò da loro a Palazzo Vecchio, impegnò la propria autorevolezza, grazie ai precedenti rapporti e al ruolo tenuto nel governo, per consentire una sospensione dell'iniziativa. Il passo ebbe subito conseguenze politiche: sottolineò le capacità manovriere del Sella e il valore politico della sinistra. Mostrò di dolersene la stampa della Destra che, dopo aver plaudito al dibattito parlamentare, lesse nel passo del ministro delle Finanze un depotenziamento del ruolo politico di Visconti Venosta. In questo clima, il giorno seguente al Consiglio dei ministri del 24 agosto fu prorogata la sessione della Camera (che vanificò l'eventuale prova di forza sulle dimissioni) e il 27 agosto seguì la fucilazione di Barsanti. Tra echi di antichi timori e polemiche interne alle frazioni del liberalismo, tornavano a competere – ma non a elidersi – la politica dei fatti compiuti e quella del rafforzamento delle istituzioni monarchico-costituzionali.

Con il sostegno del voto parlamentare e della stessa pressione politica dell'opposizione, il governo sondò le corti europee per ottenere consensi alla presa di Roma e diramò una circolare ai rappresentanti italiani all'estero per riepilogare le ragioni dell'ormai necessaria «solution définitive de la question romaine». Le notizie della drammatica sconfitta francese

[71] AP, CD, *Discussioni*, tornata del 20 agosto 1870, p. 4094.

a Sedan, il rapido susseguirsi della caduta del secondo Impero e la nascita della Terza Repubblica in Francia, accelerarono il processo avviato e favorirono il convergere dei diversi orientamenti in competizione per conseguire il medesimo obiettivo. La decisione operativa di entrare nello Stato Pontificio a condizione di garantire la sicurezza del papa, presa dal Consiglio dei ministri del 5 settembre e sostenuta con una nuova circolare ai rappresentanti diplomatici all'estero, non trovò ostilità nel concerto europeo: da ultimo il 10 settembre 1870 il nuovo ministro degli esteri francese Jules Favre dichiarò che la Francia avrebbe lasciato fare «avec sympathie»[72].

Tenuto Mazzini agli arresti, voltosi Garibaldi alle sorti della Francia repubblicana, ai responsabili della politica italiana parve giunto il momento di superare le restanti frizioni e di poter occupare Roma, dove i padri conciliari ancora il primo settembre avevano tenuto una congregazione generale. Riconfermato Lanza presidente del Consiglio, dopo gli scontri col sovrano sulla nomina del generale Cesare Ricotti Magnani al posto del dimissionario Govone al Ministero della Guerra, Vittorio Emanuele II concordò con l'Esecutivo una lettera a Pio IX. In essa il «re cattolico e re italiano» con il linguaggio della diplomazia descrisse l'occupazione dello Stato Pontificio come volta a tutelare il papa dal «partito della rivoluzione cosmopolita», così che, benevolo verso la sua patria, «il capo della cattolicità, circondato dalla devozione delle popolazioni italiane conservasse sulle sponde del Tevere una sede gloriosa e indipendente da ogni umana sovranità»[73]. Un'espressione, questa, destinata a diverse interpretazioni, ora estensive, ora restrittive: allora permise a tutte le parti, confermate nelle loro posizioni, di ricercare spazi per attenuare un conflitto dalle molteplici implicazioni morali e politiche. La missiva affidata da Lanza al senatore Gustavo Ponza di San Martino, leader della Permanente sgradito a Visconti Venosta, fu consegnata all'anziano pontefice il 10 settembre. Nelle mani del suo destinatario quella lettera, comunque stesa con lo sguardo rivolto all'opinione pubblica nazionale e internazionale, non tardò a manifestare le sue gravi implicazioni: talora inaccettabili, per un papa che cercava maggiore indipendenza dagli Stati, nell'attribuire a Vittorio Emanuele II «il dovere di prendere in faccia all'Europa ed alla Cattolicità la responsabilità di mantenere l'ordine e la sicurezza della Santa Sede»; talora irritanti (se

[72] H. Heyriés, *La France et la prise de Rome*, in *La Breccia di Porta Pia. Raccolta di Studi nel 150° anniversario (1870-2020)*, a cura di F. Anghelone, P. Piatti, E. Tirone, Lev, Roma 2022, p. 122.

[73] Cfr. Vittorio Emanuele II a Pio IX, Firenze, 8 settembre 1870, DDI, serie I, vol. 13, cit., pp. 491-492.

non minacciose) nel descrivere «fomite di agitazioni e di pericoli evidenti» per il pontefice «le condizioni d'animo delle popolazioni» in uno Stato che lo stesso Ponza di San Martino descrisse tranquillo, tanto privo di agitazioni quanto di preparativi contro un'invasione. Nel rapporto spedito da Roma al presidente del Consiglio Lanza il 10 settembre, soddisfatto per aver compiuto un atto utile alla diplomazia e alla narrazione pubblica, Ponza di San Martino espresse alcune rilevanti considerazioni. In primo luogo, registrò come in Vaticano i dubbi sulle decisioni italiane ruotassero intorno al rispetto di eventuali «patti formulati» nel succedersi di governi e maggioranze; si evidenziò così una questione d'ampio respiro intorno alle modalità delle garanzie offerte, che rinviava al nodo istituzionale del rapporto tra Corona, Esecutivo e Parlamento nel Regno d'Italia. In secondo luogo, egli ricordò i contatti avuti con gli ambienti romani filoitaliani, cui consigliò di non esporsi a pericoli con dimostrazioni, lasciando intravvedere come l'abbandonata ipotesi insurrezionale fosse funzionale a una forte legittimazione popolare seguente all'occupazione. Inoltre, riferì voci sulla «seria resistenza» di truppe pontificie, soprattutto zuavi, disposte a battersi «anche malgrado che ricevessero ordini in contrario». Il cenno sottolineò, per contro, l'impressione di un papa addolorato nel leggere l'attesa lettera dell'iniziativa italiana su Roma, che pur inevitabile egli non avrebbe riconosciuta legittima; il suo «raccapriccio per le carneficine francesi e prussiane», peraltro, parve tale da lasciar sperare una debole resistenza militare[74].

Pio IX in effetti fece di tutto perché si riconoscesse l'atto di violenza che stava per compiersi, considerandosi custode e non proprietario del patrimonio petrino; egli intese, comunque, evitare che la fine del potere temporale potesse compiersi con una pur simbolica rivolta dei romani o con un sanguinoso dramma per la popolazione italiana. Una posizione non solo umanitaria, ma anche politica del capo della Chiesa universale, già impegnato a sottolineare le priorità delle prerogative spirituali su quelle temporali del "sovrano pontefice"; una scelta non facile da comprendere per i volontari ultramontani accorsi a difesa del potere temporale e da far accettare all'onore militare di ufficiali di carriera. Dopo aver dato breve riscontro alla lettera del re respingendo i principi in essa contenuti, il papa diede istruzioni perché il corpo diplomatico si stringesse attorno a lui in Vaticano al momento dell'occupazione. Il 14 settembre la direttiva pontificia fu fissata negli ordini che il papa fece recapitare al generale Kanzler, comandante le truppe pontificie, perché la difesa dovesse «unicamente

[74] Ponza di San Martino a Lanza, Roma, 10 settembre 1870, DDI, serie I, vol. 13, cit., pp. 520-522.

consistere in una protesta atta a costatare la violenza, e nulla più; cioè pochi colpi da tirarsi contro il nemico». Pio IX aggiunse, confermando le notazioni di Ponza di San Martino: «In un momento in cui l'Europa intiera deplora le vittime numerosissime, conseguenza di una guerra fra due grandi Nazioni, non si dica mai che il Vicario di G. C. quantunque ingiustamente assalito, abbia ad acconsentire ad un grande spargimento di sangue»[75]. Prima, comunque, che giungesse a Firenze la risposta del papa, il 10 settembre fu deliberato l'ingresso delle truppe italiane nel territorio laziale, che nei giorni seguenti non trovarono un pur ipotizzato simulacro di resistenza, avendo il papa voluto che le truppe pontificie ripiegassero in Roma. Poco dopo le cinque del mattino del 20 settembre 1870 iniziò il bombardamento di alcuni punti strategici delle mura romane. In mattinata, intorno alle dieci, una bandiera bianca fu issata sulla cupola di San Pietro; in serata furono stabilite le condizioni di capitolazione. Vi fu dunque una resistenza simbolica, sebbene non priva di vittime, nessun interno moto popolare contro il papa.

La conquista di Roma e la fine dello Stato Pontificio costituirono un passaggio importante per la storia del Regno d'Italia. Il suo tratto epocale rinvia a un processo storico d'ampio respiro, che va ben oltre le sorti politiche della penisola italiana cui si sovrappose. Il ventennio che precede il definitivo tramonto del potere temporale e il conseguimento di Roma capitale d'Italia coincise col progressivo svuotarsi del principio dell'equilibrio prequarantottesco sotto l'affermarsi di una realpolitik che sostenne la nascita dello Stato nazionale tedesco e il consolidamento dell'imperialismo britannico. D'altra parte, la polemica tra clericalismo e anticlericalismo destinò a contrapposte sacralizzazioni la narrazione all'opinione pubblica della Breccia di Porta Pia, velandone in parte – con maggiore o minore consapevolezza – l'immediata valenza per il sistema politico italiano e le sue conseguenze di lungo periodo. Non sfuggirono a Visconti Venosta le implicazioni del mutamento di segno della «questione romana»: fino allora rappresentata come rivendicazione liberal-patriottica nazionale, con l'ingresso delle truppe italiane nella "Città Eterna" essa si identificò con la protesta pontificia per assicurarsi piena sovranità di un qualche territorio a sostegno dell'indipendenza e della libertà del magistero del

[75] Sulle minute delle disposizioni date da Pio IX il 14 e il 19 settembre 1870, cfr. gli interventi seguiti a S. Pagano, *Ancora sull'ubbidienza o la disubbidienza del generale Hermann Kanzler alla breccia di Porta Pia*, in «Archivio della Società romana di storia patria», 134, 2011, p. 30. Ora cfr. anche sui caduti dello scontro, C.M. Fiorentino, *Coulisse della diplomazia*, cit., pp. 44-45.

papa[76]. I molteplici profili interni a tale dinamica furono presto chiari alla politica italiana: la «questione di Roma», ossia la gestione del radicamento nella città delle istituzioni politiche nazionali, era connessa tanto al nodo dello *status* del pontefice e al governo universale della Santa Sede, quanto all'orientamento politico del mondo cattolico italiano che aspirava a far parte della classe dirigente del Paese.

L'interdipendenza di tali problematiche fu evidente fin dalla decisione di Pio IX di rimanere a Roma, auspicata da chi avrebbe percepito nella sua partenza la smentita della capacità del regno italiano a garantire la libertà pontificia. Nell'immediato inasprimento inevitabile dei rapporti con la Santa Sede, anche a seguito di qualche accondiscendenza alla piazza del fuoriuscitismo, tuttavia, il generale Cadorna impedì il formarsi di una Giunta democratica e costituì una Giunta Provvisoria di Governo di Roma e sua Provincia, presieduta da Michelangelo Caetani duca di Sermoneta. Così, mentre il papa, "prigioniero" in Vaticano, il 29 settembre protestava davanti al collegio cardinalizio per la mancanza di comunicazione con i fedeli del mondo cattolico, il governo italiana registrò un qualche apprezzamento della Santa Sede per i dichiarati intenti di moderazione. Un maggiore irrigidimento vaticano seguì la disillusione per i comportamenti delle autorità italiane, a livello cittadino e nazionale, che accompagnarono la mobilitazione patriottica nel Paese, in particolare dopo il plebiscito del 2 ottobre 1870, i cui risultati – presentati al re il 9 seguente – sanzionarono l'annessione di Roma e dei suoi territori al Regno d'Italia; il 20 ottobre un breve pontificio sospese i lavori del Concilio. La forbice tra l'equilibrio atteso dal mondo cattolico e l'attuazione delle politiche italiane in Campidoglio rimase questione centrale anche dopo la nomina del generale La Marmora a capo dell'istituita Luogotenenza generale del re per Roma e le Province romane, che sciolse le Giunte provvisorie e istituì una Giunta municipale guidata dal principe Francesco Pallavicini; il primo novembre, infine, attraverso l'enciclica *Respiecientes ea omnia* si alzò più forte la voce di protesta del pontefice sull'usurpazione avvenuta.

L'inestricabile nesso tra le vicende romane e più ampi scenari politici, peraltro, fu confermato dal sopravvenuto scioglimento, il 16 ottobre 1870, della Camera dei deputati per consentire di dare rappresentanza parlamentare anche ai territori conquistati: la competizione elettorale favorì l'avvio di una campagna polemica di attribuzione di meriti e di colpevoli comportamenti che attraversò gli schieramenti sociali e politici. Nella stessa Destra, Lanza iniziò un contenzioso con Sella, protrattosi negli anni

[76] A. Ciampani, *Attraverso la Breccia di Porta Pia: un tornate della riflessione storiografica*, in *La Breccia*, cit., pp. 475-490.

seguenti, per riscuotere il premio politico del Venti Settembre, nonché una discussione tra La Marmora e Visconti Venosta sull'insediamento della monarchia a Roma, dove il re giunse solo il 31 dicembre 1870 per visitare la città colpita da una grave inondazione del Tevere. Alle elezioni municipali capitoline del 13 novembre seguirono tra il 20 e il 27 novembre quelle politiche, con una bassa partecipazione elettorale (il 45,5% degli aventi diritto al voto). Intanto il regio decreto del 17 novembre 1870 aveva introdotto nei nuovi territori la legge per l'espropriazione per causa di pubblica utilità, premessa della trasformazione urbanistica di Roma che, dopo la nomina del ministro dei lavori Pubblici Gadda a Commissario straordinario della città e della sua provincia, fu delineata dalla legge del 3 febbraio 1871 sul trasferimento della Capitale da Firenze a Roma (per il quale lo stesso Gadda fu nominato in agosto regio commissario) e compiuta grazie al R.d. del 4 marzo 1871, avviando su larga scala l'opera intrapresa di acquisire conventi e istituti religiosi per adattarli in locali per i nuovi Ministeri.

Una «legge delle Guarentigie» sul rispetto delle prerogative del pontefice e sulle relazioni dello Stato con la Chiesa, infine, fu emanata il 13 maggio 1871: l'impianto iniziale «voluto dal governo era di pretta ispirazione cavouriana, non prevedendo alcuno strumento giurisdizionalistico», ma poi *placet* ed *exequatur* furono rintrodotti «per una mediazione con gli spiriti regalistici della sinistra meridionale»[77]. A molti esponenti della Sinistra liberale il mantenimento della tensione dello Stato con la Chiesa parve allora «salutare non tanto per preconcetti anticlericali», quanto per contrastare eventuali intese tra ambienti monarchici o moderati con il mondo cattolico, intese «che avrebbero confinato la Sinistra in una opposizione senza autorità e senza rilevante seguito»[78]. A fronte del protrarsi delle accuse estive di titubanze sulla questione di Roma e perfino di tradimento verso la causa nazionale, tuttavia, la Destra coltivò la speranza di «una non lontana conciliazione», ma non riuscì a «sostenere questa sincera aspirazione con un programma di armonica composizione dei rapporti fra Stato e Chiesa con una generosa e serena comprensione di ciò che spetta all'ecclesiale e di ciò che poteva essere rivendicato dallo Stato»[79].

D'altra parte, la Santa Sede – più che mai impegnata nello sforzo d'indebolire il formarsi di Chiese nazionali e di rafforzare l'unità dei cattolici attorno al pontefice – nel respingere la credibilità di garanzie avanzate attraverso una unilaterale legge dello Stato italiano, come "temporanea

[77] S. Rogari, *Il governo Lanza e la presa di Roma*, in *La Breccia*, cit., p. 99.

[78] R. Mori, *op. cit.*, p. 543.

[79] *Ibidem*.

concessione" soggetta alla mutabilità delle istituzioni che la promuovevano, toccava nervi scoperti delle dinamiche politiche tra monarchia, maggioranza di governo e opposizione parlamentare. Durante un dibattito sollevato alla Camera, il 19 maggio 1871, Sella intervenne per rispondere alla critica del generale La Marmora per il suo rivolgersi «là dove vi sono dei partiti che costantemente mirano a sostenere il governo», chiedendogli infine a quale partito egli appartenesse. Il ministro delle Finanze replicò che il Gabinetto si era da subito qualificato per un proprio programma e che sarebbe rimasto in piedi, «indipendente dai partiti», finché una «sufficiente maggioranza» parlamentare l'avrebbe votato; una sottolineatura tanto gradita alla Camera, quanto pungente verso il sovrano. Sella ribadì che il governo, mantenendo le proprie idee, avrebbe potuto affidarsi a esponenti autorevoli «in uno o nell'altro gruppo della Camera»[80]. Il quadro degli schieramenti parlamentari apparve nel 1872 così confuso da spingere «La Nazione» a negare ormai l'esistenza di una Destra e di una Sinistra[81]. Nonostante Porta Pia, dunque, nella posta in gioco per approntare la nuova capitale, Roma restò al centro di una decisiva partita politica nazionale per il Regno d'Italia.

L'indomani della legge sulle Guarentigie nella Destra si avviarono "movimenti" che seguivano esigenze prioritarie di politica interna: Minghetti tornò in Italia ad affiancare da vicino Visconti Venosta, che aveva sostenuto nell'emergenza per dieci mesi da Vienna, dove fu inviato in sua vece il generale Robilant; in agosto il ministro Gadda, già attivo per lo sviluppo ferroviario, portuale e postale, si dimise dal Gabinetto, sostituito da Giuseppe Devincenzi, per assumere la carica di prefetto di Roma (ma anche il ministro della Marina Guglielmo Acton lasciò il posto ad Augusto Riboty). Nella Sinistra si fece sentire la frangia più radicale e anticlericale, rafforzatasi tra l'assemblea generale del Grande Oriente d'Italia, svoltasi a Firenze in maggio, e il Patto di fratellanza delle società operaie, divise tra Mazzini e Bakunin, nell'incontro tenuto simbolicamente in Roma a novembre. Non sorprende che ancora una volta il governo si trovasse a muoversi con attenzione su temi come l'istituto dell'*exequatur* che, respinto dalla Santa Sede, vide come mediatore con Lanza anche don Giovanni Bosco, e come i provvedimenti per l'estensione al centro del cattolicesimo universale delle leggi sulle corporazioni religiose, cui fece cenno all'inaugurazione del Parlamento della nuova Capitale il discorso della Corona del 27 novembre 1871.

[80] AP, CD, *Discussioni*, tornata del 19 maggio 1871, pp. 2233-2234.

[81] A. Berselli, *Il governo della Destra*, cit., p. 288.

Invano Lanza tentò di dare una svolta all'impervio percorso dei progetti di riforma amministrativa: presentata nel marzo 1870, una proposta di riforma della legge comunale e provinciale fu poi ritirata; né ebbe migliore fortuna nel dicembre 1871 quando fu riproposta (con la concessione del voto amministrativo ai corpi collettivi e alle donne), ottenendo insuperabili resistenze da destra e da sinistra. Peraltro, di fronte alle questioni emergenti del Paese, l'opera legislativa finì per essere penalizzata dagli equilibrismi parlamentari che, infine, si polarizzarono intorno alla politica ecclesiastica. Se il pontefice procedeva alla nomina di oltre cento nuovi vescovi in Italia tra ottobre 1871 e maggio 1872, l'opposizione incalzò il governo perché, in un clima segnato dall'emozione per la morte a Pisa di Mazzini, il 10 marzo 1872, Lanza promettesse di presentare una legge sulle corporazioni religiose romane nella seconda metà dell'anno. In questo modo, il Gabinetto riuscì ad attenuare il profilarsi di una crisi ministeriale sotto la pressione di una crescente opposizione sui temi finanziari e sulla politica fiscale, con il debito tornato ad aggravarsi nel 1871. Mentre salivano le proteste industriali per una tassa sui tessuti, nella Destra non erano mancati moniti ad evitare di soffocare con le imposte lo sviluppo dell'agricoltura, dell'industria, e del commercio. La Sinistra accentuò la critica verso Sella, proponendo lo studio di meccanismi amministrativi meno gravosi e più redditizi per l'erario, come anche l'eliminazione di sperequazioni nell'imposta fondiaria. Un compromesso parve trovarsi nel marzo 1872, con i lavori di una commissione che doveva affrontare i problemi del bilancio, in cui si trovarono a dialogare Minghetti e Depretis, Ricasoli e Mordini[82]. L'opera di logorio del Gabinetto, tuttavia, continuò su altri piani: il ministro della Pubblica istruzione, Correnti, fu costretto a dimettersi il 17 maggio 1872. La maggioranza non poteva sperare, segnalò Correnti, nel sostegno di un grande partito parlamentare che le desse stabilità e che la sottraesse alla pratica di alleanze incerte; era diventato impossibile cercare la concordia di «frazioni del partito governativo»[83]. Nel duro confronto che si svolse alla Camera il 18 maggio 1872, inoltre, Giuseppe Lazzaro per l'opposizione non esitò a ricordare alla Destra che il Ministero era sorto a seguito del voto della Sinistra che portò Lanza a presiedere la Camera.

Le stesse ragioni per cui il Gabinetto poteva cadere, non troppo paradossalmente, concorrevano a tenerlo in piedi; in assenza di prospettive politiche di future combinazioni, la situazione consentiva trasversali iniziative e vantaggiose pressioni politiche ai suoi avversari. A destra si

[82] *Ivi*, pp. 319-325.

[83] AP, CD, *Discussioni*, tornata del 18 maggio 1872, p. 2166.

resisteva agitando lo spauracchio di un ritorno di Rattazzi; a sinistra, nelle ripetute provocazioni degli esponenti meridionali, si ricercò il terreno nel quale tenere in scacco il governo, per velare le proprie fragilità. Terreno di passione politica, sullo sfondo restava aperta la questione dei rapporti dello Stato con la Chiesa, opportunità e vincolo per modificare o conservare gli equilibri politici. Nella sua soluzione, come scrisse il deputato Guerzoni, coinvolgendo la vita dei singoli cittadini in tutti i suoi aspetti e la società in «tanti interessi morali, economici e politici», avrebbe potuto darsi «una nuova forma allo Stato, un nuovo carattere all'associazione religiosa, e foggiare in una parola il tipo di questa terza Italia che noi siamo andati con clamore annunciando»; «non sarà ella – concluse – una base alla formazione di nuovi partiti? Allora qual altra sarà? La Tesoreria, l'imposta sul petrolio o la carta moneta forse? Basta porre il quesito per avere la risposta»[84].

In realtà, la classe dirigente liberale avrebbe presto dovuto misurarsi con una questione che fino allora aveva richiamato attenzione in prevalenza nel movimento democratico e in quello cattolico. Fino al 1869 l'Italia non era parsa attraversare quei travagli sociali che impressionarono per il loro impatto politico nell'esperienza della Comune di Parigi nel 1871. L'aprirsi di problematiche legate a possibili centri operai accanto a quelle dei ceti rurali, tra il 1871 e il 1872 suscitarono apprensioni sia nella destra che nella sinistra liberale su profili di economia politica, mai slegati da aspetti morali e religiosi[85]. Nella Destra, gli scritti di Alfieri di Sostegno *Sul problema sociale in Italia* posero non solo il tema dell'emancipazione morale dei ceti popolari, ma anche l'esigenza per tutti i cittadini di una «giusta rappresentanza [...] nel potere che fa le leggi e vigila alla lor esecuzione»[86]. L'invito a prevenire un distacco tra Paese reale e Paese legale si era collegato anche alla proposta di Stefano Jacini che nel 1870 scrisse ai propri elettori una lettera *Sulle condizioni della cosa pubblica in Italia dopo il 1866*, considerando giunta l'ora di dare un respiro regolare alla vita amministrativa dello Stato; in tale prospettiva egli propose un decentramento imperniato su associazioni portatrici di interessi comuni. Non sorprende, dunque, che l'accentuarsi dei primi scioperi, spesso di

[84] G. Guerzoni, *Partiti vecchi e nuovi nel Parlamento italiano*, Le Monnier, Firenze 1872, pp. 78-79.

[85] Nella lettera di Alessandro Rossi a Tommaseo del 23 maggio 1869 si evidenziò l'emergere dell'esigenza che gli industriali mettessero «il loro patriottismo a profitto in una democrazia veramente cristiana nella nuova classe sociale che inizia a formarsi anche da noi»; cfr. A. Berselli, *Il governo della Destra*, cit., p. 292.

[86] Cfr. *ivi*, p. 294.

breve durata e generalmente non organizzati, all'inizio del 1872 invitasse la classe dirigente a prevenire il formarsi di una "questione" sociale come in Francia.

Nella visione d'insieme della società liberale, in Italia si avviò un dibattito in prevalenza diretto agli sviluppi di una legislazione paternalistica e – trascurando i percorsi evolutivi della rappresentanza associativa dei lavoratori, allora organizzata soprattutto in società di mutuo soccorso – all'inserimento delle problematiche sociali sul piano dell'amministrazione e, infine, della rappresentanza politica. Riprese fiato, così, il dibattito sull'accentramento burocratico e sul suffragio elettorale, problema sollevato a sinistra da Cairoli nel maggio 1872, cui a destra si opponeva l'impreparazione di quelle che vennero indicate come masse incolte, facili prede del sovversivismo "internazionalista" e di quello del "partito clericale"; ma non mancò chi, per arginare il primo, blandì i cattolici ritenuti "sinceri e onesti" o "conservatori democratici". Il movimento alimentato nelle piazze con i meeting dell'opposizione a favore del suffragio elettorale, fu a accompagnato dal dibattito promosso da una composita Associazione per lo studio della rappresentanza proporzionale, anche con l'intento di riconoscere valore alle minoranze ed evitare il coalizzarsi di forze escluse dalle istituzioni liberali. A tali movimenti partecipò la riflessione di Minghetti che richiamò l'esigenza di dare giustizia ai ceti popolari; egli sostenne l'esigenza di un'inchiesta agraria sulle condizioni economiche dell'agricoltura italiana, mentre il radicale Agostino Bertani richiamò nel giugno 1872 l'attenzione sulle condizioni fisiche, igieniche ed economiche dei contadini. Peraltro, il porsi delle questioni sociali consentì anche la penetrazione della propaganda anarchica in Italia: a Rimini tra il 4 e 6 agosto 1872 sorse una Federazione italiana dell'Internazionale, aderente all'indirizzo di Bakunin rivolto a un'insurrezione sociale, in cui si segnalarono Carlo Cafiero, Errico Malatesta e Andrea Costa. L'organizzazione appena nata fu coinvolta nelle polemiche europee con la componente marxista, tra profilo pubblico e movimento cospiratorio, mentre a livello nazionale si divise con l'associarsi operaista e, attraversata da un carattere generazionale, con gli eredi della tradizione democratica garibaldina e del repubblicanesimo mazziniano.

Nell'estate 1872, comunque, prima e dopo le elezioni amministrative, si riaccesero le critiche al "sistema Sella", a destra accusato di colpire gli onesti e consentire l'evasione, a sinistra di trascurare le riforme nell'amministrazione e di essere troppo tollerante nei rapporti con la Chiesa. Ambiguità e incertezze del sistema politico si concentrarono, così, ancora una volta intorno al rapporto con le istituzioni e con le organizzazioni del mondo cattolico vicino alla Santa Sede. Nel giugno 1872, dunque, il Ministero dell'Interno respinse sulla base di ragioni giuridiche e politiche la proposta del questore di Roma di sopprimere la Società romana per gli interessi cattolici, mentre nella stessa Capitale si accentuarono cortei anticlericali e violenze, come l'assalto al giornale «La Frusta», tollerati dalle forze dell'ordine. In vista delle elezioni amministrative estive i cattolici si stavano organizzando nel Paese incitati dalla gerarchia cattolica, inizialmente quasi sollecitati da alcuni ambienti della Destra, in una prospettiva conservatrice. Un successivo allentamento del conflitto politico tra la maggioranza e la Sinistra, in chiave antiradicale, tuttavia, preparò il terreno alla circolare Lanza dell'8 luglio 1872 che, recependo le istanze dell'opposizione, stigmatizzò la «nuova attitudine dei clericali alle lotte amministrative con proposito evidentemente liberticida e anticostituzionale»[87]. L'iniziativa del presidente del Consiglio e ministro dell'Interno non solo condannò a una rovinosa sconfitta i cattolici, a Roma disabituati alla lotta elettorale, ma alimentò nella classe dirigente un «atteggiamento illiberale nei confronti delle organizzazioni cattoliche, alla quale era negata la piena cittadinanza politica»[88]. Scrivendo a Giuseppe Tornielli, reggente la Divisione politica del Ministero degli Esteri, Visconti Venosta si lamentò che in occasione delle elezioni amministrative romane del 4 agosto 1872 considerazioni politiche non avessero reso praticabile fare «un passo di conciliazione», possibile se si fossero «usati altri criteri e maggior garbo»: «Capisco che ormai il far sentire l'odiosa parola conciliazione sia cosa da antidiluviano pari mio; ma a me sembra d'essere invece più sinceramente e più veramente liberale di tanti altri che di liberalismo fanno pompa in discorsi e negli scritti»[89].

Sul finire dell'estate restarono sciolte le briglie alle manifestazioni anticlericali e si avviò a Roma la fase conclusiva delle espropriazioni; tuttavia, la protesta pontificia non assunse toni accesi, mirando la Santa Sede a predisporre un terreno di mediazione per la prospettata estensione a Roma delle leggi sui conventi, che avrebbe coinvolto i generalati degli Ordini religiosi presenti in tutto il mondo. La stessa mobilitazione elettorale municipale del cattolicesimo capitolino, ora sotto *shock* per l'emarginazione subìta, non era stata estranea a tale questione, già richiamata in giugno da Pio IX con una lettera al cardinal Antonelli. L'ondeggiamento del governo sollecitò il pontefice a riprendere un dialogo con il re d'Italia: dopo alcuni contatti avviati da

[87] C.M. Fiorentino, *Chiesa e Stato a Roma negli anni della Destra storica. 1870-1876*, Istituto per la Storia del Risorgimento italiano, Roma 1996, p. 194.

[88] Id., *La questione romana*, cit., p. 7.

[89] Id., *Chiesa e Stato*, cit., p. 195.

luglio, il 9 novembre il papa incontrò in udienza Natale Aghemo, capo del Gabinetto particolare di Vittorio Emanuele II. Nel prendere atto della fine del dominio temporale, egli chiese al re e ai suoi ministri che gli fossero lasciati «i mezzi per governare la Chiesa» nel suo respiro universale. La richiesta pontificia sottolineò il nodo del rapporto tra autorità sovrana, governo e organi legislativi: il re, pronto a schermirsi dietro i limiti posti alla monarchia in un regime costituzionale, certo comprese come il papa lo sfidasse in un nervo scoperto dei rapporti istituzionali, nel riproporre un nodo politico di assoluto rilievo quale le relazioni del Regno d'Italia con la S. Sede.

L'itinerario dei provvedimenti *Per l'estensione alla provincia di Roma delle leggi sulle Corporazioni religiose e sulla conversione degli enti morali*, dalla prima proposta governativa del novembre 1872 fino all'approvazione finale del testo legislativo del 19 giugno 1873, in effetti, consentì ai protagonisti della politica nazionale di sondare i propri margini di manovra, nel comune intento animato da contrastanti obiettivi di mantenere in vita un Gabinetto che ormai appariva privo di forza. Il documento presentato dal senatore e ministro di Grazia e Giustizia, Giovanni De Falco, che introdusse nell'impianto normativo alcune eccezioni dell'intervento statale sulle case generalizie presenti a Roma, secondo il più volte ribadito intento dei governi italiani di rispettare l'autorità spirituale del pontefice nello spirito della legge sulle Guarentigie, fu oggetto di remore, nel caso di Minghetti e Ricasoli, e di attacchi nella stampa della Sinistra. Se alcune norme parvero venir incontro alle preoccupazioni pontificie, la legge fu stigmatizzata dall'opinione pubblica cattolica, accompagnata in dicembre dalla protesta di Pio IX per l'ulteriore spoliazione. La partita si era appena aperta e tutti giocavano ad alzare la posta.

Alla fine del 1872, mentre a Roma il deputato della Sinistra Luigi Pianciani aveva assunto la guida del municipio, l'Associazione progressista, presieduta da Rattazzi si mobilitò per esercitare una pressione sui lavori dell'aula parlamentare, poi rilanciata nel febbraio 1873 col concorso di radicali e repubblicani. Mentre Visconti Venosta confidava a Robilant i timori di veder compromessa la responsabilità del Ministero degli Esteri sul rispetto del generalato degli Ordini religiosi, si sviluppò nel nuovo anno un'importante discussione sui provvedimenti per l'arsenale militare di Taranto e sulla tassa del macinato nel quadro di un denunciato disavanzo finanziario di oltre 130 milioni. Stretto tra le pressioni di Sella, della Corona e della Sinistra, Lanza in aprile giunse così a offrire al re dimissioni accettate e poi respinte[90]. Il protrarsi del Gabinetto fu incoraggiato da un interesse trasversale per il varo della legge sulle corporazioni romane: le ambiguità e le aspettative che

[90] A. Berselli, *Il governo della Destra*, cit., p. 331.

si coagulavano intorno alla bandiera di Roma collegarono la legislazione ecclesiastica alla politica interna e internazionale dello Stato.

Un testo emendato del disegno di legge proposto da De Falco, accolto dal governo e presentato alla Camera il 3 aprile 1873, restrinse le eccezioni relative ai conventi romani rispetto alle leggi del 1866-1867. All'inizio di maggio, con un intervento d'alto profilo, Minghetti richiamò la legge delle Guarentigie, mentre Visconti Venosta espose l'interesse italiano a rispettare l'ufficio del generalato degli Ordini religiosi connesso all'esercizio del potere spirituale del papato, lasciando «a sua disposizione, malgrado le mutazioni politiche e giuridiche avvenute a Roma, quel complesso di mezzi inerenti a questo ufficio di cui prima disponeva e senza i quali non potrebbero funzionare»[91]. Nei giorni seguenti il giornale «La Capitale» rilanciò contro la maggioranza governativa riunioni e cortei che, pur vietati dalle forze dell'ordine, l'11 maggio sfociarono in disordini e minacce, alimentando discussioni nella stessa aula parlamentare e contestazioni al suo esterno. Il prefetto aveva infatti invitato il sindaco Pianciani a porre la Guardia nazionale a protezione del Parlamento, ma «tra le fila della milizia cittadina si verificò una quasi totale defezione che rassomigliava molto a un vero e proprio pronunciamento in favore dei manifestanti»[92]. Infine, un ulteriore compromesso avanzato da Ricasoli, accompagnato da un'iniziativa politica di Minghetti per recuperare i dissensi a destra, ebbe l'approvazione di Lanza e della Camera: 220 deputati votarono a favore, 193 furono contrari, uno astenuto. Concluso il dibattito sui singoli articoli, la legge per le corporazioni religiose e la conversione degli enti morali ecclesiastici in Roma fu approvata alla Camera il 27 maggio e, dopo un rapido passaggio al Senato, fu promulgata il 19 giugno.

La chiusura della partita politica che tenne banco nella primavera 1873, riacutizzando tensioni tra Stato e Chiesa poi temperate dalla prassi d'attuazione delle norme, lasciò incerto uno dei caratteri rilevanti della fisionomia che avrebbe voluto conseguire il liberalismo italiano. Nelle temperie parlamentari non si dissolse l'aggrumarsi degli interessi del «mondo vecchio», caratterizzato dall'alternanza tra conflitti e compromessi con la Chiesa, restando «nuovo, inesperimentato, vergine» il difficile profilo di una «convivenza pacifica e legale» del libero esercizio di diritti e doveri, apparsa coerente con i tempi, ma priva di una credibile formula pratica di

[91] AP, CD, *Discussioni*, tornata del 6 maggio 1873, p. 6192.

[92] C.M. Fiorentino, *Guardia nazionale e Parlamento. Maggio 1873*, in *Istituzioni politiche e mobilitazioni di piazza*, a cura di A. Ciampani e D.M. Bruni, Rubbettino, Soveria Mannelli 2018, pp. 46-47.

applicazione[93]. Peraltro, sul piano degli equilibri politici, se la maggioranza moderata era riuscita a «imbrigliare l'opposizione impedendo soluzioni radicali», la sua opera risultò compromessa da una Sinistra che, attraverso l'interlocuzione con Sella e la destra anticlericale, ne minò la coesione e le impedì di stringere legami con gli ambienti cattolici. Le transazioni effettuate, infine, parvero confermare le parole di Guerzoni che, all'inizio del 1872 non aveva esitato a dichiarare, con apparente paradosso, «una cosa che farà stupore a molti: il Ministero Lanza *non è che un Ministero di terzo partito*»[94]. Ormai impossibilitato ad affrontare riforme in materia finanziaria, elettorale o di sanità pubblica, abbandonata la ricerca di solide basi per sostenerle con una larga maggioranza, vennero meno le ragioni di un Gabinetto tenuto in vita ancora una volta dalla ripresa di tradizionali tematiche dei partiti risorgimentali. Tra maggio e giugno 1873, sciolti i legami che avevano costretto assieme le componenti del Ministero, infine, giunse a maturazione il tempo per riaprire il gioco politico nazionale sulle sorti del governo.

[93] G. Guerzoni, *Partiti vecchi e nuovi nel Parlamento italiano*, cit., p. 73.
[94] *Ivi*, pp. 64 e ss.

II.

I governi liberali nella trasformazione dei partiti

1. La Destra di Minghetti e la «rivoluzione parlamentare» del 1876

Nell'estate 1873 la classe dirigente partecipe dei percorsi per l'indipendenza e l'unificazione dell'Italia si trovò ancora di fronte a quell'orizzonte di «risorgimento della nazione a vita civile migliore»[1] verso il quale invano aveva sperato di inoltrarsi Ricasoli. Le aspettative sottese al discorso della Corona del novembre 1866 tornarono a riecheggiare nelle parole con le quali il 12 luglio 1873 Minghetti annunciò alla Camera dei deputati la formazione di un nuovo governo:

> quelle questioni politiche le quali commossero così giustamente e fortemente il Paese, perché riguardavano la sua esistenza e la sua costituzione, sono oggimai risolute. Né perciò le questioni politiche vengono meno, perché sono un elemento vitale delle società libere, ma ora primeggiano e tengono il campo quelle che riguardano l'interno ordinamento dello Stato e la sua amministrazione, prendendo questa parola nel suo senso più ampio che comprende ogni ramo della cosa pubblica e, soprattutto, quello essenziale delle finanze[2].

Se Minghetti nel 1869 aveva assunto il ruolo di affidabile tessitore della ricomposizione moderata, nel 1873 egli ritenne giunto il momento di giocare le proprie carte in una più ampia partita, proponendosi terminale di tutte le istanze presenti nel Parlamento in nome di un rinnovato civismo patriottico. Esaurite sul finire della primavera le ragioni politiche che tennero in piedi il gabinetto Lanza-Sella, fu così Minghetti a guidare

[1] Così, nel 1872, Nicolò Tommaseo, nel quarto volume del *Dizionario della lingua italiana* compilato con Bernardo Bellini, sviluppava il lemma *Risorgimento*, parola che ormai compiva il suo percorso «da termine appartenente al lessico e all'esperienza religiosa a vocabolo della sfera politica»; F. Bambi, *«Risorgimento»: parola italiana, parola europea*, in «Quaderni fiorentini per la storia del pensiero giuridico moderno», XLV, 2016, pp. 17-18.

[2] AP, CD, *Discussioni*, tornata del 12 luglio 1873, p. 7370.

al suo sbocco finale la preannunciata crisi di governo. Invano Sella aveva tentato di gestirne i tempi e l'esito politico dopo l'incidente parlamentare sull'arsenale di Taranto, quando il re aveva respinto le dimissioni anche per l'indisponibilità di Rattazzi e Minghetti a prestarsi alle manovre del ministro delle Finanze. Se ancora in maggio Sella manifestò a Lanza l'intento di lasciare, pensando a qualche possibile negoziato con la Sinistra, fu presto chiaro che questa non l'avrebbe mai seguito nella sua politica fiscale. In commissione Bilancio, piuttosto, emersero le convergenze di Minghetti con Depretis, che spinsero Sella a denunciare l'aperta battaglia condotta dall'opposizione e la fronda antigovernativa nella Destra.

La sopraggiunta morte di Rattazzi, il 5 giugno 1873, rimescolò i rapporti tra i partiti: sottrasse alla Sinistra la principale carta politica per proporsi come alternativa di governo e alla Destra i timori che avevano sostenuto il ministero Lanza-Sella. La commemorazione parlamentare del politico alessandrino offrì una particolare tribuna ai leader che ambivano a guidare la Sinistra liberale: Agostino Depretis e Francesco Crispi. Le ragioni di una successione di Depretis alla guida dell'opposizione si affacciarono nel richiamo per una leadership politica affidabile sia per la Camera dei deputati, sia per la Corona. L'accennato "sacrificio" alla patria compiuto da Rattazzi, evocando la disastrosa gestione dell'iniziativa garibaldina del 1867, fu efficace espediente retorico depretisino per mantenere nel quadro costituzionale l'orgoglio di partito della Sinistra. Crispi non lasciò cadere lo spunto; gli diede, tuttavia, una ben diversa torsione, per enfatizzare il carattere identitario dei raggruppamenti parlamentari. Non esitò, perciò, a richiamare le parole che Rattazzi stesso gli avrebbe detto dal letto di morte: «I partiti, signori, sono necessari alle istituzioni parlamentari; senza di essi è impossibile che le istituzioni stesse si reggano o collimino al bene di tutti!»[3].

La linea crispina non era stata capace di fronteggiare l'indicazione di Rattazzi a capo della Sinistra dopo aver fatto cadere Menabrea, costretta a tenere un canale aperto con Sella durante la battaglia parlamentare su Roma. Con la ripresa libertà d'azione della destra moderata contro i provvedimenti del ministro delle Finanze, la sua opposizione identitaria rischiava una maggiore marginalità politica; l'azione depretisina, al contrario, consentiva di mantenere dischiusa la via verso un eventuale governo. La convivenza dialettica delle due anime nella Sinistra emerse pubblicamente alla metà di giugno, quando il ruolo di guida del partito affidato a Depretis, chiamato al posto di Rattazzi nel comitato direttivo dell'opposizione, fu oggetto di schermaglie tra «Il Diritto» e «La Riforma».

[3] *Ivi*, tornata del 5 giugno 1873, p. 6951.

L'esito della competizione interna alla Sinistra, peraltro, si collegò alla soluzione della crisi ministeriale.

Quando la determinazione di Sella lo spinse a una rottura con le altre componenti della Destra, i suoi avversari erano pronti ad affrontare la sfida politica. Il 25 giugno 1873, la Camera respinse una richiesta di provvedere «senza dilazione con nuovi mezzi ai bisogni della finanza»: tra i 157 contrari, assieme ai 90 deputati della Sinistra vi furono 67 esponenti della Destra, a partire da Minghetti, Peruzzi e Massari; a Lanza non restò che offrire al re le dimissioni. Da giorni, del resto, si discuteva di un possibile cambio di Gabinetto; apparsa una forzatura costituzionale l'ipotesi accarezzata da Sella di un governo di Sinistra, il sovrano si rivolse a colui che parve l'autore della crisi: Minghetti. Già il 24 giugno, Vittorio Emanuele II gli aveva scritto di tenersi pronto, in nome di «amicizia e patriottismo», perché in caso di una votazione contraria al governo egli formulasse una composizione ministeriale, indicando anche le sue preferenze sugli uomini da coinvolgere: da Depretis a Mordini, da Peruzzi a Pisanelli, da Cantelli a Vigliani. Le suggestioni del re convergevano con l'indirizzo di Minghetti ad allargare la maggioranza ed intendersi con Depretis in merito al programma, secondo la massima di Cavour a non lasciare «mai all'opposizione un'idea liberale che potesse realizzarsi od un uomo che valesse di acquistare»[4]. Mentre registrava qualche apertura da «Il Diritto» per un accordo che unisse «tutte le forze vive del Parlamento» nella realizzazione di riforme amministrative, Minghetti ribadì l'auspicio che «entrati come siamo nella seconda fase del nostro risorgimento, i partiti si formino intorno a nuove idee e ad un nuovo programma»[5].

Nonostante l'opposizione degli ambienti conservatori a dialogare con la Sinistra e l'indisponibilità di Peruzzi, chiamato a bilanciare a destra l'eventuale presenza di Depretis nel Gabinetto, Minghetti fu pressato del sovrano a proseguire le consultazioni: «senza di ciò – gli scrisse il 25 giugno Vittorio Emanuele II – io sarò obbligato a fare il re e il ministro»[6]. Se la stampa immaginava un "connubio" o una "fusione" di gruppi collegati in un Centro Sinistro, il campo depretisino parve con cautela aprire a una coalizione di partiti che non rinunciassero alla loro identità; la proposta di Minghetti per una forte maggioranza in grado di superare la tanto deplorata "anarchia parlamentare" fu contrastata dall'opposizione crispina, nel timore di un terzo partito costituito dai "due centri". La Sinistra, durante

[4] Cfr. A. Berselli, *La soluzione della crisi ministeriale del giugno 1873*, in «Archivio Storico Italiano», CXVII (1959), I, p. 47.

[5] AP, CD, *Discussioni*, tornata del 23 giugno 1873, p. 7267.

[6] Citato in A. Berselli, *Il governo della Destra*, cit., p. 336.

un'accesa riunione, infine, incaricò Depretis di rappresentare tutte le gradazioni del partito nei colloqui con Minghetti; a fine giugno, tuttavia, i due leader riconobbero che non vi era spazio per proseguire il negoziato avviato. L'interruzione delle trattive, tuttavia, portò amari frutti politici per gli oppositori di intese trasversali: la Sinistra aveva consegnato in definitiva la leadership del partito a Depretis, ora legittimo interlocutore del re per sondare all'occasione possibili alternative di governo. Intanto, si erano chiuse le porte all'insistita posizione antitrasformista di Sella, alla ricerca di interlocutori a sinistra per sostenere tale impostazione.

Peraltro, venuta meno l'opzione di una collaborazione depretisina, Minghetti accettò l'impervio percorso di formare un governo di Destra: occorse l'intervento del re (intento a presidiare i bilanci della Guerra), col coinvolgimento di Lanza a radunare un consenso piemontese, per evitare che i deludenti contatti con alcuni altri esponenti del suo partito lo portassero a ritirarsi dall'incarico. Infine, il 10 luglio 1873 si formò un Gabinetto più "italiano": Minghetti, che tenne per sé il dicastero delle Finanze, confermò Visconti Venosta agli Esteri – suscitando l'irritazione di Sella – e chiamò Gaspare Finali all'Agricoltura, industria e commercio; riconfermò anche Ricotti Magnani (Guerra) e Scialoja (Istruzione); chiamò al governo Cantelli (Interno) e Vigliani (Grazia e giustizia e dei culti), graditi al re e già ministri con Menabrea. Furono ministri, per la prima volta, oltre a Finali, Silvio Spaventa (Lavori pubblici) e Simone Antonio Pacoret de Saint-Bon (Marina). Sorto tra gravi difficoltà, non era certo questo il governo inizialmente auspicato da Minghetti; nello stesso tempo, la sua formazione evidenziò i limiti dell'irriducibile linea crispina nell'opposizione, espressi nella cocente delusione dell'ultimo sussulto registrato alla Camera il 12 luglio: «A sinistra: L'avete vinta (*Bisbiglio*)».

Restò la sensazione che una grande partita politica fosse ancora tutta da giocare: si avvertiva un diffuso disagio per l'assenza di un distinto quadro politico in cui delineare il profilo della sfida liberale nazionale, offrendo alla patria, ormai da tutti riconosciuta, una rappresentanza adeguata agli interventi richiesti dalla nuova situazione del Paese. Per l'esperienza risorgimentale vissuta, Minghetti avvertiva le differenze tra Destra e Sinistra liberale ormai smarrite nel travaglio delle loro tradizioni, dalle quali pur non poteva prescindere. Da tempo era anche consapevole dell'esigenza di una classe dirigente orientata ad affrontare la strettoia di necessari e strutturali interventi di riforma nell'amministrazione, coniugando sicura libertà, maggiore coinvolgimento degli interessi locali ed efficace fiscalità. Sarebbe ciò bastato a sostenere un governo che non rinunciasse a un'autentica idea liberale? Stabilità interna e internazionale del Paese, risanato assetto finanziario, decentramento amministrativo, comprensione della questione sociale, ripensamento del suffragio elettorale: tutto ciò s'intrecciava con una risistemazione dei partiti e una solida gestione delle maggioranze parlamentari. Su tali frontiere si posizionò anche l'azione politica di Depretis, allora intento a rafforzare la conseguita leadership di partito e, nel contempo, a legittimare l'aspirazione a guidare un'alternativa maggioranza.

Fin d'agosto il governo Minghetti, dunque, parve instabile: da alcuni considerato un governo di transizione, osservato dai conservatori con riserva, aperto a combinazioni col Centro Sinistro, talmente cauto sulla libertà religiosa da spingere la sinistra crispina a dubitare che i "clericali" potessero appoggiarlo. Incoraggiato da Ricasoli, Minghetti poteva contare sull'ampia visione internazionale di Visconti Venosta; per sbrogliare le problematiche finanziare si avvalse di due deputati veneti, esponenti degli ambienti israelitici, Isacco Maurogonato Pesaro e Luigi Luzzatti, già fondatore a Lodi della prima banca popolare italiana e dal 1872 presidente dell'avviata Inchiesta industriale. Con l'apporto di Visconti Venosta, a metà settembre si realizzò un importante successo di politica estera: Minghetti accompagnò Vittorio Emanuele II prima a Vienna e a poi Berlino per superare le diffidenze di quelle corti, dando un segnale di stabilità dopo i timori sollevati per l'imporsi a Parigi della destra di Mac-Mahon e per l'impatto dell'agitazione del cattolicesimo francese. Il senso dell'iniziativa fu ribadito nel discorso della Corona del 15 novembre 1873, che sottolineò la volontà dell'«Italia risorta» di restare in pace con le Potenze europee, ma anche l'esigenza di una difesa adeguata a mantenere indipendenza politica dalle pressioni esterne. Intanto, era stata individuata una strategia sui problemi finanziari mirata a conseguire fiducia internazionale e crescita socio-economica interna: evitare nuove imposte e far fruttare di più quelle esistenti; rimodulare il rapporto tributario tra Stato e comuni urbani e rurali; semplificare la gestione amministrativa delle tasse evitando pratiche vessatorie verso i contribuenti; sospendere il varo di nuove spese; collegare la ricerca del pareggio del bilancio, sempre centrale, alla riduzione dei costi dello sviluppo ferroviario e alla fine del corso forzoso. Restava aperta la questione di come conseguire tali obiettivi senza affidarsi a una riforma organica, ma con interventi di graduale riforma e d'efficiente attuazione delle misure esistenti.

Biancheri fu rieletto alla presidenza della Camera senza alcun avversario, essendo interessati i partiti a un governo che andasse a cercare le sue maggioranze in Parlamento, sebbene la Sinistra rivendicasse il ruolo svolto nella precedente crisi ed evocasse il diritto a formare il Ministero. Nella sua esposizione finanziaria, Minghetti annunciò che dagli oltre 300 milioni del 1868 il disavanzo era sceso ai circa 150 milioni del 1873, anno che aveva registrato ingenti spese per alleviare nelle campagne le conseguenze sociali ed economiche delle inondazioni del Po e per accelerare i lavori della rete ferroviaria. Rifiutato il metodo di provvedimenti *omnibus* del Sella, egli indicò alcuni pilastri della sua azione a favore del pareggio del bilancio da tutti richiesto: rinegoziazione dei dazi di confine in scadenza; riforma tributaria relativa ai dazi di consumo all'interno, ripensando i cespiti dello Stato e dei comuni; nullità come prova giuridica degli atti non debitamente registrati con il pagamento della relativa tassa; perequazione fondiaria. A questi provvedimenti si sarebbero accompagnate altre leggi, come quelle per rendere più efficaci, più eque e correttamente applicate le norme sulla ricchezza mobile e sulla tassa sul macinato, sull'alcool e la birra o sul bestiame. Ritenendo impossibile la fine del corso forzoso senza un bilancio in equilibrio, si propose, nel frattempo, una regolazione della circolazione cartacea che evitasse in qualche modo il regionalismo dei biglietti non convertibili in oro e pareggiasse, di fronte allo Stato, le condizioni tra i sei istituti bancari autorizzati ad emetterli (Banca Nazionale del Regno, Banca Nazionale Toscana, Banca Toscana di Credito, Banca Romana, Banco di Napoli e Banco di Sicilia). Consultate le banche interessate, anche per i loro collegamenti con alcuni esponenti parlamentari, si propose che un miliardo di lire sarebbe stato messo in circolazione da un consorzio solidale tra i sei istituti, secondo modalità stabilite da un governo che avrebbe aggiunto la sua garanzia e un'accentuata vigilanza.

Con chiarezza di visione e flessibilità negoziale, Minghetti nel dicembre 1873 avvertì le sirene di coloro che auspicarono un suo ravvicinamento a Sella per tentare di ricomporre i frantumi di una Destra segnata non solo da sensibilità confliggenti, ma anche da leadership concorrenti. Il presidente del Consiglio non cessò, comunque, di guardare a sinistra, raccogliendo l'attenzione di Francesco De Luca, già coinvolto nella giunta della Commissione bilancio sul contenzioso finanziario e sondato in estate nella formazione del Ministero. Assai abile fu lo stesso Depretis nel giostrare ora aperture, ora chiusure al governo. Alla fine del gennaio 1874, quando il ministro Scialoja presentò, relatore Correnti, un progetto di legge sul riordino della scuola elementare, la discussione investì i temi cruciali della libertà, della gratuità e dell'obbligatorietà dell'istruzione dei fanciulli. Sulla misura e sui mezzi proposti dalla legge del ministro della Pubblica istruzione si apportarono tali emendamenti da scontentare tutte le parti, in un tattico gioco di specchi, finché lo scrutinio segreto del 4 febbraio 1874 bocciò il progetto con 140 voti contrari e 107 favorevoli.

Mentre Scialoja si dimetteva (il suo dicastero fu assunto *ad interim* da Cantelli), prese avvio la discussione generale sulla circolazione cartacea durante il corso forzoso. Minghetti tentò di recuperare l'appoggio di Peruzzi e puntare sull'intesa col folto gruppo della «Sinistra giovane» di De Luca. Questi, il 12 febbraio, presentò un ordine del giorno accolto dal ministro delle Finanze, che consentì al progetto governativo di passare alla discussione degli articoli sottraendosi sia alle opposizioni di Sella, sia alle riserve di Depretis. Pur chiedendo di valutare il carattere tecnico della proposta, elaborata nel quadro dei principi di libero scambio che in Europa respingeva il sistema protezionistico, Minghetti chiarì che un voto negativo avrebbe impedito all'intero Ministero di proseguire la sua opera. Ancora ferito per le modalità che avevano provocato la caduta del precedente governo, Sella non esitò a dichiararsi contrario respingendo le invocazioni di fedeltà al partito; d'altra parte, il sostegno del Centro Sinistro al progetto governativo paralizzò la sinistra nel tentativo di evitare che i dissensi si caricassero di significato politico. Il contingente "connubio" fu evidente nel voto sul primo articolo della legge, il 14 febbraio: De Luca, Cadolini e Asproni votarono accanto a Bastogi, Bonghi e Luzzatti tra i 207 deputati favorevoli, mentre Ferrara, Chiaves e Dina si trovarono, assieme a Depretis, Crispi, Cairoli e Cavallotti, tra i 44 contrari. La fiducia al governo fu confermata al testo finale sulla circolazione monetaria durante corso forzoso, il 21 febbraio seguente.

L'episodio, tuttavia, lungi dal cristallizzare una permanente maggioranza sulla base dell'evoluzione dei partiti, alimentò reazioni contrastanti. Se lo svolgimento del XIII congresso operaio a Roma nel marzo 1874 portò la sinistra dello schieramento liberale a riflettere per evitare rotture irrevocabili tra i suoi leader, a destra, tramite Biancheri, si avviò un confronto tra gli uomini di Sella, eletto presidente dell'Accademia dei Lincei, e quelli di Minghetti, che affidò a Cambray-Digny la gestione di fragili convergenze in vista dei successivi provvedimenti finanziari. In tale contesto, il presidente del Consiglio continuò a coltivare l'idea di collegare con ambiziosa visione politica gli obiettivi economico-finanziari alla politica estera e interna. Lo sostenne su tale via, in primo luogo, l'ipotesi di negoziare i trattati commerciali con Germania, Francia, Austria e Svizzera prima della loro scadenza, utilizzando i dati della recente inchiesta sull'industria italiana per ricalibrare sulle effettive esigenze nazionali le condizioni accettate negli anni Sessanta, in modo da ottenere un riconoscimento politico e dei mercati a livello internazionale, pur mantenendosi ossequioso al *milieu* del Cobden Club favorevole al libero scambio[7]. Una politica mirata a equilibrare maggiori entrate per lo Stato con il coinvolgimento

[7] *Discorsi parlamentari di Minghetti*, vol. 6, Tipografia della Camera dei deputati, Roma 1890, pp. 81-83.

dell'opinione pubblica ispirò anche l'obiettivo di rimodulare la riscossione dei dazi di consumo interni, in scadenza nel dicembre 1874, d'intesa con i comuni, distinguendo i cespiti dei municipi da quelli dello Stato. Il miglioramento graduale dell'amministrazione dei tributi parve riflettersi sulla diminuzione dei ricorsi dei contribuenti e dei tempi d'attesa delle decisioni. La proposta di estendere alla Sicilia la privativa dei tabacchi, pur con le sue prevedibili resistenze, si legò all'impostazione generale di richiedere contributi proporzionati a tutti per consentire maggiore equità fiscale; principio affiancato dal contrasto alle frodi e all'elusione delle leggi, fenomeno tanto più odioso alle popolazioni quanto più diffuso nei ceti facoltosi. La necessità di collegare le esigenze di giustizia e di consenso a quelle del bilancio fu alla base della proposta di Minghetti sulla inefficacia giuridica degli atti non registrati, proponendo una tassa dovuta al servizio prestato dallo Stato ai cittadini che in esso ricavavano beneficio.

Il profilo politico di tale indirizzo era coerente con il disegno mai abbandonato di attrarre una parte della Sinistra nella maggioranza, tenendo dritta la barra sul pareggio finanziario, sulla sussidiarietà statale a sostegno delle classi popolari, sul fermo equilibrio nell'attuare la legge sulle corporazioni religiose. Nel dibattito sui provvedimenti finanziari, il 22 aprile 1874, Minghetti prese spunto da un intervento di Nicotera per dar conto del programma originario del suo Gabinetto e della sua visione circa «la condizione dei partiti». Il presidente del Consiglio riconobbe la posizione costituzionale assunta da Crispi, quale rappresentante di una sinistra dinamica ma sempre orientata alla aspirazione democratica, portatrice di richieste – come l'elezione dei consiglieri comunali, la riforma elettiva del Senato, il suffragio universale alla Camera – talora accettabili, ma inopportune finché non fosse consolidata la tradizione liberale con una maggiore istruzione e prosperità del Paese: senza un'adeguata educazione morale, la democrazia avrebbe trovato i suoi pericoli in se stessa e nei suoi eccessi. In tali termini, l'accreditamento della posizione crispina consentì a Minghetti di fissare i confini tra una opposizione accettabile ed una inconciliabile, di sottrarre spazio alle manovre di Sella e di preparare l'ingresso in maggioranza di un'altra parte della Sinistra. A questa egli si era rivolto, volle ricordare, per la formazione del governo, ritenendo che, conseguita l'unità e l'indipendenza italiana, si potesse giungere a una sosta del conflitto politico per dedicarsi quasi esclusivamente alla questione finanziaria e amministrativa, con due comuni obiettivi: estinzione del corso forzoso e riforma del sistema tributario. Il cenno alla morte di Rattazzi, «forse il più convinto della fusione dei partiti», lasciò trapelare la sua ancora viva disponibilità a chi ritenne suo erede politico, per «formare un solo e grande partito»: al di là delle intese con De Luca, Minghetti si rivolse, senza mai nominarlo, a Depretis. Con lui, una maggioranza non solo salda, ma anche numerosa avrebbe potuto diffondere «un'aura nel Paese la quale indicasse essere venuto il tempo d'una modificazione dei partiti che fino allora si erano combattuti». Del resto, spiegò il presidente del Consiglio, i partiti non sono immobili: «Anch'essi si modificano, si svolgono a seconda dei tempi. Fedeli ai loro principi, nondimeno quando questioni nuove vanno sorgendo, a tenore di esse si trasformano, e la loro base si allarga». Per Minghetti la discussione sui provvedimenti finanziari avrebbe potuto essere «la prima pietra di paragone» per l'evoluzione dei partiti, confidando di poter poi «intendersi sugli altri punti e formare una grande maggioranza nel Parlamento»[8].

Istruito dalle passate esperienze di Cambray-Digny e Mordini, peraltro, Depretis non era intenzionato ad abdicare dal ruolo di *primus inter pares* conquistatosi nella Sinistra per andare a posizionarsi al suo fianco, aspettando paziente il suo momento. Perciò, il presidente del Consiglio richiamò con forza anche la fedeltà d'appartenenza agli uomini della Destra: «Un partito è una unione di uomini i quali hanno comuni certi principi e che mettono insieme i loro sforzi per conseguire un dato intento». Ringraziando i "deluchiani" nel sostegno a una parte dei provvedimenti, in attesa d'intendersi meglio in futuro e formare un partito con quanti condividessero le sue idee, soggiunse:

> Sì, ho desiderato e sperato di formare, sulla base comune dei principii una grande maggioranza in questa Camera, una maggioranza che mi aiutasse a compiere molte riforme, *a working majority*, come dicono gl'Inglesi; l'ho sperato e l'ho desiderato, ma non a prezzo delle mie convinzioni[9].

La tassa sulla ricchezza mobile passò alla Camera il 29 aprile 1874 con 152 voti a favore e 96 contrari; le sperate risposte agli inviti di Minghetti, tuttavia, non arrivarono, molti scommettendo sugli inciampi che avrebbero incontrato le sue proposte finanziarie. Cambray-Digny, avendo il polso degli umori della Destra, propose al presidente del Consiglio, all'inizio di maggio, di ritirare le leggi e preparare le elezioni. L'accordo col gruppo di De Luca parve tenere ancora nelle votazioni sulla tassa sui traffici dei titoli di borsa e sul prodotto del movimento ferroviario, sulle tasse sulla fabbricazione dell'alcool e della birra e sul diritto di statistica. Più complicato fu affrontare le resistenze di De Luca e dei deputati siciliani in relazione alla estensione della privativa dei tabacchi e alla nullità

[8] *Ivi*, pp. 90-92.
[9] *Ivi*, p. 94.

giuridica degli atti non registrati, mentre su leggi in cui si giocava la credibilità della manovra ministeriale l'opposizione ripetutamente raccolse più di cento voti. Il primo articolo del testo che modificava la legge del 1870 sull'imposta dei fabbricati riscossa dai comuni fu varato con 135 voti a favore contro 130; l'intera proposta passò a scrutinio segreto il 15 maggio con 144 contro 142. Nel voto sul progetto governativo che tentò di conciliare gli interessi dei rappresentanti siciliani con le esigenze delle finanze dello Stato, la forbice tra maggioranza e opposizione tornò ad allargarsi, prevalendo una solidarietà nazionale sugli interessi locali; non sfuggì a nessuno, tuttavia, che Minghetti aveva perso l'appoggio di De Luca e che la Sinistra si era ricompattata.

Minghetti confidò anche a Vittorio Emanuele II le difficoltà che si apprestava ad affrontare la legge sulla inefficacia giuridica degli atti: il precipitare della situazione consigliava di tenere in conto i comizi elettorali. Nondimeno il presidente del Consiglio e ministro delle Finanze, il 21 maggio, affrontò la battaglia sul provvedimento, ribadendo un principio di proporzionalità fiscale e sociale tra contribuenti, capitalisti e lavoratori, considerando le esigenze delle diverse province e dei distinti settori del commercio, della produzione e del risparmio. Pur rivendicando l'importanza di un approccio gradualista, sperimentato con successo nel percorso risorgimentale, il governo non poteva accettare l'ordine del giorno proposto da De Luca che di fatto negava il passaggio all'esame degli articoli. Minghetti pose così una linea rossa da non oltrepassare, ma promise di accontentare i desideri della Sinistra, ricordando ancora una volta di aver assunto l'incarico di governo nella convinzione di essere entrati in un periodo nuovo dei rapporti politici. Minghetti mise in campo tutte le sue carte, lasciando intravvedere di averne ancora in caso di insuccesso, sfidando così gli oppositori. La mossa consentì, con una mobilitata partecipazione all'appello nominale, di ottenere la discussione alla Camera degli articoli, ma il risultato politico si rivelò presto una vittoria di Pirro. Le trattative sugli emendamenti non riuscirono a dissuadere dalla tentazione, a destra come a sinistra, di colpire il governo nello scrutinio segreto: il 24 maggio la proposta sull'inefficacia degli atti non registrati fu sconfitta per un voto, 166 contro 165. Minghetti presentò le dimissioni a Vittorio Emanuele II che, d'intesa con il Consiglio dei ministri, le respinse: votati i bilanci e sospese le sedute della Camera il 4 giugno, il 20 settembre giunse il decreto per la convocazione dei comizi elettorali previsti per l'8 e il 15 novembre 1874.

Nell'estate, declinati definitivamente i tentativi ministeriali di attrarre verso il governo componenti della sinistra moderata piemontese e meridionale, dunque, si lavorò a una contrapposta ricomposizione dei partiti liberali in vista delle elezioni. Confortato da Luzzatti, anche Minghetti fu portato a valutare la possibilità di ricucire con Sella, sul quale, a un anno di distanza dalla crisi precedente, gravava l'ombra di aver favorito l'incidente della Camera. «L'Opinione» stessa parve confidare nel possibile riavvicinamento tra i due leader della Destra, specialmente se appoggiato dal re: dopo un primo incontro del 30 luglio, in cui si valutò la più opportuna modalità per unire la Destra e per formulare lo stesso programma elettorale di Minghetti, Sella rinviò le sue decisioni a un colloquio con il sovrano, che non riuscì risolutivo: un nuovo appuntamento, fissato tra i due leader moderati per il 9 agosto, non si tenne[10]. Anche la Sinistra, che a giugno aveva rilanciato tradizionali temi ideologici e costruito un'immagine compatta oltre le divisioni interne, ricercò le modalità per aggregare le forze antigovernative: un'occasione propizia parve l'arresto, il 2 agosto 1874, di alcuni esponenti della repubblicana Consociazione popolare delle Romagne, tra cui lo stesso Aurelio Saffi.

Infatti, dopo l'enfasi data dalla Consociazione a precedenti tumulti annonari, i partecipanti a una riunione convocata nella villa dell'industriale Ercole Ruffi, vicino Rimini, furono accusati di congiurare contro le istituzioni liberali secondando un'intesa, caldeggiata dal cesenate Eugenio Valzania, con l'Associazione Internazionale dei Lavoratori. La Consociazione romagnola protestò di aver assunto, piuttosto, una posizione avversa agli internazionalisti e d'essersi riunita per discutere, dopo il XIII congresso delle Società operaie affratellate, la posizione astensionista repubblicana e il comportamento da tenere nelle elezioni, anche proprio per scongiurare il «pericolo d'inconsulti tentativi d'azione»: «Di tutti i progressi del genere umano – avrebbe scritto Saffi –, quelli che involgono trasformazione dell'organismo sociale sono i meno atti a ricevere il cimento delle cure improvvise e violente»[11]. Il 5 agosto, peraltro, fu arrestato a Bologna il giovane Costa; già alla guida del locale Fascio operaio, pubblicato il manifesto del Comitato italiano per la rivoluzione sociale, egli aveva predisposto un movimento insurrezionale d'intesa con Bakunin. Facendo leva sul malcontento popolare per le condizioni di vita nelle campagne, la tentata sollevazione si avviò comunque tra Imola e Bologna nei giorni seguenti, bloccando linee telegrafiche e ferroviarie; il tentativo velleitario presto fallì e decine di rivoltosi furono arrestati.

[10] A. Berselli, *Le trattative per una combinazione ministeriale fra Marco Minghetti e Quintino Sella (1874-1875)*, in «Rivista storica italiana», LXVIII, 3, 1956, pp. 390-424, qui pp. 402-403.

[11] A. Saffi, *La Consociazione romagnola e gli arresti di Villa Ruffi*, Tip. Sociale democratica, Forlì 1875, p. 68.

Seguì lo scioglimento non solo delle sezioni italiane dell'Internazionale, ma anche delle stesse associazioni repubblicane. La campagna elettorale della Sinistra poteva così rilanciare l'allarme per le restrizioni delle libertà attribuite al Ministero dell'Interno (gli arrestati di Villa Ruffi furono liberati il 22 ottobre); nel contempo, sminuendo il valore dei moti fino a suggerire dietro i tribuni la figura del «provocatore», essa depotenziò le più accese rivendicazioni politiche per ampliare i consensi nel Paese. In tale quadro si cercò un accordo tra i programmi della Sinistra storica e quelli della Sinistra giovane, puntando soprattutto a formulare proposte inerenti al regime fiscale e al miglioramento dell'amministrazione: il 27 settembre un comizio a Napoli sancì la ritrovata unità a sinistra e l'elezione di un Comitato centrale dell'opposizione. Puntando tutti i leader della Sinistra ad abbattere la maggioranza della Destra, la campagna antiministeriale fu frontale: la candidatura di Garibaldi a Roma, che intimorì i conservatori capitolini, fu anticipata da un suo manifesto che, incitando a votare solo per «uomini onesti», attribuì al governo ogni tipo di corruzione pubblica.

Non fecero progressi, invece, i rapporti tra Sella e Minghetti, il quale si sarebbe sentito più garantito dall'ingresso nel Ministero del leader biellese, che all'inizio di settembre condizionò una sua partecipazione all'uscita dal governo di Ricotti Magnani (legato al sovrano) e la sostituzione di Cantelli all'Interno (criticato dalla Sinistra). Non potendo accettare che Sella tornasse a dettare simili condizioni politiche, Minghetti prese atto della sua effettiva indisponibilità a una combinazione governativa e si accontentò di un eventuale appoggio esterno. Risultarono così infruttuose le protratte pressioni prussiane per un ritorno di Sella in un gabinetto di risanamento finanziario e di riduzione delle spese militari, coerente anche con la politica ecclesiastica bismarckiana nel quadro del *Kulturkampf* avviato con le leggi del maggio 1873[12]; rimasero sospesi i tentativi per elevare al rango di ambasciata la legazione tedesca presso il Quirinale, a luglio riattivati in vista dell'eventuale restituzione della visita dell'imperatore di Germania al re d'Italia, che invece proprio all'inizio di ottobre fu rinviata. D'altra parte, pur senza lasciar cadere i contatti con Mordini, Minghetti si orientò in vista delle elezioni a rafforzare le componenti della Destra; in tale prospettiva, Cantelli lasciò l'*interim* della Pubblica istruzione che fu affidata al neoministro Bonghi. Il presidente del Consiglio, avviando da Napoli la campagna elettorale nelle maggiori città italiane, era pronto a esporre il programma ministeriale. Parlando nel suo collegio di Legnago

[12] Sul *Kulturkampf* vedi ora M. Valente, *Diplomazia pontificia e Kulturkampf. La Santa Sede e la Prussia tra Pio IX e Bismarck (1862-1878)*, Studium, Roma 2004.

il 4 ottobre 1874, Minghetti ricordò l'esigenza di avviarsi, un passo alla volta, ma risolutamente, a raggiungere l'equilibrio delle entrate con le spese dello Stato superando l'imperfetto assemblaggio di tributi diversi dell'emergenza postunitaria. Restava aperta la questione di spese necessarie, ma contenute, da affrontare con corrispondenti nuove entrate: dagli interventi a favore degli impiegati pubblici a quelli per la difesa, fino alle opere pubbliche, a partire dal compimento dei progetti avviati nei porti italiani.

Nel programma di Minghetti, la credibilità internazionale derivante dal possibile equilibrio delle finanze doveva essere confermata dal conseguimento della piena legalità e dalla sicurezza interna. La questione aveva evidenti risvolti politici e sociali. Infatti, la ripetuta enfasi di presunte minacce clericali alimentò l'opposizione a un'equilibrata applicazione della politica ecclesiastica ed attribuì un carattere antinazionale alla rivendicata indipendenza del papa. Peraltro, mentre Visconti Venosta lavorava a contenere i movimenti favorevoli alla protesta pontificia, in particolare nella politica estera francese, la stessa S. Sede era intervenuta a gestire e ridimensionare la mobilitazione dei circoli cattolici europei raccolti nella rete della Corrispondenza di Ginevra[13]. A seguito dei lavori conciliari, infatti, nella Curia romana dei primi anni Settanta prese progressivamente forza la posizione dei cardinali che intesero difendere l'ortodossia della fede custodita dal pontefice e valutare, nello stesso tempo, l'opportunità di un dialogo flessibile e pragmatico con le istituzioni liberali. Il progressivo affermarsi di tale profilo in Vaticano grazie a un ampio e articolato «centro cardinalizio», moderatore delle minoritarie e contrapposte componenti «transigenti» e «intransigenti», consentì il superamento di un impossibile immobilismo papale. Il declino del momento apicale del conflitto tra i gruppi dirigenti italiani e il mondo cattolico fedele al pontefice coincise, così, nel rinsaldare il legame tra Pio IX e un radicato associazionismo cattolico nella vita sociale della nazione. Coerente a queste dinamiche fu la spinta a ricondurre all'indirizzo della S. Sede l'associazionismo del laicato cattolico italiano, in cui si era segnalata la Società della gioventù cattolica, fondata a Bologna nel 1867 e approvata dal papa nel 1868. Il Congresso cattolico italiano, convocato a Venezia il 12 giugno 1874 sotto la presidenza del patrizio romano Scipione Salviati, fu organizzato come primo passo pubblico nel cammino delineato. In apertura dei lavori, su proposta del

[13] Cfr. V. Viaene, *A brilliant failure. Wladimir Czacki, the legacy of the Geneva Committee and the origins of Vatican press policy from Pius IX to Leo XIII*, in *The Black International 1870-1878. The Holy See and Militant Catholicism in Europe*, a cura di E. Lamberts, Leuven University Press, Leuven 2002, pp. 244-250.

vicepresidente D'Ondes Reggio, dimessosi dopo Porta Pia dalla Camera dei deputati, fu approvata una solenne dichiarazione, intesa a distinguere l'adunanza delle opere e delle società convenute dal movimento «cattolico liberale» e dai reazionari «codini»: «Il Congresso è cattolico e non altro che cattolico. [...] Il Cattolicesimo perciò non è liberale, non è tirannico, non è d'altra qualità»[14].

Da parte sua, il Ministero dell'Interno diretto da Cantelli sottolineò piuttosto i pericoli di possibili legami internazionali dell'agitazione anarchica e repubblicana. Minghetti, allineato con le informazioni degli Esteri e lontano dall'allarmismo così suscitato, mostrò di non temere l'agitarsi di supposti «spettri rossi o neri», lessico considerato impropriamente ripreso dal contesto francese, assicurando di avere già mezzi e forza in grado di contrastare conati antiunitari o fenomeni di sovvertimento sociale[15]. Per il presidente del Consiglio, il manifestarsi dell'insoddisfazione della "plebe" si sarebbe allentato solo con processi educativi e miglioramenti delle condizioni di lavoro; lo preoccupò, soprattutto, il riemergere in alcune parti del regno di aree di illegalità malavitosa che alimentò un pubblico malumore. Propose, dunque, di affrontarlo con mezzi proporzionati, colpendo con nuove misure di pubblica sicurezza «la camorra, la maffia e tutte queste manifestazioni della barbarie», venendo incontro alle segnalazioni di alcuni esponenti della Sinistra[16]. Fin dalle rilevanti esperienze politiche del 1848-1849, del resto, era emersa «la centralità della sicurezza nella costellazione dei valori politici minghettiani: la nazione doveva essere fatta di stabilità politica e di concordia interna, cementando l'ordine liberale»[17]. Un discorso politico di progresso economico e coesione sociale per Minghetti nel 1874 era funzionale a evitare che l'opinione borghese nazionale esprimesse «col voto un malcontento impotente» contro un governo usurato dalla continua ricerca di consensi in Parlamento, sfidando le opposizioni a presentare candidature credibili per una alternativa al potere. Del resto, la Sinistra mirò a ricomporre le sue divisioni favorita dall'obiettivo di

[14] Il testo anche in *Il primo congresso cattolico in Italia*, in «La Civiltà Cattolica», XXV (1874), vol. 3, fasc. 577, p. 24.

[15] *Discorso ai suoi elettori pronunziato a Legnago il 4 ottobre 1874 da Marco Minghetti*, Stamperia reale, s.l., p. 16.

[16] Sulla porosità dei rapporti tra criminalità e politica, come sull'uso politico di reciproche accuse di collusioni, cfr. ora F. Benigno, *La mala setta. Alle origini di mafia e camorra, 1859-1878*, Einaudi, Torino 2015.

[17] R. Balzani, *Marco Minghetti nel '48: tra guerra nazionale, esperimenti costituzionali e ordine pubblico*, in «Il Risorgimento», LXVI, 2, 2010, pp. 20-21. Sul nesso postrisorgimentale tra libertà e coesione sociale, cfr. anche M.M. Aterrano, *La pacificazione degli animi. Controllo delle armi e disarmo dei civili in Italia, 1817-1926*, Viella, Roma 2023.

completare il percorso di qualificazione del proprio partito come classe dirigente liberale e costituzionale, costituendo un'Associazione progressista organizzata in diverse città della Penisola. In una campagna elettorale che accentuò la «disposizione a togliere i partiti intermedi, e costringere i centri a schierarsi a destra o a sinistra»[18], la Sinistra trovò varchi con la polemica antigovernativa soprattutto nel meridione, come in Sicilia, dove gli arresti compiuti a Sciacca in ottobre diedero spunto per sostenere una mobilitazione politica contro un'azione della polizia ritenuta eccessiva, a fronte di una magistratura provinciale considerata antiministeriale. Mentre una trasversale enfasi sui temi della politica ecclesiale tenne diffidente una parte numerosa dell'elettorato cattolico, il dibattito sulle gestioni delle amministrazioni locali e sulla cultura malavitosa meridionale contribuì ad accentuare una divisione tra la rappresentanza del nord e del sud del Paese.

Infine, nella prima metà del novembre 1874 furono 318.517 i cittadini italiani (meno del 56 per cento degli aventi diritto) che andarono a votare per eleggere 508 deputati. Se i risultati elettorali del primo turno furono già preoccupanti per le aspettative di Minghetti, dopo i ballottaggi si rivelarono ancor più deludenti. Nonostante i miglioramenti ottenuti in Piemonte, Marche e Toscana, e la conferma dei collegi della Destra in altre regioni settentrionali, nell'Italia centro-meridionale si registrarono molti successi delle opposizioni, con un vistoso voto antigovernativo dei proprietari terrieri in Sicilia. Il presidente del Consiglio fu politicamente scosso dal quadro in cui, a fronte dell'esaurirsi delle turbative piemontesi, la rappresentanza parlamentare evidenziò il «fenomeno grave» dell'«accentuarsi di due Italie, una settentrionale e una meridionale». Pur avendo perso alcune decine di seggi, la Destra ritenne di aver mantenuto una maggioranza di oltre sessanta deputati, sufficiente a governare solo se ciascuno di loro fosse restato al suo posto di fronte a una Sinistra comunque numerosa e combattiva, più insidiosa nel mostrarsi incline al moderatismo: ogni piccolo dissidio – avvertì Minghetti già il 16 novembre – «avrebbe dato causa vinta agli avversari»[19]. L'indomani del discorso della Corona, nel venticinquesimo anno di regno di Vittorio Emanuele II, la proposta di confermare alla presidenza della Camera ancora Biancheri, sconfitto nel collegio elettorale di Roma da Garibaldi, confermò lo scenario delineato, ottenendo solo 64 voti in più del candidato di bandiera della Sinistra, Depretis. Deciso a completare il suo programma riformatore, tralascian-

[18] Così Minghetti a Rasponi, Roma, 25 ottobre 1874, in M. Minghetti, *Copialettere 1873-1876*, a cura di M.P. Cuccoli, prefazione di U. Marcelli, vol. 1, Istituto per la storia del Risorgimento italiano, Roma 1978, p. 394.

[19] Minghetti a Ricasoli, Roma, 16 novembre, 1874, *ivi*, pp. 438-439.

do un progetto governativo pensato per trasformare i partiti, Minghetti paradossalmente non ebbe altra scelta che caratterizzare politicamente a destra la maggioranza esistente.

In un partito moderato attraversato dal timore di una possibile ascesa della Sinistra, il presidente del Consiglio fu spinto a ripercorrere la via delle trattative con Sella, che da altri era consigliato a tenersi libero per presentarsi come leader di riserva della Destra in caso di caduta del Gabinetto. Nel dicembre 1874, la proposta di provvedimenti eccezionali di pubblica sicurezza avanzata dai ministri Cantelli e Vigliani fu occasione a sinistra per rinverdire le grida contro un tentativo governativo di mettere fuori legge le opposizioni. Chiuso il primo grande dibattito sullo stato di previsione delle entrate per l'anno seguente, in corso l'iniziativa dei Ministeri degli Esteri e della Finanza per porre sulla buona strada il negoziato sui trattati commerciali con Francia, Germania e Austria, una Sinistra che ostentava moderazione non rinunciò, nei primi giorni del 1875, a sondare di tanto in tanto la compattezza ministeriale. Per rafforzare il governo, il presidente del Consiglio si dispose a raccogliere le condizioni poste al suo ingresso nel Ministero da Sella, che richiese la mediazione di un re sempre più insofferente ai suoi ondeggiamenti. Il realismo di Minghetti si scontrò tuttavia con le pretese di Sella: oltre all'allontanamento dei ministri Visconti Venosta, Ricotti Magnani e Cantelli, questi richiese un'improbabile investitura politica da parte di Lanza e Ricasoli. Così, nel gennaio 1875, l'ulteriore tentativo di accordo declinò, alimentando lamentele e sfiducia sulla tenuta ministeriale. Nel frattempo, Sella riformò lo statuto dell'Accademia dei Lincei, da lui presieduta, ottenendo l'istituzione della nuova «classe di Scienze morali, storiche e filologiche», destinata a diventare pilastro della sua trasversale iniziativa culturale e politica.

Mentre si consumava il tentativo depretisino di sollecitare un raggruppamento al centro della Camera che trovasse sponda nella destra per isolare le estreme degli schieramenti liberali[20], nel gennaio 1875 Minghetti curò di scongiurare possibili defezioni nella maggioranza ed eventualmente rafforzarla. Il presidente del Consiglio nel primo trimestre dell'anno gestì con efficacia un'interpellanza sulle vicende di Villa Ruffi avanzata da Cairoli, la cui risoluzione fu respinta mostrando la compattezza della destra al governo. Superate con un rinvio del provvedimento le insidie poste dall'opposizione in margine agli schemi di leggi sull'istruzione pubblica avanzati dal ministro Bonghi, fu più faticoso contenere in febbraio la campagna di denuncia promossa a sinistra contro gravi ingerenze governative sulle elezioni del 1874: lo scontro alla Camera, pur chiuso con successo,

[20] A. Capone, *op. cit.*, p. 287.

parve indebolire il ministro dell'Interno. Con abilità Minghetti seppe "neutralizzare" politicamente l'arrivo a Roma di Garibaldi, accettando di valutare tra febbraio e maggio i suoi progetti per l'Agro romano e per il porto di Fiumicino. Mancini cercò di mettere in difficoltà il governo per l'attitudine dilatoria del ministro Spaventa sugli impegni economici per la «bonificazione dell'Agro romano e sulla rettificazione del Tevere». Il presidente del Consiglio nell'occasione riallacciò i contatti con il leader dell'opposizione: Minghetti sondò Depretis perché si rinviasse un dibattito pubblico che avrebbe portato nessun beneficio e molti imbarazzi[21]. Così, dopo aver sottolineato gli importanti risvolti politici dei lavori per Roma, nel considerare le «buone intenzioni del governo» e gli «ottimi sentimenti» di Mancini, Depretis portò la Sinistra a sostenere un ordine del giorno di sospensione della discussione approvato all'unanimità[22]: un successo.

Il Gabinetto seppe gestire anche l'incontro tra Vittorio Emanuele II e l'imperatore Francesco Giuseppe, che rese la visita al re d'Italia arrivando il 5 aprile 1875 a Venezia, simbolo della lotta d'indipendenza italiana, nonostante le polemiche degli ambienti antiaustriaci che dall'anno precedente rischiavano di essere fonte di conflitto con Vienna. Mentre veniva annunciato il rinvio di un analogo viaggio in Italia dell'imperatore di Germania, la felice riuscita dell'incontro italo-austriaco, accompagnato da consueti quanto importanti riunioni per affrontare i nodi delle relazioni economiche e commerciali, ebbe un'eco positiva tra le Potenze europee, e in particolare sull'opinione pubblica britannica, mentre all'interno del Paese le pacificate relazioni con l'antico nemico furono con favore accolte come elemento di sicurezza nazionale, fattore di stabilità internazionale e di sviluppo economico.

La vita politica del ministero Minghetti, tuttavia, apparve più incerta quando si inasprirono i contrasti nella Destra sui provvedimenti economico-finanziari. Richiamando le proposte avanzate sulla questione ferrovia, il 23 marzo 1875 Luzzatti avvertì Minghetti: «I Toscani perfidiano contro di me, segnatamente Peruzzi e Bastogi; io li combatterò e abbatterò essendo stanco di essere paziente. La qual cosa avrà effetti politici»[23]. I provvedimenti finanziari, come quello sulla tassa di registro di trasferimento degli immobili, in effetti, vennero approvati con maggioranze sempre più ristrette; essi furono sostenuti in modo sempre più esplicito solo per l'esigenza di evitare la Sinistra al governo. Alla metà di aprile, Minghetti confidò al re come la bonaccia ormai lasciasse presagire venti

[21] Minghetti a Depretis, 11 marzo 1875, in M. Minghetti, *Copialettere*, cit., vol. 2, p. 542.
[22] AP, CD, *Discussioni*, tornata dell'11 marzo 1875, pp. 1989-1990.
[23] Cit. in A. Berselli, *Le trattative*, cit., p. 423.

di tempesta. Ripresero fiato allora le correnti favorevoli a un accordo con Sella che, pur convenendo sulle convenzioni con la Società per le ferrovie romane e con quella delle ferrovie meridionali, nonché sul riscatto delle ferrovie dell'Alta Italia, ripropose le sue posizioni sull'avvicendamento dei ministri e sulla riduzione delle spese del Ministero della Guerra. I tentativi di un coinvolgimento di Sella al governo ancora una volta declinarono in aprile, con la sua assenza all'incontro della maggioranza per discutere la questione delle ferrovie.

La Sinistra, così, tentò di provocare nella maggioranza ulteriori strappi politici. Nell'anno giubilare del 1875, tuttavia, non fu capace di incidere in tal senso l'insistente polemica dell'opposizione sull'acquietarsi delle relazioni tra Stato e Chiesa: i sentimenti temperati da parte del clero riflettevano l'atteggiamento benevolo verso il Vaticano da parte del Ministero di Grazia e giustizia e dei culti, particolarmente sulle problematiche dei conventi e dell'istruzione. Le dinamiche in atto, tuttavia, emersero in maggio da un'interpellanza di Mancini contro la tolleranza governativa nell'applicare le norme in materia ecclesiastica. In essa la tradizionale accusa al governo assunse un peculiare tratto politico, con probabilità ispirato da Depretis, per denunciare un «programma occulto» ormai noto a tutti: «Si brama ad ogni costo spianare la via ad una conciliazione del Governo col papato. Si crede migliorare la nostra condizione morale e politica, migliorare la nostra vita in Roma, consolidare la direzione degli affari pubblici della nazione nel partito che è al potere, chiamando alle urne molti tra i devoti al clero, allorché abbia potuto inaugurarsi la vagheggiata conciliazione». Così, l'oggetto polemico non fu più la ricerca di un *modus vivendi*, possibile se la Chiesa inclinando alla pace avesse accettato i mutamenti istituzionali intervenuti, ma il tentativo governativo di perseguirlo per ottenere il voto dei cattolici: «È questo il momento di parlare di conciliazione?»[24].

Né ottenne migliore fortuna la prova di forza tentata sulle leggi speciali di pubblica sicurezza, giustificate dal Gabinetto con il contrasto alle mafie in Sicilia. Nel tentativo di risollevare un movimento nazionale contro l'autoritarismo del governo, Crispi colse l'occasione per rilanciare la propria leadership a sinistra, forzando le strategie di Nicotera e Depretis; quest'ultimo, pur criticando il progetto di leggi eccezionali, segnalò l'importanza della lotta contro le mafie per dare impulso alla trasformazione socioeconomica della Sicilia e migliorare le condizioni delle plebi nullatenenti cittadine, dei ceti contadini e dei lavoratori nelle miniere di zolfo. Sebbene sconfortato sulla possibilità di incidere sui costumi italiani con «pannicelli

[24] AP, CD, *Discussioni*, tornata del 3 maggio 1875, pp. 2864-2867.

caldi», Minghetti fu sensibile alla possibilità di disinnescare un dibattito politicamente destabilizzante per la Destra, divisa sul comportamento del ministro dell'Interno. Alla luce dei contrasti interni anche alla Sinistra, infine, il 10 giugno prese forma una via d'uscita: sostituire il progetto Cantelli da un articolo unico che ricondusse i provvedimenti straordinari proposti dal governo entro i limiti del diritto comune, avviando l'itinerario per una commissione d'inchiesta sulla Sicilia. La proposta, tuttavia, fu respinta per l'incalzante politicizzazione crispina del dibattitto, in uno scontro durissimo in cui, tra personali ostilità e politici contrasti tra magistrati e uomini del governo, emersero allusioni alle possibili collusioni tra autorità pubbliche e ambienti malavitosi. Nessuna mediazione fu praticabile: il 15 giugno 1875 si votò la fine della discussione generale e il passaggio alla discussione degli articoli con 220 voti favorevoli al Gabinetto contro 203. L'assenza dall'aula di deputati della Sinistra che disattesero le indicazioni di Depretis e Mancini evitò una probabile sconfitta della maggioranza: lo si percepì il giorno seguente quando nel voto finale della legge, a fronte della dichiarata astensione fatta da Crispi, si registrarono 32 voti contrari, provenienti in parte dalla Destra, che avrebbero potuto sommarsi ai voti della Sinistra.

In agosto, lo svolgimento a Palermo del congresso degli scienziati costituì occasione per una riconciliazione della Corona e del governo con le classi dirigenti siciliane. L'evento palermitano fu anche un momento significativo dell'avviato confronto culturale tra teoria economica e realtà sociale, connesso all'aperta discussione sui rapporti tra decisione politica e rappresentanza degli interessi. L'impatto di quella che parve una «grande depressione mondiale»[25], diffondendosi nel 1873 una turbolenza finanziaria che rallentò in molte nazioni precedenti aspettative di sviluppo economico, comportò una produzione maggiore di quanto potessero assorbire i consumi, una caduta di prezzi agricoli e di materie prime, un'erosione di salari con particolare danno di ceti deboli e una crescente disoccupazione. Con le conseguenze della crisi del mercato internazionale, che soprese i contemporanei perché «in many respects, unprecedented»[26], si misurarono anche le classi dirigenti italiane[27]. Gli ambienti liberisti si raccolsero, tra la

[25] Cfr. M. De Cecco, A. Pedone, *Le istituzioni dell'economia*, in *Storia dello Stato*, cit., pp. 258-259.

[26] D.A. Wells, *Recent economic Changes and their effect on the production and distribution of wealth and the well-being of Society*, D. Appleton, New York 1889, p. 1.

[27] *Associazionismo economico e diffusione dell'economia politica nell'Italia dell'Ottocento. Dalle società economico-agrarie alle associazioni di economisti*, a cura di M.M. Augello, M.E.L. Guidi, 2 voll., Franco Angeli, Milano 2000.

primavera e l'autunno 1874, nella rivista «L'Economista» e nella Società Adamo Smith (tra i fondatori vi furono alcuni politici della Destra, come Peruzzi, Ferrara, Ricasoli, Cambray Digny, e della Sinistra come Mancini, Genala, Magliani, Seismit-Doda)[28]. Su proposta di un gruppo di studiosi in prevalenza lombardi e veneti (tra cui Luzzatti, Lampertico, Toniolo) sorse, invece, nel febbraio 1875 l'Associazione per il progresso degli studi economici, affiancata dal suo organo «Il Giornale degli Economisti»: nella prassi sperimentale di dottrine economiche come «scienza di governo» si ricercò una composizione tra libertà del cittadino e intervento dello Stato, esercitando una qualche attrazione sul «liberismo temperato» di Minghetti[29]. L'ampio dibattito su conseguimento dell'utile e comportamento morale nell'agire economico, su espansione della produzione e benessere della popolazione, influì nel confronto sulle riforme socio-economiche, ispirato ora all'esperienza inglese, ora al modello germanico: appoggiandosi su studi comparati, si affacciò l'idea di un percorso italiano intermedio tra «lasciar fare» e «statalismo»[30].

Segno dei tempi dell'«Italia risorta», il destino del Gabinetto parve legarsi alla rappresentanza degli interessi coinvolti nello sviluppo infrastrutturale del Paese, snodo centrale tra equilibrio del bilancio pubblico e prospettive di crescita economica. Fin da maggio, Minghetti aveva ottenuto la disponibilità di Sella a collaborare per risolvere la separazione delle ferrovie Alta Italia dal tratto austriaco, il coinvolgimento di Lanza sulle politiche dei dazi di consumo interno e l'impegno operativo di Luzzatti nel rinnovare i trattati di commercio; nel luglio 1875 egli si mostrò convinto che, raggiunti tali obiettivi, il pareggio di bilancio potesse infine conseguirsi. Perciò, l'estate del presidente del Consiglio trascorse nel lavoro per ridimensionare la preponderanza dei capitali stranieri nell'aperto mercato italiano seguita dopo l'Unità, connessa al riconoscimento dell'Italia dalle Potenze europee. Mentre si predispose un avvicinamento alla Russia, si conclusero le trattative con la Francia e analogamente si impostarono quelle con Austria, Germania e Svizzera. La stabilità assicurata al regno fece confidare nella possibilità di mettere mano alle tariffe dei dazi di confine per facilitare il riassetto delle finanze, negoziando merce per merce secondo gli interessi dei produttori nazionali, tenendo conto di opportune concessioni sui prodotti cari ai Paesi interlocutori. Membro del Cobden

[28] Cfr. ora M. Poettinger, *Francesco Ferrara, la Società Adamo Smith e «L'Economista»*, in *Firenze dopo la capitale*, a cura di S. Rogari, Polistampa, Firenze 2022, pp. 149-171.

[29] R. Piccioni, *Marco Minghetti e il liberismo temperato*, IBL, Torino 2015.

[30] P. Pecorari, *Luigi Luzzatti e le origini dello "statalismo" economico nell'età della Destra storica*, Signum, Padova 1983.

Club e consapevole come Londra auspicasse un governo italiano ispirato al *free trade*, Minghetti pur senza condividere politiche protezioniste fece sue le parole di Gladstone riprese da Luzzatti: «We are without exception free traders, but not free traders without exception»[31].

L'intensificata iniziativa internazionale fu accompagnata da una continua inquietudine in politica interna. Nel clima politico estivo, orientato dal voto annuale per il parziale rinnovo delle amministrazioni comunali dei grandi centri cittadini, si fece largo l'idea di compattare le parti liberali contro l'associarsi dei cattolici, già mobilitati per conquistare le amministrazioni locali e organizzati per il loro secondo congresso, che tennero a Firenze il 22-26 settembre 1875. Se nella Destra si sollevarono diatribe sull'indirizzo economico governativo, una Sinistra divisa riprese l'arduo cammino per presentarsi come maggioranza. Il suo leader Depretis indugiò a misurare gli opportuni tempi politici, tessendo mediazioni tra le componenti interne al partito e logorando la maggioranza nella convinzione di una sua prossima implosione. Diversamente, in chiave anticrispina, Nicotera si dedicò a predisporre subito una diversa maggioranza, confortato da un colloquio col sovrano, spingendosi a rispolverare un'intesa con Sella nell'intento di separarlo da Minghetti. Anche alla luce dello studio del moderato Franchetti sulle *Condizioni economiche ed amministrative delle Province Napoletane*, Nicotera richiese ulteriori risorse da investire nel Mezzogiorno d'Italia e il pieno riconoscimento del ruolo delle sue classi dirigenti nello Stato unitario. In tal modo, egli mirava ad assumere la guida della rappresentanza meridionale in una prospettiva nazionale; nell'agosto 1875 riferì a Cairoli come i deputati lombardi odiassero non solo lui, «ma tutto e tutti quelli che appartengono alle province meridionali, e per di più vorrebbero che rimanessimo sempre politicamente ed economicamente alla coda della più piccola borgata della Lombardia»[32]. Di fronte alle tentazioni della Destra di aprire ad una Sinistra indebolita da divisioni interne, Minghetti continuò a tenere unita la maggioranza di governo; in tal senso, egli operò anche a rafforzare i legami dell'Esecutivo con Casa Reale, non escludendo un eventuale rimpasto ministeriale, per evitare di aprire le porte a un Gabinetto guidato dall'opposizione. Un fantasma che prese corpo quando il «Gran Lama Depretis» assunse la bandiera dell'unità della Sinistra nel banchetto che tenne agli elettori del collegio elettorale di Stradella, il 10 ottobre 1875.

[31] M. Minghetti, *Copialettere*, I, cit., p. XCI.

[32] La lettera del 25 agosto 1875, ora in M. De Nicolò, *Trasformismo, autoritarismo, meridionalismo: il ministro dell'interno Giovanni Nicotera*, il Mulino, Bologna 2001, p. 83.

Nel suo atteso discorso, dagli avversari considerato tanto fiacco e deludente quanto in effetti temuto, Depretis si propose leader dell'intera opposizione parlamentare, con una curata attenzione ai riemergenti regionalismi, proiettata a realizzare un governo della Sinistra capace di rappresentare tutti «quanti sono e si dicono liberali in Italia»[33]. Interrompendo un dialogo avviato con Nicotera, egli ne oscurò le inconcludenti mosse per un connubio con Sella; al contrario, enfatizzò la propria adesione alla legge sulla responsabilità civile di tutti i funzionari pubblici avanzata da Clemente Corte, noto per aver bocciato come «atto di evirazione politica» l'idea nicoterina di una possibile fusione con Sella. Facendo proprie le parole di Crispi, poi, egli respinse le accuse di impaziente brama di potere dell'opposizione costituzionale, pronta ad andare al governo «colla sua bandiera spiegata». Posta ogni iniziativa politica sulla base delle libertà politiche «fattori della unità della patria», egli si fece irriducibile avversario di ogni legislazione eccezionale nel campo dell'ordine pubblico e sostenitore di un decentramento amministrativo con maggiore autonomia di comuni e province, rafforzate dall'elettività del loro governo, nell'ambito delle competenze assegnate. I partiti alla Camera avrebbero dovuto essere «specchio della maggioranza del Paese»; per questo, sposò apertamente la proposta di riforma elettorale avanzata da Cairoli, individuando per accedere al voto non solo condizioni di «possidenza», ma anche di «intelligenza».

Segnalando i timori di alcuni liberali per una «grande estensione del suffragio» che avrebbe potuto includere nel corpo elettorale anche «elementi pericolosi», Depretis osservò che opportuni temperamenti si sarebbero facilmente trovati. In tal modo introdusse la sua particolare posizione nella polemica sulla condiscendenza governativa verso il clero. Con fine retorica politica, egli sviluppò la sua critica non verso il pontefice, ma su quel «partito che sotto il manto della religione nasconde le sue viste di mondana politica e la sua avidità di dominio». Rilevata la grande influenza ancora esercitata dalla Chiesa «sulle masse», egli osservò l'esistenza di un «partito cattolico», forte per organizzazione e ramificazione, che dal congresso di Firenze ormai apertamente puntava a conquistare municipi e province, ma che si sarebbe poi indirizzato «a popolare il Parlamento». Dunque, una legittima guerra doveva condursi contro quel «partito clericale» che «del sentimento religioso si vale per rendere odiosa la libertà». Nello stesso tempo, tuttavia, egli introdusse un netto discrimine: «Io sono un difensore della libertà di culto; credo incoercibile l'umana coscienza: ma quando il sentimento religioso – aggiunse Depretis – si volge contro

[33] *Il programma del ministero Depretis*, Tip. Barbera, Roma 1876, p. 48.

l'ordinamento politico dello Stato, allora è un dovere gridare l'allarme affinché si provveda alla sua difesa»[34]. Accennando al tradizionale tema anticlericale della Sinistra, ne depotenziò il carattere ideologico nella distinzione tra «partito cattolico» e «partito clericale»; nel distinguere dimensione religiosa e piano politico, additò anche la via di un diverso "segno" politico per l'itinerario dei cattolici verso le responsabilità pubbliche.

Tutto l'impianto del discorso, del resto, si fondò su una logica competitiva con la destra moderata. Depretis mosse da argomenti cari alla Sinistra ma capaci di riscuotere attenzione in gruppi della maggioranza, giungendo a richiamare sui temi dell'istruzione pubblica anche le dimissioni dell'amico Correnti, esponente di punta del Centro parlamentare. Non polemizzò con la necessità di ottenere il pareggio del bilancio e riconobbe gli sforzi del «partito moderato» per raggiungerlo; piuttosto, consapevole dell'usura sociale e della sofferenza degli interessi travolti nel percorso scelto per conseguirlo, osservò come la vita di un popolo non coincidesse con i computi del pareggio. Attaccò i malfatti contratti per le ferrovie che gravavano sul disavanzo; difese l'impegno per necessarie opere pubbliche; confermò l'impegno contro imposte ingiuste, dalla tassa sul macinato alla proposta tassa sulle bevande, evocando a proprio sostegno lo stesso Cavour, e richiamò i problemi ancora suscitati dal corso forzoso. Riconoscendo la presenza tra i moderati di uomini d'ingegno, condivise l'esigenza di temperare il sistema tributario e le speranze per risanare le finanze nel rinegoziare i nuovi trattati, ma senza abbandonare le teorie liberali fino ad allora seguite. Depretis glissò sulla politica estera, auspicando relazioni pacifiche tra le nazioni; dichiaratosi il più anziano fra i deputati dell'opposizione parlamentare, o, usando l'espressione inglese, dell'«Opposizione di Sua Maestà», egli infine enfatizzò il brindisi conclusivo per Vittorio Emanuele II, «Re Galantuomo», come doverosa espressione della riconoscenza del Paese[35]. Con un programma capace d'intercettare tutti i settori del Parlamento, egli occupò un ampio spazio politico: nonostante la chiusa del suo discorso, anche Bertani accennò a Depretis quale «capo virtuale dell'opposizione», in una Sinistra costituita da «coalizioni di gradazioni per vincere in questioni di progresso»[36].

[34] *Ivi*, pp. 47-49.

[35] *Ivi*, p. 60.

[36] Così Bertani nel discorso tenuto a Rimini il 14 novembre 1875 in *Scritti e discorsi di Agostino Bertani*, G. Barbera, Firenze 1890, pp. 197-198. Cfr. anche E. Mana, «*Formare una democrazia illuminata e pensante». Il discorso agli elettori dell'Estrema sinistra (1875-1900)*, in «Quaderni storici», n. s., 117, 3, 2004, pp. 697-724.

Il re d'Italia, peraltro, accolse il 18 ottobre 1875 a Milano l'imperatore di Germania Guglielmo I per la visita più volte rinviata; preparata da Minghetti e Visconti Venosta, nonostante l'assenza di Bismarck, l'occasione permise anche colloqui sulle problematiche politiche ed economiche. Con alle spalle tale successo di politica estera, nel discorso che tenne a Cologna Veneta il 31 ottobre, il presidente del Consiglio e ministro delle Finanze rilanciò il suo programma ministeriale, replicando al discorso di Depretis, cui offrì alcune aperture per prevenirne le insidie. Soprattutto egli annunciò che nel 1876 il deficit sarebbe stato ridotto a 16 milioni, rendendo possibile quel pareggio del bilancio che avrebbe portato conseguenze positive nella vita socio-economica italiana[37]. Citando la lezione cavouriana, Minghetti sottolineò che i trattati commerciali erano negoziati senza concepire i dazi come misure protezionistiche e che le ferrovie erano intese come un servizio pubblico. I consensi ai risultati economico-finanziari incoraggiarono Minghetti a completare il suo disegno: «Mandateci via se ne avete il coraggio!», scrisse «La Nazione», sfidando l'opposizione alla prova di forza nel Paese che ormai si attendeva[38]. Nondimeno, fu presto evidente che il conseguimento del pareggio del bilancio avrebbe portato l'ineludibile modificarsi del quadro politico, liberando il gioco degli interessi e della rappresentanza parlamentare. Lo intravide lo stesso Vittorio Emanuele II: il pareggio raggiunto non avrebbe da sé consolidato il governo, ma lo avrebbe fatto cadere in breve tempo.

Il sovrano, intanto, fu informato da Sella all'inizio di novembre che, dando seguito all'incarico ricevuto da Minghetti, aveva ormai concluso il riscatto delle ferrovie dell'Alta Italia. Del resto, era stato Sella a seguire dal 1871 l'evoluzione delle convenzioni ferroviarie, col passaggio delle ferrovie calabro-sicule alle meridionali, per poi giungere al riscatto delle ferrovie romane nel 1873. In tale percorso, il leader biellese accrebbe il suo contrasto politico con Peruzzi, che Minghetti tentò inutilmente di mediare quando si trattò di affrontare lo stato critico delle ferrovie meridionali, guidate dal presidente Bastogi e dai vicepresidenti Balduino e Bombrini. Nella crescita delle infrastrutture Minghetti individuava, oltre il conflitto tra culture economiche e interessi regionali, un elemento strategico per la vita del Paese, per la sua sicurezza e difesa militare, per l'effettiva mobilità dei cittadini e delle merci, per l'attrattività dei capitali necessari allo sviluppo economico; così, nella questione della rete ferroviaria egli pose un

[37] Ora anche in M. Romani, *Storia economica d'Italia nel secolo XIX. 1815-1914*, vol. 2, Giuffrè, Milano 1976, p. 837.

[38] «La Nazione» del 3 novembre 1875, in A. Berselli, *Il governo della Destra*, cit., p. 754.

tema politico ben più ampio del pur utile ridimensionamento dell'onere delle concessioni sul bilancio dello Stato.

Alla riapertura della sessione parlamentare autunnale, il conflitto politico, nonostante la ricerca di equilibrio da parte di Minghetti, esplose proprio intorno alla questione ferroviaria. Dopo aver firmato a Basilea, il 17 novembre 1875, in nome del governo italiano una convenzione con Alphonse Rothschild per separare i due rami della Südbahn austriaca e il riscatto della società delle ferrovie Alta Italia, Sella fece pubblicare a sorpresa la notizia dell'evento su «L'Opinione» già il 19 novembre, per orientare il dibattito pubblico e le scelte del Gabinetto[39]. La discussione, infatti, non si concentrò più sulle riconosciute esigenze di riscatto delle ferrovie (la cessione della proprietà della rete da società private in difficoltà allo Stato, come avvenuto per le romane e in prospettiva per le meridionali), ma sulle modalità del loro esercizio, che Sella ritenne dovesse essere amministrato dallo Stato. All'interno dell'Esecutivo non mancarono dubbi sulla situazione che si stava delineando e Minghetti considerò un ampio arco di soluzioni. Valutata l'ipotesi di una situazione diversificata tra le reti ferroviarie, ritenuto impossibile creare a breve enti intermedi o società cointeressate, infine, le considerazioni sull'assenza di società private concorrenti che gestissero il loro esercizio senza ricorrere a capitali stranieri condussero il presidente del Consiglio a propendere, sia pur temporaneamente, per l'amministrazione governativa delle ferrovie[40]. Invano egli tentò di tenere unita su questa linea la Destra, cercando spazi di negoziato con Ricasoli, Balduino, Bastogi, e trattenendo Spaventa, che di contro inclinava a dimettersi. A Minghetti non sfuggì il nodo politico nel quale era stato stretto dalla mossa di Sella che, avendo in mano la conclusione dell'operazione con il governo austro-ungherese, mise in difficoltà il Gabinetto davanti alla protesta della Consorteria che, pur senza troppa convinzione, fino allora l'aveva sostenuto: la coperta della maggioranza di Destra si mostrò di nuovo corta. Tra novembre e dicembre 1875 i moderati toscani attaccarono «L'Opinione», mentre Sella reagì, creando tensioni che il leader bolognese tentò ancora una volta di allentare, riprendendo il dialogo intermittente con Nicotera, tornato a misurarsi per la direzione della Sinistra spalleggiato da un proprio giornale, «Il Bersagliere».

Aggiornati i lavori della Camera alla fine del gennaio 1876, Sella si recò a Vienna per perfezionare la separazione delle ferrovie tra Italia e Austria-Ungheria, in una fase delicata dei loro rapporti. Se Minghetti

[39] *Epistolario di Quintino Sella*, a cura di G. e M. Quazza, vol. 5, Istituto per la storia del Risorgimento italiano, Roma 1999, pp. 181-185.

[40] A. Berselli, *Il governo della Destra*, cit., p. 803.

riteneva assicurato il trattato commerciale con la duplice monarchia, il ministro degli Esteri italiano Visconti Venosta aveva lavorato col governo imperiale a mantenere la pace nella crisi seguita alla rivolta antiturca delle popolazioni cristiane in Erzegovina nel 1875, nel quadro di una complessa gestione della "questione d'Oriente". Nel contempo, la diplomazia italiana aveva contenuto le preoccupazioni asburgiche per un eventuale conclave, rigettando d'intesa col Portogallo (tradizionale Potenza "cattolica", con Austria, Francia e Spagna) l'idea di sottoporre l'assise cardinalizia a una garanzia internazionale, ipotesi che avrebbe posto in imbarazzo tanto il Regno d'Italia quanto il Vaticano. Piuttosto, il governo italiano si preoccupò d'indagare i profili di possibili aspiranti al soglio pontificio: in cima alla lista dei cardinali auspicabili emerse il il nome di Gioacchino Pecci, mentre il meno papabile Franchi fu considerato un possibile segretario di Stato[41].

Da Vienna, dove il 29 febbraio un trattato sulla rete ferroviaria modificò il precedente del 1866, comunque, l'ombra di Sella si allungò sopra le difficili trattative per il riscatto da parte dello Stato delle ferrovie meridionali. Il negoziato allontanò dal governo anche Cambray-Digny, coinvolto nel riordino di Casa Reale che sollecitò una nuova legge sulla lista civile per l'assegnazione di fondi alla Corona, mentre pubblico scandalo fu provocato da un'indagine su cambiali recanti la firma falsificata dello stesso re. Il dissenso dei moderati toscani, infine, crebbe per le aspettative andate deluse di un'operazione bancaria sostenuta dal governo per soccorrere l'indebitamento finanziario dell'ex capitale Firenze, di cui era sindaco Peruzzi. Presto Minghetti avrebbe dovuto abbandonare la speranza di tenere lontano la Destra toscana dalle sirene della Sinistra.

A metà del febbraio 1876 Depretis ritenne giunto il tempo di cavalcare le attese dei gruppi della Sinistra per proporsi al governo: una dichiarazione dei fogli «Il Diritto» e «Il Bersagliere» lo riconobbe capo di tutto il partito, coinvolgendo Nicotera nelle spregiudicate manovre dell'opposizione. La difficile convergenza della Sinistra costituzionale con le componenti del Centro e con i dissidenti toscani della Destra avrebbe potuto concretizzarsi in nome del primato delle libertà economiche e politiche, prismatica affermazione dalle molteplici suggestioni in grado di contrastare anche l'inscindibile nesso tra riscatto ed esercizio governativo delle ferrovie cui si legò il Gabinetto. Lo scenario individuato dall'opposizione avrebbe consentito di rappresentare in Parlamento tensioni regionali e generazionali e di coagulare nel Paese l'insofferenza di un'amministrazione

[41] Visconti Venosta a Oldoini, Roma, 19 gennaio 1876, *DDI*, serie II, vol. 6, Libreria dello Stato, Roma 1982, pp. 632-635.

malcontenta, di un impoverito ceto impiegatizio nelle province[42], di vasta parte del mondo agrario, del tradizionale associazionismo liberale e del diffuso mutualismo operaio[43]. Così, al crocevia di distinti tatticismi politici, interessi economico-finanziari, dinamiche sociali e scelte di cultura economica, restava solo da scegliere il terreno dello scontro parlamentare per far maturare la crisi politica.

Dopo il breve discorso della Corona del 6 marzo 1876 e la rielezione di Biancheri alla presidenza della Camera contro la candidatura di Depretis, i "dissidenti" nella destra lanciarono un ultimo avvertimento: nel voto dei tre vicepresidenti dell'aula, assieme a Correnti e Mancini, il nome di Peruzzi prevalse sul candidato governativo con l'appoggio dell'opposizione. Il sindaco di Firenze provvide a dare subito le proprie dimissioni nell'intento dichiarato di non attribuire un carattere politico all'episodio. Minghetti, consapevole della grave dissidenza interna alla maggioranza, tentò di sollevare un'ampia discussione per restituire libertà d'azione al Ministero, consentire un'eventuale opera di mediazione ed evitare un incidente parlamentare che avrebbe aperto la strada alla Sinistra. Codronchi, segretario generale del Ministero dell'Interno, tuttavia, segnalò a Minghetti che in alcune riunioni fiorentine non si erano discussi solo «interessi toscani», ma si era preparata «un'opposizione bella e buona [...] ascoltando tutti i malcontenti», alimentata da comuni manovre di Depretis e Nicotera[44]. La successiva elezione di Coppino al posto di Peruzzi, in effetti, mostrò come la crescente frangia dissidente nella Destra rischiasse di restare prigioniera della strategia politica di una Sinistra che aveva ben appreso la lezione del novembre 1869.

Tra le interpellanze subito avanzate e calendarizzate dopo l'esposizione finanziaria di Minghetti, infatti, spiccò quella dell'ex garibaldino e deputato della sinistra siciliana Morana sull'applicazione della tassa sul macinato. Mentre l'avvio del processo contro Costa e gli internazionalisti consentiva un rilancio della polemica antigovernativa radicale, la Sinistra avviò un negoziato con i dissidenti della Destra per far cadere il governo sull'interpellanza sul macinato, associando con malizia politica un cavallo di battaglia di Sella alla sorte di un governo che il leader biel-

[42] A. Berselli, *Il governo della Destra*, cit., pp. 755-756. Cfr. *Le fatiche di Monsù Travet. Per una storia del lavoro pubblico in Italia*, a cura di A. Varni e G. Melis, Rosenberg & Sellier, Torino 1997.

[43] V. Torreggiani, *Associazionismo, mutualismo e cooperativismo nell'Italia liberale*, in *Storia del lavoro in Italia. L'Ottocento*, a cura di G. Maifreda, Castelvecchi, Roma 2018, pp. 310-349.

[44] Codronchi a Minghetti, 8 marzo 1876 in C. Dall'Osso, *Giovanni Codronchi Argeli. Biografia di un liberale italiano (1841-1907)*, Donzelli, Roma 2021, p. 119.

lese contribuì a tenere in bilico. Si convenne di votare una risoluzione moderata proposta dal gruppo toscano; sarebbe stato, però, Morana a proporre una prima mozione avversa al Gabinetto, assicurando alla Sinistra la paternità politica dell'iniziativa. Invano Minghetti nell'esposizione finanziaria del 16 marzo aspettò consensi per l'annunciato pareggio del bilancio tra entrate e spese dello Stato. Sottolineando l'importante profilo economico dei trattati commerciali con Francia, Svizzera ed Austria, comunque ispirati ai professati principi di libero scambio, infine, egli presentò un progetto di legge sulle reti ferroviarie riscattate. Per il ministro delle Finanze l'esercizio dello Stato s'imponeva unica scelta praticabile; pur favorevole a ridurre l'ingerenza statale e confidando nella libera operosità dell'industria, egli sottolineò il trasporto ferroviario alla stregua di un servizio pubblico come le poste e i telegrafi. Infine, Minghetti si dichiarò pronto a valutare l'esperienza proposta come temporanea, impegnando il governo a presentare un progetto definitivo sull'esercizio ferroviario entro un paio d'anni. L'accoglimento di questa cauta apertura gli avrebbe permesso di prendere tempo, consentendo un riposizionamento politico e sociale degli interessi coinvolti dentro e fuori l'aula parlamentare; tuttavia, era proprio questo tempo che l'opposizione non intese concedere, mentre il nome di Depretis già circolava negli ambienti della Corona per la possibile guida di un nuovo governo.

Il mancato chiarimento del clima politico lasciò spazio agli ultimi dettagli di uno scontro che, con la presumibile sconfitta del Ministero, avrebbe potuto determinare le sorti della Destra. Il 18 marzo 1876, conclusa l'annunciata interpellanza, Morana propose la sua risoluzione. La posizione depretisina assunta dalla Sinistra in nome della libertà e della dignità del Paese, senza presupporre l'abolizione della tassa, ma attribuendo al Gabinetto la responsabilità di malversazioni e abusi, tolse spazi di manovra alla componente moderata antigovernativa. Il presidente del Consiglio, dopo aver tentato di ridurre la valenza politica della discussione, tentò un'ultima carta: chiese la fiducia sulla proposta di posticipare la discussione sul macinato all'esame della questione ferroviaria, ritenuta occasione adeguata a misurare il consenso parlamentare. In tal modo egli pose i «dissidenti di destra», non solo toscani ma anche lombardi, veneti e sardi, davanti alla scelta di consentire al governo di gestire politicamente la crisi; in caso contrario, affiancando l'opposizione della Sinistra, essi avrebbero contraddetto la rappresentanza datagli dall'elettorato. La sfiducia parlamentare sul macinato, del resto, avrebbe spiazzato coloro che da qualche giorno auspicavano le dimissioni del Gabinetto per preparare il ritorno al potere di Sella. L'estrema partita parlamentare di Minghetti fu abilmente raccolta da Depretis, che – con la sicurezza di un presidente del Consiglio *in pectore* – respinse il rinvio della votazione e ricordò il dovere di un Ministero senza maggioranza di rassegnare il mandato al re. La posizione depretisina fu sostenuta con forza da Correnti a nome del Centro, decisivo nel sostenere la necessità politica per la Corona e per la nazione di un voto chiarificatore e volano di cambiamento. L'ultimo appello del presidente del Consiglio alla fedeltà di partito non portò sorprese nel seguente e partecipato voto per appello nominale: assenti Ricasoli e Lanza, la coalizione avversa al governo ottenne 242 consensi contro i 181 favorevoli al Ministero[45].

All'Esecutivo non restò altro che rassegnare le dimissioni. I primi mesi del 1876 avevano evidenziato le fragilità interne al governo, le gravi fratture regionali del partito moderato, le contrastanti politiche di Peruzzi e di Sella mai pienamente associati alla maggioranza. La crisi politica dimostrò i limiti interni al tentativo di tenere unita la Destra fidando nella contrapposizione identitaria cui fu condannato Minghetti fin dal fallito dialogo con Depretis nel 1873. Confermata l'inconsistenza di maggioranze costruite sullo scontro frontale tra parti liberali, rimase aperta la competizione per guidare la trasformazione dei partiti, tanto incombente quanto lontana dall'essere compiuta. In tale prospettiva si era mossa l'azione politica di Depretis, per condurre l'intera Sinistra a farsi maggioranza attraverso accordi trasversali ai gruppi parlamentari. Dal 1866 presente nelle combinazioni ministeriali immaginate dalla Corona, egli aveva animato il Terzo partito di Mordini prima di lasciarlo nel 1869. Infine, Depretis aveva saputo incarnare dal 1873 l'eredità di Rattazzi come leader della Sinistra; riassorbendo nel partito le spinte al "connubio" della sinistra "giovane" di De Luca o di quella esplicitamente "meridionale" di Nicotera, si mostrò tanto avverso al dialogo di quest'ultimo con Sella, quanto credibile nel rovesciare il moderato disegno trasformista di Minghetti nella possibilità di una guida ministeriale della Sinistra costituzionale. In effetti, Depretis si avviò a dar forma, con un diverso colore politico, al progetto liberale immaginato dal leader bolognese, incline nella fase finale della crisi politica del 1876 a proporre al re come suo successore proprio il deputato di Stradella. Comunque, Vittorio Emanuele II la sera stessa del 18 marzo chiamò Depretis a costituire un Gabinetto come capo di una nuova maggioranza.

[45] AP, CD, *Discussioni*, tornata del 18 marzo 1876, pp. 223-229.

2. La Sinistra liberale alla prova delle riforme

I decreti regi del 25 marzo 1876 diedero vita a un Esecutivo composto dalla Sinistra costituzionale, in cui non vi furono dicasteri affidati ai dissidenti della Destra. La lunga carriera politica e gli incarichi in passato assolti da Depretis parvero garanzia per una squadra di governo nel complesso povera di esperienze ministeriali. Il nuovo presidente del Consiglio conservò per sé il Ministero delle Finanze e vi chiamò segretario generale Seismit-Doda; Mancini fu a capo del dicastero di Grazia e giustizia e dei culti, tenuto per pochi giorni nel 1862, mentre Coppino fu posto al vertice dell'Istruzione pubblica, guidato per alcuni mesi nel 1867. Per la prima volta furono ministri Nicotera all'Interno, Zanardelli ai Lavori pubblici, Majorana-Calatabiano all'Agricoltura, industria e commercio; così pure i senatori Amedeo Melegari agli Esteri e Luigi Mezzacapo alla Guerra; Benedetto Brin, nominato alla Marina per i suoi noti progetti di sviluppo del settore, fu eletto nel collegio di Livorno solo nei primi giorni di aprile. Novità e inesperienza, del resto, si presentarono come carattere ineludibile per una Sinistra che solo allora assumeva piene responsabilità di governo del regno: un dato che anche Depretis sottolineò nel suo primo discorso alla Camera, il 28 marzo 1876, introducendo le linee d'indirizzo del Gabinetto.

Riaffermati i principi di fedeltà allo Statuto ed allo spirito del governo rappresentativo, Depretis sottolineò le esigenze della libertà di coscienza e d'associazione, della emancipazione delle classi sociali private dei loro diritti, della partecipazione alla vita pubblica di tutti i cittadini, del continuo miglioramento delle condizioni economiche e finanziarie del Paese. Tenendo ben fisso lo sguardo al binario costituito dal rapporto con la Corona e con il Parlamento, egli riassunse l'azione programmatica del governo nella duplice spinta a porre «maggiore cura nell'interrogare i sentimenti della nazione e nel tutelare la sincerità e la dignità delle istituzioni rappresentative». Nell'asciutta retorica depretisina la politica estera di un'Italia «garanzia solida di pace e tranquillità» si collegava al rafforzamento della marina commerciale e militare ed alla riforma dell'esercito. L'obbligo della leva militare era connesso a quello di un'istruzione popolare; un tradizionale impegno, quest'ultimo, legato all'ambizione principale della Sinistra di riformare nel dibattito parlamentare una legge elettorale politica ancora definita «dai pieni poteri nel 1860». Attorno a questo nucleo di priorità si sarebbero collegate le altre proposte riforme: dal restituire «ai corpi elettorali provinciali e comunali la libera gestione degli interessi di cui la legge ha loro affidato la rappresentanza», fino al rivendicato miglioramento della condizione economica degli impiegati.

Con cautela Depretis seppe bilanciare il profilo di problematiche più divisive: accennò al riesame delle convenzioni ferroviarie, delle precedenti negoziazioni sui dazi esteri e del controllo della situazione finanziaria in vista del superamento del corso forzoso. Con accenti cari a tutti i liberali, richiamò l'esigenza di «sfrondare le inutili ingerenze del Governo centrale nelle istituzioni d'interesse locale», di non avviare nessuna nuova spesa senza che si provvedessero i mezzi per farvi fronte, suscitando reazioni di approvazione a destra: «Godo proprio – soggiunse subito Depretis – di vedere che la base del mio partito si va allargando… (*Movimenti*)»[46]. L'estemporanea battuta di spirito del presidente del Consiglio introdusse l'ampio disegno politico che egli stava maturando sulla base dei precedenti tentativi di avviare una trasformazione dei partiti. Collocata la Sinistra al governo nell'alveo di «quella legge della prudenza, della successione, della gradualità, che s'impone ad ogni cosa pratica», Depretis poteva entrare nel cuore della propria strategia politica:

Fu già detto: il Governo è un partito. Noi diciamo invece che un partito non è il Governo. (*Bene! A sinistra*) Onorati della fiducia dell'augusto nostro sovrano, noi stiamo, signori, dinanzi a voi tenendo in mano il Governo a nome dell'intera nazione. (*Benissimo! A sinistra*) Noi intendiamo di governare colle idee e coll'appoggio del nostro partito, ma nell'interesse di tutti. Ed a coloro, e non sono pochi, che debbono aiutarci nell'amministrazione dello Stato, noi diciamo schiettamente, che siamo disposti ad accettare il concorso di tutti gli uomini onesti, leali, capaci; che adempiano gli obblighi del loro ufficio, obbediscano alle leggi, le facciano eseguire, qualunque sia la parte politica, alla quale appartengono[47].

L'avvicendamento dei partiti liberali al governo del regno, nella società politica enfaticamente richiamato come «rivoluzione parlamentare», non comportò affatto la fine della Sinistra, né costituì il compimento del trasformismo; rappresentò, piuttosto, un passaggio decisivo nella loro evoluzione. In tale processo Depretis si avviava a contendere nella Sinistra la guida della «trasformazione» dei partiti che «già altri, di Destra, aveva pensato e tentato»[48]. Il presidente del Consiglio, intanto, era riuscito nel disegno in cui aveva fallito Minghetti nel 1873: portare tutto il proprio partito ad un accordo con altre componenti dello schieramento liberale al fine di lanciare un rinnovato civismo patriottico nel Paese. La sfida depretisina si poggiò su due pilastri strategici, che la distinsero dai tentativi pre-

[46] AP, CD, *Discussioni*, tornata del 28 marzo 1876, pp. 224-237.
[47] *Ivi*, p. 238.
[48] F. Chabod, *Storia della politica estera italiana dal 1870 al 1896*, Laterza, Bari 1962, p. 385.

cedenti e concorrenti di coalizioni trasformiste: fare della Sinistra la guida di un liberalismo riformatore e progressista; neutralizzare «il significato politico del governo come "organo di parte"»[49], aprendo al contributo di tutti coloro disposti a sostenere gli istituti liberal-costituzionali. Strumento fondamentale e collante di tale progetto avrebbe dovuto essere una riforma della legge elettorale che desse maggiore legittimazione rappresentativa alla Camera, consentendo all'Esecutivo di attingervi le personalità liberali ritenute via via adeguate al rafforzamento della maggioranza. Affacciata nel percorso politico compiuto, con questa proposta Depretis aveva condotto la Sinistra al governo; da allora chiunque, nel partito o fuori di esso, avrebbe potuto contrastarla o competere con essa, certo non ignorarla.

Le implicazioni politiche del gioco parlamentare così impostato si manifestarono già il 29 marzo 1876, quando il presidente della Camera Biancheri offrì le proprie dimissioni a seguito del mutamento politico avvenuto, tanto più che egli era stato eletto in competizione con il nuovo presidente del Consiglio. Proprio Depretis, tuttavia, non solo prese la parola per respingere la rinuncia all'ufficio tenuto per tanti anni con soddisfazione di tutti, ma volle esprimergli una «pienissima fiducia» con una dichiarazione carica di molteplici valenze innovative, anche nella prassi parlamentare. Il passaggio fu raccolto subito da Minghetti che, nel tentativo di rappresentare la guida della Destra, sostenne la dichiarazione depretisina a favore dell'autorevolezza di colui che avrebbe condotto i lavori dell'aula (compagno di tante comuni mediazioni). Anche Crispi, intervenuto a nome dei gruppi della Sinistra, si associò alle parole di Depretis; ricordando che il voto d'inizio mese contro Biancheri era stato dato solo per indicare il capo dell'opposizione parlamentare, egli inviò un avvertimento non solo alla destra dissidente ma anche allo stesso Depretis. Infine, la Camera respinse unanime le dimissioni del proprio presidente. Nelle posizioni assunte trasparve una percezione diffusa, con relativi auspici o timori, della torsione data da Depretis alla maggioranza in vista di una cooptazione dal centro dello schieramento liberale, a danno delle sue ali estreme. Parve manifestarsi, inoltre, un processo maturato da tempo sotto i governi della Destra: «il fallimento del sistema della diga opposto dalla classe di governo agli interessi regionali emergenti lasciò il posto ad una tendenza alla "trasformazione" dei partiti soprattutto dopo il 1866»[50].

A completare l'opera di tale spinta inclusiva a sostegno di una maggioranza riformatrice restava aperto un altro cantiere, avviato e sospeso

[49] F. Cammarano, *Minghetti e il trasformismo*, in «Il Risorgimento», LXVI, 2, 2019, p. 100.

[50] A. Capone, *op. cit.*, p. 179.

nei Gabinetti della Destra: il nodo del voto politico dei cattolici fedeli al magistero papale. Considerando la lezione cavouriana, Minghetti era stato lontano dall'accogliere la rappresentazione politica che equiparava il carattere antisistema del movimento internazionalista alla radicata presenza cattolica nella società italiana. Alla vigile sorveglianza verso la tendenza eversiva del primo, lo statista moderato avrebbe contrapposto il compimento del disegno liberale coinvolgendo a sostegno delle istituzioni del regno i cittadini più attenti agli interessi religiosi della nazione. In questa direzione avrebbe potuto inserirsi la mutata impostazione sulla questione cattolica introdotta nella tradizione della Sinistra con il discorso di Stradella del 1875: fino a che punto si sarebbe potuto spingere Depretis? Intanto nel programma del 28 marzo 1876 il presidente del Consiglio annunciò che nessuno spirito di ostilità, ma anche «nessuna illusione conciliativa», avrebbero contraddistinto la politica ecclesiastica. Con un cenno che si prestava a diverse interpretazioni, Depretis delineò l'applicazione equa e ferma delle leggi generali e di legislazione speciale verso la Chiesa, «dettate da una prudenza politica che l'esito ha tuttavia dimostrata eccessiva», ma che non poteva essere abbandonata «senza gravi e nuovi motivi»[51].

Nel complesso, la guida progressista della Sinistra costituzionale con i suoi tratti riformatori rese più credibile una difficile ma necessaria iniziativa governativa per sottrarre gli italiani all'indifferentismo politico e ricollegare al Paese reale la rappresentanza parlamentare, impedita nel dispiegare il suo ruolo tanto dalle resistenze elitarie della Destra quanto dall'ostruzionismo dell'opposizione. Assumendo ora la Sinistra il processo di cooptazione dall'alto delle classi dirigenti liberali, nel contesto di un regime costituzionale che alla luce dello Statuto «non configurava un ordinamento parlamentare»[52], il presidente del Consiglio si propose perno di un riequilibrato rapporto tra Camera elettiva e potere regio, per dare stabilità a una maggioranza capace di rinnovarsi attraverso eventuali avvicendamenti imposti dalla congiuntura politica. Fin dal 1862, consapevole che le maggioranze non potessero «rimanere immutabili» se «i partiti si trasformano», subendo «la legge del moto, la vicenda della trasformazione»[53], Depretis seppe rappresentare alla Corona un rafforzamento dell'Esecutivo, già richiesto da Ricasoli e sollecitato negli anni Settanta in Italia come in Europa[54]: il 25 agosto 1876, egli ottenne dal re

[51] AP, CD, *Discussioni*, tornata del 28 marzo 1876, p. 235.

[52] A. Capone, *op. cit.*, p. 176.

[53] Cit. in F. Cammarano, *Minghetti e il trasformismo*, cit., p. 90.

[54] Con Depretis la presidenza del Consiglio si dotò per la prima volta di un gabinetto ministeriale. Cfr. G. Tosatti, *I gabinetti nei ministeri dell'Italia liberale e fascista*, in *Gover-*

un decreto sulla presidenza del Consiglio che le riconosceva maggiore autonomia a fronte del contenimento delle spinte centrifughe dalla maggioranza di gruppi a vario titolo dissenzienti. Pubblicato il primo settembre sulla «Gazzetta Ufficiale», il decreto indicò i deliberati da sottoporre al Consiglio dei ministri e le attribuzioni del suo presidente a rappresentare il Gabinetto, mantenere «l'uniformità nell'indirizzo politico e amministrativo di tutti i Ministeri», curare l'adempimento degli impegni presi dal governo «nel discorso della Corona, nelle sue relazioni col Parlamento e nelle manifestazioni fatte al Paese».

In effetti, il cammino del disegno depretisino non si presentava privo di incognite, a partire dal rafforzamento dell'Esecutivo appena composto. Le precedenti esperienze convinsero, così, Depretis della necessità strategica di affermare la propria progettualità mantenendo la leadership della Sinistra; un elemento che suscitò l'irritazione dei suoi avversari nei diversi partiti. In tal senso, la sua proposta era quanto di più lontano dalle tentazioni fusioniste di un Nicotera o della ricerca di accordi parziali richiesti da Sella. Dopo la caduta del governo Minghetti, la «rivoluzione parlamentare» del marzo 1876 ben presto evidenziò le sue contraddittorie implicazioni politico-organizzative nei partiti dell'eterogenea aggregazione che l'aveva sostenuta. La pluriennale confidenza con Depretis di Correnti, avviata con l'elezione del 1849 a Stradella e sperimentata poi sulle pagine del foglio democratico «Il Progresso»[55], poteva ora svilupparsi in una condivisa visione d'intenti; a lui fu subito affidata la rinegoziazione con i Rothschild dell'accordo di Basilea sulle ferrovie dell'Alta Italia. Assai più complesso, dopo la competizione dei partiti sulla costituzione degli Uffici parlamentari, fu rendere docili le componenti cooptate nel Ministero. In aprile si costituì un comitato della Sinistra per controllare a nome del partito il procedere delle riforme, una sorta di monitoraggio del programma di governo. Tutti i gruppi della Sinistra ora giunta al potere reclamavano, spesso in contraddizione tra loro, una priorità per i loro principi o interessi: le alchimie depretisine avevano condotto nel Gabinetto assieme al liberista siciliano Majorana-Calatabiano il piemontese Brin, incline al protezionismo nel promuovere il rinnovamento della marina del regno. In un governo composto da quattro ministri meridionali, Depretis doveva contenere il ruolo di Nicotera, crescente dopo l'ampio movimento prefettizio che questi condusse in aprile, e sopire l'avversione al ministro

nare dietro le quinte. Storia e pratica dei gabinetti ministeriali in Italia 1861-2023, a cura di G. Melis e A. Natalini, il Mulino, Bologna 2023, pp. 41-56.

[55] G. Talamo, *Depretis e «Il Progresso»*, in Aa.Vv., *Studi in onore di Vittorio De Capraris*, Fac. di Magistero, Università degli studi di Messina, 1970, p. 184.

dell'Interno di Crispi, restato fuori da incarichi di governo come Cairoli, figura ancora evocatrice del Risorgimento. Alla fine di maggio il comportamento del ministro dei Lavori pubblici, Zanardelli, esasperò a tal punto il presidente del Consiglio che questi fu tentato di abbandonare Roma e tornare a Stradella[56].

Naturalmente, ben altre furono le ripercussioni della svolta ministeriale nella Destra: pur tentando di ridimensionare nell'opinione pubblica il passaggio politico, in essa presto montò la contestazione a Minghetti. A coagulare la fronda di partito fu Sella, le cui mosse avevano inciso sul precipitare della crisi; a lui si rivolse chi cercò di costruire una nuova narrazione rispetto alla Destra «antica», legando giovani generazioni moderate alla tradizione selliana confortata dal liberalismo nazionale d'intonazione tedesca. Per tenere in vita la Destra liberale si protrassero in aprile animati negoziati sul rifiuto delle consorterie e sul possibile recupero dei dissidenti, sul riguadagnare Sella al vecchio partito e sugli auspici di «trasformazione dei partiti». All'inizio di maggio si tentò di riordinare i deputati favorevoli alla caduta maggioranza convocandoli in un'assemblea: proposto col consueto realismo politico dallo stesso Minghetti, infine Sella assunse formalmente la guida della Destra col voto di ben 114 dei 117 presenti[57]. Le tensioni interne così, spinsero a tenere in vita «i vecchi partiti».

In tale clima Depretis avrebbe potuto sostenere il governo e far progredire il suo progetto solo con una vittoria in nuove elezioni generali. Dell'ipotesi di chiamare gli italiani al voto si iniziò a discutere subito nelle componenti della coalizione con discordi timori e speranze; infine, egli avrebbe deciso nel luglio 1876 per la convocazione dei comizi elettorali, ritenendo giunto il tempo per ottenere dal Paese quella grossa maggioranza necessaria alle riforme. Il presidente del Consiglio aveva predisposto il terreno necessario riprendendo il dibattito sulle convenzioni ferroviarie, da maggio portate all'attenzione politica, per compattare di nuovo la maggioranza di marzo. In attesa dei deliberati delle commissioni della Camera sugli accordi relativi alle ferrovie romane e meridionali, egli impose l'esame prioritario della convenzione della società dall'Alta Italia, confidando di ottenere dai Rothschild tramite il negoziato di Correnti modifiche sostanziali pur nel rispetto della forma. Ritirato, infine, il progetto

[56] Così Depretis a Correnti nel maggio 1876 in M. Brignoli, *I lombardi della Sinistra Storica (Da carteggi inediti di A. Depretis, B. Cairoli, C. Correnti)*, Istituto per la Storia del Risorgimento Italiano, Roma 1985, pp. 23-25.

[57] A. Guiccioli, *Quintino Sella*, vol. 2, Officina Tipografica Minelliana, Rovigo 1888, pp. 73-80, qui 78.

di legge del precedente governo per le tre convenzioni, Depretis ripresentò in Parlamento l'accordo di Basilea e il trattato col governo austro-ungarico assieme a un atto addizionale, col quale affidò l'esercizio della rete per due anni alla società Südbahn. Nell'importante dibattito apertosi il 23 giugno si cementò la coalizione del presidente del Consiglio: se Correnti spiegò l'approccio del Gabinetto nel compromesso ottenuto, tutti i ministri, da Nicotera a Zanardelli, fecero muro contro gli ostruzionismi nervosi di una Destra non abituata ad essere minoranza; Bertani, pur dissentendo sulla tattica politica del governo, si trovò a sostenere l'iniziativa depretisina con lo stesso Peruzzi, che prese la parola alla Camera per attaccare l'esercizio statale delle ferrovie difeso da Maurogonato e Luzzatti, Spaventa e Minghetti.

Mentre si votava la legge per il miglioramento delle condizioni degli impiegati civili, nel suo intervento del 26 giugno Sella parve piuttosto interpretare l'occasione come una resa dei conti interna alla Destra, forse ritenendo immodificabili gli equilibri della «rivoluzione parlamentare», riformulando alla luce degli eventi i suoi tradizionali argomenti. Egli si disse convinto dalla fine del 1870 che «al compimento del programma nazionale dovesse tener dietro una trasformazione dei partiti» sulla base di questioni che riguardassero l'orientamento interno del Paese. Senza mancare di asprezze verso Minghetti, egli giunse a ricordare dopo la crisi di governo del 1873 il suo auspicio per un governo di Sinistra; ricercò sponde politiche verso una parte di questa, evidenziandone l'incoerenza rispetto alla lotta condotta sulla regìa cointeressata dei tabacchi; contestò il contrasto tra libertà e autoritarismo statale, polemizzando con i cattolici sulla libertà d'insegnamento. Additato dalla Sinistra come rappresentante «in Italia una scuola di adoratori dello Stato, che accennano a concentrare nello Stato ogni forza morale, politica ed economica della nazione»[58], Sella parve auspicare che l'affermazione dell'etica civile statuale, l'eredità dell'hegelismo meridionale e l'innovazione del positivismo potessero incontrarsi nella concreta azione politica della Destra. Prima di concludere il suo intervento alludendo ai rischi di un allargamento del suffragio, egli giunse a dichiarare, non senza qualche percepibile forzatura, di preferire che la «potenza elettorale» derivante dal controllo statale delle ferrovie fosse esercitata da avversari politici con i quali condivideva «il 50 per cento del programma», piuttosto che affidata a una «oligarchia bancaria»

[58] Cfr. *Il Capo dell'opposizione*, in «Il Diritto», 7 maggio 1876, cit. in F. Chabod, *op. cit.*, p. 387.

disposta a compromettersi per difendere i suoi interessi con eventuali «nemici» dell'Italia[59].

Infine, il leader biellese ottenne l'effetto di sottrarre a Minghetti l'opportunità di condurre la battaglia per affermare i suoi principi liberali, ponendo una pietra tombale sulla possibilità d'incidere nel dibattito sulle convenzioni ferroviarie. Di più, consentì a Depretis di riprendere gli espedienti retorici utilizzati, nella duplice prospettiva della tattica elettorale e della progettualità politica:

> E s'egli è vero quello che ieri ha affermato il capo dell'opposizione che molte dottrine sono comuni fra noi, resti comune e fermo tra di noi il desiderio di procedere e contenersi nella vita parlamentare come si conviene tra uomini che possono dissentire di opinioni, ma che rispettano sempre la sincerità colla quale si professa l'opinione avversa (*Bravo! Applausi*), come uomini che hanno soprattutto comune il desiderio di consolidare ad ogni costo nel Paese la libertà fondata dallo Statuto, e di fondare sopr'esso le leggi e l'amministrazione della patria nostra, sicché diventi sempre più florida all'interno e sempre più rispettata all'estero (*Applausi*)[60].

Depretis poteva ora presentarsi campione di liberalismo in una patria inclusiva, «per far sì che il paese sia più libero, e non meno tranquillo», impegnato a ricercare nelle istituzioni monarchiche e nella società interlocutori sensibili al processo di riforme da avviarsi. Minghetti fu coerente con la propria politica: colse la realistica apertura di tali parole e annunciò per conto suo e dei suoi amici un'opposizione sincera e forte, ma sempre leale, ricambiando la polemica avvisaglia a Sella; questi dovette registrare anche il pronunciamento di Ricasoli, che chiarì il suo voto di appoggio a Peruzzi. Il leader dell'opposizione ottenne così il paradossale risultato di assicurare la sofferta fedeltà al gioco elettorale depretisino dei dissidenti della Destra che, nel rivendicare la loro idea liberale contro le tendenze ad ampliare le funzioni del governo emerse dall'autunno precedente, pur erano restii ad essere assorbiti dalla Sinistra. Così Sella condusse l'opposizione verso una sicura sconfitta nello scontro per «la concessione dell'esercizio delle ferrovie dello Stato affidato all'industria privata»: nel risultato del voto per appello nominale del 27 giugno 1876 la distanza tra maggioranza e minoranza fu superiore a quella che aveva provocato la caduta della Destra il 18 marzo precedente.

[59] AP, CD, *Discussioni*, tornata del 26 giugno 1876, pp. 2026-2029.
[60] *Ivi*, tornata del 27 giugno 1876, p. 2071.

Influì probabilmente sul comportamento di Sella il lavorio organizzativo condotto in tutta Italia per sviluppare associazioni costituzionali da contrapporre alle associazioni progressiste della Sinistra. Accettando di riprendere il nome da preesistenti esperienze di sociabilità politica moderata avviate a Napoli nel 1863 e Milano nel 1870, Sella segnò la distanza dal passato fondando una Associazione costituzionale centrale come motore della mobilitazione del possibile appuntamento elettorale. Nella ristretta e disunita classe dirigente della Destra, indebolita nell'opinione pubblica per la chiusura di alcuni giornali di riferimento – peraltro, il 5 marzo era sorto a Milano «Il Corriere della Sera», foglio dichiaratosi conservatore e aderente a un partito moderato «di movimento e di progresso» –, durante l'estate sorse un nuovo contrasto generazionale per le leadership locali. L'acuto conflitto tra le associazioni fedeli a Minghetti, guidate da Bologna, e quelle dirette da Sella, a partire dal gruppo torinese, produsse diffuse fratture tra le componenti moderate, come accadde a Napoli, centro nevralgico per il confronto con la Sinistra meridionale.

La confusione aumentò con l'apertura che a settembre Sella mandò ad alcune frazioni della Sinistra, incontrando il ministro dell'Interno Nicotera prima di recarsi a Napoli, dove ebbe un colloquio col sindaco San Donato; il momento non parve dei più felici per confrontarsi con la strategia nicoterina, volta a trattare con i gruppi moderati per convogliare risorse al meridione, respingendo ogni politica nazionale settentrionalistica intesa a rafforzarsi con voti meridionali[61]. Il passo accentuò la distanza della Destra con i suoi dissidenti che, non essendo riusciti ad impedire lo scioglimento della Camera, furono costretti a una scelta di campo. Essi si presentarono ai loro elettori fiduciosi nel sistema dell'alternanza dei partiti al governo, nel quadro di una necessaria «trasformazione dei partiti» dalla quale, sostenne anche Peruzzi, sarebbero riemersi secondo processi né rapidi, né forse permanenti, ricostituiti su nuove basi. Dura fu, comunque, la lotta dei moderati dissidenti contro la Destra selliana che li accusò di tradimento, stretti tra il ribadire una qualche autonomia in nome di libertà economiche e amministrative e l'adesione aperta al programma ministeriale. Quando Sella partì per il suo collegio elettorale a Biella, ormai era compiuto l'inserimento politico della Destra liberale toscana nell'area della maggioranza: tra i candidati sostenuti da «La Nazione» figurarono infine Brin a Livorno e Depretis a Pisa[62].

[61] G. Galasso, *Sinistra storica e Mezzogiorno*, in «Rivista Storica Italiana», XC, 1, 1978, pp. 72-88.

[62] M. Sagrestani, *La crisi della Destra fiorentina: le elezioni politiche dal 1874 al 1876*, in *Firenze dopo la capitale*, cit. p. 207.

Pochi giorni dopo la formale indizione delle elezioni per il 5 e il 12 novembre, il presidente del Consiglio dettò la sua agenda politica nel banchetto elettorale che tenne a Stradella l'8 ottobre 1876. Da leader del Gabinetto, Depretis sviluppò il disegno indicato il 28 marzo secondo il programma avanzato come capo della Sinistra all'opposizione l'anno precedente. Il ruolo ora assunto gli diede una ben diversa determinazione per «facilitare quella concordia, quella feconda trasformazione dei partiti, quella unificazione delle parti liberali della Camera» necessarie a realizzare la tanto invocata salda maggioranza liberale, modificando partiti storici dai nomi «forse improvvidamente scelti dalla topografia dell'aula parlamentare». Ad essi andava sostituita l'affermazione di «un'idea comprensiva, popolare, vecchia come il moto, come il moto sempre nuovo "il progresso" (*Bene! Applausi*). Noi siamo, o signori, un ministero di progressisti (*Applausi*). Progredire vuol dire in latino come in italiano, andare avanti (*Bravo! Ilarità*)»[63]. L'ironica consapevolezza sulle possibili modalità d'intendere la sua proposta portò Depretis a delimitare, con evidenti messaggi politici a destinatari ben individuati, ma solo evocati, il terreno del suo «liberalesimo progressivo»[64] dai tratti gradualisti: in esso sarebbero state coinvolte le idee di tutti coloro che rifuggivano da fughe in avanti, rendita di posizione o nostalgie del passato. In tale contesto sarebbe stata possibile una concordia, persino nella dura vigilia elettorale, definita dal convergere di qualunque partito politico «nell'amore d'Italia, nella devozione al Re, nel culto dell'unità, nella fede irremovibile nelle [...] istituzioni». Rivolgendosi a un'Italia non più disegnata da pensatori, accademici e gruppi dirigenti di antiche capitali, ma ormai viva «nelle città minori, nelle borgate, nelle officine, in mezzo al popolo», il presidente del Consiglio ricordò il mandato ricevuto dal Parlamento con le votazioni del 18 marzo e del 27 giugno, vero primo banco prova della maggioranza. Ora il governo si presentava per avere il giudizio del Paese sul programma della Sinistra[65].

Senza dubbio l'indissolubile nesso tra l'unità d'Italia, conseguita e da difendere, e le libertà fondate sullo Statuto, costituì la «bandiera spiegata» della Sinistra costituzionale vocata al governo. Perno di tale disegno sarebbe stata una nuova legge elettorale politica, per la quale il Ministero aveva il consenso del sovrano, cui Depretis non mancò di tributare ripetuti omaggi, a significare la robustezza dell'Esecutivo uscito dalla «rivolu-

[63] *Discorso dell'onorevole Depretis presidente del Consiglio dei ministri*, Tip. Barbera, Roma 15 ottobre 1875, p. 7.

[64] A. Capone, *op. cit.*, p. 297.

[65] *Discorso dell'onorevole Depretis*, cit., pp. 7, 14-15, 40.

zione parlamentare». Coniugando visioni di ampio respiro e cenni dai risvolti tattici, egli sviluppò il profilo del suo programma elettorale come l'avvento di un innovativo progetto di rivitalizzazione del Risorgimento. Depretis ebbe facile gioco ad attribuire ai personalismi la sterile instabilità dei governi della Destra. Nei mesi in cui era stata al potere, aggiunse il presidente del Consiglio, la Sinistra aveva deluso le narrazioni di chi negò la sua novità o, comunque, di chi vide in essa un fattore di crisi se non di eversione; comunque, la «rivoluzione parlamentare» era stata premiata persino dall'attitudine della finanza europea.

Come ministro delle Finanze Depretis non promise riduzioni delle tasse, ma una migliore ridistribuzione ed equità dei tributi; occorreva che il pareggio fosse accompagnato dalla flessibilità del bilancio economico e dal sostegno dell'erario a nuove infrastrutture, dalla Val d'Aosta alla Sicilia. Lontano dalla «poesia finanziaria, se volete dalla finanza poetica», egli accennò alla fine del corso forzoso. A partire dalla prioritaria legge sull'inchiesta agraria promossa da un'iniziativa parlamentare, il governo Depretis previde un vasto impegno di riforme legislative: varare il codice penale, il codice del commercio, il codice sanitario; stabilire la responsabilità dei pubblici funzionari e riordinare la Corte dei conti e il Consiglio di Stato; intervenire sull'obbligo e sulla gratuità dell'istruzione, sul riordino superiore scientifico, sulla marina mercantile e militare, sulla tutela dei monumenti, sulla gestione delle miniere, sulla limitazione della caccia e della pesca, sul governo delle foreste, finanche sulle «relazioni della società colla madre natura»[66].

In questo programma di sinistra non potevano mancare gli interventi sulla libertà dei culti e sulle relazioni della Chiesa con lo Stato. L'approccio depretisino ancora una volta si distinse rispetto alla retorica tradizionale del suo partito, rinunciando ad aperte contrapposizioni, ma affiancando alla Chiesa della tradizione la "Chiesa" del pensiero e del progresso (quella dell'educazione nazionale): nel Pantheon risorgimentale dell'Italia intellettuale e spirituale erano accomunati Vico e Volta, Canova e Foscolo, Manzoni e Romagnosi, Leopardi e Rossini. Considerata la legge delle Guarentigie come «transazione o transizione» tra il passato (ormai alle spalle) e l'avvenire, «proclamando la sovranità del capo della fede e limitando questa sovranità alla recognizione de' suoi sudditi volontari», ora l'enfasi era posta sulla «pagina immortale» scritta con «la soppressione del chiericato politico, la liberazione del cristianesimo civile, l'emancipazione del pensiero religioso, il culto libero dell'umanità». L'argomentare era studiato per risultare gradito all'anticlericalismo

[66] *Ivi*, p. 41.

moderato, ma anche per delineare l'ingresso dell'elettorato cattolico in una laica arena politica. Alla minaccia sospesa verso il mondo religioso si sovrappose, così, una sottesa apertura, rafforzata in avvio del discorso dalla «similitudine» usata da Depretis per spiegare il concetto col quale il governo della Sinistra avrebbe tenuto in conto anche proposte degli avversari. Dopo aver ricordato i precetti evangelici presenti in pensatori precristiani, da Confucio e Zoroastro a Socrate e Platone, piuttosto che enfatizzare la visione sincretistica così delineata, egli si domandò: «Eppure del solo Vangelo poté dirsi che creò nuovi cieli e nuove terre. E ciò perché? perché quelle raccomandazioni della benevolenza, quelle confessioni della fratellanza umana, quelle rivelazioni della convivenza spirituale, che negli antichi erano idee di passata, ispirazioni fugaci, nel Vangelo sono la sostanza, lo spirito, l'essenza, la vita (*Benissimo*!)»[67]. La gratuità dell'affermazione, della quale mostrò di scusarsi lo stesso Depretis per tornare a richiamare la religione civile della resurrezione italiana, per i suoi risvolti niente affatto teologici, ma laicamente politici, non poteva passare inosservata; tanto più per il suo collegamento al tema centrale del discorso circa la realizzazione di una concordia non «esclusiva», invidiosa o repellente, «ma piena di operose emulazioni e di lavoro fecondo, tutto consacrato alla prosperità e alla grandezza della patria comune». La questione della rappresentanza del mondo cattolico, del resto, s'intrecciava con il coronamento di tutte le riforme: una nuova legge elettorale politica, alla quale si sarebbe dovuta accompagnare l'elettività dei presidenti della deputazione provinciale (allora presieduta dal prefetto) e l'elettività dei sindaci.

Il bilanciato discorso di Stradella mirò a rappresentare raccolte idealmente attorno a sé tutte le componenti della Sinistra. Incoraggiato dal leader repubblicano francese Gambetta a non esitare a completare la «rivoluzione» a un passo dal successo, tuttavia, Depretis ebbe difficoltà ad esercitare la «provvisoria dittatura» che ritenne necessaria a guidare la maggioranza. Nella squadra ministeriale si trovò a gestire, in particolare, i dissensi con Nicotera sull'ampiezza dell'allargamento elettorale; pur infastidito dalla sua spregiudicata condotta politica verso i gruppi moderati, stigmatizzata da Crispi, Bertani e Cavallotti, tuttavia, il presidente del Consiglio difese l'operato del ministro dell'Interno. Questi aveva smantellato la macchina governativa con la quale la Destra aveva influito sulle elezioni, «liberando» i funzionari pubblici dalle vecchie clientele; alla vigilia del voto, Depretis non era affatto intenzionato a privarsi del suo impegno nell'orientare le elezioni a vantaggio del Ministero e rischiare

[67] *Ivi*, pp. 10-11.

di perdere l'elettorato meridionale. Lo stesso Cairoli, presente a Stradella accanto a Depretis, si avvicinò alla democrazia radicale assieme a Zanardelli e Crispi nel premere per una rapida approvazione del suffragio universale, mentre a settembre nel congresso repubblicano di Genova la scelta astensionistica aveva ancora prevalso sull'ipotesi di collaborazione tra forze della democrazia e del progresso. Si comprende, dunque, il difficile impegno depretisino a rappresentare alla nazione un partito unito; nelle associazioni progressiste non mancarono, del resto, divergenze col costituito Comitato centrale guidato dal gruppo crispino, ora per il sostegno a candidati legati al Centro, ora per l'indirizzo di un emergente sottobosco politico-affaristico legato ad ambienti democratici.

L'efficacia del messaggio di Stradella, comunque, si segnalò per la sua capacità di dettare l'agenda del dibattito politico, non solo nei gruppi centristi o della Sinistra estrema, ma anche nella stessa Destra, intenta a sostenere che solo con la moderazione si poteva ottenere libertà e vero progresso. Nel discorso elettorale del 15 ottobre, Sella non trovò di meglio che respingere la nomea di protezionista scagliandosi contro il liberista Cobden Club in nome dell'interesse nazionale. Se Depretis aveva parlato alla nazione, Sella parve rivolgersi alle classi dirigenti di una borghesia imprenditoriale immersa in una comunità piemontese. Nelle vesti di leader dell'opposizione, peraltro, egli sostenne che l'approccio ministeriale della Sinistra altro non era che quello del governo precedente e rivendicò alla Destra la possibilità di realizzare un «progresso sicuro»[68]. Il discorso del capo dei moderati fu talmente debole da consentire a «La Civiltà Cattolica» una maliziosa ironia sulla sua eventuale disponibilità ad entrare in un futuro gabinetto progressista. Di più, Sella provocò una rottura nella leadership moderata che, fin dal 1867 e soprattutto dopo Porta Pia, era stata attenta a ricercare sul piano politico convergenze con l'elettorato cattolico: non solo ribadì la necessità del *placet* e dell'*exequatur* per la provvista dei benefici e la destinazione dei beni ecclesiastici, respingendo l'esperienza del liberalismo belga e richiamando quello tedesco, ma rispolverò il pericolo del «partito clericale» che definì «politicamente parlando [...] quello che vuole disfare l'Italia per rifare il potere temporale del Papa e intende subordinare la società civile al chiericato». La gravità delle parole del leader dell'opposizione emerge nel commento de «La Civiltà cattolica». La rivista dei Gesuiti aveva rilevato che, sebbene a Stradella Depretis si fosse ricordato «che stava a capo del Governo di una nazione cristiana e cattolica», nondimeno il 9 ottobre 1876 il prefetto Gravina

[68] *La politica italiana dal 1848 al 1897. Programmi di governo*, a cura di L. Lucchini, vol. 2, Tip. della Camera dei deputati, Ripamonti e Colombo, Roma 1899, pp. 54-57.

aveva vietato la prosecuzione del III Congresso cattolico apertosi a Bologna, per prevenire minacciati disordini dopo le violente contestazioni già ripetute in giornata. Accostato alla notizia di una riunione internazionalista nella stessa città, seguita alla liberazione dal sapore politico di Costa a conclusione del processo, l'intervento prefettizio parve ancora più grave. L'episodio fu anche stigmatizzato su «La Nazione» come decisione «incivile e illiberale», vessatoria di pacifici cittadini che avevano diritto di adunarsi tutelati dall'autorità dello Stato come previsto dallo Statuto. Eppure, le riflessioni critiche del prestigioso periodico cattolico alla vigilia delle elezioni politiche generali si appuntarono sulla leadership moderata: «Il discorso di Sella dovrebbe essere meditato da quei buon uomini che hanno ancora qualche preferenza pei moderati e vorrebbero al governo piuttosto un Lanza, un Sella, ed un Visconti Venosta, piuttosto che un Depretis, un Nicotera, ed un Melegari»[69].

Insomma, anche fuori dal Parlamento l'opinione pubblica italiana si interrogò sulla dinamica percepita da Luzzatti nel riconoscere la morte della Destra in vista di una sua futura resurrezione. In ogni caso, Depretis si presentò a tutti i ceti sociali come il campione del liberalismo, leader di un «ministero riparatore» delle decisioni prese nell'emergenza, in vista dello sviluppo civile ed economico del Paese: antiprotezionista attento alle ragioni dei consumatori, ma capace di suscitare le speranze della classe industriale in relazione ai negoziati avviati sui trattati commerciali; attento allo sviluppo dell'industria privata settentrionale, ma lontano dalle polemiche di alcuni colleghi di partito sulla «impiegomania, così tanto diffusa e assordante» non solo nel meridione; favorevole al riordino di una agricoltura ben amministrata e al sostegno alle medie e piccole imprese che sostenevano il tessuto economico del Paese; compreso dello spirito self-made della cultura imprenditoriale del nord e consapevole della richiesta del sud di una maggiore presenza dello Stato contro mafie e camorre. In un'Italia borghese plurale, Depretis si mostrò pronto a favorire la libera iniziativa individuale e sociale nel quadro di una coesione complessiva delle istituzioni della monarchia costituzionale. In tale contesto si comprende la corsa dei candidati alle elezioni a mostrarsi progressisti, mentre in tutta Italia, secondo le modalità delle tradizioni locali, si avvertì l'intervento profettizio a sostegno dell'indirizzo ministeriale.

Le elezioni politiche del 5 e 12 novembre 1876, infine, non delusero le aspettative del governo. Andarono alle urne 368.370 italiani, con un'affluenza superiore alle precedenti elezioni: nel Mezzogiorno e nelle isole essa superò il 60 per cento degli aventi diritto al voto, mentre la percentuale

[69] Cfr. «La Civiltà Cattolica», XXVII (1876), vol. 12, fasc. 633, p. 371.

più bassa si registrò nell'Italia centrale, fermatasi al 55 per cento. I risultati del voto premiarono il mutamento politico di marzo delineando una «rivoluzione» della Camera: su 508 collegi da assegnare solo 94 andarono ad esponenti della Destra a fronte dei 414 attribuiti alla maggioranza; nelle elezioni del 1874 i moderati avevano ottenuto ben 276 deputati. L'affermazione elettorale del Gabinetto si realizzò in tutto il Paese e mutò radicalmente la geografia della rappresentanza politica. Se nel Mezzogiorno e nelle isole la Sinistra incrementò il suo dominio lasciando alla Destra appena 9 deputati, fu nei collegi dell'Italia settentrionale e centrale che si verificò la sua crescita politica più significativa, ribaltando i rapporti di forza con la Destra: governo e gruppi della Sinistra conquistarono al nord 129 collegi e al centro 91, quanti la Destra nel 1874 (rispettivamente 130 e 90). La sconfitta di Sella e della Destra provocò la mancata elezione di esponenti di primo piano dell'opposizione moderata: Visconti Venosta e Pisanelli, Bastogi e Bonghi, Dina e Spaventa. Nei 40 seggi in palio nei collegi toscani l'opposizione della Destra (11 seggi) perse il primato della rappresentanza politica mantenuto dal 1861, mentre l'alleanza ministeriale non premiò la dissidenza moderata (10 seggi); i deputati ottenuti da quest'ultima, comunque, si sommarono agli altri della maggioranza governativa, con la Sinistra costituzionale diventata in Toscana primo partito (14 eletti, tra cui Depretis e Brin) affiancata dalla Sinistra radicale (5 eletti). Importante a livello nazionale fu anche il numero dei deputati che per la prima volta entrarono alla Camera (166), con una sostituzione del personale politico di particolare rilievo in Piemonte e Lombardia.

Il risultato elettorale, così, ebbe immediati riflessi già nel discorso della Corona, che lasciò trasparire nelle parole del sovrano il peso della rappresentanza del Paese ottenuta da Depretis nell'esplicita conferma dei «ministri che io – affermò Vittorio Emanuele II –, seguendo le indicazioni dei voti parlamentari, ho chiamato con piena e aperta fiducia a reggere lo Stato»[70]. Non meno rilevante fu la raccomandazione del re alla «patriottica sollecitudine» dei nuovi deputati per la realizzazione delle numerose leggi previste nel programma di Stradella. A Depretis, peraltro, non sfuggirono le problematiche politiche derivanti dal pieno successo elettorale nell'attuare tale programma, già di per sé difficile da gestire tra interessi monarchici, orientamenti moderati e politiche della Sinistra. Se il vasto consenso ottenuto nelle urne dal governo progressista, infatti, alla Camera lo pose al riparo da aggressioni della Destra, il Gabinetto si trovò a fronteggiare dentro la coalizione vincente le più varie richieste di leadership passate nel volgere di pochi mesi dall'opposizione alle responsabilità

[70] AP, CD, *Discussioni*, tornata del 20 novembre 1876, p. 6.

ministeriali, provocando spinte politiche tali da far implodere la maggioranza. L'attitudine di Depretis, cui malevolmente si attribuì l'immagine di "Agostino tentenna", si confermò anche in tale frangente quella di un leader consapevole dell'importanza della scelta dei tempi per l'azione politica.

Tenendo accanto a sé Correnti, il presidente del Consiglio si misurò con la richiesta dei moderati toscani, indeboliti dal grande successo ministeriale, prese le distanze dalla Sinistra radicale di Cavallotti, ma ridimensionò le polemiche sollevate da questi e da Filopanti per le loro riserve sul giuramento richiesto ai deputati del regno. Forte del consenso elettorale ottenuto, Depretis scelse di riprendere in mano la guida politica del partito, per evitare che questo potesse creare una pressione dialettica sull'Esecutivo; egli lavorò a riequilibrare il peso delle diverse frazioni interne alla Sinistra mantenendo aperta la competizione tra loro. In tale strategia il 21 novembre alla presidenza della Camera egli favorì senza opposizione l'elezione di Crispi, che si era appoggiato sul maggiore peso acquisito dalla Sinistra radicale, specialmente nelle province settentrionali, nel suo accentuato contrasto con il ministro Nicotera. Al gruppo della Sinistra insoddisfatta della prudente condotta depretisina non restò che convogliare una dozzina di voti sulla figura risorgimentale di Cairoli come alternativa candidatura di bandiera. Completò la governance dell'aula parlamentare l'assegnazione di tre vicepresidenti alle altre componenti della maggioranza, lasciandone uno alla Destra, a garanzia forse più degli uomini di Minghetti che di un Sella costretto a restare a capo di un partito talmente ridotto e diviso che nessuno voleva più guidare.

La completa vittoria elettorale della Sinistra al governo probabilmente impressionò il mondo vaticano, che osservò il programma di Stradella diventare linee d'indirizzo di un Gabinetto solido. «La Civiltà Cattolica» trovò modo, pur nella consueta critica, di rilevare la premura governativa a trattare con riguardo il papato e la Chiesa cattolica, contenendo l'ala più radicale della Sinistra. Morto il segretario di Stato vaticano, cardinal Antonelli, pochi giorni dopo la consultazione elettorale tornò a riunirsi la commissione cardinalizia che dopo la «rivoluzione parlamentare» Pio IX aveva convocato per esaminare la questione del voto politico dei cittadini italiani e valutare il mantenimento del *non expedit*. La relazione preparatoria all'incontro, composta in estate riprendendo l'attenzione conciliare ai mutamenti in corso, echeggiò discorsi elettorali che in tutti gli schieramenti lamentarono una politica organizzata «sopra mutabili e falsi interessi»[71] e partiti «trascinati

[71] Così la «Nuova Antologia» nel novembre 1876 cit. in L. Mascilli Migliorini, *La Sinistra storica al potere. Sviluppo della democrazia e direzione dello Stato (1876-1878)*, Guida, Napoli 1979, p. 96.

da basse passioni»[72]. Peraltro, il succedersi di circostanze e di avvenimenti senza interruzione, cambiando le situazioni, esponevano «i popoli a nuovi pesi, nuovi dolori, nuove tentazioni e nuovi pericoli» imponendo loro «nuovi doveri di coscienza per la vita pratica di ogni cittadino»[73]. Così, la riunione dei cardinali Bilio, Franchi, Franzelin, Mertel, Monaco La Valletta, segretario mons. Nina, il 30 novembre 1876 stabilì che «alle condizioni a cui è ridotta la cosa pubblica segnatamente per tutto quello che si riferisce alla Religione e ai diritti della Chiesa, non solo è un diritto ma è un dovere dei cattolici prendere parte alle elezioni politiche»[74]. In sostanza tale pronunciamento tendeva a cambiare in *expedire* il *non expedire* del 1868; si ritenne, però, necessario che si preparasse prima l'opinione pubblica cattolica al superamento dell'astensione e che il pontefice valutasse il momento più opportuno a compiere il passo in relazione all'evoluzione della questione romana. Si avviò dunque un'opera di animazione del laicato cattolico, sotto la pressione di sempre più ampie e giovani classi dirigenti che aspiravano a completare l'apprendistato nella lotta amministrativa dei municipi con l'impegno politico nazionale. Nel contempo, iniziò uno studio reciproco tra il progressista governo italiano e la S. Sede sull'evoluzione dei loro rapporti, sottoposti alle montagne russe dell'agenda politica nazionale.

Si avvicinarono, del resto, le prime prove per verificare i poteri del presidente del Consiglio, la graduale spinta riformatrice del Ministero e la tenuta della maggioranza. Tra i primi progetti di legge subito presentati figurò quello relativo alla riforma della legge elettorale politica, restata ancora quella del marzo 1848, con le modifiche del 1859-1860, mai discussa dai governi della Destra, sebbene sollecitata in tempi diversi nell'opposizione da Crispi e Cairoli, Lazzaro, Corte e Maurigi[75]. Si profilarono interventi per la riforma del codice penale e dell'ordinamento comunale e provinciale (per la quale Depretis chiese una unica Commissione speciale). Conclusa la discussione sui bilanci di previsione dei ministeri, tuttavia, la prima legge ad essere discussa alla Camera fu quella sugli abusi dei ministri dei culti nell'esercizio delle lo-

[72] *Discorso dell'onorevole Depretis*, cit., p. 16.

[73] «*Se convenga permettere ai Cattolici Italiani di concorrere alle elezioni politiche*», *Relazione con sommario e riassunzioni, luglio 1876*, ora citata in A. Ciampani, *Da Pio IX a Leone XIII*, cit., p. 85.

[74] *Verbale della risoluzione presa nell'adunanza del S. Uffizio il 30 novembre 1876*, *ivi*, pp. 69-70.

[75] P.L. Ballini, *La questione elettorale nella storia d'Italia. Da Depretis a Giolitti (1876-1892)*, vol. 1, Camera dei Deputati, Roma 2003, pp. 2-7. Cfr. anche M.S. Piretti, *La giustizia dei numeri. Il proporzionalismo in Italia 1870-1923*, il Mulino, Bologna 1990; *Idee di rappresentanza e sistemi elettorali in Italia tra Otto e Novecento*, a cura di P.L. Ballini, Istituto Veneto di Scienze, Lettere ed Arti, Venezia 1997.

ro funzioni, sul cui inasprimento si concentrò, come temuto dagli ambienti vaticani, il dibattito parlamentare del gennaio 1877. Fu presto chiaro il valore di sondaggio politico che il Gabinetto attribuì alla discussione, all'inizio concentrata sull'eccezionalità, sull'inattualità o sull'opportunità della legge. Con rapidità si giunse a dibattere la possibilità o meno di conciliarsi con la Chiesa: per alcuni lo Stato doveva contrastare il "dominio politico" clericale, evocando persino l'abolizione della legge delle Guarentigie; per altri era requisito liberale attribuire alla Chiesa la stessa libertà associativa che si era rivendicata contro le leggi di pubblica sicurezza di Cantelli. Si osservò come la Chiesa mutasse con le trasformazioni della società e le condizioni dei tempi, considerando come il clero si stesse ponendo sempre più a fianco dei proletari piuttosto che dei proprietari, deludendo le aspettative della Destra liberale. Il magistrato e deputato emiliano Bortolucci si spinse a domandare con quale progresso avrebbe dovuto conciliarsi la Chiesa visti i duri interventi nella Camera, prima di concludere con una professione di fede e di ossequio al pontefice, che gli valse gli scherni dell'aula e il rispetto di Mancini.

Il guardasigilli, presentando il provvedimento che definì modesto e innocuo, rivendicò gli elementi di libertà civile che informavano la legge e il rispetto della libertà religiosa, reprimendosi «gli eccessi politici e mondani dei ministri dei culti» nella difesa della patria giunta all'unità e all'indipendenza. Come percepito dai più smaliziati oratori, l'intento era semplicemente verificare la coesione della maggioranza progressista e riformatrice alla prova della prima legge prevista dal programma di Stradella sanzionato dal mandato elettorale. La questione fu evidente al momento del voto degli ordini del giorno per procedere alla discussione dei singoli articoli: quando una proposta di Bertani, Cairoli e Mussi si contrappose a una generica formula ministeriale, Sella colse un errore di calcolo politico del governo, poiché esponenti della Destra, pur favorevoli alla legge, non avrebbero espresso un voto che implicava fiducia al Ministero. Solo la pressione di Mancini e di Crispi consentì il successo della manovra per restituire centralità alla maggioranza ottenendo il ritiro delle proposte di sospensione o rinvio del provvedimento; anche Cairoli, in grado di riunire nella retorica nazionale e anticlericale i distanti gruppi conservatori e radicali per le celebrazioni del VII centenario della battaglia di Legnano[76], ritirò il proprio ordine del giorno tra gli applausi del Centro e della Sinistra. La vicenda offrì al Gabinetto motivi di una riflessione in chiaroscuro: insieme alle difficoltà politiche della Destra di fronte al cauto riformismo progressista, si era rilevata la diffusa mancanza di di-

[76] M. Cattane, *Benedetto Cairoli. Il vessillo della Sinistra storica 1825-1889*, Comitato di Torino dell'Istituto per la storia del Risorgimento italiano, Torino 2020, p. 154.

sciplina nella Sinistra. Il coinvolgimento di una icona del Risorgimento come Cairoli nell'ala estrema del partito era stato per il momento evitato, ma era chiara la ricerca della più radicale minoranza interna, soprattutto settentrionale, ad avere il sostegno di un leader di rilievo. Come confidò Depretis a Cialdini nel febbraio 1877, una maggioranza che tenesse assieme tutte le posizioni da Peruzzi a Bertani si era rivelata «numerosa, forse troppo numerosa», da rendere arduo «mantenerla compatta nelle sue diverse gradazioni»[77].

I mesi seguenti furono contrassegnati dall'esecuzione riformista del programma di Stradella, sfidando lo sfrangiarsi della maggioranza. Spedito fu l'iter parlamentare del disegno di legge *Sull'obbligo dell'istruzione elementare* (nell'età compresa tra 6 e 9 anni) presentato il 16 dicembre 1876 dal ministro Coppino, parlamentare piemontese dal 1860 e collaboratore di Depretis nel formulare il programma del 1875. Sulla base dei tentativi proposti da Bargoni, Correnti e Scialoja tra il 1869 e il 1874, fu presentata una legge sull'obbligatorietà e la gratuità dell'istruzione elementare inferiore da applicarsi con gradualità. Al posto del catechismo, impartito solo se richiesto dai genitori, si introdussero nozioni sui doveri dell'uomo e del cittadino. Consapevole dell'impatto sul tessuto sociale della questione scolastica, l'iniziativa si collegò alla scommessa della classe dirigente liberale sulla formazione civile. Presentata la relazione della commissione il 19 febbraio, la legge fu approvata a grande maggioranza dalla Camera il 10 marzo 1877 e inviata all'esame del Senato, testimoniando la spinta innovatrice del governo. L'esposizione finanziaria di Depretis nel marzo 1877 ribadì la strada per assicurare credibilità internazionale al giovane regno. La necessità di conoscere la sua effettiva realtà economica spinse il presidente del Consiglio a sostenere l'inchiesta sulle condizioni della classe agricola in Italia affidata alla presidenza di Stefano Jacini, varata con la legge del 15 marzo 1877. L'iniziativa, da cui si aspettava lo stesso impatto dell'inchiesta industriale terminata nel 1874, tenne conto dell'eco dell'inchiesta condotta da Sonnino e Franchetti sulle condizioni dei contadini in Sicilia, i cui risultati furono pubblicati nel 1877. Durante la primavera, in un clima di convergente attenzione dei partiti liberali, crebbe l'attenzione alla tutela del lavoro di donne e fanciulli. Il dibattito sollevato nelle classi dirigenti nazionali, tuttavia, non si appuntò allora sui provvedimenti diretti ad alleviare le miserabili condizioni di vita di molti ceti popolari, ma si concentrò sugli indirizzi stessi dello sviluppo del Paese. Se Alessandro Rossi auspicò la promozione di una civiltà industriale capace di trasfor-

[77] Depretis a Cialdini, 10 febbraio 1877, cit. in G. Carocci, *Agostino Depretis e la politica interna italiana dal 1876 al 1887*, Einaudi, Torino 1956, p. 127.

mare il mondo rurale e introdurlo alla partecipazione politica, Luzzatti puntò sul superamento dei conflitti tra capitale e lavoro, collegando reti pubbliche e private, sviluppando le società di mutuo soccorso o suscitando strumenti innovativi capaci di alimentare il dinamismo economico di città e campagne come banche popolari e casse di risparmio postale, credito agrario e movimento cooperativo.

La posizione del radicalismo repubblicano de «Il Dovere», per cui Crispi valeva Biancheri e Depretis valeva Minghetti, e persino il fallito moto insurrezionale anarchico di Carlo Cafiero ed Errico Malatesta nei monti del Matese in Campania, che nell'aprile 1877 provocò numerosi arresti e lo scioglimento delle associazioni internazionali[78], incoraggiarono alla Camera il formarsi di uno spazio di rappresentanza politica a sinistra del riformismo depretisino. Molti nodi così vennero al pettine e le frizioni d'inizio anno all'interno della Sinistra nei mesi seguenti assunsero forma politica. Discusse le convenzioni marittime, fu proposto l'aumento dei dazi per gli zuccheri d'importazione, che avrebbe accompagnato una riformulazione della tassa sul macinato e della sua esazione, mentre si stava rinegoziando l'accordo commerciale con la Francia repubblicana. Bertani colse l'occasione per accentuare la polemica sull'affarismo del governo e sulla sua scarsa caratterizzazione democratica, dando forma alla fine del maggio 1877 al gruppo dell'Estrema sinistra. Il progressivo distinguersi di Cairoli dalle politiche del Gabinetto portò all'inizio di giugno al costituirsi intorno a lui di una frangia dissidente nella maggioranza, che si presentò erede della Sinistra storica: sostenendo che alla «bandiera del suo antico programma» dovesse riferirsi la politica di Stradella, sviluppò così una posizione critica verso il governo, sebbene avesse l'adesione del ministro Zanardelli, in nome dei valori morali della sinistra, promossi da De Sanctis nei suoi articoli su «Il Diritto».

Con l'articolarsi delle diverse componenti della Sinistra liberale emerse anche l'inedita questione di un governo che, proprio per l'impianto progressista e la progettualità riformatrice, era chiamato ad assicurarsi maggiori difese dall'aggressione di elementi antisistema, repubblicani e internazionalisti, o impegnarsi a recuperarli all'assetto istituzionale dello Statuto Albertino. Inoltre, il Gabinetto non doveva spaventare il Paese, ma rassicurare la società nel suo insieme circa le modalità del cambiamento politico in corso, garantendo coesione sociale e ordine pubblico. Così, confrontandosi con l'intervento mediatore e le aspettative di Casa Reale nel mutare delle combinazioni e degli accordi parlamentari, in effetti la

[78] Oltre a L. Mascilli Migliorini, *op. cit.*, pp. 132-135, cfr. G. Berti, *Errico Malatesta, e il movimento anarchico italiano e internazionale, 1872-1932*, Franco Angeli, Milano 2003.

spinta propulsiva depretisina assunse due connotati sostanziali: da una parte, con la sua moderazione sviluppò un'attrazione verso il centro politico, a sostegno di una necessaria opera di conservazione delle istituzioni scaturite dalla «rivoluzione» italiana; dall'altra, rivendicò sempre una prospettiva progressista, volta a rimuovere gli ostacoli alle innovazioni politiche, economiche e sociali.

Il presidente del Consiglio si dedicò, dunque, a rendere stabile e irreversibile l'inserimento di uomini della Sinistra e degli interessi da loro rappresentati nei processi decisionali, evidenziando il carattere non traumatico della trasformazione in atto e facendo del suo partito un interlocutore ineludibile del nascente capitalismo imprenditoriale. Accusato ora di cedere alla finanza internazionale, ora di difendere i monopoli dei capitalisti italiani, Depretis avviò un dialogo con l'*establishment* istituzionale e con le forze economiche presenti nel panorama nazionale e internazionale. Questo indirizzo sollevò inquietudine in alcuni ambienti collegati alla Sinistra dentro al Grande Oriente d'Italia e, in particolare, dal marzo 1877 nella loggia Propaganda Massonica, creata a Roma alla diretta obbedienza del gran maestro Mazzoni, dove fu iniziato il livornese Adriano Lemmi, già figura di spicco del mondo degli affari mediterranei grazie alla fortuna accumulata a Costantinopoli, da tempo intermediario tra componenti repubblicane e di matrice garibaldina. Nella sociabilità delle officine massoniche trovò espressione una classe dirigente emergente, alla ricerca di maggiori spazi di affermazione culturale, economica e, infine, politica, dal piano locale a quello nazionale.

Nel crocevia di tali dinamiche un termometro politico speciale avrebbero costituito le elezioni che annualmente all'inizio dell'estate rinnovavano nelle grandi città un quinto dei loro consigli comunali: in tali occasioni i partiti tendevano a perdere colore politico e la battaglia si concentrava sugli interessi municipali, sebbene non mancassero i riflessi della situazione nazionale. Fu allora la polemica anticlericale, così, a coprire le divisioni interne allo schieramento liberale. Il ripreso vigore dell'associazionismo cattolico richiamò l'attenzione del Ministero dell'Interno, dei prefetti e delle associazioni liberali, favorendo il convergere dei loro sforzi contro un presunto pericolo clericale. Nella Capitale l'Unione romana per le elezioni amministrative, sorta nella primavera del 1877, presentatasi per la prima volta alle elezioni municipali non riuscì a far eleggere alcun consigliere in espressa rappresentanza degli ambienti cattolici capitolini. A livello nazionale, peraltro, le componenti dissidenti e radicali della Sinistra non mancarono mei mesi estivi di pungere il Ministero sulla sorveglianza del mondo cattolico, che in ottobre si riunì a Bergamo nel congresso presieduto da D'Ondes Reggio, protestando contro una politica ecclesiastica ritenuta illiberale e contrapponendosi ai cattolici liberali in nome della fedeltà al magistero pontificio.

La pubblicazione nella «Gazzetta Ufficiale» della legge Coppino sulla scuola elementare, il 15 luglio 1877, dopo aver superato in giugno l'esame del Senato, diede al governo Depretis un primo evidente successo di politica interna per il rapido progredire delle storiche riforme richieste dalla Sinistra. In politica estera il Gabinetto affrontò diversi dossier già aperti, collocando l'Italia tra le Potenze conciliatrici nelle tensioni d'ampio respiro internazionale, come nell'acuirsi della crisi per la questione d'Oriente e nell'avviarsi della guerra russo-turca. Si accesero allora speranze di possibili compensi all'Italia nel confine nord-orientale in caso di una occupazione austrica della Bosnia-Erzegovina, presenti tanto in ambito governativo che nell'Associazione dell'Italia irredenta di Matteo Renato Imbriani, alimentata da democratici e repubblicani. Col consenso di Vittorio Emanuele II, Depretis e Melegari, a Crispi fu affidata una missione presso i principali governi europei con l'obiettivo di rafforzare la presenza italiana nel concerto europeo e le sue aspirazioni nella Valle dell'Adige ed oltre l'Isonzo. Il presidente della Camera, tra l'agosto e l'ottobre 1877, fu in Francia, Germania, Gran Bretagna ed Austria-Ungheria. Bismarck dissuase l'Italia dal richiedere territori austriaci nell'occasione, suggerendo piuttosto un accordo con la duplice monarchia: come indicato anche dalla diplomazia britannica, le attenzioni italiane si sarebbero dovute rivolgere all'Albania[79]. Intanto, il governo provvide a concludere le trattative rimaste sospese, come quelle del trattato commerciale italo-francese, firmato a Parigi il 6 luglio, sostituendo dazi *ad valorem* con dazi specifici, seguendo l'indirizzo del precedente governo. Giustificato da esigenze fiscali, un diffuso aumento dei dazi d'importazione avrebbe avuto esiti protezionistici delle merci nazionali, corrispondendo alle attese di ambienti industriali che avevano confidato nelle capacità negoziali di Depretis; la protezione dei settori lanieri e serici, poi, quali settori avanzati della manifattura italiana, ebbe anche un malizioso riflesso nello spuntare armi alla polemica di Sella.

Mentre si assisteva a un rafforzamento delle associazioni industriali, il leader biellese tornò a insistere con forza sul legame tra «politica della scienza» e strategie governative, sottolineando in consonanza con gli elementi dissidenti della Sinistra l'esigenza di un contenimento sociale della Chiesa cattolica. In tale chiave scrisse una lunga lettera a Depre-

[79] L. Monzali, F. Imperato, R. Milano, G. Spagnulo, *Storia delle relazioni internazionali (1492-1918). Dall'ascesa dell'Europa alla Prima guerra mondiale*, vol. 1, Mondadori, Milano 2022, pp. 368-369.

tis, caricando di valore politico la sua richiesta di collocare l'Accademia dei Lincei a Piazza Colonna, ponendo simbolicamente il «Tempio delle Scienze» a fianco del Parlamento: invece, egli scrisse con sdegno, «sotto un ministero sedicente liberale, anzi riparatore, il governo italiano ha destinato le storiche colonne di Veio ad ospitare gli oziosi che spendono il loro tempo chiacchierando e sparlando»[80]. Nella ripresa politica autunnale, comunque, si acuirono le accuse di affarismo al presidente del Consiglio: sollevate all'interno della Sinistra come tradimento dei principi morali del partito, le critiche alle iniziative per il riassetto bancario e alle convenzioni marittime potevano far gioco all'opposizione conservatrice costretta a rilanciare la campagna per una maggiore moralità contro il governo. Il rischio di una confusa sovrapposizione politica tra distinte opposizioni non sfuggì a Cairoli, attento a curare la sua immagine di leader della sinistra e cauto a fronte di alleanze con la destra senza chiari programmi politici. Il temporale che investì il Ministero, dunque, venne dal convergere di polemiche interne alla maggioranza, tra ottobre e novembre 1877.

Anticipati dal contrasto sulla proposta della legge di pubblica sicurezza in Sicilia avanzata da Nicotera, i venti di crisi furono alimentati da Zanardelli, quando il Gabinetto propose, con realismo coerente con le posizioni espresse nel 1876, di affidare l'esercizio delle ferrovie a società private, rinviando gli effetti della convenzione sulle ferrovie romane fino al gennaio 1881. Zanardelli si mostrò, piuttosto, incline a favorire l'ingresso di diverse società in chiave antimonopolista; una progettualità di ampio respiro, ma dall'evidente fragilità operativa, esposta all'accusa di favorire capitalisti senza capitale, veri affaristi e speculatori che volevano sorgere con l'appoggio pubblico. Bertani, riunito a novembre il suo gruppo a Milano, in nome del primato del conflitto politico, non avrebbe esitato a dichiarare giunto il momento di «disertare le teorie economiche della libera concorrenza nella industria», contrapponendo un approccio statalista[81]. Per ampliare il campo antigovernativo egli aveva accettato l'inchiesta sulle strade ferrate proposta da Cairoli, ancora timoroso che un attacco al Ministero sulle convenzioni potesse disgregare la Sinistra. La pressione dell'area della sinistra radicale incalzò il leader pavese, facendo leva sul suo profilo politico democratico: così, quando Zanardelli, infine, si dimise dal Gabinetto rifiutando di firmare la convenzione sulle ferrovie negoziata da Depretis, a Cairoli si attribuì la responsabilità morale dell'uscita dal

[80] Sella a Depretis, Biella 20 settembre 1877, già in G. Quazza, *L'utopia di Quintino Sella: la politica della scienza*, Comitato di Torino dell'Istituto per la storia del Risorgimento italiano, Torino 1992, pp. 533 e ss.

[81] Cfr. L. Mascilli Migliorini, *op. cit.*, pp. 171-172.

governo del ministro dei Lavori pubblici, così come gli era stata attribuita quella del suo ingresso.

Il nodo politico riguardante gli equilibri interni alla Sinistra necessitò di una prudente gestione: il 14 novembre il re formalizzò le dimissioni di Zanardelli e attribuì nel contempo a Depretis l'*interim* dei Lavori pubblici. I chiarimenti che dovevano seguire nella riunione della maggioranza non riuscirono a comporre la frattura con una ottantina di dissidenti che identificarono in Cairoli il vessillo della Sinistra risorgimentale, chiedendo un cambiamento nella linea politica della maggioranza. Mentre si intensificava la presentazione di numerosi progetti di legge governativi, la polemica si concentrò sul ministro dell'Interno, Nicotera, il cui attivismo disturbava l'opera stessa del presidente del Consiglio. Poco dopo l'approvazione solenne dell'articolo 11 del codice penale presentato da Mancini che contemplava l'abolizione della pena di morte, il 28 novembre, fu introdotta la relazione sul bilancio preventivo dell'Interno. Intanto un'artificiosa polemica giornalistica divenne oggetto all'inizio del mese seguente di una provocatoria interrogazione di Corte a Nicotera, che il 14 seguente fu ripresa dal deputato veneto Cesare Parenzo, trasformandosi col sostegno di Zanardelli in un atto d'accusa al ministro dell'Interno di violare il segreto della corrispondenza telegrafica. Un ordine del giorno filogovernativo, cui lo stesso Nicotera volle attribuire una personale questione di fiducia, ottenne appena 22 voti di maggioranza: i voti della sinistra guidata da Cairoli, col sostegno di De Sanctis e Bertani, si erano sommati a quelli espressi da Sella per la Destra. Questo risultato consentì a Depretis di presentare il giorno seguente le dimissioni del Gabinetto senza essere sfiduciato, d'intesa con Crispi e con l'appoggio di Vittorio Emanuele II, ottenendo da questi l'incarico di formare un nuovo governo.

Nel Gabinetto costituito con decreto reale del 26 dicembre 1877, Nicotera fu sostituito al Ministero dell'Interno dal suo avversario Crispi, che condivideva l'impostazione del presidente del Consiglio sulle linee ferroviarie. Il secondo governo di Depretis, che assunse il dicastero degli Esteri, inoltre, vide confermati i ministri Mancini e Coppino, Mezzacapo e Brin. Furono coinvolti due senatori meridionali: ai Lavori pubblici fu chiamato Francesco Paolo Perez, sindaco di Palermo dove nel 1876 aveva sperimentato accordi con gli ambienti cattolici; alle Finanze giunse il campano Agostino Magliani, negli anni Sessanta segretario generale dello stesso ministero, consigliere e presidente di sezione alla Corte dei conti, prima di essere chiamato al Senato sotto il governo Lanza-Sella, ma poi allontanatosi dalla Destra. Completò il Gabinetto il ritorno di Bargoni, cui fu affidato il Tesoro, Ministero sorto mentre quello di Agricoltura, industria e commercio su proposta crispina venne simbolicamente soppresso in nome di politiche liberiste.

In una Sinistra sempre più frammentata Depretis continuò a perseguire il proprio progetto progressista presentandosi sempre come il suo leader. Dopo aver tentato una intesa col gruppo di Cairoli, il presidente del Consiglio si dedicò a recuperare le istanze democratiche crispine. Ridimensionati Nicotera e Zanardelli, si evidenziò il limite della scelta antidepretisina e statalista di Bertani, la cui tenacia antiministeriale pose Cairoli davanti un possibile connubio di fatto con la Destra di Sella, da questi accarezzato per impedire il riaggregarsi della Sinistra storica e tentare di tornare al governo. Si delineò, così, un disegno alternativo ai legami tra il Gabinetto e la Destra di Peruzzi, rinsaldati a tal punto – per contrastare Sella e resistere alla pressione radicale – che persino «La Perseveranza» aveva accennato alla «opportunità di una fusione fra moderati e progressisti»[82].

In tale frangente sopraggiunse, il 9 gennaio 1878, la morte a cinquantasette anni del re Vittorio Emanuele II. Convocata la Camera, Depretis diede notizia dell'avvenuta ricomposizione del governo prima di avviare commosse commemorazioni per il sovrano defunto e annunciare la salita al trono del suo successore, che assunse il nome di Umberto I e subito confermò la fiducia al Gabinetto. Nella successiva seduta a Camere riunite, il re assicurò in un breve e misurato discorso «la religiosa osservanza delle libere istituzioni» e invocò tra gli applausi il sostegno del Parlamento «fedele alla volontà nazionale» in una «concordia di amor patrio» perché l'Italia «libera ed una» continuasse ad essere «guarentigia di pace e di progresso»[83]. Seguì attraverso alcuni decreti regi l'azione progressista del governo Depretis: il 3 febbraio 1878 s'istituì una Commissione d'inchiesta, proposta da Crispi e composta da uomini dei diversi partiti, per indagare le cause degli scioperi emersi in alcune parti d'Italia, che segnalavano il sorgere di una «malattia sociale da conoscere e curare». Così, le istituzioni costituzionali del regno, nel complesso, diedero dimostrazione di solidità politica nel momento in cui venne meno il monarca che aveva conseguito l'unità e l'indipendenza nazionale. Una nuova prova, tuttavia, pose all'attenzione dell'opinione pubblica mondiale la credibilità del giovane Stato italiano e delle sue istituzioni: il 7 febbraio 1878, infatti, alla fine di un lungo pontificato moriva il papa Pio IX.

[82] Così «La Perseveranza» nel novembre 1877, cit. in G. Carocci, *Agostino Depretis*, cit., p. 145.

[83] AP, CD, *Discussioni*, tornata del 19 gennaio 1878, p. 5283.

Al governo Depretis toccò il compito non solo di assicurare l'ordine pubblico nei riti di omaggio al pontefice defunto, ma di garantire l'effettivo svolgimento in piena libertà del conclave chiamato ad eleggere il nuovo papa, nella peculiare situazione di una Santa Sede priva di sovranità territoriale. Dopo la morte di Vittorio Emanuele II, l'insediamento del nuovo re d'Italia aveva contribuito a risollevare le polemiche sulla stampa e nella diplomazia sulla protesta vaticana. Ora, la scomparsa di Pio IX spinse il governo italiano a dare le più ampie assicurazioni al Sacro Collegio circa la volontà di tutelare nel modo più assoluto la libertà e la sicurezza del conclave ed evitare qualsiasi ingerenza. In tal senso Depretis si accertò che il Ministero prendesse contatti in Curia, cosa che fecero, per le loro vesti istituzionali, Mancini e Crispi. Quest'ultimo, soprattutto, si ritagliò con fermezza e prudenza un ruolo di protagonista in tali operazioni, geloso del collega guardasigilli e preoccupato delle manovre che attivò Nicotera per riproporsi sulla scena politica. Il ministro dell'Interno impedì qualsiasi incidente che potesse spingere i cardinali a spostare all'estero il conclave, che si aprì a Roma il 18 febbraio 1878, con un indubbio successo internazionale del Gabinetto, ma anche con una crescente credibilità personale di Crispi. Sul versante della politica interna, il governo Depretis individuò nel rispetto della legge delle Guarentigie la chiave di volta politica e giuridica per contenere le proteste di tradizionali correnti anticlericali nella Sinistra: Crispi si spinse a richiedere un parere sulla legge al Consiglio di Stato, che il 2 marzo la considerò come «legge fondamentale dello Stato»[84].

L'Italia si era interessata, intanto, dei candidati eleggibili nel conclave. Da tempo i governi del regno si erano informati sugli orientamenti dei cardinalizi papabili; in continuità con gli auspici di Visconti Venosta dopo il 1870, si aspettava un pontefice che non introducesse elementi di perturbazione per la pace europea e fosse il più conciliante possibile con le istituzioni italiane. Lo stesso fecero le maggiori Potenze europee e in particolare quelle cattoliche che, dopo il concilio, non furono invitate neanche al conclave. D'altra parte, la stessa Curia romana era informata di tali attività e della possibilità che Francia, Austria e Spagna esercitassero un diritto di «esclusiva» contro qualche candidato attraverso cardinali dei loro Paesi per favorire l'elezione di un porporato "politico", disposto a trovare intese funzionali ai loro distinti interessi. In Vaticano, comunque, ben prima della morte del papa si era avviata una discussione sul futuro conclave; infine, il 12 febbraio, i cardinali Bartolini, Bilio, Franchi, Manning, Monaco La Valletta e Nina si erano accordati per favorire l'elezione del cardinale Pecci. Con un abile un gioco di specchi si evitò

[84] C.M. Fiorentino, *La questione romana*, cit., p. 94.

il pronunciamento di qualsiasi veto che imputasse a una potenza mondana la riuscita dell'eletto; iniziato il conclave, il ritiro della candidatura di Bilio spianò la strada al soglio pontificio del cardinal Pecci, che il 20 febbraio 1878 accettò la tiara con il nome di Leone XIII. Fu un successo del centro cardinalizio, i cui uomini furono chiamati a ruoli importanti nella segreteria di Stato e nella Curia romana, nel quadro di una mobilitazione religiosa e sociale dei popoli cattolici. L'elezione del nuovo papa fu ritenuta anche un positivo risultato per il Regno d'Italia: ancora nel novembre 1877 l'informato Bonghi aveva segnalato la figura del papabile cardinal Pecci all'attenzione pubblica.

Forse anche per le attese suscitate, i primi atti del nuovo pontificato furono spunto di ripresi attriti tra la Chiesa e lo Stato italiano, mentre il governo e i partiti furono impegnati a riposizionarsi lungo i crinali della lotta politica interna e dei suoi instabili equilibri. A seguito di un'accusa di bigamia sostenuta da una campagna di stampa scandalistica, alimentata in particolare da «Il Bersagliere», Crispi fu costretto a dimettersi il 7 marzo 1878. Il coltivato disegno nicoterino di un ritorno al potere, tuttavia, non fece altro che provocare il riemergere dall'ombra della figura di Cairoli, che, in vista della riapertura della Camera, rifiutò di presiederla come candidato governativo. Quando l'8 marzo sul nome di Cairoli confluirono, invece, i voti delle opposizioni, fu a tutti presente il precedente del 1869: la candidatura di Biancheri fu sconfitta con 227 voti contro 123. Di fronte ad un voto che equivaleva ad una dichiarazione di sfiducia, il Gabinetto si dimise e Umberto I chiamò Cairoli per attribuirgli l'incarico di formare un nuovo governo. Come lasciò prevedere la scelta di sospendere le sessioni della Camera, tuttavia, la strada per comporre un nuovo Esecutivo fu irta di sospetti e contraddizioni. I timori di Cairoli nell'interloquire con la Destra selliana erano accentuati dalla spinta degli ambienti radicali, in un quadro politico animato da tossine di rivincite personali e collettive.

3. Cairoli, Sella o Depretis: quale governo per l'Italia umbertina?

Un gabinetto Cairoli-Zanardelli, privo di portafogli ministeriali il primo, il secondo a capo del Ministero dell'Interno, fu infine costituito il 24 marzo 1878, ma si presentò alla Camera solo il 26 seguente, avendo appena lasciato Cairoli l'*interim* degli Esteri al diplomatico moderato Luigi Corti. Con lui erano stati cooptati uomini vicini alla monarchia come il generale Giovanni Bruzzo alla Guerra (subito dopo nominato senatore) e il viceammiraglio e senatore Enrico Di Brocchetti alla Marina, figure di "tecnici" ma anche di garanzia per gli ambienti moderati; accanto a loro

Raffaele Conforti alla Giustizia, Alfredo Baccarini ai Lavori pubblici, De Sanctis all'Istruzione Pubblica e il più giovane Seismit-Doda alle Finanze e reggente il Tesoro. Con una maggioranza, infine, più eterogenea e ingovernabile del governo depretisino, Cairoli si limitò a delineare un elenco di questioni da affrontare: proclamò il rispetto dei principi delle libertà politiche connesse allo Statuto, la neutralità in politica estera, la riduzione delle tasse più gravose a sostegno delle classi lavoratrici. Promise anche un sollecito progetto di legge perché il Parlamento potesse discutere la ricostituzione del Ministero di Agricoltura, industria e commercio, concreto punto d'incontro con l'interventismo sostenuto da Sella, così come l'inchiesta sulla rete ferroviaria e il loro esercizio provvisorio dello Stato. L'opposizione coalizzata contro la gestione ministeriale del leader di Stradella tacciata di "affarismo", ora si presentò all'opinione pubblica come un governo di «Galantuomini»[85].

D'altra parte, il connubio Cairoli-Sella che alcuni auspicarono conteneva evidenti limiti politici, non potendo aspirare a trasformarsi in un partito nazionale del liberalismo con un'allargata maggioranza. La trasposizione in un profilo di garante istituzionale della figura di Cairoli, «personificazione carismatica» del patriottismo garibaldino, comunque posto all'ombra del Generale[86], non sollevò il governo dalle tensioni tra l'uso della forza pubblica e la tutela dalle libertà politiche applicando il principio «reprimere, non prevenire», assicurando istituti monarchico-costituzionali ed ordine pubblico. Zanardelli tollerò, dunque, le iniziative degli ambienti interessati ad un Gabinetto che si annunciò con i tratti di democrazia avanzata, come avvenne nella felice gestione del congresso delle società repubblicane svoltosi a Roma in aprile senza incidenti; nello stesso tempo, il ministro dell'Interno non rinunciò ad utilizzare la forza pubblica per contenere pericoli di sommosse in Romagna, sciogliere società operaie e combattere l'internazionalismo. Mentre cresceva la polemica de «La Perseveranza» moderata e de «La Riforma» crispina contro la campagna fusionista su «Il Diritto», in una Firenze che a gennaio aveva visto sorgere la «Rassegna settimanale» di Sonnino e Franchetti, la destra toscana del sindaco Peruzzi fu travolta dalla crisi del comune che sospese a marzo i pagamenti del debito accumulato. Il nuovo governo gestì tra aprile e maggio le dimissioni del consiglio comunale nelle mani del prefetto, lo scioglimento del municipio e l'invio di un commissario straordinario, dando un serio colpo alla dissidenza moderata legatasi a

[85] M. Cattane, *Benedetto Cairoli*, cit., p. 164.

[86] Cfr. *ivi*, p. 183; sul complesso mito garibaldino, L. Riall, *Garibaldi. L'invenzione di un eroe*, Laterza, Bari-Roma 2007.

Depretis[87]. Viceversa, un'intesa trasversale filoministeriale sostenne il sindaco Ruspoli a Roma, mentre a Napoli si insediò il governo del moderato Gerolamo Giusso contro il blocco che, con l'appoggio di Nicotera e Crispi, aveva tenuto in vita la giunta di San Donato. Sebbene l'attitudine governativa non mancasse di provocare inquietudini opposte all'interno della maggioranza, il precario equilibrio resse fino al 7 giugno 1878, quando un ampio voto per appello nominale ristabilì il Ministero di Agricoltura, industria e commercio, rafforzando il controllo politico sulle dinamiche degli interessi socio-economici. Istituito il 30 giugno, tuttavia, il dicastero ebbe il suo ministro solo con la nomina del senatore Enrico Pessina il 10 novembre. Nel frattempo l'incanto primaverile si era sciolto e le questioni politiche che fin dai suoi esordi avevano minato il Gabinetto si rivelarono appieno nel campo della politica fiscale, della politica estera e della politica interna sull'ordine pubblico.

All'inizio dell'estate si profilò l'attesa iniziativa della Sinistra per abolire la tassa sul macinato che Sella riteneva imprescindibile per il bilancio statale. Avviata la discussione delle politiche fiscali d'impronta democratica delineate da Seismit-Doda, la Camera il 14 giugno votò la presa in considerazione di un ripensamento della tassa con effetti dirompenti per la Destra di Sella, portato a dimettersi da capo dell'opposizione. La proposta infine presentata dalla commissione presieduta da Pianciani prevedeva un progressivo sgravio fiscale sulla totalità del frumentone e su un quarto di frumento (fino ad abolire del tutto la tassa dal gennaio 1883): approvata dal ministro delle Finanze, il 7 luglio 1878 ottenne il voto favorevole della Camera. La messa in discussione della tassa creò una grave frattura nell'asse con la Destra che aveva sostenuto la caduta di Depretis. Peraltro, la via adottata dal governo – dando una sorta di precedenza al sollievo fiscale per i cereali prodotti nell'agricoltura padana piuttosto che al frumento del Mezzogiorno – scontentò la deputazione meridionale e quella della Sinistra in particolare, che la digerì solo perché posta davanti al bivio tra riforma o mantenimento dell'imposta, mentre si prefigurava l'opposizione del Senato. Il sopito focolaio polemico sul profilo antimeridionale dell'accanimento governativo contro l'affarismo nicoterino era pronto a riaccendersi nella contestazione antisettentrionale in Parlamento e nel Paese.

La fermezza crispina contro la tassa sul macinato fu apprezzata dalla sinistra avanzata, mentre la mobilitazione contro il governo Cairoli-Za-

[87] Vedi in *Firenze dopo la capitale*, cit.: M. Cini, *La crisi bancaria*, pp. 190-191; L. Menconi, *Le elezioni amministrative*, pp. 222-229; Z. Ciuffoletti, *La crisi politica e amministrativa*, p. 238.

nardelli cresceva tra giugno e luglio anche per i riflessi di politica interna della politica estera ministeriale. Allo sconcerto dell'opinione pubblica per la bocciatura della Repubblica francese dell'accordo commerciale con l'Italia seguì la delusione per gli esiti del congresso convocato il 13 giugno a Berlino dopo la sconfitta militare dell'Impero ottomano nella guerra russo-turca, sancita col trattato di Santo Stefano del marzo 1878[88]. Preceduto da accordi bilaterali della Russia con Austria-Ungheria e Gran Bretagna, il congresso di Berlino ridimensionò le pretese dell'Impero zarista e la sua influenza nell'area danubiano-balcanica, dove accanto alla Romania, indipendente dal maggio 1877, sorse un principato autonomo di Bulgaria e si riconobbe la piena indipendenza di Serbia e Montenegro[89]. Avendo ottenuto l'amministrazione di Cipro, la Gran Bretagna confermò la sua egemonia nell'area mediterranea, mentre la politica di riequilibrio nei Balcani favorì l'amministrazione austriaca della Bosnia-Erzegovina[90]. In tale contesto, l'eredità risorgimentale impersonificata nel presidente del Consiglio permise il diffondersi di aspettative irredentiste, tollerando manifestazioni come quella che a fine giugno portò all'assalto del consolato austriaco a Venezia e che mise in grave imbarazzo il ministro Corti. Fu a tutti chiaro che l'aspirazione a Trento e Trieste, pur irrinunciabile, nello scenario europeo del momento non sarebbe stata conseguibile con la diplomazia e tantomeno con un conflitto. L'affermata neutralità pacificatrice italiana – capace di trovare consensi internazionali nella fase di mantenimento dello *status quo*, ma segno di immobilismo nelle dinamiche relazioni tra le Potenze europee dell'estate 1878 – permise appena di riaffermare i principi risorgimentali sulle nazionalità oppresse di Grecia e Romania. Non furono raccolte le suggestioni britanniche per eventuali intese nel Mediterraneo o, come proposto anche dalla Germania, gli inviti a ricercare compensi in Tunisia, Tripolitania od Albania nel caso eventuale dell'annessione della Bosnia all'Austria-Ungheria. La scelta italiana di uscire con le «mani nette» dal congresso di Berlino, concluso il 13 luglio 1878, consentì l'accusa di una sostanziale subalternità di Cairoli alla politica estera austriaca, sostenuta da Crispi quale alfiere della tradizione irredentista della Sinistra, che imbarazzò ambienti vicini al leader pavese

[88] Cfr. E. Del Vecchio, *La via italiana al protezionismo: le relazioni economiche internazionali dell'Italia. 1878-1888*, vol. 1, Camera dei Deputati, Archivio Storico, Roma 1979; R. Petrignani, *Neutralità e alleanza. Le scelte di politica estera dell'Italia dopo l'Unità*, il Mulino, Bologna 1987.

[89] Per i riflessi italiani cfr. F. Guida, *La Bulgaria dalla guerra di liberazione sino al trattato di Neuilly (1877-1919)*, Bulzoni, Roma 1984.

[90] L. Monzali, F. Imperato, R. Milano, G. Spagnulo, *op. cit.*, pp. 356-359.

che facevano capo a Saffi e a «La Rivista Repubblicana» sorta nell'aprile 1878. Anche nel governo emersero differenti valutazioni: nell'agosto 1878 Zanardelli non avrebbe esitato a dichiarare al ministro degli Esteri, attento alle dinamiche tunisine, che gli albanesi sospiravano l'unione all'Italia e che, sebbene gli africani non aspirassero ad unirsi all'Italia, «se gli altri prendono s'ha da prendere anche noi»[91].

Peraltro, anche la conduzione del Ministero dell'Interno, fino all'estate dallo stesso Zanardelli ritenuta efficace, fu scossa da un episodio che turbò l'opinione pubblica italiana. Sul monte Amiata era sorta una piccola realtà comunitaria guidata da David Lazzaretti che, dopo aver fondato alcuni istituti di carattere religioso, sociale ed economico, dal 1877 elaborò una visione escatologica che fu condannata della Chiesa: le sue milizie crocifere avrebbero dato vita a un regno messianico, realizzatosi dopo un «nuovo diluvio di fuoco e di sangue». Sorvegliato dalle autorità pubbliche, Lazzaretti fu ucciso dalle forze dell'ordine mentre discendeva dal monte con i suoi adepti dirigendosi verso Arcidosso il 18 agosto 1878; alcuni suoi seguaci, arrestatati con le accuse di attentare alla sicurezza dello Stato, di rovesciare il governo, di provocare devastazioni e guerra civile, furono più tardi assolti. Di là della difficile comprensione del complesso fenomeno della comunità lazzarettista, l'evento suscitò critiche in chi vi rilevò le contraddizioni politiche del ministro Zanardelli sull'uso della forza. Sventato a luglio un moto insurrezionale di alcuni internazionalisti a Pesaro, previsto per novembre con un assalto al deposito di fucili del distretto militare[92], le polemiche in settembre si rinnovarono per l'attitudine indulgente del Gabinetto verso circoli intitolati a Barsanti, il caporale dell'esercito promotore di moti repubblicani, fucilato nel 1870: mossi dalla protesta contro la pena di morte, presto essi espressero uno spirito di ribellione alla disciplina militare e alla monarchia. La tolleranza nei loro confronti in nome della libertà d'opinione, finché si fossero astenuti da azioni meritevoli di repressione, suscitò critiche al ministro dell'Interno dalla Destra, dal gruppo crispino e dalla sinistra progressista.

Dopo la rottura con Sella nel dibattito sul macinato e l'usurante azione dell'opposizione, s'impose per Cairoli e Zanardelli un grave ripensamento politico. Considerate non componibili le tensioni che avevano incrinato l'Esecutivo, con i discorsi politici tenuti da Cairoli il 15 ottobre a Pavia e da Zanardelli il 3 novembre ad Iseo si consumò la rottura con i tre ministri

[91] Corti a Umberto I, Roma, 11 agosto 1878, *DDI*, serie II, vol. 10, Libreria dello Stato, Roma 1976, p. 451.

[92] Cfr. S. Orazi, "*Viva il re, abbasso il re*", Comitato di Pesaro e Urbino, Istituto per la storia del Risorgimento italiano, Pesaro 2012, pp. 44-45.

moderati. Con le dimissioni di Corti, Bruzzo e Di Brocchetti, Cairoli assunse l'*interim* degli Esteri e il piemontese Cesare Bonelli divenne ministro della Guerra mentre il dicastero della Marina fu affidato di nuovo a Brin. La nomina di quest'ultimo e quella di Pessina al ricostituito Ministero dell'Agricoltura, industria e commercio segnarono la ripresa di contatti tra Cairoli e Depretis, in nome di una ricomposizione di tutta la Sinistra. Zanardelli intanto fu attento a tenere legati al governo ambienti radicali inclini a contestare l'assetto costituzionale: la gestione delle celebrazioni romane di Porta Pia e di Villa Glori avevano mostrato la possibilità di concordare con circoli garibaldini e irredentisti manifestazioni contenute all'interno di una cornice legalitaria.

Nell'intesa confermata tra Cairoli e Zanardelli a liberarsi del vincolo moderato, inoltre, si percepirono attitudini differenti nel modo di rapportarsi con la monarchia. Casa Savoia, sempre impegnata a ricercare consensi nell'opinione pubblica del Paese, grazie alla presenza del giovane sovrano accompagnato dalla prima regina dell'Italia unita e dal loro erede ancora fanciullo, nel 1878 poteva rappresentare presso i ceti popolari l'immagine di una dinastia intenta a dare un futuro di benessere alla comune patria nazionale. In tale quadro le leadership governative della Sinistra liberale erano in grado di ridisegnare il loro rapporto con la monarchia, pur coltivando riserve e divergenti prospettive. Cairoli più di altri fu disponibile a saldare i valori risorgimentali alle aspirazioni della famiglia reale, suscitando consensi nella Sinistra costituzionale e imbarazzi negli ambienti radicali e repubblicani, pur disposti a tollerare tale attitudine nella consapevolezza che nessun altro governo avrebbe dato loro l'agibilità politica di cui godevano. Il politico pavese fu coinvolto nel tour che da luglio a novembre portò Umberto I nelle province italiane, dalla Liguria alla Puglia, passando da Torino, Milano, Bologna, Firenze e Bari. Durante la visita a Napoli, il 17 novembre 1878, un giovane anarchico, Giovanni Passannante, si slanciò dalla folla verso la carrozza della famiglia reale, accompagnata dal presidente del Consiglio, nel fallito tentativo di assassinare il sovrano con un coltello; Cairoli, che reagì a difesa del re, fu ferito a una gamba. L'immediata ondata di simpatia verso il monarca e le funzioni religiose di ringraziamento per lo scampato pericolo che si tennero in tutta Italia furono accompagnate da episodi che arricchirono di significato politico il gesto dell'isolato attentatore: alcune bombe furono lanciate sui cortei di solidarietà per il sovrano il 18 novembre a Firenze, provocando morti e feriti tra la folla, e altri incidenti si segnalarono a Pisa il 20 successivo; seguirono perquisizioni e arresti negli ambienti anarchici e internazionalisti. L'evento modificò l'immagine che i Savoia intesero comunicare alla società, suscitò un notevole scandalo nell'opinione pubblica internazionale ed ebbe immediate ripercussioni politiche circa la possibile fragilità delle istituzioni. In tale quadro di preoccupazioni internazionali e nazionali anche Leone XIII intervenne con l'enciclica *Quod apostolici muneris* per condannare l'azione cospiratoria di «socialisti, comunisti e nichilisti».

Fin dalla ripresa dei lavori della Camera, dunque, il ministro dell'interno Zanardelli fu chiamato a rispondere delle condizioni della sicurezza pubblica, per la sua condotta politica verso l'area della democrazia militante e per le iniziative di repressione delle forze eversive. L'accusa di fallimento della sua azione accomunò non solo Minghetti, Sella e Bonghi, ma anche Depretis, Nicotera e Crispi, col quale Zanardelli ebbe un duro scontro verbale; il soccorso al Ministero portato dall'estrema sinistra non ebbe altro esito che favorire il compattarsi degli avversari. Minghetti, dopo aver mostrato di consentire le posizioni depretisine sulla questione del macinato, nel discorso tenuto a Legnano nell'ottobre 1878 aveva aperto ad un allargamento elettorale «razionale e temperato», per scongiurare un suffragio universale ritenuto rischioso per il sistema liberale a causa della mobilitazione delle forze radicali. Infine, l'11 dicembre, un ordine del giorno di fiducia alla capacità del governo di «mantenere vigorosamente l'ordine nelle libertà» fu sconfitto dal voto di 263 deputati contro 189 (5 gli astenuti). Le dimissioni del Ministero offerte al re il giorno seguente furono accettate il 14 dicembre, rifiutando Cairoli di restare in carica senza alcuni suoi esponenti del governo. Nella sua caduta, il Gabinetto travolse, tra l'altro, un elemento cardine del suo programma ministeriale, la riforma elettorale su cui aveva lavorato Zanardelli[93].

Le intese con i radicali e col mondo repubblicano non avevano sopportato l'inevitabile torsione istituzionale di Cairoli nell'accostarsi alla Corona; si erano anche dimostrate incolmabili le distanze che sul piano economico-finanziario separavano la Sinistra da Sella. Di fronte al segnale d'instabilità politica che caratterizzò il Regno d'Italia con la presenza di tre governi nello stesso anno 1878, il ricorso a Depretis parve dare garanzia di coesione del sistema politico sotto la guida della Sinistra costituzionale; un suo ritorno al governo fu auspicato nel contesto internazionale, a partire dagli osservatori britannici, come capace di gestire senza traumi il disordine politico italiano e restituire autorevolezza al governo. Così, quando lo statista di Stradella diede vita al suo terzo gabinetto, il 19 dicembre 1878, seppe presentarlo non solo in continuità con il programma del marzo 1876, ma con tutti i governi che si erano da allora succeduti, nel segno dell'unione della Sinistra. Smorzando le inquietudini sulle minacce all'ordine politico e sociale, egli rivendicò la difesa «della unità

[93] P.L. Ballini, *La questione elettorale*, cit., p. 27.

e della libertà della patria» ottenute grazie alle sicure fondamenta della monarchia; secondo le disposizioni statutarie di garanzia della libertà individuale, nell'ambito delle leggi dello Stato egli avrebbe assicurato il diritto di associazione politica, rigettando qualsiasi impedimento preventivo nei suoi confronti. Ai margini del disegno depretisino restarono solo i «dissenzienti» dell'estrema sinistra e dei circoli disposti a cavalcare l'uso politico della violenza, salvo accettare quelle grigie aree di mediazione che avevano distinto la condotta dei pur differenti ministri dell'Interno Nicotera, Crispi e Zanardelli, la cui eredità Depretis si predispose a raccogliere. Infatti, nel Gabinetto da lui formato, il presidente del Consiglio per la prima volta dal 1876 tenne per sé oltre il Ministero degli Affari Esteri anche il dicastero dell'Interno. Questa scelta, lungi dal costituire elemento di debolezza, corrispose ad un sentire sempre più diffuso nella classe dirigente politica italiana, anche alla luce delle vicende europee, ben espressa da Crispi in vista degli appuntamenti politici del novembre 1878:

> I partiti, per vincere hanno bisogno d'un despota. E questo o si trova col concorso delle volontà, o per l'imperio di un uomo: le volontà sono ancora disgregate, e manca l'uomo il quale con l'ingegno e con la dottrina e col dovere possa prevalere. Un tempo pareva che il patriottismo e la lunga esperienza avessero dovuto bastare, ma l'uno e l'altro sono menati fuori corso. Di là lo stato inorganico della Camera[94].

Con un Esecutivo costretto a chiedere subito il voto sul bilancio provvisorio, Depretis non rinunciò a promettere la conclusione degli itinerari legislativi sul macinato e sulla riforma elettorale, oltre che la costruzione di ferrovie, la realizzazione di bonifiche e l'impegno per le opere pubbliche. Nel suo governo egli coinvolse il crispino Diego Tajani come ministro di Grazia e giustizia e dei culti e il nicoterino Pietro Lacava, segretario generale dei Lavori pubblici accanto al ministro Raffaele Mezzanotte, richiamando amici sperimentati come Coppino all'Istruzione Pubblica, Magliani alle Finanze (reggente il Tesoro) e Majorana-Calatabiano al Ministero d'Agricoltura, industria e commercio; il sardo Nicolò Ferracciu ottenne la Marina, mentre il Ministero della Guerra fu assunto dal moderato piemontese Gustavo Mazè de la Roche, in ossequio alla Corona.

Nel gennaio 1879 «Il Popolo Romano» depretisino stigmatizzò ancora il persistere di proposte «fusioniste» insinuando che Cairoli e Zanardelli potessero abbandonare la bandiera della Sinistra per legarsi a Sella usando come intermediario un esponente di spicco del mondo bancario come

[94] Crispi a Damiani, Napoli, 8 settembre 1878, in *Crispi e Damiani. Carteggio 1876-1899*, a cura di G. Astuto, Università di Catania, Catania 1984, p. 22.

Allievi, finanziatore de «L'Opinione». Il presidente del Consiglio, tuttavia, non rinunciò a cercare il sostegno del gruppo parlamentare ancora guidato da Cairoli. Depretis, infatti, perseguì con studiata pervicacia la coesione della Sinistra per dare stabilità al governo, trovando a marzo la disponibilità del leader pavese e dei suoi uomini ad un accordo programmatico di tutto il partito. Giovò, in tale quadro, l'avvio dell'itinerario parlamentare di un cavallo di battaglia della Sinistra quale la riforma elettorale con la presentazione di un progetto di legge di Depretis, il 17 marzo 1879.

Si avviò così un grande dibattito che coinvolse l'opinione pubblica del Paese anche fuori dal Parlamento; la discussione sui fini e sulle forme della rappresentanza politica si sviluppò non solo nei circoli della Sinistra, al suo interno divisa su molti punti, e negli ambienti democratici insistenti sul suffragio universale, ma anche nelle associazioni costituzionali, concentrandosi sui criteri per consentire l'accesso al voto e sullo scrutinio di lista[95]. Il dibattito investì anche il mondo cattolico, in un periodo segnato da ulteriori passi di avvicinamento tra S. Sede e Stato italiano in margine alle missioni che accompagnavano le spedizioni d'esplorazione promosse dalla Corona in Africa. In primavera si realizzarono sotto la regìa del gruppo unionista romano alcuni incontri, ricordati poi come tenuti in «casa Campello», in cui cattolici italiani tentarono di verificare assieme le condizioni di un dialogo con i conservatori liberali in vista di un eventuale impegno politico comune. L'indisponibilità del moderatismo liberale, che premeva sul gruppo conciliatore fiorentino, a negoziare un ampio schieramento su un piano di pari dignità politica, tenendo conto degli interessi cattolici e della S. Sede, provocò infine il loro insuccesso. Nel maggio 1879, «La Nuova Antologia» osservò: «Il partito conservatore [...] o non nascerà o nascerà scisso in due, cioè impotente e inutile, quando anche le sue divisioni non diventino tre»[96]. La prospettiva conservatrice nella Destra liberale, in effetti, senza un legame con gli ambienti cattolici rispettosi del magistero pontificio sarebbe stata confinata in una posizione minoritaria. L'esito delle riunioni romane ebbe profonde ripercussioni nel mondo cattolico: distinguendosi dal partito conservatore propugnato dai cattolici liberali, avversati frontalmente dal movimento cattolico intransigente, la maggioritaria tendenza

[95] P.L. Ballini, *La questione elettorale*, cit., pp. 28-37.

[96] Cit. in F. Mazzonis, *I rapporti con i conservatori romani*, in *Cattolici e liberali, Manfredo da Passano e «La Rassegna Nazionale»*, a cura di U. Gentiloni Silveri, Rubbettino, Soveria Mannelli 2004, p. 107. Oltre O. Pellegrino Confessore, *Cattolici con il Papa, liberali con lo statuto. Ricerche sui conservatori nazionali (1863-1915)*, Editrice Elia, Roma 1973, cfr. ora A. Ciampani, *Il dibattito sulle origini di un partito cattolico in Italia e l'Unione romana*, in «Archivio della Società romana di storia patria», 134, 2011, pp. 92-104.

«elezionista» dell'associazionismo cattolico avrebbe continuato la prudente preparazione ad un intervento politico collegandosi all'evoluzione delle strategie vaticane. Lungo questo itinerario l'Unione romana, intanto, praticando una qualche intesa con le altre liste, portò in Campidoglio nel 1879 lo stesso Salviati, presidente dell'Opera dei congressi.

L'intesa depretisina con il gruppo di Cairoli resse ancora quando gli scontri di piazza che coinvolsero associazioni democratiche e repubblicane, a Genova, Chioggia e infine a Milano, riproposero la questione dell'ordine pubblico: Cairoli, Baccarini e Villa ribadirono che solo la compattezza della Sinistra al governo avrebbe assicurato le libertà, prendendo le distanze da Zanardelli e deludendo Cavallotti e Bertani. Il voto sollecitato il 4 aprile alla Camera manifestò l'isolamento in cui si era politicamente confinata l'Estrema radicale. Quest'ultima, dunque, provò a riorganizzarsi fuori dal Parlamento sostenendo la nascita, il 21 aprile, della Lega della Democrazia, che ottenne anche il sostegno di Lemmi, nel 1879 eletto gran tesoriere del Grande Oriente d'Italia. Si tentò così un raccordo delle sparse forze della sinistra democratica, con un programma in grado di unire Bertani, Cavallotti, Bovio, Saffi e Imbriani, sotto il prestigioso nome di Garibaldi. Una forte mobilitazione della stampa e dei comizi popolari avrebbe riproposto il suffragio universale, invocato la soppressione dello Statuto e della legge delle Guarentigie, rilanciato l'attività anticlericale e irredentista, sostenuto l'organizzazione dell'esercito come milizia popolare. Un tale movimento fu presto oggetto delle attenzioni del presidente del Consiglio, che non mancò di curare i rapporti con la componente radicale mirando a mantenersi loro interlocutore nella Sinistra; in tale contesto si inserì anche l'approvazione in maggio di una legge che vietava il matrimonio religioso prima di quello civile.

Nella sua politica volta a mettersi al centro degli equilibri socio-politici del Paese e rassicurare i mercati nazionali e internazionali, Depretis riuscì a coinvolgere con estesi dibattimenti un'ampia maggioranza nella riforma degli istituti di emissione e diede gambe allo sviluppo di linee ferroviarie promosso dal precedente governo, aumentandone il chilometraggio e riequilibrandone l'onere tra amministrazioni locali e intervento statale. L'iniziativa governativa per stanziare significativi sussidi al comune di Firenze fu preludio alla fine del commissariamento della città, che il 13 luglio 1879 tornò ad eleggere l'intero consiglio comunale, protagonisti i cattolici transigenti de «La Rassegna Nazionale», appena nata, ed i liberali moderati della «Rassegna settimanale»; nel 1880 si sarebbe chiusa la fase dei provvedimenti eccezionali per l'ex capitale[97]. Né Depretis si

[97] M. Cini, *La crisi bancaria*, e L. Menconi, *Le elezioni amministrative*, in *Firenze dopo la capitale*, cit., pp. 191 e 230.

sottrasse dall'affrontare la questione della legge sul macinato, che il governo Cairoli-Zanardelli aveva fatto approvare alla Camera, ma che si era arenata al Senato, dove forte fu l'eco delle preoccupazioni economiche di una Destra in cui Spaventa, eletto da marzo presidente della Associazione costituzionale centrale, si impegnava ad attuare la propria elaborazione dottrinaria. Assieme al progetto di legge elettorale, l'intervento governativo per abolire la tassa sul macinato conteneva una grande valenza politica; nello stesso tempo, avrebbe rappresentato una verifica della tenuta della maggioranza di Sinistra.

L'incalzante ritmo del lavoro legislativo impresso da Depretis per coinvolgere tutti i gruppi convinse le diverse componenti della politica italiana a ricercare nell'importante dibattito un'occasione per evidenziare il proprio ruolo, soprattutto dopo la presa di posizione del Senato. La camera vitalizia di nomina regia, ritenendo l'abolizione della tassa sul macinato un grave danno per il bilancio dello Stato, modificò il testo della legge approvata dai deputati, ridimensionata a norma di riduzione di un'entrata fiscale da valutare in relazione all'impegno di altre imposte che il governo avrebbe disposto per compensare la prevedibile diminuzione del gettito fiscale. Il 24 giugno il Senato votò l'esenzione dal luglio 1879 dall'imposta su granturco, segala, avena ed orzo, ma respinse la riduzione di un quarto di quella del grano e la totale abolizione per qualsiasi specie di cereali nel 1883. Rispetto alla proposta approvata alla Camera l'anno precedente, si accentuarono così le condizioni di imposizione fiscale a favore delle popolazioni settentrionali rispetto a quelle meridionali. Il presidente del Consiglio aveva posto il Gabinetto in una posizione di alto profilo politico chiedendo l'intera approvazione del testo, pur ricercando un negoziato fino all'ultima ora. Depretis evidenziò la coerenza con la quale il governo, in attuazione del discorso della Corona del 1876, aveva assunto la responsabilità politica di attenuare le conseguenze sociali dell'imposta. Invano egli sottolineò il rischio di un conflitto tra le istituzioni rappresentative, si appellò alle consuetudini parlamentari nel voto del Senato su una legge politica, invocando l'autorità di Cavour in casi analoghi, e richiamò il modello britannico nel tutelare l'unità morale della nazione.

Il ritorno alla Camera per l'ennesimo voto sulla legge sul macinato, già il 25 giugno 1879, in effetti comportò uno scontro politico la cui posta era la sopravvivenza del governo, la sua evoluzione, la prospettiva di un nuovo Esecutivo. Il realista suggerimento politico proposto da Pianciani di accettare per il momento il deliberato del Senato e di varare più tardi una legge per far cessare interamente «la tassa sulla fame» nel 1884, provocò la dura opposizione di Crispi e nei giorni seguenti una girandola di prese di posizioni. Prima disposto ad aggirare il conflitto col Senato rendendo la legge economicamente sostenibile col rinvio di un anno, Depretis si dispose a lasciar cadere il Ministero su una posizione di sicura rendita politica: si irrigidì nel chiedere di fissare una data sull'abolizione della tassa sul frumento e, pur disposto a tentare una via di conciliazione tra i due rami del Parlamento, fu fermo sulla difesa delle prerogative della Camera e sulla equa distribuzione della tassa. Infine, la crisi del Gabinetto fu provocata il 3 luglio da un'eterogenea coalizione che vide i deputati legati a Sella e al Centro convergere non solo con quelli di Nicotera, ma anche di Cairoli e Zanardelli. Accantonata l'ipotesi di un ritorno alle urne, si scartarono le idee di Domenico Farini al governo, con Depretis e Crispi, e di un'intesa di Sella con Nicotera, presto bloccata all'interno della Destra. Si parlò di un incontro di Cairoli al Quirinale e di un suo colloquio con Depretis: il leader pavese era pronto a "sacrificarsi" alla guida del Gabinetto. Un governo Cairoli nel contesto delineato costituì una soluzione gradita allo statista di Stradella: questi lo avrebbe ispirato a mantenere la Sinistra sul piano costituzionale, riservando per sé il ruolo di difensore del programma politico del partito e di conciliatore tra Camera e Senato in sintonia con Casa Reale.

Composto il nuovo governo il 14 luglio 1879, Cairoli assunse il Ministero degli Esteri e l'*interim* del Ministero di Agricoltura, industria e commercio: richiamò Villa all'Interno, Baccarini ai Lavori pubblici e Bonelli alla Guerra (con l'*interim* della Marina); confermò i ministri depretisini Perez, Pubblica istruzione, Giovanni Battista Varè, Grazia e giustizia e dei culti, ponendo alle Finanze Bernardino Grimaldi, quarantenne calabrese eletto deputato per la prima volta nel 1876. La composizione di quello che parve un "governo provvisorio" diede modo alla Sinistra frammentata d'interrogarsi a fondo su come mantenere e qualificare la propria azione governativa, diventata ormai marginale la polemica sulla Destra toscana. A Crispi, che lamentò «una Sinistra come si vuole al Quirinale», l'amico Damiani osservò che per mantenere aperto «il *ciclo storico* della Sinistra al potere», con lui e Depretis alla guida del partito, non si dovesse comunque alimentare uno scontro con la Corona. In tale direzione si mosse anche Cairoli, raccogliendo l'invito a superare i dissensi con il precedente governo, per dare pronta ripresa al dibattitito sulla tassa sul macinato. L'intento comune della Sinistra, evidente fin dalla conferma di Farini alla presidenza della Camera, fu evidente il 18 luglio, quando si approvarono due proposte ministeriali: da un lato, si confermò la cessazione dell'imposta sui cereali inferiori come già varata dal Senato; dall'altro si previde la riduzione dell'imposta sui cerali superiori nel luglio 1880 e la sua definitiva abolizione nel gennaio 1884. La dichiarata opposizione di Sella, se ristabiliva la distanza tra la maggioranza della Sinistra e la Destra, lasciò intendere come il Senato avrebbe mantenuto le obiezioni sulle mancate entrate per lo Stato, rinnovando un conflitto istituzionale.

Durante l'estate, mentre il Paese attendeva la riforma della tassa sul macinato in assenza di violente proteste, durante la sospensione dei lavori del Parlamento lo scenario politico si arricchì di ulteriori suggestioni. Dopo le crisi delle internazionali socialista e anarchica, Costa avviò una riflessione per suscitare un'organizzazione che rappresentasse il movimento operaio nella quotidiana lotta politica: la sua lettera sul foglio milanese «La Plebe» del 3 agosto 1879 costituì un passo importante nella critica ai metodi anarchico-insurrezionali, a sostegno di una federazione delle componenti socialiste raccolte in partito. Nel mondo cattolico, in ottobre riunitosi a Modena nel suo quarto congresso, le parole di D'Ondes Reggio contestarono alla radice l'idea di un partito «conservatore nazionale», che nel frattempo tentava di rilanciarsi; nello stesso tempo, confermarono l'interesse dei cattolici all'evoluzione politica del Paese. Quando poi a novembre ripresero le sedute della Camera, il Gabinetto Cairoli di luglio già non esisteva più. Allentati nel periodo estivo i rapporti politici del presidente del Consiglio con radicali e irredentisti, tra settembre e ottobre nuove frizioni erano state introdotte dalle sopraggiunte preoccupazioni del ministro Grimaldi per il bilancio del 1880, che delineò un'assenza di copertura economica tale da prefigurare un rinvio dell'abolizione del macinato. Nel considerare che «l'aritmetica non è un'opinione», la forza del dissenso di Grimaldi sulla condotta del governo sul macinato riportò l'attenzione sull'esigenza politica di rafforzare l'Esecutivo. Cairoli si era spinto, dunque, ad aprire una crisi extraparlamentare offrendo a Umberto I le dimissioni che, accettate, gli valsero un nuovo incarico: indisponibili a collaborare Zanardelli e Bertani, risultò evidente che la governabilità della complessa situazione sarebbe stata possibile solo con il coinvolgimento di Depretis, paladino dell'unità della Sinistra e interlocutore affidabile anche per i moderati.

Il 25 novembre 1879, infine, fu costituito un Gabinetto con Cairoli, presidente del Consiglio e ministro degli Affari esteri, e con Depretis al Ministero dell'Interno. Accanto a loro uomini sperimentati in esperienze di governo come Magliani (Finanze), Baccarini (Lavori pubblici), Villa (Grazia e giustizia e dei culti), De Sanctis (Pubblica istruzione) e Bonelli (Guerra); per la prima volta ministri il calabrese, già mazziniano e garibaldino, Luigi Miceli (Agricoltura, industria e commercio) e il moderato napoletano Ferdinando Acton (Marina). Considerato demiurgo della stabilità governativa, Depretis parve interpretare quel realismo e quello studio dei rapporti di forza che segnarono il clima politico e culturale europeo degli anni Settanta, tentando di mediare il sovrapporsi alla tradizionale attenzione italiana per il sistema liberale britannico di alcune diffuse suggestioni prodotte dalle vicende dell'Impero tedesco o della Terza repubblica francese. Il suo meditato progetto di trasformazione dei partiti, peraltro, fu oggetto di severi giudizi dei suoi avversari, come quello di un Crispi esacerbato dall'avvicinamento del ministro dell'Interno a Cairoli: «Depretis è l'equivoco. La sua bandiera [...] è corbellatura e confusione. Il suo governo produce lo scetticismo, la disistima di tutto ciò che è sano e buono»[98]. L'anziano leader di Stradella, piuttosto, si mostrò sempre capace di riformulare la propria esperienza e riprendere anche le tattiche dei suoi avversari, dentro e fuori dal Parlamento. Abilità oratoria e manovra parlamentare mirarono a modellare, per quanto compatibile con la realtà che s'imponeva, una permanente prospettiva di riforme per ricondurre il mutamento socio-economico all'assicurata stabilità del Regno d'Italia: «*comprendre et apprendre pour agir*, era la nuova parola d'ordine che indicava nell'azione il fine, tutto il resto, anche la cultura, servendo di mezzo»[99]. Esplicitamente, nell'importante dibattito del dicembre 1878, Depretis aveva dichiarato: «Però anche il potere è una scuola. Oserei chiamarla la scuola superiore d'applicazione»[100].

La delusione di Crispi per l'intesa di Cairoli e Depretis e la scelta di abbandonare un iniziale attendismo verso il governo spinsero l'attenzione del politico siciliano verso Bertani, a sua volta alla ricerca di un nuovo interlocutore per il gruppo democratico intransigente. Campo d'azione comune ad entrambi, del resto, fu la mobilitazione irredentista. Firmato nel dicembre 1878 il trattato commerciale tra Italia e Austria-Ungheria, i governi del 1879 mostrarono fermezza sia verso gli irredentisti, sia verso la provocazione austriaca del libello *Italice Res*, con qualche miglioramento delle relazioni tra i due Stati. In occasione della morte del presidente dell'associazione Italia irredenta, alla fine di dicembre Cairoli tentò invano di ricucire i rapporti con gli amici di un tempo; alcuni incidenti tra repubblicani e polizia in margine alla cerimonia funebre, anzi, riproposero il nodo della gestione dell'ordine pubblico, criticata da radicali e Lega della democrazia. Seguì la pubblicazione del pamphlet di Matteo Renato Imbriani *Per la verità*, che denunciava un comportamento governativo ritenuto ambiguo nel perseguire gli obiettivi di Trento e Trieste e al contempo nel tenere rapporti distesi con la duplice monarchia. Si risolleva-

[98] Crispi a Levi, Casamicciola, 16 luglio [1879], cit. in G. Carocci, *Agostino Depretis*, cit., p. 234. «Cairoli è la negazione del bene e del male. Da lui viene il disordine, donde la reazione. Nicotera è l'affermazione del male. Da lui viene il dispotismo, donde la rivoluzione».

[99] F. Chabod, *op. cit.*, p. 102.

[100] AP, CD, *Discussioni*, tornata dell'11 dicembre 1878, p. 3234.

rono, così, nuove tensioni con l'Austria-Ungheria e preoccupazioni da parte di un'Europa che aveva accolto con piacere l'esclusione di Zanardelli dall'Esecutivo. L'agitazione irredentista acquisì, dunque, un profilo politico permanente, collegando le polemiche sull'ordine pubblico alle dinamiche della diplomazia nazionale, creando un circolo vizioso tra politica interna e politica estera.

Così, mentre il dibattito sul macinato teneva coesa la maggioranza di governo impegnata a fare pressioni sul Senato, nei primi mesi del 1880 si aprì un nuovo fronte politico, particolarmente insidioso per il confluirvi di attacchi provenienti dalla Destra e dall'estrema sinistra. Una condotta internazionale di pace tra i popoli, coerente all'impostazione di Cairoli e Mancini, costituì per il Gabinetto un fattore niente affatto secondario per superare l'immagine di inaffidabilità che lo procedeva in Europa. Quando iniziò alla Camera la discussione sulla politica estera, dunque, Cairoli assunse una posizione netta sull'irredentismo, assicurando che il governo avrebbe impedito iniziative promosse da «declamazioni impotenti di chi attenta alla quiete invocata dal Paese od immagina ardimenti che metterebbero in pericolo il frutto di secolari sacrifici»[101]. Peraltro, nell'ultimo biennio si era andato modificando il sentire dell'opinione pubblica verso gli scenari internazionali. La politica estera francese dei governi repubblicani aveva visto con apprensione la fine del *Kulturkampf* che parve avvicinare Berlino a Roma, mentre il "realismo bismarckiano" aveva conquistato in Italia ambienti della Sinistra costituzionale oltre che della Destra selliana; lo stesso Cairoli analizzò il contesto di un eventuale accordo tra Germania, Austria-Ungheria ed Italia. Restò ferma e trasversale ai gruppi dirigenti italiani l'attenzione verso la Gran Bretagna e il ruolo che questa attribuì al mantenimento dello *status quo* nell'Adriatico e nel Mediterraneo. Cairoli seguì la mediazione britannica a favore del Montenegro e sull'Epiro, conteso tra clan albanesi, Impero ottomano e Grecia; le esercitazioni congiunte con la squadra navale inglese in Adriatico dell'autunno 1880 saranno segnale di un continuo allineamento. Il Regno d'Italia, intanto, tenne vive complesse trattative per l'interesse britannico nell'area etiope, considerando le aspirazioni egiziane ed ottomane, dopo che Cairoli aveva inteso rafforzare la presenza italiana lungo le rotte tra Mar Rosso e Oceano Indiano, con il consenso della Società Geografica Italiana animata da Correnti, ma anche delle associazioni irredentistiche e repubblicane. Cairoli puntò a una penetrazione in Abissinia partendo dalla Baia di Assab, inizialmente sotto la copertura della società di navi-

[101] *Ivi*, tornata del 16 marzo 1880, p. 853.

gazione di Raffaele Rubattino, che già aveva lavorato per gli uomini del Risorgimento e che nel 1876 era stato anche eletto in Parlamento.

L'azione diplomatica italiana, dunque, in sé non pose problemi politici al Gabinetto, come dimostrarono l'ampia maggioranza ottenuta il 20 marzo alla Camera contro le rimostranze della Destra e in aprile l'isolamento che nell'opinione pubblica registrò l'Estrema nel contestare la ricerca di un *modus vivendi* con la duplice monarchia per impostare una via diplomatica al conseguimento di Trento e Trieste. Peraltro, nel manifestarsi delle pressioni pro e contro la maggioranza governativa si accentuò un'endemica tendenza al personalismo fuori da ogni raggruppamento politico; un incidente avrebbe potuto riaprire da un momento all'altro la crisi, sebbene nell'eterogena dissidenza della Sinistra i radicali si trovassero ancora a disagio accanto a politici come Nicotera e Crispi, da loro censurati in nome delle libertà associative assai più di Depretis. Così, lo stesso 20 marzo 1880 la conferma delle dimissioni di Farini da presidente della Camera, seguite a un inconsueto screzio verbale con Mancini pur derubricato a malinteso, riaprì lo scontro politico. Zanardelli, segnalatosi nell'accusare la Sinistra costituzionale di uno spostamento a destra, fu proposto come bandiera antigovernativa alla presidenza della Camera, ma venne sconfitto da Coppino. Un Gabinetto niente affatto intenzionato a restare sulla graticola a fronte delle rinnovate critiche di Bertani e Bovio, cui si associarono Nicotera e Crispi, colse l'occasione del voto sull'esercizio provvisorio per chiedere la fiducia. Vano, ma politicamente non inutile, fu l'appello di Baccelli all'intera Sinistra a non fare il gioco della Destra favorendo frequenti crisi: il 29 aprile fu votata la sfiducia al governo con 177 voti contro 154. Al prevalere dell'ennesima eterogenea coalizione, subito Cairoli annunciò un suo colloquio col re, che, respinte le dimissioni del Gabinetto, deluse le contrapposte aspettative di Sella e del duo Crispi-Zanardelli: chiusa la sessione parlamentare furono convocati, secondo l'ipotesi depretisina, i comizi elettorali per il 16 e 23 maggio 1880.

L'aperta campagna elettorale, così, fu alquanto dura. Anche Crispi, invocando il rinnovamento di una corrotta classe di governo, sostenne che l'Italia era governata da due anni da una Destra mascherata da Sinistra. Tuttavia, Depretis si presentò all'elettorato annunciando il 30 aprile il suo progetto di riforma della legge elettorale politica e di quella comunale e provinciale, secondo le tradizionali priorità della Sinistra, assieme a provvedimenti governativi per il sistema infrastrutturale, a favore di reti stradali e navali oltre che ferroviarie. Amareggiò Cairoli, «vessillo» della Sinistra, l'essere considerato nemico politico dai radicali milanesi e sapere che Zanardelli fosse tra i maggiori estensori del manifesto dei dissidenti. Alessandro Fortis, allievo di Saffi, si presentò a Forlì forte della sua esperienza municipale e fu eletto per la prima volta in Parlamento; così i repubblicani che superarono la pregiudiziale monarchica iniziarono ad affiancare l'estrema sinistra. Nella Destra, con Sella svincolato dalla leadership del partito per tenersi le mani libere, impegnato Minghetti in una ferma opposizione, Spaventa tenne un veemente discorso a Bergamo sull'abuso partigiano del potere da parte del governo, ribadendo l'opzione antitrasformista di un'alternanza al governo.

La caratterizzazione identitaria favorì una qualche ripresa elettorale a destra; in Toscana dove fu riassorbita la dissidenza moderata, la Destra tornò ad avere una rappresentanza analoga a quella precedente alla «rivoluzione parlamentare». L'esito elettorale, comunque, confermò il complessivo successo della Sinistra costituzionale, senza modificare sul piano numerico gli equilibri precedenti; sul lato politico, tuttavia, l'inequivocabile conferma di un mandato di governo alla Sinistra non lasciò spazio al suo interno per alternative di dissidenza e rafforzò la linea depretisina della ricerca di una mediazione in vista del compimento delle riforme. Dopo l'elezione di Farini a presiedere la Camera, quasi all'unanimità per evitare improvvide prove muscolari, si avviò un serrato dibattito sui vari disegni legislativi presentati, a partire da quello per la riforma elettorale, capace di accendere la discussione con la presentazione della proposta di Depretis del 31 maggio del 1880 con la richiesta di discuterla con urgenza.

Intanto la legge per l'abolizione graduale del macinato, collocata all'interno di ulteriori provvedimenti finanziari, suscitò dal 30 giugno il confronto parlamentare. Superando ormai ogni obiezione tecnica, l'itinerario della legge si avviò all'esito politico ormai definito: tra il 10 e il 14 luglio il governo ebbe ampie maggioranze per approvare la legge, i suoi articoli e i collegati provvedimenti finanziari di copertura; seguì il 19 luglio l'assenso «patriottico» di un Senato che cedeva, incoraggiato dall'«informata» di senatori concordati con la Corona, alla volontà di un Gabinetto confermato dal mandato elettorale. La tassa sulla macinazione del frumento sarebbe stata, infine, abolita del tutto a decorrere dal gennaio 1884. La Sinistra durante il governo Cairoli-Depretis realizzò così uno dei punti cardine del suo programma politico, perseguito con un ritmo incalzante.

Mentre l'annuale rinnovo delle amministrazioni locali si modulò sulla base dei risultati elettorali politici, nell'estate proseguì l'evoluzione dell'internazionalismo verso la formazione di un partito che raccogliesse le diverse tendenze della rappresentanza operaia. L'attesa per la riforma elettorale animò la campagna dei comizi per il suffragio universale, nonostante i limiti della Lega della Democrazia e gli acuiti contrasti negli ambienti garibaldini e radicali (che sollevarono polemiche sull'affarismo del Lemmi), seguiti con attenzione dal ministro dell'Interno. Soprattutto, il lavoro condotto per dar seguito alla proposta di Depretis sulla riforma elettorale assicurò l'attenuarsi della conflittualità nella Sinistra fino al 21 dicembre, quando Zanardelli presentò la relazione sulla legge a nome della commissione della Camera. L'itinerario per il perseguimento di tale centrale obiettivo costituì anche un ombrello protettivo per altre importanti iniziative governative. Il 24 dicembre 1880, la creazione del Commissariato civile dell'insediamento ad Assab dava forma al colonialismo italiano. Il 23 febbraio 1881 fu approvata la legge del ministro Magliani per il ritiro dalla circolazione dei biglietti emessi durante il corso forzoso della moneta, realizzando un altro importante successo del gabinetto Cairoli-Depretis. In tale contesto emerse con sempre maggiore evidenza l'indirizzo del ministro dell'Interno a predisporre una nuova fase politica, annunciata dai provvedimenti – come quelli sulle ferrovie, sull'abolizione del corso forzoso e sulla tassa sul macinato – che sarebbero diventati operativi negli anni seguenti.

Al centro del nuovo periodo del Regno d'Italia per Depretis avrebbe dovuto porsi l'allargamento della legge elettorale, per il suo impatto nel Paese prima ancora che in Parlamento. Il mutamento di scenario fu oggetto anche delle riflessioni di Minghetti: nel volume *I partiti politici e l'ingerenza loro nella giustizia e nella amministrazione*, egli rilanciò la critica a un «governo di partito» che, uscendo dal terreno dell'azione politica, avrebbe provocato effetti gravissimi «ai diritti e agli interessi dei cittadini»[102]. Dopo le elezioni politiche era ripreso un dialogo a distanza tra Minghetti e Depretis che si sviluppò all'inizio del 1881 intorno alle cautele con le quali il ministro dell'Interno seppe coniugare ordine pubblico e riformismo graduale per promuovere l'allargamento elettorale, ponendo anche le premesse per un fatto politico importante: la partecipazione dei cattolici alle elezioni politiche»[103]. A differenza di Depretis, Minghetti giunse a considerare il formarsi di un partito conservatore con esponenti cattolici, funzionale alla trasformazione dei raggruppamenti liberali in un'unica formazione: «Allora saremo giudicati per ciò che siamo, cioè per veri liberali, e la nazione potrà scegliere fra i nuovi conservatori e noi»[104]. Sullo sfondo del dibattito sull'allargamento del suffragio, così, restava aperta la scelta delle modalità con le quali misurarsi con l'elettorato cattolico, ritenuto possibile elemento di alterazione degli equilibri del sistema partitico e delle maggioranze di governo.

[102] M. Minghetti, *I partiti politici e l'ingerenza loro nella giustizia e nella amministrazione*, Zanichelli, Bologna 1881, pp. 1-2.

[103] A. Berselli, *Il governo della Destra*, cit., p. 837.

[104] Cfr. F. Cammarano, *Minghetti e il trasformismo*, cit., pp. 96-97.

Nel dicembre 1880 tra i circoli dei cattolici italiani, che non si riunirono quell'anno in un congresso nazionale, del resto, si era avviato un ampio esame della legge elettorale in discussione alla Camera e delle forme della rappresentanza. Intanto, mentre il ministro Villa offriva all'anticlericalismo radicale la presentazione di un disegno di legge sul matrimonio civile, quando si cercò di rafforzare l'immagine di Casa Reale nel meridione, con un tour che nel gennaio 1881 portò Umberto I in Calabria e Sicilia, la presenza di Cairoli al *Te Deum* tenuto nella cattedrale di Palermo fu oggetto di vive polemiche. Tra febbraio e aprile la capitale del regno fu teatro della disinvolta gestione depretisina del «comizio dei comizi», organizzato dalla Lega della Democrazia per chiedere il suffragio universale, tollerato senza concedere la sede istituzionale della sala del Campidoglio. Seguì il divieto a deporre una corona dedicata a Mazzini, sulla quale una scritta accennava all'idea non ancora compiuta della repubblica (momento di ulteriori polemiche con Cairoli che quella stessa frase aveva pronunciata nel 1872). Roma, in effetti, nella primavera del 1881 divenne luogo di particolari attenzioni per le connessioni tra le esigenze di composizione degli interessi di politica locale intorno al piano regolatore e al concorso dello Stato nelle opere edilizie della Capitale, coinvolgendo il crescente impegno dei cattolici capitolini. Mentre le strategie vaticane rafforzavano i legami tra la posizione del papa in Italia e lo sviluppo delle associazioni cattoliche, le vicende romane si collegarono ancora una volta alla competizione per il governo nazionale. Proprio alla vigilia della discussione sulla legge elettorale in base ad un'intesa tra Depretis e Zanardelli, intervenendo il 24 marzo 1881 alla Camera come relatore del contributo finanziario governativo per Roma, Sella rilanciò la sua figura in quel ruolo *super partes* cui da tempo aspirava per mettere a frutto le coltivate convergenze con le opposizioni.

All'inizio dell'aprile 1881, tuttavia, irruppe sulla scena parlamentare la questione tunisina, da febbraio terreno di un'aperta competizione con la Francia. L'apertura britannica ai movimenti francesi per rafforzarsi nell'area nordafricana e la scelta tedesca di non ostacolare l'espansionismo mediterraneo di Parigi, funzionale a distrarre la Francia da possibili tensioni sul continente, furono occasione per criticare il presidente del Consiglio e ministro degli Esteri in nome di sempre più diffuse aspirazioni coloniali nell'opinione pubblica. Né ingenuo né arrendevole, Cairoli nella vicenda tunisina considerò i limiti in cui il Paese poteva agire, attestandosi sulla difesa di uno *status quo* che nascondeva, come percepito dalla diplomazia francese, un dinamismo favorevole agli italiani. In tale contesto Parigi ritenne di non ritardare il progetto di fare della Tunisia un protettorato francese, giustificando la preparazione di una spedizione militare francese verso le coste tunisine con il pretesto di un'azione di polizia di frontiera ai confini dell'Algeria. Anticipata dalle interrogazioni di Massari e di Rudinì, la discussione sulla crisi tunisina ricompattò un'eterogena opposizione, con l'obiettivo di ostacolare il processo di governo del ministero Cairoli-Depretis, mettendo a rischio l'itinerario d'approvazione della legge elettorale. Presentata alla Camera dal crispino Damiani una mozione contro la politica del governo, Zanardelli propose di posticipare la discussione della questione tunisina all'esame della legge elettorale: accolta da Cairoli e Depretis, tuttavia, la proposta fu respinta il 7 aprile 1881 con un voto di implicita sfiducia al Gabinetto, indotto a dimettersi. Impraticabile un incarico al solo Depretis per ricompattare al governo la Sinistra, il re fu incoraggiato il 18 aprile a respingere le dimissioni. Prevalse in molti l'idea di una tattica dilatoria, nell'approccio depretisino utile a dare continuità all'azione di governo e a rafforzare lo Stato nazionale, secondo un convincimento espresso da Correnti a Cairoli: «Quel che più importa è pigliar tempo e risolvere. [...]. Ci vuole coraggio a fare in dieci anni quello che la Prussia ha fatto in cento»[105].

Per scongiurare il ritorno della Destra al governo con Sella, Depretis lavorò a riunire la Sinistra, sostenendo Cairoli e il Ministero impegnato a realizzare la legge elettorale. In tale prospettiva il 30 aprile il Gabinetto ottenne la maggioranza su un ordine del giorno Mancini (262 voti a favore, 146 astensioni e il voto contrario di Peruzzi); era stato recuperato Nicotera, ma non Crispi e Cavallotti, usciti dall'aula, mentre l'invito alla responsabilità trovò eco politica nell'astensione cui si costrinse anche la Destra in attesa del momento migliore per affondare il proprio attacco. Ripresa in maggio la discussione sulla legge elettorale, incalzato da Minghetti, dopo oltre trenta interventi di cui molti favorevoli al suffragio universale, Depretis intervenne a sostenere lo scrutinio di lista in «un suffragio universale ragionevole, possibile», che escludesse dalla lista elettorale gli analfabeti. Poco dopo, tuttavia, giunse la notizia del Trattato del Bardo del 12 maggio 1881 col quale, a seguito del suo intervento militare, la Francia impose un protettorato sulla Tunisia. L'eco dello "schiaffo di Tunisi" alla politica italiana, scosse l'opinione pubblica alimentando un'avversione per la Francia simile a quella tradizionale per l'Austria-Ungheria e rinfocolò le polemiche contro il Gabinetto, che il 14 maggio si dimise senza essere stato formalmente sfiduciato, conservando l'opportunità di rilanciare una

[105] Così Correnti a Cairoli, cit. in M. Brignoli, *I lombardi della Sinistra storica*, cit., p. 79.

concordia nella Sinistra per restare al potere grazie agli equilibri del 30 aprile.

Intanto il sovrano diede l'incarico di formare un governo a Sella, che da mesi aveva predisposto il terreno a tale obiettivo, concependo il semplice ingresso di un pezzo della Sinistra, imposta dai numeri della Camera, in una maggioranza di «liberali [...] lontani da idee estreme»[106]. Diffidente una parte della Destra nei suoi confronti, Sella dovette registrare infine il disimpegno di Nicotera e la ritrosia degli esponenti moderati della Sinistra Grimaldi e Coppino, contattati con Mordini. La gestione politica della mobilitazione di piazza e della stampa contro il sostenitore della tassa sul macinato, con dure e protratte proteste a Milano, costituì lo scenario di un colloquio anche con Lacava, che non lasciò speranze di successo; fallì un ultimo vano tentativo per trovare un'intesa con uomini del Centro, area ben collegata a Depretis. Con Lanza, Minghetti, Spaventa, Boselli, Luzzatti e Rudinì, si affacciò l'idea di un governo di Destra che, presto dimissionario, assicuratosi il sostegno del re, potesse gestire successive elezioni; infine, convinto della necessità di un governo sorretto da una larga maggioranza che egli non riuscì ad assicurare, Sella accettò la cocente sconfitta rimettendo l'incarico nelle mani di Umberto I. Ricaduta su Cairoli la responsabilità della crisi, si aprì la via di un incarico a Depretis, artefice politico della resistenza alla Destra. Le maturate remore del re nei confronti del presidente del Consiglio uscente giustificarono Depretis nel coinvolgere piuttosto Zanardelli, a capo del Ministero di Grazia e giustizia e dei culti, affidando a Mancini quello degli Affari esteri. Nel suo quarto gabinetto, costituito il 29 maggio 1881, il leader di Stradella conservò con la presidenza del Consiglio anche il Ministero dell'Interno, scelta dal chiaro significato politico, come del resto l'attribuzione di ogni dicastero: Magliani restò alle Finanze, Baccarini ai Lavori pubblici, Baccelli alla Pubblica istruzione, Ferrero alla Guerra e Acton alla Marina; a Domenico Berti, esponente moderato con sensibilità per le dinamiche sociali, fu affidata la guida del Ministero di Agricoltura, industria e commercio.

Nel complesso Depretis diede un segnale di continuità e rafforzamento della sua opera in un contesto di discontinuità: se il governo non aveva più l'entusiasmo di cinque anni prima, poteva presentarsi con la consapevole maturità di chi era intento al mandato di completare le riforme necessarie a superare la fase emergenziale dell'unità nazionale. In tale quadro, l'allargamento elettorale per ampliare la rappresentanza del Paese fu proposto non solo come storico perno dell'azione della

[106] L'intervento di Sella su «L'Opinione», 21 maggio 1881, in A. Guiccioli, *Quintino Sella*, cit., p. 363.

Sinistra, ma anche come fondamentale eredità della stessa monarchia costituzionale. Nel clima politico di scampato pericolo per un ritorno della Destra al governo, Zanardelli non fu oggetto di quella sollevazione della sinistra radicale che aveva provocato l'accostarsi di Cairoli a Depretis. L'esito della crisi tunisina, con le dimissioni di Maffei da segretario generale del Ministero degli Esteri, diede occasione al presidente del Consiglio per ribadire l'importanza delle forze terrestri e navali, con i suoi riflessi sul bilancio dello Stato e sulla politica economica di investimenti industriali. Credibile interlocutore per i Gabinetti europei, Depretis ricercò una politica estera volta a tutelare con ponderate valutazioni gli interessi nazionali, rafforzando in un periodo di pace il ruolo dell'Italia.

In giugno riprese il dibattito sulla legge elettorale, entrando presto nel complesso esame dei singoli articoli e dei relativi emendamenti, alla luce di diverse impostazioni teoriche o concrete preoccupazioni sugli effetti che avrebbero avuto sul risultato elettorale. Il confronto parlamentare rischiò di arenarsi sullo scoglio della richiesta dello scrutinio di lista, fortemente voluto da Crispi; ad esso si contrappose, ad esempio, la proposta di Genala di un metodo proporzionale con l'espressione di un solo nome. Depretis si mostrò intento a realizzare quanto prima una riforma largamente condivisa, ma invocò il tempo necessario a considerare le dinamiche elettorali che avrebbe provocato: il dibattito sullo scrutinio di lista rischiò di costituire un ostacolo a tale percorso, aprendo una divisione trasversale nei partiti dai dubbi esiti sul piano tecnico e politico. Quando Crispi propose il passaggio all'esame dell'articolo relativo allo scrutinio di lista, il depretisino Paolo Ercole con una sessantina di deputati propose, il 22 giugno, di farne oggetto di uno speciale disegno di legge e di sospendere la discussione sull'argomento. Depretis dichiarò che il governo si sarebbe rimesso alle decisioni della Camera, che respinse la proposta di Crispi e approvò quella di Ercole. Il 29 giugno 1881, così, i deputati licenziarono la riforma elettorale con 202 voti a favore contro 116; approvata il 20 dicembre dal Senato con lievi modificazioni, nel gennaio 1882 la legge ritornò alla Camera per la definitiva approvazione. Dopo il consenso sull'articolazione in 135 circoscrizioni dei collegi elettorali e sul numero dei deputati da eleggere in ciascuno di loro, nonché il compromesso sulla rappresentanza delle minoranze nei 33 collegi con 5 deputati, il provvedimento sullo scrutinio di lista passò alla Camera il 14 febbraio 1882 e al Senato il 4 maggio. Il cammino della riforma del suffragio elettorale, concluso con la pubblicazione delle leggi del 22 gennaio e del 7 maggio 1882, intanto aveva ridisegnato in una prospettiva di ampio respiro le ambizioni del governo e le mosse delle opposizioni.

Tra il 1876 e il 1881 Depretis alimentò con successo quella *working majority* auspicata da Minghetti come motore di una stabile trasformazione dei partiti liberali nell'Italia ormai "risorta". In quest'opera egli riuscì dove fallì l'alternativa fusionista di Sella, con Nicotera o Cairoli; l'impianto depretisino era assai distante dall'idea che «le fusioni dei partiti non si fanno che per discussioni di Parlamento». Come leader della Sinistra costituzionale, Depretis si era posto a capo di un moto di ampliamento delle libertà politiche fronteggiando le resistenze conservatrici e le pressioni del radicalismo. Dal punto di vista sociale egli riuscì a mediare interessi opposti, dal patriziato borghese ai nuovi ceti impiegatizi, professionisti, proprietari, collegandoli infine alle esigenze di rappresentanza politica dei ceti popolari. Egli mise in contatto il nuovo ceto di governo con circoli economici già consolidati, passo necessario per investire nello sviluppo strategico di infrastrutture ferroviarie, navali e stradali, e propedeutico all'esigenza di dar vita a un gruppo dirigente in formazione, incoraggiando con un approccio liberale il formarsi di una pluralità di attori sociali e finanziari, a livello locale e nazionale, in una dinamica progressiva tale da non alterare bilanciamenti consolidati. Come presidente del Consiglio, Depretis tentò d'impostare un più equilibrato rapporto tra rappresentanza politica e poteri economici.

In tale contesto lo statista lombardo sposò il metodo delle inchieste e dello studio dei provvedimenti da promuovere per un eventuale intervento statale nelle aree strategiche da incentivare, non esitando a coinvolgere ora ministri decisamente liberisti, ora quelli inclini al protezionismo, coerenti alle esigenze politiche via via individuate; così, ora favorì la crescita di industrie tessili, metallurgiche e armatoriali, ora curò la risistemazione e la diversificazione degli istituti bancari. Depretis incarnò, anche nell'intensa attività legislativa che sollecitò, l'attesa per un forte rilancio economico del Paese e per una crescita dei redditi auspicata tanto dalla monarchia quanto dai ceti popolari. Si comprende come in tale prospettiva si modificassero reti clientelari già presenti nei primi anni unitari ed aspettative dei più disparati gruppi d'interesse coinvolti nel mutamento avviato. Un "affarismo" disordinato si inserì progressivamente in tale processo di trasformazione socio-economica, provocando difesa di prerogative acquisite, rivalità per acquisire nuovi guadagni, disprezzo aristocratico per l'emersione di competitori borghesi.

Come già negli scandali di fine anni Sessanta, la ricorrente tendenza a scambiare, apertamente o fraudolentemente, vantaggi e tornaconti personali o di ceto con sostegni parlamentari costituì per la Sinistra costituzionale arrivata al governo una criticità da fronteggiare. Il fenomeno era visibile già nel giugno 1877: «In questo periodo [...] gli ex papalini, ex austriacanti ed ex borbonici sono tornati a galla come uomini di sinistra»[107]. Guiccioli, deputato e collaboratore di Sella, lettore di Renan e ammiratore della Germania, nutrito da «profonda avversione per le istituzioni democratiche e parlamentari»[108], appuntò ancora nel gennaio 1879: «Bilancio dei Lavori pubblici. Sfilata di accattoni che elemosinano chi una strada, chi un ponte, chi un porto. Mala fede di chi domanda e di chi promette. Trucco volgare per ingannare il grosso pubblico degli elettori»[109]. Non mancarono nella Sinistra posizioni opache contraddistinte da personalismi e affarismo, dagli ambienti nicoterini a quelli crispini. Non fu priva di contraddizioni, peraltro, la denuncia delle clientele dei politicanti, come quella di De Sanctis su «Il Diritto» tra il 1877 e il 1878, come pure l'accusa di cedere all'«affarismo dilagante» rivolta a Depretis, col quale in seguito condivise responsabilità di governo con Cairoli e Zanardelli[110]. Se Depretis non esitò a posizionare l'azione ministeriale nel mobile confine tra rappresentanza degli interessi economici e compimento del mandato politico, che prioritariamente intese rafforzare, nel riaccendersi ad intermittenza di una battaglia moralizzatrice antidepretisina non è difficile cogliere un intento politico, alimentato dal timore nella destra parlamentare o nella sinistra radicale di restare ai margini del nuovo corso.

D'altra parte, Depretis si trovò a valutare con cautela le difficoltà di un processo volto a raccogliere nella rappresentanza politica i «sentimenti del Paese» per contribuire al prendere forma nella sua popolazione di una più consapevole coscienza politica. Giunti al potere, politici navigati e vecchi rivoluzionari, nel bisogno di identificare l'azione del governo come processo d'incivilimento morale, tentarono di coinvolgere in un circuito virtuoso «progresso tecnico, gigantesco sviluppo industriale, implacabile razionalità nella condotta degli affari, ed evolversi della vita politica verso forme statali sempre più quantitativamente forti, per ricchezza, armi, organizzazione, estensione, colonie»[111]. La mediazione e la capacità manovriera di Depretis necessitavano di un'effettiva rappresentanza parlamentare, dalla quale trarre uomini da coinvolgere

[107] Cfr. A. Guiccioli, *Nuove pagine del diario di Alessandro Guiccioli. 1877*, in «Nuova Antologia», 16 luglio 1935, vol. 380, fasc. 1520, p. 227.

[108] M. Casella, *Il marchese Alessandro Guiccioli parlamentare, prefetto e diplomatico dell'Italia postunitaria*, in «Archivio storico italiano», CLII, 1994, p. 331.

[109] A. Guiccioli, *Nuove pagine del diario di Alessandro Guiccioli. 1879*, in «Nuova Antologia», 16 settembre 1935, fasc. 1524, p. 252.

[110] Cfr. G. Carocci, *Agostino Depretis*, cit., pp. 130-131, che ricorda, peraltro, la «onesta pudicizia liberale del Depretis», *ivi*, p. 135.

[111] F. Chabod, *op. cit.*, p. 102.

efficacemente nel suo Esecutivo. Ottenendo dal sovrano un primo rafforzamento della presidenza del Consiglio dei ministri e innervando su una politica di partito la pratica trasformista, il leader del programma di Stradella riuscì a porre la Sinistra in una prospettiva invano ricercata a destra.

Fu Depretis ad assumere nel 1876 la guida di quel percorso di "progresso" evocato già nel 1873 da Minghetti, che proprio nel 1881 ripubblicò uno scritto del 1859 su «come il progresso economico conferisca al miglioramento degli ordini politici», sostenendo la «partecipazione dei cittadini alla cosa pubblica»[112]. La questione era stata ben presente a tutti i politici che si misurarono col superamento della fase emergenziale dell'unificazione; in una prospettiva liberale, come leader della Sinistra, fu Depretis a cogliere, nel «dissolversi di ogni coerenza programmatica e pratica nell'impotente contraddizione dei gruppi e delle persone»[113], un percorso per ricomporre gli equilibri di una maggioranza parlamentare nell'allargamento della rappresentanza politica. Nel 1881 egli aveva contribuito a delineare gli strumenti – da ultimo la legge elettorale politica – per gestire la sfida inclusiva necessaria a sostenere una visione di patria comune nel mutamento socio-economico italiano. Ora una sicura leadership politica avrebbe dovuto compiere il processo avviato.

[112] M. Minghetti, *Dell'economia pubblica e delle sue attinenze colla morale e col diritto*, Le Monnier, Firenze 1881, pp. 482-486, 509.

[113] G. Carocci, *Agostino Depretis*, cit., p. 232.

III.

Il compimento del trasformismo e l'età di Depretis: l'opzione di una patria inclusiva

1. Una svolta liberale: rappresentanza politica e pace europea

Dall'estate 1881 il confronto nell'arena politica italiana si mosse lungo due direttrici distinte, ma connesse l'una all'altra: da un lato, la gestione degli equilibri parlamentari per completare l'iter legislativo dell'ormai stabilita riforma elettorale; dall'altro, il riposizionarsi di tutti i raggruppamenti politici in vista dell'importante campagna elettorale che ne sarebbe seguita. A sinistra il dibattito sarebbe ruotato intorno all'affermazione della maggioranza "progressista" proposta dal presidente del Consiglio; nello sfaldamento della Destra, all'opposizione dopo il trauma del mancato governo Sella, aveva ripreso centralità la politica di Minghetti. Depretis, intanto, si prefisse di completare la manovra che l'aveva riportato a presiedere il governo operando su tre fronti: neutralizzare definitivamente i connubi proposti da Sella, isolare la leadership concorrente di Crispi, distogliere l'Estrema dalla tentazione di un dissenso incalzante.

Come Depretis capace d'inserire in un'ampia visione politica quanto appreso dai processi socio-economici, Minghetti riuscì ad affermare nel dibattito pubblico le sue considerazioni sui partiti, invitando il liberalismo italiano a confrontare la dottrina con la realtà fattuale nel suo divenire storico. In un'opposizione divisa tra vane resistenze all'allargamento del voto e rilancio di un eventuale suffragio universale, il leader bolognese cercò d'introdurre anche una riflessione sull'ormai dinamica questione dell'accesso di cattolici fedeli al magistero pontificio nella vita politica nazionale. Il tema si collegava all'itinerario della riforma della legge elettorale, e in particolare alla misura dell'allargamento del voto politico e alla rimodulazione dei collegi elettorali. Infatti, anche sulla base dei risultati delle elezioni amministrative, la spinta al suffragio universale e la riduzione dei livelli d'istruzione per accedere al voto, come anche i criteri di regolazione della rappresentanza dei ceti rurali e cittadini, finirono per collegarsi alle valutazioni sull'attitudine di un mondo cattolico intenzionato a svolgere un ruolo di rilievo nelle istituzioni del regno. Il nodo era ben noto a destra, ma con i governi della Sinistra il problema aveva assunto un ben diverso profilo. Dopo il 1876, del resto, il quadro complessivo era mutato anche per gli orientamenti prevalenti nella S. Sede, per il modificarsi dell'organizzazione dell'Opera dei Congressi, per la presenza socio-economica e politica delle associazioni cattoliche a livello municipale nell'intero Paese. Il fallimento del tentativo conservatore del 1879 aveva lasciato tossine di reciproca sfiducia tra molti ambienti cattolici e Destra liberale, ma tenuto aperta l'evoluzione dei loro rapporti in vista dell'allargamento del suffragio. La cultura dell'elettorato cattolico, nel complesso convergente con principi di ordine, moderazione e di decentramento di un sistema liberal-costituzionale, offriva una potenziale sponda politica contro il radicalismo tollerato dalla Sinistra. Così, se in nome di un irriducibile conflitto di principi tra scienza e fede la strategia selliana ricercò ponti politici con le tradizioni anticlericali, la posizione di Minghetti, di alcune associazioni costituzionali nel Centro Nord e, con diverse sfumature, nel Meridione, fu piuttosto attenta agli ambienti cattolici inclini a muoversi nella vita dell'Italia "legale".

Peraltro, a sinistra apparve sempre più chiara la mutata impostazione verso il mondo cattolico introdotta cautamente da Depretis fin dal programma di Stradella del 1876, nel quadro della prospettiva d'inclusione politica del liberalismo progressista a sostegno della patria nazionale. Negli ambienti dell'Estrema, terreno di collegamento con l'opposizione extraparlamentare repubblicana e socialista, non solo restò ferma la pregiudiziale anticlericale, ma la competizione con un cattolicesimo popolare, portato a condividere rivendicazioni di emancipazione sociale, alimentò una sempre maggiore critica a governi della Sinistra costituzionale ritenuti indulgenti verso un rivitalizzato movimento cattolico; l'ingresso di Zanardelli nel 1881 al governo avrebbe dovuto costituire garanzia di maggiore fermezza nei suoi confronti. La scelta di Depretis, dunque, s'indirizzò nell'immediato a mantenere la leadership nel partito, senza rinunciare a rafforzare la progettualità politica sottesa al progetto trasformista: egli non sottovalutò la valenza politica del profilo ideologico del confronto con le organizzazioni cattoliche, salvo considerare l'attitudine da assumere nelle contingenze in una più ampia visione strategica. Il presidente del Consiglio, già durante il dibattito sulla legge elettorale, ricordò che essa aveva tenuto conto «delle abitudini, delle condizioni intellettuali e morali del nostro popolo». Egli richiamò il pericolo che avrebbero corso «la libertà e la sincerità del suffragio» con l'estensione del voto agli analfabeti nelle zone rurali del Paese; rispondendo a Sonnino, segnalò come la massa inerte di analfabeti non avrebbe avuto una trasformazione civile e morale con il semplice accesso al voto. Come ministro dell'Interno contraddisse l'anticlericale Bovio, che per sostenere il suffragio universale dichiarò il «guelfismo» morto: «Non illudiamoci, signori; non c'è da spaventarci del guelfismo, né del clericalismo; ma sarebbe un vero pericolo lo addormentarci come se pericolo non ci fosse; anzi sarebbe una vera stoltezza. (*Bravo! Benissimo!*)»[1]. Con tale tributo al canone anticlericale della Sinistra, funzionale al proprio argomentare, Depretis non cessò d'altra parte di prefigurare gli esiti elettorali attraverso una legge che già consentiva una maggiore partecipazione di ampi strati del mondo rurale e cattolico, rendendo più accessibile il censo da pagare e abbassando la capacità necessaria alla frequenza della seconda elementare. Sarebbe stata un'azione politica quella che avrebbe consentito di tenere sotto controllo il meccanismo elettorale.

Il rinnovo parziale annuale delle amministrazioni municipali delle grandi città costituì all'inizio dell'estate 1881 un'occasione per sondare lo stato dell'opinione pubblica dopo l'approvazione alla Camera della legge elettorale politica. Gli indirizzi nazionali trovarono modo di riflettersi, in particolare, sugli equilibri di quel laboratorio che era diventata la capitale d'Italia per volontà del presidente del Consiglio. A Roma, infatti, Depretis si mosse per smantellare l'assetto capitolino stabilito sull'intesa tra Cairoli e Sella, facendo leva sul consenso costruito tra i diversi interessi intorno al piano regolatore sostenuto con l'intervento governativo. Per implementare il progetto trasformista del presidente del Consiglio, le elezioni municipali del 19 giugno offrirono una ghiotta occasione. Nella Destra fu «La Libertà» diretta dal moderato Arbib a valorizzare in modo obliquo il gabinetto Depretis, in nome di un'ampia coalizione liberale che isolasse la sinistra radicale. Il giornale riportò una lettera di Sella all'Associazione costituzionale di Torino in cui, pur convinto della distinzione tra Destra e Sinistra come indirizzo ideale, il leader biellese osservava che sul piano politico, amministrativo, economico e morale non si sarebbero trovati tutti i più avanzati da una parte o i più conservatori tutti dall'altra. Il giornale dell'Arbib, tuttavia, si spinse ben oltre tali dichiarazioni ponendo una esigenza prioritaria: «Più di qualsiasi riforma, più di qualsiasi innovazione, l'Italia ha bisogno di avere un ministero che possa rimanere in ufficio un certo numero di anni, sorretto da una maggioranza salda, compatta, e soprattutto disciplinata»[2]. Il disegno trasformista di mettere assieme i deputati, a qualunque parte della Camera appartenessero, per corrispondere all'esigenza di governabilità necessaria al Paese, fu fonte d'ispirazione per l'attitudine dei consiglieri comunali in Campidoglio.

[1] AP, CD, *Discussioni*, tornata del 5 maggio 1881, p. 5341.

[2] La lettera di Sella, datata 31 maggio 1881, in «La Libertà», 2 giugno 1881.

Nell'avvicinarsi della competizione amministrativa capitolina, così, «La Libertà» convenne con «Il Popolo romano» nel fare astrazione del colore politico di candidati liberali pronti ad attuare la legge sul concorso governativo. Fallite poi le trattative tra costituzionali e progressisti, il giornale moderato romano il 10 giugno 1881 lanciò un particolare *ballon d'essai*, spingendosi a proporre come oziosa la distinzione nella lotta amministrativa tra «progressisti, moderati e clericali»: «La Libertà» avrebbe sostenuto persino mons. De Merode, se fosse stato ancora vivo e candidato da qualcuno, ritenuto più utile al municipio di tanti candidati più o meno liberali esitanti davanti alle difficoltà. Ai cattolici dell'Unione romana, la cui presenza stava alterando gli equilibri tra la Destra e la Sinistra capitoline, parve aprirsi uno spazio di agibilità politica qualche tempo prima del tutto negato. Tuttavia, quando l'invito a riunirsi intorno ad un comune programma municipale non venne raccolto, anche «La Libertà» tornò a consigliare agli elettori il criterio unificante della contrapposizione ai «clericali». L'incontro tra i rappresentanti dei giornali, infatti, non riuscì a produrre l'accordo su di una lista elettorale di tutte le frazioni. La conflittualità della lotta capitolina rivelò le difficoltà di una mediazione a sinistra tra la repubblicana Società per i diritti dell'uomo, che proclamò l'astensione, e l'Associazione progressista, che decise di segnalare una lista di propri candidati, pur aperta ad altre proposte dello schieramento liberale. A destra, l'Associazione costituzionale, guidata da Minghetti, accettò cinque nomi proposti dai progressisti, chiedendo in cambio il sostegno a quattro costituzionali, accogliendo «tutte le individualità che si raccomandano per titoli speciali» in elezioni amministrative ispirate «ai criteri d'imparzialità e di buona amministrazione, non ai rancori della politica»[3]. Minghetti poteva, così, concordare alcuni suoi candidati con l'Unione romana e ricercare una vittoria completa col sostegno del voto progressista.

Infine, il concorso separato alle urne delle associazioni progressiste e costituzionali giovò ai cattolici. L'Unione romana, guidata da Paolo Campello e incoraggiata dal pontefice al voto comunale e provinciale, in una riunione del 13 giugno rilanciò l'impegno per una «sana amministrazione» avversando tanto «l'irreligione e l'affarismo», quanto la tendenza all'indebitamento comunale che aveva condotto Napoli e Firenze al collasso finanziario[4]. Già delineato negli anni precedenti, tale programma ben s'inserì nello schema trasformista che vinse le elezioni. Il maggior numero delle preferenze andò al giovane duca Torlonia, sostenuto dal governo;

[3] *Cronaca di Roma Associazione costituzionale*, «La Libertà», 16 giugno 1881.

[4] *Le elezioni di domani*, «L'Osservatore romano», 19 giugno 1881.

l'Unione romana riuscì a far eleggere non solo i nomi concordati con l'Associazione costituzionale, ma anche propri candidati di spicco, come lo stesso Campello, il presidente della società operaia cattolica Francesco Vespignani e l'avvocato rotale Camillo Re. L'analisi del voto, così, produsse tra i leader delusi e nei circoli anticlericali, da «L'Opinione» selliana a «La Riforma» crispina, una diffusa valutazione negativa dell'andamento elettorale, che si trasformò nell'accusa a Depretis di aver consentito come ministro dell'Interno quella che si presentò come una prima vittoria politica del gruppo cattolico.

Il presidente del Consiglio, peraltro, aveva dimezzato nel consiglio capitolino la compagine avversa sostenuta da Cairoli e Sella e coinvolto Baccelli nelle sue operazioni trasformistiche. In tale contesto, non dispiacque a Depretis assegnare un posto di rilievo a Pianciani che, indebolito dal risultato del voto (terz'ultimo degli eletti), per legami familiari anche in contatto con gli ambienti cattolici, continuò a costituire un anello di collegamento tra la Sinistra ministeriale e l'ala più radicale. Organizzato con il consenso governativo, un corteo di un centinaio di persone, al suono della marcia reale e dell'inno di Mameli, gridando «abbasso i clericali» si recò il 20 giugno 1881 sotto la casa di Pianciani per sostenere il suo ritorno a sindaco di Roma. In un discorso di autoinvestitura, tuttavia, l'aspirante sindaco si dichiarò pronto ad accogliere l'apporto di quei romani, le cui convinzioni religiose non condivideva ma che rispettava, disposti con le loro rappresentanze a contribuire al miglioramento delle condizioni amministrative del Comune; non senza aggiungere che «giammai» avrebbe consentito iniziative per riportare Roma al papato. Assunto la manifestazione toni antifrancesi, per l'eco delle aggressioni che nei giorni precedenti coinvolsero operai italiani nel porto di Marsiglia al rientro delle truppe da Tunisi, la forza pubblica intervenne a sciogliere l'adunata.

L'ironia de «L'Osservatore romano» sull'episodio e l'euforia elettorale degli ambienti unionisti avrebbero presto lasciato il posto a una profonda riflessione. Nel modificare gli equilibri della Capitale, il governo aveva consentito una rappresentanza comunale al cattolicesimo cittadino continuando ad affidare le giunte e le maggioranze agli accordi tra le diverse componenti liberali. Dopo le elezioni del 1881 si pose il problema di "neutralizzare" in Campidoglio la rilevante presenza dei cattolici che, mentre favorivano ancora l'elezione di numerosi moderati, ormai costituivano più di un quarto dell'assemblea municipale e partecipavano alle commissioni comunali. Pur ignorando provocatorie richieste di scioglimento del consiglio capitolino, Depretis lasciò briglie allentate alla destra e alla sinistra anticlericali sui giornali e nelle piazze, evitando di lasciare all'Estrema la possibilità di lanciare una campagna contro quei liberali che frequentando il Quirinale non avrebbero esitato a fare «alleanza col partito clericale»: «Il fatto è che le elezioni amministrative di Roma hanno sempre un carattere politico che nessuno può togliere ad esse»[5]. Si era diffusa, del resto, la percezione del prendere forma di raggruppamenti di cattolici che, come l'Unione romana, per qualità e organizzazione avrebbero potuto inserirsi in una dimensione politica nazionale qualora l'attitudine politica del governo nazionale trovasse un *modus vivendi* compatibile con le aspettative vaticane sul governo di Roma.

Considerato il risultato elettorale capitolino, in effetti, nella Curia romana e negli ambienti ad essa collegati si ritenne possibile soddisfare la volontà di Pio IX di essere sepolto presso la basilica di San Lorenzo fuori le Mura: a tal fine, si concordò ufficiosamente con la questura una traslazione notturna della salma con un accompagnamento non pubblicizzato, cui si assicurò un discreto dispiegamento di agenti di pubblica sicurezza. Il corteo funebre, presto ingrossato da una folla di fedeli, nelle prime ore del 13 luglio 1881 fu assalito da alcune centinaia di dimostranti, con la dichiarata minaccia di gettare la salma del pontefice nel Tevere; aggressioni e scontri si protrassero per due ore lungo il tragitto del feretro che da Castel S. Angelo attraversò la città. La gravità di questi fatti e l'inerzia delle forze dell'ordine scossero ovunque l'opinione pubblica e rinsaldarono nel cattolicesimo la parte più intransigente. La Destra ritenne inescusabile il comportamento del governo, per aver permesso prima la cerimonia funebre e poi la manifestazione. La sinistra radicale e anticlericale che predispose l'eclatante dimostrazione pubblica, espressione di una protesta contro la S. Sede, aveva inteso colpire Depretis come ministro dell'Interno; il momento – chiusa la Camera il 5 luglio, dopo l'approvazione della fusione delle società di navigazione Florio e Rubattino proposta dal presidente del Consiglio e dal ministro Berti – consentiva di indebolire il governo senza provocare apertamente una crisi politica.

La reazione depretisina fu pronta e meditata, condotta su più fronti. Si curò che la diplomazia italiana attribuisse al comportamento dei cattolici romani la causa dei tumulti, in coerenza ai provvedimenti presi in funzione di una politica interna volta a cavalcare l'ondata anticlericale, fino a minacciare restrizioni delle libertà associative dei gruppi cattolici, in nome della tutela dell'ordine pubblico. Il presidente del Consiglio chiamò a raccolta il campo liberale, senza mostrare alcuna indulgenza verso il Vaticano: rassicurò la Sinistra e, mostrandosi in grado di influire sugli umori della piazza, confermò nei moderati la convinzione che egli fosse necessaria

[5] *Le elezioni amministrative a Roma*, «La Libertà», 21 giugno 1881.

garanzia contro ulteriori eccessi. Al Senato Depretis deplorò gli incidenti del 13 luglio, lamentando solo che qualche disordine aveva pur turbato una cerimonia religiosa nella Capitale sotto gli occhi del Gabinetto, con rammarico di tutti i cittadini «divoti agl'interessi della Patria»[6].

L'attitudine governativa costituì un messaggio per la S. Sede, che reagì con irritazione per l'intimidazione ad essa sottesa, ma anche con timore di un'eventuale debolezza del Ministero italiano verso la piazza democratica. La forte protesta pubblica pontificia per la manifestazione, che giunse a riproporre l'ipotesi di un allontanamento del papa dalla capitale del Regno d'Italia, fu accompagnata in Curia romana da un ponderato studio dell'evoluzione politica in corso: ribadita la difesa delle associazioni cattoliche minacciate, si palesò anche un'interlocuzione col governo italiano nel ricordare i pericoli per la monarchia e la società provenienti dagli stessi ambienti che mostrava di proteggere. I limiti della tolleranza dell'opinione pubblica – nazionale e internazionale – verso dimostrazioni «demagogiche», del resto, erano ben presenti al re e al presidente del Consiglio. La gestione dei rapporti di forza politici da parte di Depretis già era volta ad evitare che la mobilitazione radicale e anticlericale provocasse ulteriori gravi incidenti: il governo si assicurò che l'iniziativa contro la legge sulle Guarentigie promosso da Alberto Mario all'inizio di agosto non desse luogo a disordini con la forza pubblica, mentre lo stesso Depretis seguì l'evoluzione del movimento dei comizi che da Roma avrebbe dovuto svilupparsi in tutta Italia, sostenuto dagli ambienti massonici di Tamajo e Lemmi.

Il presidente del Consiglio, così, riuscì ad evitare di esporre alla critica della Sinistra il percorso trasformista, grazie anche alla presenza di Zanardelli e Baccarini in un governo tollerante verso l'Estrema. Un orientamento, peraltro, politicamente sollecitato anche da altre ragioni: anticipato nell'aprile dalla nascita dell'«Avanti!», settimanale «socialistico» subito sequestrato, in tale clima politico si tenne nello stesso agosto 1881 a Rimini un congresso clandestino di una quarantina di delegati per costituire un Partito socialista rivoluzionario di Romagna, con un programma di rivolgimento sociale. Tenendo i contatti con i gruppi milanesi, fin dal 1880, Costa si era dedicato a dar vita a un partito che, pur ancora con circoli federati, raccogliesse le tendenze emerse nel movimento operaio italiano, dotando di maggiori mezzi un socialismo rivoluzionario che non escludesse la via legalitaria e si muovesse «alla luce del sole e a bandiera spiegata» in vista dell'attesa competizione politica seguente alla riforma elettorale.

[6] AP, *Camera dei Senatori, Discussioni*, tornata del 13 luglio 1881, p. 1801. Il testo del discorso di Depretis fu riportato in una lettera ai nunzi del 20 luglio 1881.

Sul finire dell'estate, apice e limite delle aperture depretisine alla piazza anticlericale, anche le forze raccolte a sostegno della Sinistra e dell'opposizione moderata, del resto, iniziarono a misurare i tempi per le manovre che avrebbero portato alla lunga campagna elettorale. Il presidente del Consiglio era ormai in grado di controllare i moti "popolari" come in primavera aveva saputo utilizzare le agitazioni della Sinistra contro un eventuale gabinetto di Destra. Ancora una volta, il mutato vento politico si avvertì presto a Roma, dove fu frenata la contestazione all'ennesimo pellegrinaggio organizzato dai cattolici italiani. Il decreto reale che nominò Pianciani a sindaco di Roma, datato 30 settembre 1881, rivelò il ruolo a lui affidato dalla monarchia e dal governo nel ricomporre gli animi della cittadinanza capitolina in una prospettiva di rafforzamento istituzionale e di contenimento delle spinte radicali. La figura del deputato, emersa nella fronda capitolina contro gli accordi Cairoli-Sella sul concorso per le opere edilizie della Capitale, conteneva valenze politiche che andavano ben oltre il piano amministrativo. Complice la disposizione di Pianciani a declinare la formazione massonica in «una sorta di partito trasversale»[7] e la tendenza a far «appello ai programmi concreti, senza tenere in alcun conto eventuali differenze ideologiche», ora i caratteri della sua azione politica parvero adattarsi al processo trasformistico depretisino nella capitale del regno. Rassicurante per la pacificazione cittadina risuonò il manifesto fatto affiggere dal primo cittadino dopo l'assunzione dell'incarico: «Per parte mia come vostro sindaco, non domanderò mai ad alcuno: quali sono le vostre opinioni religiose, politiche? Dirò invece: volete voi efficacemente cooperare a vantaggio della capitale d'Italia?»[8]. Poco dopo, la giunta capitolina prese forma con l'ingresso di Torlonia al posto di un assessore bocciato dal voto cattolico alle ultime elezioni amministrative. La ritrovata «concordia» dei liberali a Roma nella convergenza tra Depretis e Zanardelli, consentì al governo di mostrarsi più morbido verso il Vaticano, dove il partito "realista" tornò a prevalere su quello intransigente. Così, grazie ad intese intercorse tra Salviati e le autorità pubbliche, che ressero nonostante qualche incidente in Roma, il 16 ottobre 1881, Leone XIII accolse a S. Pietro circa dodicimila pellegrini che espressero attraverso il patriarca di Venezia la protesta per i fatti del 13 luglio. Il polverone polemico che il Gabinetto lasciò alzare a pellegrinaggio concluso, per l'"affronto" al

[7] R. Covino, *Dall'Umbria verde all'Umbria rossa*, in *L'Umbria*, a cura di R. Covino e G. Gallo, in *Storia d'Italia. Le regioni dall'Unità ad oggi*, Einaudi, Torino, 1989, p. 524.

[8] «La Capitale» del 14 ottobre 1881, cit. in F. Mazzonis, *Luigi Pianciani. Frammenti, ipotesi e documenti per una biografia politica*, Edizioni dell'Ateneo, Roma 1992, p. 134.

Pantheon di scritte ostili al re sul libro firme dei visitatori, non calmò l'insoddisfazione dei più forti circoli anticlericali. In compenso, Depretis si confermò l'uomo in grado di guidare la Sinistra verso maggiori libertà in un quadro di legalità costituzionale; quanto bastava per riprendere il dialogo con i moderati di Minghetti.

Individuato in Depretis l'uomo delle ordinate riforme e del contenimento del radicalismo, Luzzatti aveva tenuto i contatti tra il presidente del Consiglio ed il leader dell'opposizione. Il dissenso di Minghetti con Sella era emerso in tutta la sua forza: «Perché, se la evoluzione o la fusione era lo scopo della nostra condotta, abbiamo osteggiato così fieramente il Depretis che poteva essere il perno della nostra condotta?»[9]. Minghetti non si rassegnò alla ininfluenza della politica moderata, mostrando fin da giugno aperture all'evoluzione depretisina; in estate egli mise a fuoco un piano da seguire con Sella, senza Sella e, se necessario, contro Sella. Nell'interesse della patria e della Destra, Minghetti reputò che, piuttosto che fare invano diga alla montante «demagogia», fosse necessario orientarla alle riforme ponendosi a capo del processo di mutamento: la via da seguire, dunque, era quella d'intendersi con Depretis. Il progetto realista del leader bolognese, non privo di rischi, mirò a togliere i moderati da una posizione passiva e marginale rispetto al centro politico conquistato dalla leadership depretisina.

Minghetti all'inizio di ottobre anticipò la propria strategia a Sella, che ancora una volta non condivise il progetto, ritenendolo presto preda politica di Depretis. Di fronte alle obiezioni dell'antico antagonista di partito, concentrate solo sull'obiettivo di abbattere il Ministero, il più «progressista» tra gli esponenti della Destra confermò la sua visione d'ampio respiro per partecipare alla politica del Paese[10]. Il 30 ottobre, Minghetti ricordò a Legnago che, compiuto l'ideale del Risorgimento italiano e approntati i mezzi per far vivere lo Stato unitario, era giunto il tempo di «abilitare la democrazia a governare bene per l'utilità di tutti»; occorreva rendersi disponibile a valutare ogni riforma, dichiarando «stolto chi volesse porre un termine al progresso dello spirito umano». Dopo l'eco positiva alle sue parole nelle pagine del depretisino «Il Popolo romano», Minghetti sottolineò all'Associazione costituzionale di Bologna che si stava entrando «in un periodo nuovo assai più democratico. L'uomo di Stato deve accettare i fatti quali sono e cercare d'indirizzarli al bene». Restava prioritaria l'esigenza di governare le riforme tanto più necessarie «quanto più si allarga la

[9] Minghetti a Luzzatti, Bologna, 23 maggio 1881 in L. Luzzatti, *Memorie tratte dal carteggio e da altri documenti*, vol. 2, Zanichelli, Bologna 1935, p. 180.

[10] Sulla diversa lettura dei colloqui del 1° ottobre 1881 tra Minghetti e Sella, cfr. *ivi*, p. 181 e A. Guiccioli, *Quintino Sella*, cit., pp. 378-379.

partecipazione dei cittadini alla vita pubblica», traendone le «più liberali conseguenze»; a tal fine era auspicabile che si potessero «con dignità e coerenza incontrare uomini che sino a ieri si combattevano, e procedere insieme per il bene della patria»[11].

In tale clima politico, Depretis fece approvare in autunno i bilanci di previsione dei diversi ministeri per il 1882, rinviando e poi lasciando cadere la richiesta di chiarimenti sul 13 luglio, politicamente insidiosa, mentre a dicembre otteneva il via libera del Senato alla riforma elettorale. Sedata la baruffa sollevata a sinistra quando il ministro Mancini – leader campano della Sinistra e studioso di diritto internazionale – dopo il viaggio del re a Vienna e il rinnovato accordo commerciale con la Francia, prese le distanze dalla politica estera di Cairoli, il presidente del Consiglio gestì con maestria i lavori e i tempi del dibattito parlamentare. Di fronte alle critiche sollevate nella Camera, riconoscendo le prerogative dei deputati, egli avanzò l'ipotesi di una questione di fiducia al Gabinetto sul voto del bilancio dell'Interno, pur consapevole della sua necessaria approvazione per evitare l'esercizio provvisorio. Depretis così ottenne che fosse l'opposizione a chiedere il rinvio della discussione politica al nuovo anno, portata a dichiarare che il governo in assenza di sfiducia si trovava nella pienezza dei suoi poteri, «non potendosi dubitare che egli stia al suo posto senza avere la maggioranza»[12].

All'inizio del 1882, dunque, il presidente del Consiglio poteva giovarsi del compattarsi politico della Sinistra sulle battute finali dell'approvazione della legge elettorale e dello scrutinio di lista. Nell'operosa attesa preelettorale delle componenti della maggioranza s'inserì anche la massoneria italiana, guidata da Giuseppe Petroni, partecipe senza successo nella recente competizione amministrativa capitolina. Con i dignitari massonici Castellazzo e Lemmi, egli firmò in gennaio una circolare per evitare il manifestarsi di divergenze d'opinione politica alla vigilia dell'approvazione della legge elettorale. Richiamando l'obbligo del cittadino all'esercizio del voto come elemento importante dell'opera educatrice massonica, s'invitarono le componenti liberali a unirsi contro un papato che, pur presentato decadente, si considerò capace d'incidere sulla «libertà civile»[13]. L'iniziativa

[11] Cfr. i testi di Minghetti a Legnago e a Bologna, in A. Guiccioli, *Quintino Sella*, cit., pp. 380-381.

[12] AP, CD, *Discussioni*, tornata del 21 dicembre 1881, p. 8145. Il dibattito era stato avviato da Depretis ironizzando sull'essere considerato l'«indecisione vivente», *ivi*, p. 8139.

[13] A. Ciampani, *Cattolici e liberali durante la trasformazione dei partiti. La «questione di Roma» tra politica nazionale e progetti vaticani (1876-1883)*, Istituto per la Storia del Risorgimento Italiano, Roma 2000, pp. 260-261.

alimentò a febbraio la spinta a far inscrivere il maggior numero possibile di aderenti alle logge nella lista degli elettori politici. Il dibattito che accompagnò tale movimento preelettorale, tuttavia, non evitò difficoltà politiche a chi, come Pianciani, senza apparire schiacciato sulle posizioni governative, si trovò a mediare tra le ragioni delle istituzioni rappresentative e le aree della sinistra garibaldina o radicale, sensibili agli umori repubblicani.

Durante la "tregua" parlamentare che dal finire del 1881 si protrasse ai primi mesi del 1882 si manifestò una significativa evoluzione nella Destra. Declinate le voci di un'improbabile combinazione Nicotera-Robilant, le simpatie selliane si rivolsero alla campagna contro il papato e contro Minghetti lanciata da Crispi. Timorosa dagli esiti della riforma elettorale e del pur limitato appoggio dato dall'Estrema di Cavallotti al governo, invece, la maggioranza della Destra seguì con favore il progredire del dialogo di Minghetti con Depretis, fino all'incontro tra i due leader del 23 gennaio 1882, in cui si accennò a un compatto partito in grado di far fronte ai pericoli per le istituzioni nazionali[14]. Le prospettive allora delineate presto iniziarono a prendere forma: in febbraio anche «L'Opinione» mostrò di approvare la proposta di formare una Unione liberale monarchica composta da moderati e progressisti in chiave antirepubblicana avanzata da «La Rassegna». Il movimento avviato trovò eco nei dubbi de «La Perseveranza» sull'ipotesi di sciogliere le associazioni costituzionali per fonderle con quelle progressiste, cui seguì all'inizio di marzo il rammarico dello stesso giornale per alcuni casi d'avvenuto scioglimento. In aprile, «L'Opinione», ormai vicina a Minghetti, giunse a dichiarare il suo sostegno alla politica finanziaria di Magliani.

Intanto, Depretis non mancò di presidiare il campo dell'anticlericalismo, sul quale si era attestata l'opposizione interna alla Sinistra, con un'attitudine che tranquillizzò i settori moderati che su tale terreno ritennero utile ancora nel febbraio un incontro con i progressisti, pur considerando il «pericolo clericale» minore di quello radicale. Del resto, l'autorità di pubblica sicurezza, tra controllo e tutela, dedicò particolare attenzione agli ambienti pontifici, nei quali si colse un rilevante sviluppo. L'opuscolo *Il Papa e l'Italia*, stampato da Propaganda Fide anonimo, ma attribuito dalla questura a mons. Domenico Jacobini, dal 30 marzo 1882 segretario della stessa congregazione vaticana, sottolineò la nascita nel luglio 1881 della rivista «La Rassegna Italiana», con la quale il gruppo dell'Unione romana si propose all'opinione pubblica nazionale. Il nuovo periodico, da un lato, evocò lo slogan dell'Opera dei congressi, dichiarandosi promosso da «cattolici, ossequenti sempre ed in ogni cosa alla divina autorità della Chiesa» di fronte alla «mutata indole dei tempi»; dall'altro, assunse una

[14] Cfr. l'appunto di Minghetti ricordato in L. Luzzatti, *Memorie*, cit., p. 185.

posizione «elezionista», ponendo a tema «il modo e il limite dell'azione dei cattolici nella vita pubblica in Italia» per sostenere gli interessi morali e materiali della patria «senza idee prestabilite e spirito di parte»: «Noi siamo cattolici: e sentiamo che appunto per questo più fortemente e più efficacemente desideriamo la libertà, la grandezza, l'indipendenza d'Italia». Nel ricordare i positivi effetti sul piano della politica estera e dell'ordine sociale per una «Italia indipendente» riconciliata con un «Papa sovrano», si affacciò un percorso di un'interlocuzione diretta con il governo, prescindendo dalla mediazione liberal moderata, nell'augurio «pel vero bene dell'Italia che gli uomini che se ne stanno o verranno al regime – scrisse – sappiano afferrarne l'opportunità»[15].

Con il sostegno vaticano «La Rassegna Italiana» si propose in esplicita competizione con la conservatrice «La Rassegna Nazionale», per rendere riconoscibile una posizione intermedia tra transigenti ed intransigenti, in linea con la maggioranza del centro cardinalizio. Nel gennaio 1882 il direttore del periodico, l'unionista Jacometti, giunse a pubblicare un articolo intitolato *Il disegno d'una trasformazione in Italia.* Rigettate le tesi clericali e cattolico-liberali, si riprese il tema del «riavvicinamento al papa» delle istituzioni italiane come contributo ad una vera «stabilità alla nazione stessa». I cattolici avrebbero, così, preso parte a «una graduale ma potente trasformazione», consentendo alla rappresentanza dell'Italia «reale» di unirsi alle forze liberali contro la pressione radicale; sotto un legittimo «governo monarchico costituzionale» essi avrebbero aperto la via «ai progressi d'una benintesa e cristiana democrazia», emancipando il popolo condannato a tacere ed ubbidire ad una «casta dominante» perché benestante e colta. Introdotto così il tema dell'allargamento elettorale, si pose l'esigenza di portare al governo un gruppo «di uomini onesti e savi» che non fossero stati costretti a «transazioni» con radicali e anticlericali, alimentando «deplorate scissure»[16]. Sulla medesima rivista la questione fu ripresa da Filippo Crispolti, giovane esponente dell'Unione romana, per chiarire che l'articolo di Jacometti non era «letteratura dei Conservatori», accettando i «motivi d'altissimo ordine» per cui il papa aveva prescritto l'astensione e sollecitando i cattolici a prepararsi al voto senza oltrepassare «la semplice iscrizione nelle liste» elettorali. Inoltre, rettificò l'opinione che solo l'«Italia trasformata» avrebbe portato a soluzione la questione romana mentre i cattolici erano assenti dalla lotta politica, criticando una «federazione» d'uomini d'ordine come gruppo elitario di «eleggibili

[15] *Programma*, in «La Rassegna Italiana», I, luglio 1881, pp. 5-7.

[16] F. Jacometti, *Il disegno d'una trasformazione in Italia*, in «La Rassegna Italiana», II, gennaio 1882, pp. 5-45.

senza elettori». Citando *Il Papa e l'Italia*, egli indicò nell'iniziativa del governo italiano per chiudere la questione romana la via più diretta a rimuovere il decisivo «ostacolo alla piena partecipazione alla vita politica» dei cattolici; in tal caso, come accaduto a Roma, si sarebbero visti «i cattolici uniti a quegli amanti dell'ordine, che pure stanno fra i destri o i sinistri»[17]. Il governo seguì con attenzione questa riflessione nel mondo cattolico, riscontrando all'inizio di febbraio che, in effetti, la nuova legge elettorale aveva spinto i cattolici romani a iscriversi nelle liste elettorali, in attesa di ricevere istruzioni vaticane sul prendere parte o meno alle elezioni politiche: nel marzo «La Rassegna Italiana», mentre dava conto della Unione liberale monarchica promossa dai costituzionali in accordo con i progressisti, Soderini rivendicò che proprio i cattolici erano stati i «più pronti e più disciplinati per farsi iscrivere»[18].

L'evoluzione unionista seguì, in effetti, l'impronta data al dibatto cattolico dalle indicazioni pontificie. Lo stesso papa, nel pubblicare l'enciclica ai vescovi italiani *Etsi nos* del 15 febbraio 1882, richiamate le sofferenze causate dalla legislazione ecclesiastica italiana e dalla presa di Roma, ricordò i benefici che l'Italia avrebbe potuto ricevere in termini di coesione e di concordia grazie ad una maggiore libertà della Chiesa. Tra maggio e giugno, nelle stanze vaticane si chiuse il dibattito sull'eventuale partenza del papa da Roma, varando documenti dal duplice obiettivo: fiaccare la parte più intransigente all'interno della Curia romana e far trapelare un'inquietudine all'esterno, alimentando pressioni diplomatiche europee perché l'Italia trovasse un *modus vivendi* con la S. Sede. Nel frattempo, Leone XIII rilanciò un dibattito sulla partecipazione politica dei cattolici: su richiesta papale, mons. Domenico Agostini, a marzo creato cardinale e patriarca di Venezia, stese un parere in cui ritenne non più conveniente il *non expedit* in vista dell'allargamento elettorale e, piuttosto, utile offrire una norma agli elettori cattolici perché potessero orientarsi nella scelta dei candidati. Nel solco degli indirizzi conciliari e del centro cardinalizio, egli osservò che l'occasione si prestava a compiere il passo senza apparire contradditori, alla luce delle mutate circostanze e condizioni sociali. Dall'aprile 1882, così, furono interrogati alcuni vescovi italiani sull'opportunità di mantenere o meno il divieto ai cattolici del voto politico e, nel caso, come preparare il clero e i fedeli alla nuova situazione. Connessa a tali dinamiche vaticane, biasimando ancora l'ipotesi di «un'unione co' moderati nel campo ormai abbandonato del *conservatorismo liberale*»,

[17] F. Crispolti, *Lettera sul disegno d'una trasformazione in Italia*, in «La Rassegna Italiana», II, febbraio 1882, pp. 191-197.

[18] E. Soderini, *Rivista politica*, in «La Rassegna Italiana», II, marzo 1882, pp. 335-336.

«La Rassegna Italiana» suggerì che si formulasse un «canone» accettabile da tutti gli uomini desiderosi dell'ordine sociale qualunque fosse stato «il lor colore politico»[19]. Dialogando anche con le forze della Sinistra al governo che avrebbero preso le distanze da radicali, repubblicani e socialisti, i cattolici sarebbero stati pronti ad una «volenterosa cooperazione al miglioramento ufficiale della società italiana e alla risoluzione legale della questione pontificia», qualora un pronunciamento del papa avesse rimosso la loro «interdizione» alla vita politica. Riconosciuta nell'ambiente unionista l'attitudine inclusiva sottesa all'operazione depretisina, si stava attendendo dal governo trasformista qualche ulteriore segnale.

Mentre nella «calma» della Camera si previdero elezioni generali per il successivo ottobre, il presidente del Consiglio e ministro dell'Interno collocò i passi del Vaticano e del movimento cattolico, tra aperture e ammonimenti, nello scenario complessivo delineato dall'allargamento del suffragio, evitando di alterare le spinte unitarie dell'anticlericalismo liberale e la credibilità goduta presso Casa Reale. Una potente leva per ottenere maggiore libertà all'azione trasformista – allentando i vincoli posti dalle iniziative dell'estrema sinistra, dell'associazionismo moderato e del campo cattolico – giunse al governo dai risultati ottenuti in politica estera. In effetti, «le preoccupazioni di politica interna giocarono assai più che non si sia spesso creduto nella conclusione della Triplice Alleanza»[20], il trattato segreto dalla durata quinquennale che il Regno d'Italia firmò a Vienna il 20 maggio 1882 con l'Impero tedesco e la duplice monarchia austro-ungarica. Allontanando l'ombra di un'incombente guerra europea grazie al suo carattere difensivo, che dissuase eventuali attacchi contro gli Stati alleati, il negoziato del *Dreibund* fu funzionale al riassetto del sistema bismarckiano, volto ad impedire ogni *revanche* della Francia nei confronti della Germania[21]. L'anticlericale repubblica francese aveva assistito preoccupata all'affacciarsi di un possibile avvicinamento tedesco alla S. Sede dopo l'esaurirsi del *Kulturkampf*, alla realizzazione nell'ottobre 1879 della Duplice alleanza austro-tedesca, alla rivisitazione dell'«accordo dei tre imperatori» fra i sovrani di Germania, di Russia ed Austria-Ungheria per la reciproca neutralità in caso di guerra con una quarta potenza nel giugno 1881. Infine, dopo la crisi tunisina e i fatti di Marsiglia, Parigi registrò

[19] F. Jacometti, *Sullo stesso argomento "Il disegno d'una trasformazione in Italia"*, in «La Rassegna Italiana», II, aprile 1882, pp. 376-387.

[20] F. Chabod, *op. cit.*, p. XVI.

[21] Cfr. H. Afflerbach, *Der Dreibund. Europäische Großmacht- und Allianzpolitik vor dem Ersten Weltkrieg*, Böhlau, Wien/Köln/Weimar 2002.

anche l'inasprimento dell'opinione pubblica italiana verso la Potenza che aveva accompagnato l'unificazione nazionale della Penisola.

Fin dal primo governo Depretis, peraltro, i governi della Sinistra si erano misurati con l'aperta questione dei confini orientali del regno, a causa dei permanenti problemi strategici di sicurezza militare, terrestre e marittima, oltre che della protesta a favore delle popolazioni italiane del Trentino, della regione dell'Isonzo e della costa istriana e dalmata[22]. Nonostante il rifiuto austro-tedesco all'ipotesi di eventuali cessioni di questi territori all'Italia, la via di un negoziato politico per risolvere la questione riemerse ancora, dopo la crisi tunisina e il trattato del Bardo, nel percorso di superamento dell'isolamento dell'Italia in una «coesistenza pacifica» con Vienna. L'espansione asburgica nei Balcani, inoltre, avrebbe potuto essere anche sfruttata per una penetrazione economica italiana nell'area[23]. La disponibilità italiana ad allearsi con le Potenze centrali era stata rilanciata da Mancini dopo la protesta pontificia per gli incidenti del 13 luglio. Curate le opportune coperture politiche presso l'opinione pubblica, dal 26 al 31 ottobre 1881 era seguito il viaggio a Vienna del re d'Italia, accompagnato dal presidente del Consiglio e dal ministro degli Esteri. Dal mese di dicembre i negoziati fecero tali progressi che l'Italia già nell'aprile 1882 si trovò inserita nell'articolato sistema di relazioni internazionali pensato dal cancelliere tedesco.

Intanto, Depretis non aveva cessato di presentarsi interlocutore affidabile ai governi dei repubblicani "opportunisti" in Francia, dai programmi riformisti analoghi al movimento progressista italiano. Riprese le relazioni economiche franco-italiane dopo il rifiuto del trattato doganale del 1877, all'inizio del seguente novembre l'Italia concluse il trattato di commercio con la Francia, con il sostegno di moderati come Tornielli e Luzzatti. Mentre entrava in crisi il «condominio franco-inglese» in Egitto, l'Italia non tralasciò di curare i rapporti col governo britannico, che le propose di partecipare a un intervento militare congiunto a fronte della prospettata indipendenza del regime egiziano, proposta opportunamente respinta da Mancini[24]. Il governo italiano, peraltro, tenne a chiarire in una dichiarazione allegata al trattato che la firma della

[22] L. Monzali, *Italiani di Dalmazia. Dal Risorgimento alla Grande Guerra*, Le Lettere, Firenze 2004.

[23] Così Mancini a De Launay il 23 luglio 1881, DDI, serie II, vol. 14, Libreria dello Stato, Roma 1991, pp. 98-99.

[24] G. Talamo, *La politica coloniale della Sinistra: la «questione d'Egitto»*, in *Alla ricerca delle colonie*, a cura di P.L. Ballini, P. Pecorari, Istituto Veneto di Scienze, Lettere e Arti, Venezia 2007, pp. 3-41.

Triplice Alleanza non costituiva atto di ostilità verso Londra, continuo riferimento della sua politica mediterranea e dello sviluppo coloniale, cui si collegò proprio nella primavera 1882 l'acquisto da parte dello Stato italiano dell'insediamento nel porto di Assab.

La Triplice Alleanza segnò il passaggio dell'Italia da una politica estera della neutralità ad una politica di alleanze, che le consentì di essere parte attiva nei *dossier* sollevati dalla politica internazionale. Un simile passo, peraltro, fu strettamente connesso agli interessi di politica interna, alla cui esigenze la leadership depretisina improntò l'azione diplomatica. La Triplice Alleanza pose definitivamente fine alla minaccia di un intervento straniero per ristabilire il potere temporale, considerato del resto indesiderabile dalle contemporanee conclusioni del dibattito vaticano sulla situazione del papa a Roma. In tale quadro, il crescente associazionismo cattolico italiano perse del tutto la potenziale valenza antisistema che i suoi avversari ancora gli attribuivano e allargò piuttosto la dialettica politica nel mondo liberale per orientare l'evoluzione delle sue componenti maggioritarie. Si trattò di una dinamica analoga a quella che investì le componenti di un variegato mondo collegato all'Estrema: la stipulazione della Triplice Alleanza, operando a garanzia della stabilità dinastica e rassicurando le componenti moderate nell'anno dell'ampliamento del suffragio, consentì maggiori margini d'azione nella politica interna a radicali e repubblicani nel *limes* tra rappresentanza parlamentare e condotta legale della mobilitazione sociale.

L'evoluzione dello scenario politico delineato incoraggiò la maggioranza trasformista a procedere nella linea dell'innovazione politica e riformista indicata dall'indirizzo progressista, impedendo lo sviluppo di un triplicismo ideologico. Nella dialettica non priva di increspature con Mancini e Umberto I, comunque, Depretis puntò ad evitare che il sovrapporsi delle ultime schermaglie sulla legge elettorale e l'avvicinamento agli alleati austro-tedeschi alimentasse venti di crisi politica nell'Esecutivo e nel Parlamento. La "segreta" politica di alleanza del Gabinetto italiano fu ventilata sulla stampa già in maggio; trasparente nei cenni di Bismarck del giugno 1882 sull'unione delle monarchie interessate alla stabilità europea, essa apparve più chiara nelle parole del ministro degli esteri austriaco Kálnoky nell'ottobre seguente. Ma in autunno la lunga campagna elettorale seguita all'approvazione delle nuove norme elettorali era ormai giunta al suo termine.

La gestione depretisina di questo itinerario si dipanò su diversi fronti: depotenziare l'incidenza dei moderati nel sostenere il progetto trasformista, valutare le mosse dell'elettorato cattolico, ridurre i dissensi nella Sinistra evitando la deflagrazione di un'area interna di irriducibile ostilità, contenere il rafforzarsi di un'opposizione politica intorno all'Estrema. Con Zanardelli accanto a Depretis, il Ministero seppe disinnescare appuntamenti insidiosi e preoccupanti anche per la monarchia, come le celebrazioni socialiste della Comune sostenute da Costa in Romagna e l'intervento di Garibaldi a Palermo in occasione dell'anniversario dei Vespri siciliani (che evitò di evocare la lotta per le terre irredente e fu indotto a scagliarsi contro un papato ancora in grado di impegnare «i neri cagnotti all'adulterazione del suffragio universale, quasi ottenuto»[25]). Infine, l'operazione trasformista aveva preso consistenza tra l'aprile e il maggio 1882, quando «Il Popolo romano» indicò come percorribile un'azione comune dello schieramento liberale, secondo gli auspici de «L'Opinione».

Strategie e tattiche adottate dalla politica nazionale furono anticipate nella contemporanea crisi capitolina, per gestire l'ordinata composizione di riemersi conflitti tra interessi politici ed economici per il piano regolatore della Capitale. Il sindaco Pianciani, infatti, aveva tentato d'imporre una leadership personalistica alla guida di tale processo, diffondendo in una *Lettera ai romani* un proprio programma d'ampio governo municipale; egli rimise così in discussione gli equilibri raggiunti nell'ottobre precedente con l'assenso governativo. Sfiduciato dalla sua giunta comunale, Pianciani ricercò il sostegno del movimento democratico e massone romano, che si rivelò diviso al suo interno, e tentò un vano appello alla mobilitazione dei ceti popolari. L'iniziativa risultò sgradito segno di debolezza politica agli ambienti depretisini, delusi dalle sue iniziative e impegnati a dialogare con i moderati, che chiesero e ottennero l'adesione dei consiglieri unionisti alla protesta contro il sindaco. A Pianciani non restò che dimettersi di fronte alla maggioranza del consiglio capitolino favorevole a una giunta trasformista, composta da esponenti della Sinistra accanto a consiglieri eletti in liste liberali concordate, talora con il concorso dell'Unione romana. Tra questi, Torlonia fu chiamato ad assumere le funzioni temporanee di sindaco dal 20 maggio 1882, in qualità di assessore anziano, accettando di guidare il municipio in una fase ritenuta interlocutoria, posta sotto la distante, discreta ma costante attenzione del Depretis. Mostratosi solidale al Pianciani come leader di partito, ma operando in chiave antiradicale, il presidente del Consiglio addomesticò la polemica della Sinistra romana e controllò l'iniziativa politica della Destra moderata, mostrando di saper garantire a Roma la libertà di tutti, compreso il mondo cattolico romano, pur relegato in una posizione marginale.

[25] *Al popolo di Palermo*, 28 marzo, in *Edizione nazionale degli scritti di Giuseppe Garibaldi, Scritti e discorsi politici e militari*, vol. 3, 1868-1882, Cappelli, Bologna 1937, pp. 321-322.

La sopraggiunta morte di Garibaldi, il 2 giugno 1882, segnò l'agenda politica nazionale all'inizio dell'estate, mentre la crisi egiziana agitava ancora gli equilibri internazionali. Il governo si impegnò a mantenere le cerimonie e le manifestazioni del culto garibaldino nel contesto di celebrazioni nazionali. Nella stabilità del disegno trasformista c'era posto per le diverse componenti che si erano battute per realizzare lo Stato unitario; deliberato un monumento romano al Generale, alla fine del mese si inaugurò pubblicamente una statua di Mazzini a Genova. Con una diversa torsione politica, si stava completando il processo, avviato nei governi Cairoli, d'inserimento in un alveo istituzionale delle eredità risorgimentali, come segnalò su di un altro piano anche il varo della legge che costituì il Tiro a segno nazionale. L'indomani di un partecipato corteo in onore di Garibaldi a Napoli, in cui non mancarono offese a un sentimento religioso popolare ora accarezzato da tutti i liberali, San Donato accusò il Ministero di favorire le divisioni interne al movimento liberale della città partenopea, favorendo così la presenza pubblica dei cattolici. Il presidente del Consiglio questa volta raccolse la sfida politica dell'intervento: richiamò il diritto del corpo elettorale di mutare la rappresentanza municipale, come avvenuto a Napoli nei quattro anni precedenti, riaffermò il rispetto della legge di fronte a quelle «frazioni» della Sinistra disposte ad alimentare disordini di piazza, rivendicò l'attuazione di «una politica italiana» per raccogliere intorno al Gabinetto tutto il partito liberale fedele alle istituzioni.

Alla fine di giugno, la preparazione delle elezioni amministrative si svolse ancora sotto il dominio della politica nazionale, piegando l'esigenza tattica del momento agli scenari dello scontro elettorale autunnale. La disponibilità depretisina a riconoscere alla Destra liberale non solo moderazione, ma anche propositiva attitudine nella risoluzione di problemi legati ai provvedimenti governativi, non contemplò cedimenti alle aspirazioni di Minghetti di porsi come interlocutore determinante del percorso trasformista. Anzi, a Roma la Sinistra assunse la guida dell'unione dei liberali e sganciò dai moderati costituzionali l'elettorato cattolico. L'appuntamento amministrativo capitolino rivestì particolare rilievo per il suo sovrapporsi con il dibattito vaticano: proprio tra il maggio e il luglio 1882 ventidue esponenti dell'episcopato italiano risposero all'invito del papa di pronunziarsi sul *non expedit*, esprimendosi in grande maggioranza per la sua rimozione. Tra i favorevoli all'accesso dei cattolici al voto politico furono i vescovi di Cremona, Geremia Bonomelli, di Genova, Salvatore Magnasco, di Firenze, Eugenio Cecconi, di Bologna, Lucido Maria Parocchi (poi vicario del papa a Roma) e il suo successore Francesco Battaglini, di Napoli, Guglielmo Sanfelice, di Palermo, Michelangelo Celesia; con loro anche i vescovi di Benevento, Camillo Siciliano di Rende, e di Montefiascone, Luigi Rotelli, entrambi in seguito nunzi a Parigi. Il superamento del *non expedit* avrebbe corrisposto alle lecite aspirazioni dei fedeli e dei loro interessi, tranquillizzando le coscienze e smentendo il pregiudizio di una Chiesa contraria alla prosperità nazionale e alle libere istituzioni. Concorde con tali approcci, fu il voto di mons. Domenico Jacobini, interlocutore dell'Unione romana fin dalla sua fondazione. Consapevole che la via al concorso alle elezioni politiche sarebbe stata comunque «lunga, difficile, pericolosa e piena di incertezza», egli descrisse un itinerario distinto dalle tesi contrapposte di «cattolici liberali» ed «intransigenti». Sostenne che l'affidarsi solo all'azione «individuale e collettiva dei cattolici fuori dall'orbita del movimento legale politico» avrebbe rischiato di separare la militanza cattolica dagli «interessi dei più». Il varo delle nuove leggi elettorali, scenario politico di un opportuno intervento alle urne dei cattolici, vedeva la decadenza del mondo moderato, in cui stava «operando una trasformazione», consentendo di evitare il pericolo che il voto cattolico fosse utilizzato a suo sostegno[26]. Mentre in altre parti d'Italia il voto comunale evidenziò una buona affermazione dei cattolici, come a Firenze e Napoli, a Verona e Venezia, tuttavia, proprio a Roma l'operazione trasformista per unire le componenti liberali incise sulla proposta unionista.

Le elezioni politiche suppletive tenute a Roma ai primi di luglio, in sé di scarso valore alla luce della prossima tornata elettorale nazionale, assunsero un significato politico nel contrapporre a Bertani, appoggiato dai radicali, Pietro Pericoli, candidato della Sinistra governativa sostenuto dai moderati. L'alleanza trasformista proseguì con la proposta di una lista amministrativa che portò i progressisti ad allearsi con i costituzionali per condurre nell'aula capitolina rappresentanze che non appartenessero ai «partiti estremi». Abbandonati dai moderati, gli unionisti seppero accettare con saggezza politica, pur tra gravi difficoltà interne, di mobilitarsi silenziosamente verso una sconfitta preannunciata, evitando che le elezioni municipali si trasformassero in una dimostrazione politica ostile al cattolicesimo. Si impose alla fine dell'estate, così, un ripensamento strategico collettivo dell'Unione romana. «La Rassegna Italiana», con un articolo firmato collegialmente dalla direzione, interpretò come frutto dell'azione del governo le ragioni della sconfitta e delineò il compimento della propria posizione: «L'errore, a parer nostro, fu l'essersi l'*Unione* pel passato alleata per la vita e per la morte con uno dei partiti liberali, cioè co' moderati, e di aver negoziato con i costituzionali che sono una frazione di

[26] A. Ciampani, *Orientamenti della curia romana e dell'episcopato italiano sul voto politico dei cattolici (1881-1882)*, in «Archivum Historiae Pontificiae», 34, 1996, pp. 294-304.

questo»[27]. Questa scelta aveva di fatto limitato il suo programma «che dovea essere quello di chiedere e dare aiuto agli uomini religiosi, onesti ed intelligenti di qualsiasi partito». La dura autocritica condusse l'itinerario unionista verso eventuali accordi con esponenti governativi, in coerenza con l'affermazione di un'amministrazione estranea alla passione delle «convinzioni politiche». Il disciplinato «partito dell'*Unione*», evitando di «sottomettersi agli stipendi di nessun altro partito» e «mantenendosi estraneo ad ogni lotta politica dei moderati e dei progressisti», avrebbe potuto così appoggiare i «migliori elementi dei medesimi», operando per il bene cittadino.

A sua volta, il nuovo indirizzo unionista pronto ad offrire alleanze e contatti al governo trasformista, dileguandosi negli ultimi dibattiti parlamentari le differenze di Centro, Sinistra e Destra «nella concordia della palude parlamentare», ebbe subito effetti nel campo liberale. Nell'accordo tra moderati e progressisti, con l'appoggio ministeriale e le defezioni dei radicali, la destra romana, privata delle risorse unioniste, perse centralità e per confrontarsi con la sinistra estrema accettò l'abbraccio politico depretisino. Il movimento elettorale capitolino ancora una volta concorse a preparare la strategia trasformista condotta a livello nazionale in vista delle elezioni generali politiche, che dal Piemonte alle province meridionali, con particolare apprensione in Lombardia, nelle Romagne e in Toscana, puntò ad unire moderati e progressisti contro i radicali. Persino «L'Osservatore romano» sottolineò come Depretis a Roma avesse fatto «per così dire una prova», offrendovi «un esempio» dell'avvenuta fusione tra i partiti liberali[28]. Il presidente del Consiglio trovò in quell'esperimento conferme alla sua linea politica, sia sul piano tattico che strategico: senza scontentare la maggioranza della Sinistra, egli divise l'Estrema, si mostrò ligio alle istituzioni monarchiche, raccolse le esigenze moderate e frenò i cattolici senza inimicarsi gli ambienti vaticani. La sollecitazione al movimento organizzato dai cattolici di rinunciare a costituirsi in partito e di contribuire con apporti personali a sostenere l'ordine nazionale, infatti, corrispose all'orientamento del centro cardinalizio; alla possibile azione parlamentare cattolica, tuttavia, la componente intransigente in Curia romana poteva opporre le condizioni dei consiglieri capitolini eletti dai circoli cattolici, impossibilitati ad impedire l'apoteosi garibaldina. Infine, Leone XIII individuò la via ad assicurare tranquillità alle coscienze dei cittadini coinvolti nel voto politico, senza indebolire i rivendicati diritti della S. Sede e la concordia tra i fedeli: a metà settembre fu disposto di

[27] La Direzione, *La vittoria dei liberali a Roma nelle elezioni amministrative del 16 luglio 1882*, in «La Rassegna Italiana», II, agosto 1882, p. 99.

[28] *Trasformazioni*, in «L'Osservatore romano», 20 luglio 1882.

tollerare singole candidature e consentire l'assunzione dell'ufficio di deputato. La risoluzione scontentò transigenti e intransigenti; se il *non expedit* non fu ufficialmente modificato, comunque si delineò un itinerario per far accedere i cattolici alla competizione elettorale, secondo l'orientamento episcopale e con la sorveglianza della S. Sede. Restato aperto il dibattito nella pubblicistica, il Vaticano parve andare incontro all'attitudine governativa per sondare il suo effettivo impegno in chiave antiradicale, con una scelta che mantenne le tradizionali riserve verso la discesa in campo di un partito cattolico, che Depretis non avrebbe comunque permesso.

Intanto, con la pubblicazione del testo unico della legge elettorale politica del 24 settembre, la prolungata campagna elettorale, percepita per strategie e partecipazione come fenomeno distinto dalle più elitarie competizioni precedenti, era entrata nel vivo[29]. Le votazioni politiche fissate per il 29 ottobre e il 5 novembre 1882 costituirono un passaggio storico della vita istituzionale nazionale. Queste elezioni, infatti, non solo triplicarono il numero degli italiani aventi diritto al voto, passati in appena due anni dai poco più di 621.000 del 1880 agli oltre due milioni di elettori (dal 2,2 per cento al 6,9 per cento degli abitanti), ma ancor più che nel 1876 rappresentarono un crinale politico decisivo per la trasformazione dei partiti postunitari. Affermando un permanente governo dal centro parlamentare[30], distinto da temporanei connubi o fusioni, il trasformismo si propose come compimento di una dialettica politica auspicata per evitare perturbazioni ricorrenti di un sistema frammentato e conseguire la stabilità necessaria a realizzare profonde riforme nel Paese. In tal senso il trasformismo[31] non coincise con un «assorbimento di gruppi alleati ed avversari all'interno di una egemonia moderata»; le affinità culturali tra i partiti liberali, piuttosto, giunsero a comporsi in un «profilo esplicitamente politico [...] quando le diverse, ma convergenti, strategie governative di Minghetti e Depretis trovarono un punto d'incontro in un contesto politico-sociale profondamente

[29] E. Mana, *Le campagne elettorali in tempi di suffragio ristretto e allargato*, in *Storia delle campagne elettorali in Italia*, a cura di P.L. Ballini, M. Ridolfi, Bruno Mondadori, Milano 2002, pp. 89-90.

[30] Cfr. la riflessione di F. Bonini su *"Il partito della maggioranza" nell'Italia liberale*, nell'introdurre i contributi di P. Carusi, T. Forcellese, F. Rossi, G. Schininà in «Studium», 1, 2020, pp. 11-14.

[31] «È storicamente inaccettabile che, con tale termine, vengano indicate intere pagine della storia nazionale, dal connubio cavouriano al consociativismo degli anni Settanta e Ottanta del Novecento, trasformando in questa formula il carattere peculiare della nostra politica nazionale, appiattendo con ciò l'intera dialettica politica a particolari momenti storici e caratterizzandosi come categoria morale»; così M. De Nicolò, *Trasformismo*, cit., pp. 89-90.

mutato rispetto agli anni dell'Unificazione»[32]. Nell'autunno 1882 l'intesa tra la Sinistra ministeriale con la Destra trasformata di Minghetti giunse, così, al necessario banco di prova del «suffragio universale possibile», come lo definì Depretis nel rivendicare di aver posto il proprio nome sotto una legge destinata a restare «una delle più belle glorie dell'Italia di Umberto I»[33].

L'8 ottobre 1882, nel presentare a Stradella il suo programma elettorale come leader della Sinistra da sette anni al governo, il presidente del Consiglio poteva richiamare apertamente il dibattito sulla trasformazione dei partiti, confermando quanto sostenuto da un ventennio sull'esigenza dei partiti di non cristallizzarsi e sull'auspicata unificazione delle parti liberali della Camera. Ribadito il carattere progressista del Ministero, egli riprese le recenti aperture dei moderati: «E se qualcuno vuole entrare nelle nostre fila [...], se qualcuno vuole trasformarsi e diventare progressista, come posso io respingerlo? Anche al lavoratore dell'ultima ora il divin Maestro ha assegnato la stessa intiera mercede». La studiata battuta, che sollevò le risa degli astanti, evocò i condivisi vantaggi di una «concordia nazionale» derivante dalla libertà garantita da una «stabilità degli ordini civili». Disegnando il compimento della proposta del 1876 con l'ingresso dei moderati nel campo progressista, peraltro, abilmente Depretis mise i paletti intorno al terreno delle possibili intese, fissati da uno slogan elettorale ricco di implicazioni nella sua apparente genericità: «Nell'unità monarchica e liberale del Paese io pongo la più grande forza per la difesa dell'Italia»[34].

Invocato il rispetto della piena espressione della volontà del Paese, che assicurò priva di ingerenze governative, il presidente del Consiglio con inedita forza pose fuori dal recinto politico trasformista coloro che non accettavano apertamente una monarchia «popolare e unitaria»: la netta avversione ai radicali che non condividevano la fede monarchica era accompagnata dalla condanna dei partiti repubblicani e socialisti, che dichiaravano di «valersi delle istituzioni per abbattere le istituzioni». Egli avvisò il «partito clericale», con consumata retorica, che i sognatori di impossibili restaurazioni avrebbero trovato in lui un inesorabile nemico e confermò la politica ecclesiastica ministeriale. Venendo, poi «al così detto partito cattolico», Depretis introdusse una considerazione politica dalle molteplici valenze. Da un lato, dichiarò che avrebbe contrastato il suo pro-

[32] F. Cammarano, *Minghetti e il trasformismo*, cit., p. 90.

[33] *Discorso dell'onorevole Agostino Depretis, presidente del Consiglio, al banchetto offertogli dai suoi elettori di Stradella, il giorno 8 ottobre 1882*, Stamperia dell'Unione tipografica-editrice, Torino 1882, p. 5.

[34] *Ivi*, pp. 21-22.

gramma esposto in un opuscolo, «scritto con forme temperate e decenti», considerando la legge sulle Guarentigie tutto quanto si potesse concedere «a far rispettare il potere spirituale», fissando insieme «l'*ultimatum* delle concessioni» al papato e un argine alle rivendicazioni anticlericali. D'altra parte, fidente nella libertà, egli avrebbe accettato un combattimento tra le idee, «finché sarebbero restate nel campo delle idee»; poiché, aggiunse, «sarebbe stoltezza, io credo, mettere ostacolo a quel processo di assimilazione che deve compiersi con la forza attraente delle istituzioni che ci reggono». In tal modo come ministro dell'Interno mostrò di applicare ai cattolici criteri liberali simili a quelli che Zanardelli (ora ministro della Giustizia) aveva usato nel 1878 verso l'estrema sinistra. Nella vigilia elettorale del 1882, peraltro, l'edificio politico della concordia trasformista, convergente nella «religione della patria» fondata sulle libertà statutarie, si presentò più accessibile all'effettiva evoluzione del mondo cattolico che al movimento repubblicano e socialista[35].

Il programma progressista incardinato sull'unità monarchica e liberale del Paese – curando sempre Depretis di mantenere il profilo di leader della Sinistra liberale caro al suo tradizionale bacino di consensi – si porse fiducioso al nuovo elettorato aprendosi alla collaborazione dei moderati. Rinnovando la polemica politica con la Destra per il passato, il presidente del Consiglio rivendicò il ruolo di «ministero riparatore» del Gabinetto guidato dopo l'ultimo governo della Destra e l'attuazione delle riforme che la Sinistra realizzò nell'intero settennato di governo: ricordò le 534 leggi approvate, tra cui i provvedimenti sulla tassa del macinato, sull'istruzione, sul corso forzoso e sulla legge elettorale. Reso credibile da tali risultati, egli non rinunciò a presentare all'elettorale un elenco delle proposte legislative in corso d'opera e, comunque, da attuare: dall'ordinamento comunale e provinciale alla tutela degli impiegati civili, dall'ordinamento giudiziario al codice penale, dallo sviluppo della rete ferroviaria a quello della marina mercantile, dalla perequazione fondiaria alla riforma del credito e degli istituti di emissione, senza dimenticare i vari settori d'intervento nell'amministrazione pubblica.

Con simili impegni di grande respiro e difficoltà, il programma ministeriale progressista, assicurò Depretis, poteva contare sulla riuscita trasformazione dei tributi e del bilancio statale, solido e dotato della necessaria elasticità, con un aumentato prodotto dei servizi pubblici e dello stesso gettito fiscale, reso possibile dalla regolarità dell'amministrazione, dalla maggiore abitudine a pagare del contribuente e, soprattutto, dal positivo andamento della «prosperità» nazionale. Sull'incremento di un ampio benessere della popolazione si sarebbe appuntata la sorte politica della

[35] *Ibidem.*

sfida trasformista, piano d'incontro con il riformismo moderato e fattore di contenimento della protesta dei movimenti radicali e antistituzionali.

In tale prospettiva, evidenziò Depretis, occorreva affrontare con urgenza quella «che si vuol chiamare la questione sociale», collegando sviluppo agricolo ed industriale: le gravi «condizioni delle moltitudini che posseggono solo l'attitudine al lavoro», che in Germania e Inghilterra alimentarono la «questione operaia», in Italia investirono la creazione «del proletariato, o a parlar più chiaro, la questione dei contadini e degli operai dei nostri opifici». Per il presidente del Consiglio il nodo del rapporto tra domanda e offerta di lavoro, squilibrato a favore dei ceti «abbienti», avrebbe dovuto sciogliersi «per virtù di popolo» e di «carità sociale». Al governo liberale sarebbe spettato il compito di «rimuovere gli ostacoli» ad una giustizia uguale per tutti e promuovere interventi per migliorare le drammatiche condizioni emerse dalle inchieste sull'agricoltura e sull'igiene pubblica in molte parti d'Italia. Intanto si previde di mettere ordine negli istituti di beneficenza e nelle Opere pie, potendo contare il «patrimonio del povero» su 1600 milioni di capitale distribuito in più di ventimila istituzioni di diversa natura.

Non potendo l'intervento governativo risolvere «da solo le questioni sociali» sarebbe stato necessario, dunque, coinvolgere le forze morali della nazione e favorire il miglioramento del benessere individuale e collettivo attraverso la produzione agricola e manifatturiera. Il Ministero avrebbe sostenuto nel mondo rurale vasti bonificamenti e rimboschimenti, come si era già impegnato a combattere il batterio della filossera, a promuovere scuole agrarie, a ripensare il credito fondiario e agrario; soprattutto, accennate le conosciute difficoltà dei proprietari, Depretis sottolineò che gli «incrementi dell'agricoltura» erano «inseparabili dalle condizioni dei contadini». Similmente, delineata la cooperazione con l'agricoltura della sorgente industria, che avrebbe potuto profittare anche dell'abolizione del corso forzoso, egli richiamò per lo sviluppo industriale la necessità di «elevare la mente dell'operaio, ricrearne l'animo, e farne più prospere le condizioni economiche». Il Ministero stava progettando norme per cui «il risparmio dei lavoratori» potesse «con liberale cooperazione legislativa, assicurarli contro gl'infortuni e contro i dolorosi travagli della vecchiaia». Depretis enfatizzò il ruolo che in questo campo aveva assegnato al moderato Berti, seduto accanto a lui al banchetto di Stradella, posto a capo di un ministero che definì «del benessere e del progresso economico e sociale». In una visione riformista paternalista era maturata «la convinzione profonda che le società moderne, per essere grandi e potenti, debbono dei vari ordini di cittadini formare un tutto, che sia insieme legato da vincoli morali, giuridici ed economici». Nel rispetto liberale delle dinamiche del conflitto sociale, ancora fragili quelle di una rappresentanza sociale *in fieri* e confusa in tradizioni ribellistiche, il presidente del Consiglio giunse a sostenere che il governo non aveva fatto poco «conferendo al lavoro il voto politico»[36].

Non meno delicata fu l'analisi della politica estera. Anche su tale piano, appena accennate passate polemiche con la Destra, si osservò come nell'ultimo anno l'influenza italiana nelle relazioni internazionali fosse cresciuta: «Più intimo e manifesto – disse Depretis senza nominare la Triplice Alleanza – è il nostro accordo colle Potenze dell'Europa centrale, precipuamente interessate al mantenimento della pace, all'osservanza dei trattati, alla conservazione dell'odierno stato di diritto in Europa». Peraltro, il presidente del Consiglio vantò le buone e amichevoli relazioni instaurate dal Regno d'Italia con tutti i Paesi. Lanciando messaggi politici destinati all'opinione pubblica interna come alla diplomazia internazionale, il dinamismo del Ministero fu presentato soffermandosi sul migliorato rapporto con la Francia, legato a risorgimentali «memorie incancellabili», con la nomina dei rispettivi ambasciatori. In evidenza furono poste le ottime relazioni e la costante simpatia del popolo e del governo verso «l'Inghilterra antica amica dell'Italia e della Casa di Savoia», sebbene Mancini non avesse ritenuto di aderire all'invito britannico per un intervento armato nella questione egiziana. Insomma, premeva a Depretis sottolineare il realista dinamismo che animava una nuova fase della politica orientata alla pace; egli giunse a definire eventuali proposte di nuovi armamenti come intempestive, ingiustificate, e comunque subordinate agli obiettivi di equilibrio economico. Non doveva sfuggire a nessuno quanto la pace fosse un «beneficio grandissimo per l'Italia, che comincia appena il suo sviluppo economico, il qual domanda una pace salda, un Governo fermo, sorretto da una sicura maggioranza». Racchiuso nel ricercato equilibrio «di stabilità e di moto», assegnando alla monarchia il ruolo di freno di una macchina sociale in rapido progresso, il programma depretisino si concluse con un brindisi al re Umberto I, capo dell'esercito e «difensore delle pubbliche libertà»[37].

Il pregio politico del discorso di Stradella coincise con il rammarico confidato qualche giorno dopo da Visconti Venosta a Luzzatti: essere riuscito Depretis a far scomparire in un gioco di prestigio le precedenti ragioni dell'opposizioni di Destra. La risposta pubblica di Minghetti, parlando agli elettori di Cologno Veneta il 15 ottobre 1882, prese atto di una «mutata situazione» e delineò una convergenza nel progetto trasformista, ben distinta da accordi parziali fatti in segreto nelle discussioni

[36] *Discorso dell'onorevole Agostino Depretis*, cit., pp. 26-28.

[37] *Ivi*, pp. 19-34.

parlamentari per ragioni d'interesse o di antipatie personali. L'incontro col progetto depretisino era alimentato da un sentire diffuso della classe dirigente liberale nel convenire alle parole d'ordine di crescita del Paese nella stabilità politica. Anche Luzzatti, che pur trovando nel programma di Stradella echi delle sue idee avrebbe voluto un accentuato interventismo statale nel campo dell'economia rurale e industriale come sul piano sociale, condivise l'essenziale obiettivo di accrescere e migliorare la produzione, per poter distribuire ricchezza. Durante la campagna elettorale egli suggerì di non insistere sulle posizioni di partito, ma sul rafforzamento delle istituzioni, collocandosi nello schieramento favorevole alla dinastia; in vista degli equilibri postelettorali, occorreva non esacerbare animi e scavare abissi con la Sinistra al governo. A chi gli chiedesse se, dunque, stava con Depretis, Luzzatti dichiarò che sarebbe andato alla Camera «sciolto da ogni legame di vecchi partiti», contribuendo alle riforme perché iniziasse «un periodo fecondo di opere e di istituzioni, non di crisi ministeriali»[38].

Dopo i governi che si erano avvicendati tra il 1876 e il 1882, Depretis si ripresentò come leader capace di gestire una maggioranza che desse continuità all'azione governativa. La priorità strategica e tattica che Minghetti diede al sostegno di un Gabinetto capace e solido, nell'interesse stesso del sistema rappresentativo in occasione dell'allargamento del suffragio, corrispose a quell'esigenza di permanente stabilità istituzionale e crescita economica impostasi dopo il 1866; nel dialogo con lo statista di Stradella egli vide «l'occasione per portate a compimento un percorso che egli stesso aveva iniziato nel 1873»[39]. Del resto, la partnership trasformista di Depretis e Minghetti corrispose a quel «rafforzamento del governo come scelta patriottica», che stava diventando «in forme e modalità diverse, un ritornello di tutti i modelli costituzionali europei posti di fronte alla crescita esponenziale della contestazione antisistema»[40].

L'impianto della politica depretisina fu premiato dal consenso dei cittadini che con il nuovo sistema elettorale si recarono numerosi alle urne (1.223.851 elettori contro i 369.624 del 1880, il 60,7 per cento degli aventi diritto); assieme alla classe proprietaria e alla borghesia, un'ampia parte dei ceti operai poté partecipare al voto, mentre la componente contadina meridionale del Paese fu penalizzata dal più diffuso analfabetismo. Infine, si era creato uno spontaneo movimento nei collegi a formare intese tra la confermata identità progressista dei ministeriali e la disponibilità dei costituzionali a convenire in unioni monarchico-liberali, talora presentando

[38] L. Luzzatti, *Memorie*, cit., p. 177.

[39] F. Cammarano, *Minghetti e il trasformismo*, cit., p. 94.

[40] *Ivi*, p. 91.

medesime candidature in liste differenti, talora per il timore della Destra che la modifica del sistema elettorale, con l'introduzione dello scrutinio di lista in grandi collegi elettorali accorpati, diluisse il seguito elettorale del tradizionale notabilato[41].

Infine, le elezioni consegnarono una forte vittoria alla coalizione trasformista. Confermata l'impronta della Sinistra al governo, nuove figure politiche furono lanciate nello schieramento ministeriale: per la prima volta fu eletto in Parlamento il quarantenne Giovanni Giolitti, già collaboratore di Sella e Minghetti e da poco nominato consigliere di Stato, a conferma della capacità di Depretis di circondarsi di uomini di qualità. Nonostante alcune riserve, a destra si era accettato l'itinerario di trasformazione, come evidenziò anche la difficile elezione di Bonghi e Visconti Venosta, sostenuti da Luzzati riuscito deputato con l'appoggio progressista. Alla fine di novembre Luzzatti individuò nella nuova fase politica postelettorale la presenza di «due gradazioni nette di monarchici e costituzionali sinceri», ritenendo ormai impossibile un legame tra Sinistra e forze antidinastiche: il partito liberale, assieme progressista e moderato, era cementato dalla comune «fede nella patria e nella libertà, il desiderio di ogni progresso economico, sociale, politico e amministrativo»[42]. Così, mentre l'esito elettorale rafforzò il consenso di moderati monarchici verso il presidente del Consiglio, nel processo di cambiamento politico che, per paradosso, implicò la conferma del Ministero, si avviò parallelamente la reazione della sinistra dissenziente dalla strategia depretisina per dar vita a una diversa opposizione costituzionale. Un processo, questo, complicato dalla polarizzazione dello scontro elettorale che aveva favorito l'alleanza di radicali con repubblicani e socialisti nell'Italia centro-settentrionale, soprattutto in Lombardia, Emilia, Romagna e Marche, pur esprimendo il movimento democratico diversi modi di rappresentare ora gli umori riformisti operai e ora quelli ribellistici del mondo contadino. Appariscente fu l'ingresso alla Camera del primo deputato socialista, il poco più che trentenne Costa, allora segnalatosi come autore del romanzo utopistico *Il Sogno*, eletto grazie al voto di democratici e repubblicani, ma tacciato di tradimento dagli antichi compagni. Egli fu sostenuto anche da un Partito operaio italiano, promosso a Milano nel maggio 1882 come sezioni elettorali di circoli operai per rappresentare direttamente i loro interessi sociali, che senza successo aveva candidato anche Gnocchi Viani. L'articolata galassia radicale riuscì ad ottenere una quarantina di deputati,

[41] Sullo scrutinio di lista e i suoi effetti T. Forcellese, *Sistemi elettorali, Collegi e i sotto-gruppi nel "partito della maggioranza". 1861-1892*, in «Studium», 1, 2020, pp. 19-29.

[42] Così su «L'Opinione» del 22 novembre 1882, in L. Luzzatti, *Memorie*, cit., p. 178.

che tentarono di ritagliarsi uno spazio politico d'opposizione di fronte alla compiuta trasformazione dei gruppi parlamentari liberali attorno al centro depretisino, mentre s'indeboliva la tradizionale dissidenza interna alla Sinistra dentro e fuori l'Esecutivo, dall'insofferenza zanardelliana alla sempre meno cauta avversione crispina, fino all'aperta ostilità nicoterina.

La XV legislatura, dunque, si presentò nel discorso della Corona di Umberto I come attuazione coerente del programma di Stradella, perché il legislatore potesse sostenere quel «risorgimento delle forze produttive» che avrebbe necessitato di studi e pacate discussioni. In realtà, un rinnovato carattere riformista si affacciò nella determinazione dell'indirizzo trasformista depretisino, consapevole di una duplice forza: la manifesta legittimazione ottenuta dalla volontà del Paese, che avrebbe contribuito a depotenziare i conflitti tra i partiti; la libertà della discussione politica in Parlamento e nella pubblica opinione, garantita dalla stabilità politica conseguita dalla Triplice Alleanza. Il mese di dicembre, così, mise in chiaro le conseguenze del risultato elettorale nei rapporti tra i partiti e nel piano d'azione politica di Depretis per il riformismo trasformista.

Dopo l'elezione senza avversari di Farini a presidente della Camera, il rifiuto del deputato repubblicano Giovanni Falleroni di giurare a norma di Statuto sollevò un ampio dibattito parlamentare; a nome del governo, Zanardelli espresse la disponibilità a pensare un intervento legislativo. Fu Depretis allora a presentare un disegno di legge che, esaminato con urgenza dalla commissione della Camera, giunse in aula il 18 dicembre: il rifiutare «puramente e semplicemente» il giuramento avrebbe comportato la decadenza dal mandato parlamentare, così come il non prestarlo, salvo impedimenti, entro due mesi dalla convalida della elezione. Il franco dibattito che seguì fu occasione per delineare i rapporti di forza tra gli schieramenti liberali: il 21 dicembre 1882 un ordine del giorno con l'espresso voto di fiducia al Ministero ottenne una schiacciante maggioranza di 324 voti a favore, di fronte a 32 contrari e 31 astenuti; tra questi ultimi, con il radicale Mussi e il conservatore Bonghi, anche Cairoli e Seismit-Doda, entrati in polemica con il ministro Zanardelli[43]. L'illusione del possibile coalizzarsi a sinistra di un'opposizione di 74 deputati balenò nel voto che chiuse la discussione generale. Nel dibattito sui singoli articoli il giorno seguente, tuttavia, la proposta di abolire il giuramento presentata dall'Estrema chiarì la strategia politica radicale, alla quale i dissidenti della Sinistra, da Cairoli a Crispi, non poterono certo aderire: con Bertani e Mussi, Fortis e Costa rimasero in 26 deputati. A conclusione dell'ultima seduta del 1882, il 22

[43] AP, CD, *Discussioni*, tornata del 21 dicembre 1882, pp. 379-380.

dicembre, un voto a scrutinio segreto approvò l'intera legge con 222 voti a favore e 45 contrari, senza scosse politiche.

Il carattere della nuova maggioranza trasformista e gli equilibri politici usciti dalle urne trovarono nell'occasione la loro sanzione. Depretis, in particolare, colse un successo politico di rilievo: abilmente contribuì a confermare l'Estrema in una posizione identitaria isolata in Parlamento e presto nel Paese; evidenziò un limite invalicabile per Crispi e Cairoli (e tanto più per Zanardelli nel governo) nel loro rapporto con i radicali, sfidati a portare nell'aula della Camera tutti i temi a loro cari; accolse la dichiarata fiducia dai moderati di Minghetti a sostegno della decisa scelta a tutela delle istituzioni. Nel contempo, il presidente del Consiglio poteva rivendicare l'indirizzo di Sinistra del Gabinetto: osservando che non avrebbe potuto impedire ad altri di allargare o restringere il campo della fiducia al governo, delineò una maggioranza "a fisarmonica" ancora fondata sul programma proposto a Stradella. Confidando perciò nel sostegno del suo partito, Depretis ammonì «i nuovi amici» ad accettare quel programma di Sinistra «senza restrizioni, senza condizioni, senza pretese»[44], respingendo l'accusa radicale di aver ceduto alla Destra mentre a questa chiedeva una simile resa delle armi.

Nel gioco delle parti, piuttosto, egli fu determinato a incrinare l'opaco circolo vizioso praticato nella Sinistra postrisorgimentale, a lui ben noto, delle agitazioni provocate nelle piazze per creare imbarazzi parlamentari all'azione ministeriale. Lo stesso Farini, nel gestire a norma di regolamento le continue interrogazioni sollevate dai radicali, ebbe modo di chiarire come non sarebbe stata tollerata in aula un'attitudine tribunizia tale da alimentare una simile spirale di contestazione quando Bovio presentò una interrogazione sull'esecuzione della condanna a morte a Trieste del giovane Oberdank[45]. Accusato di alto tradimento e di tentato omicidio dell'imperatore asburgico, dopo aver disertato dall'esercito austro-ungarico e preso parte alla preparazione di alcuni attentati a Trieste, il militante irredentista era stato arrestato a settembre e condannato dai tribunali austrici alla pena di morte, sospesa all'inizio di novembre e poi eseguita per impiccagione il 20 dicembre 1882. L'intera vicenda che commosse l'opinione pubblica italiana era stata accompagnata dalla continua mobilitazione radicale nel Paese, che prese forma alla Camera nella richiesta di sapere se il governo fosse intervenuto con una parola «rigorosamente italiana» per salvare la vita del giovane triestino. Nel pieno del dibattito sul

[44] *Ivi*, tornata del 20 dicembre 1882, p. 326.

[45] *Ivi*, tornata del 22 dicembre 1882, p. 428. Anche nel dibattito della Camera poi il cognome del giovane fu italianizzato in Oberdan.

giuramento, Depretis dichiarò che il Gabinetto non avrebbe accettato di rispondere all'interrogazione, non solo per la comprensibile riservatezza connessa all'oggetto stesso della richiesta, ma anche per la presenza di agitazioni che avrebbero preso a pretesto il dibattito per turbare l'ordine pubblico. L'episodio servì, così, al ministro dell'Interno per esemplificare la condanna di quella che aveva definito la «oligarchia degli impazienti», che ad un certo punto si trasformava in «oligarchia di violenti» manomettendo la libertà di tutti[46].

Sulle garanzie delle libertà politiche e sull'esercizio della rappresentanza nazionale nelle istituzioni monarchico parlamentari, dunque, si poggiò alla fine del 1882 non solo l'ampia fiducia data al Ministero, ma la stessa prospettiva del disegno trasformista. Nel quadro dell'applicazione della lettera e dello spirito dello Statuto, infatti, Depretis ricordò l'importante ruolo dei partiti in un necessario e proficuo lavoro legislativo che, fondato sull'attenta analisi della situazione socio-economica, si svolgesse con un dibattito parlamentare sereno, e non «interrotto [...] da continue intromissioni di preconcetti politici». Nell'apparente Babele dei partiti, evocata da Mussi a commento dell'invito depretisino a lavorare insieme per le riforme, il voto elettorale consentì al presidente del Consiglio di farsi interprete di un Paese desideroso di riforme serie ed efficaci, a partire da quelle sociali, reclamando «ad un tempo la pace pubblica». Nel dibattito per calendarizzare la ripresa dei lavori della Camera dopo la pausa natalizia, l'amara ironia di Bertani, che propose di aggiornarsi dopo quattro anni di vacanza, lasciò trasparire la percezione anche nell'opposizione del formarsi di una maggioranza tale da assicurare stabilità al sistema politico[47].

2. L'azione riformatrice come gestione politica del mutamento socio-economico.

Nei primi mesi del 1883, le discussioni sui bilanci preventivi dei ministeri consentirono ai partiti di predisporre, con diverse aspettative, un mutamento di scenario coerente al risultato elettorale. L'estrema sinistra scelse di pungolare il governo attraverso continue interpellanze e interrogazioni, per incalzare i dissidenti della Sinistra e fiaccarne la sintonia col Ministero; d'altra parte, rinviandole alla discussione sul bilancio dell'Interno, Depretis puntò a mantenere la guida dei tempi della politica italiana.

[46] *Ivi*, tornata del 20 dicembre 1882, p. 326.
[47] *Ivi*, tornata del 22 dicembre 1882, p. 429.

Nel frattempo, il piano d'azione depretisino contrastò i radicali non solo nel dibattito della Camera, ma nella loro tradizionale pratica politica nel Paese, acuendo le frizioni negli ambienti democratici e operando mirati interventi di questori e prefetti a tutela dell'ordine pubblico. In tal modo, il presidente del Consiglio mantenne il consenso della Destra di Minghetti e alimentò la sua pazienza nel giungere a un chiarimento postelettorale nella compagine governativa.

Particolarmente critico si presentò, per le insoddisfazioni nella Destra e nella Sinistra, il dibattito sulla politica estera, anticipato dalle interrogazioni e dalle proteste di piazza appoggiate dai radicali tra dicembre e gennaio in favore di Oberdan. Il 13 marzo Mancini fu abile nell'accennare con riserbo alla Triplice Alleanza, nel solco degli indirizzi espressi nel biennio precedente, indicando come un successo diplomatico l'unione dell'Italia con Austria-Ungheria e Germania dopo la crisi tunisina e soffermandosi sui rapporti anglo-francesi nella vicenda egiziana. Affrontando il delicato tema delle rivendicazioni irredentistiche, egli le distinse dall'azione di politica estera condotta in omaggio al principio di nazionalità, del quale era riconosciuto interprete, in un'Europa i cui confini erano attraversati da popolazioni che parlavano la stessa lingua. Alla radicale condanna dell'abuso della forza pubblica, il ministro degli Esteri contrappose la presa di distanza governativa dalle illusioni di alcuni giovani colpevolmente guidati da velleitarie minoranze che, prendendo a pretesto l'irredentismo, avrebbero voluto colpire le istituzioni monarchiche. Un passaggio, questo, apprezzato dai moderati: alla «turba» che scendeva di volta in volta in piazza gridando ora contro le garanzie papali, ora contro la Francia, ora contro l'Austria, essi contrapposero come «patriotti veri quelli che tacciono, lavorano, studiano e pensano nel silenzio a fortificare la patria»; l'Italia non poteva più essere considerata «l'avventuriera del patriottismo, che è pur la più bella delle avventure»[48].

Se il governo superò bene il difficile passaggio in cui dichiarò i vincoli d'amicizia con gli Imperi centrali, nel voto sul bilancio degli Esteri si percepì una latente insofferenza capace di alimentare in prospettiva una qualche scossa politica. L'impressione, tuttavia, parve scemare quando l'opposizione radicale raccolse la tentazione di avversare la legge sull'aumento della dotazione a Casa Savoia per il matrimonio del duca di Genova con una principessa di Baviera: alla fine del dibattito, l'estrema sinistra si ritrovò da sola. In tali contrastanti suggestioni, dopo le sedute dedicate ai provvedimenti per combattere la filossera che infestò i vitigni italiani, tutta la Camera convenne con la proposta di Morana di approvare senza discussione generale il bilancio dell'Interno per evitare un nuovo esercizio

[48] Così «L'Opinione» del 16 gennaio 1883, in L. Luzzatti, *Memorie*, cit., p. 188.

provvisorio. Le attese risposte di Depretis alla decina di interrogazioni, intanto accumulate nel maggio 1883, si caricarono di un ampio significato politico: il confronto «congelato» fin da dicembre e accuratamente predisposto finì con lo scaricare sugli incerti ambienti antitrasformisti della Sinistra una grande pressione. Infatti, l'attitudine filogovernativa di Minghetti indeboliva la resistenza al disegno depretisino di Zanardelli nell'Esecutivo e di Crispi fuori dal governo: sui temi a loro cari di politica interna e di politica estera aveva puntato Bertani per contrastare il presidente del Consiglio.

La fermezza depretisina verso i radicali, peraltro, emerse fin dal gennaio in margine ad un incidente parlamentare sollevato sul fenomeno Coccapellier, ex garibaldino e massone, eletto deputato a Roma. Dopo aver scritto su «L'Eco dell'operaio», protetto da Ricciotti Garibaldi, egli aveva fondato e diretto dall'estate 1882 l'«Ezio II, ossia il Carro di Checco»: appellandosi alla sovranità del popolo e alla lealtà per Casa Reale, questo foglio condusse una campagna di stampa in nome della moralità e della lotta alle sette affaristiche contro coloro che chiamò nemici e traditori della patria. Egli attaccò il sottobosco politico repubblicano e radicale, senza risparmiare anche Lemmi, diventato nel 1882 gran maestro aggiunto della presidenza massonica di Petroni dopo aver ripianato i dissesti economici in cui versavano molte logge. Alle querele per stampa di documenti falsi, seguirono minacce e aggressioni: accusato di eccesso di legittima difesa in un agguato di popolani repubblicani, Coccapellier fu arrestato e scarcerato solo dopo la sua elezione nel novembre 1882. Fu Bertani ad evidenziare le implicazioni politiche della vicenda, chiedendo alla Camera chiarimenti a Depretis: egli puntò il dito sulle responsabilità del ministro dell'Interno per le enfatizzate divisioni interne al mondo liberale capitolino, avendo tollerato l'azione tribunizia che turbava la vita politica nella Capitale. Il leader radicale rivendicò, peraltro, all'estrema sinistra, la promozione del progresso civile, sociale e politico, attribuendo la presunta instabilità dell'ordine pubblico al comportamento della polizia: il Ministero non avrebbe dovuto circondarsi di «pennacchi», poiché l'Italia – aggiunse Bertani rivolto al governo – «vuol progredire senza violenze, giacché nessuno minaccia se voi non provocate»[49].

Depretis replicò con abilità al contradditorio argomentare di Bertani, sollevando il velo sullo scenario politico delineato. La vicenda romana doveva interpretarsi alla luce del formarsi dei circoli anticlericali del giugno 1882, nel clima preelettorale capitolino e nazionale avverso al governo: apparvero allora giornali che, come altri già presenti, suscitarono accese

[49] AP, CD, *Discussioni*, tornata del 23 gennaio 1883, p. 578.

polemiche nel campo liberale, sebbene il Gabinetto avesse invitato tutti alla moderazione. Sarebbero stati ora proprio coloro che invocavano maggiore libertà, domandò Depretis con pungente retorica, ad accusare il governo di debolezza perché non era giunto a censurare, violando la legge, il dibattito pubblico sulla stampa? Non immaginavano forse, aggiunse affondando il colpo, che il ministro Zanardelli avrebbe trovato modo di intervenire se fosse stato possibile legalmente? Le forze dell'ordine, piuttosto, furono ferme quando si trattò di vietare manifestazioni e sedare scontri nella Capitale, sede delle istituzioni politiche chiamate a tutelare. Il messaggio depretisino fu evidente: il Ministero avrebbe trattato tutte le parti con libertà, nel rispetto della legge, applicando il suo programma anche nell'inedita situazione in cui i radicali si trovarono a fronteggiare un avversario che competeva con le loro stesse armi provocatorie, spregiudicate e di facile presa popolare. Il presidente del Consiglio negò che il Gabinetto avesse contatti diretti con Coccapellier, ma non esitò a dichiarare che non avrebbe certo combattuto politicamente chi lo sosteneva, con implicita conferma delle dinamiche in corso.

Depretis non raccolse, invece, la provocazione di Bertani che accusò il governo di tollerare la ripresa vitalità dei conventi, mentre il papa, che avrebbe benedetto la Corona, il governo e il Parlamento «purché gli si concedesse questo ninnolo, questo briciolo di Roma», stava trovando consensi in «molti neoguelfi»[50]. Il ministro dell'Interno uscì da quel significativo riserbo nel rispondere all'ennesima interrogazione per il divieto che a Milano aveva impedito di affiggere manifesti di invito alla fondazione di una lega anticlericale. Si trattava a suo dire di contestualizzare l'episodio: alla festa per la nomina del nuovo parroco in una chiesa milanese, turbata da una manifestazione con tanto di fanfara e grida «abbasso i preti», era seguito un furto di arredi sacri che aveva imposto la riconsacrazione dell'altare. Il manifesto che era stato vietato annunciava per lo stesso giorno, e nelle vicinanze della prevista funzione, un meeting dal carattere antireligioso. In tale situazione si erano preannunciati possibili scontri con la polizia che l'autorità politica intese scongiurare, lasciando libera la riconvocazione dell'incontro in altro giorno e luogo. Anche in questo caso Depretis confermò la corretta impostazione dell'azione di pubblica sicurezza; non fu difficile osservare, comunque, come egli avesse modificato l'attitudine ministeriale che, tra il 1876 e il 1881, a fronte di simili minacciate dimostrazioni anticlericali per tutelare l'ordine pubblico aveva vietato le riunioni dei cattolici.

Bertani rilanciò la sua interrogazione sull'indirizzo di politica interna ed estera del governo ancora il 7 maggio 1883, giorno in cui Giolitti

[50] *Ivi*, p. 577.

presentò la relazione sul disegno di legge per gli impiegati civili. Il leader radicale mirò a farsi interprete di un Paese a suo dire osservato da partiti e Parlamento con distante miopia, mostrandosi pronto a contendere al Gabinetto la via a riforme politiche e sociali utili a una «monarchia popolare» fondata sui plebisciti. Dopo aver dichiarato di non avere ricevuto mandato a proclamare la necessità della repubblica, Bertani sfidò il Ministero sul terreno alternativo di immediate riforme, sottraendo nell'arena costituzionale spazio politico alla sinistra antitrasformista di Zanardelli[51]. Con lo stesso obiettivo si mosse Fortis, accusando il governo di «coordinare la politica interna alla politica estera», con un profilo antiradicale e filoaustriaco, richiamando gli interventi per contrastare stampa e attività irredentiste. Dopo aver paragonato il «patriottismo» debole dell'Italia nei confronti dell'Austria a quello forte espresso in Francia contro la Germania, egli invitò a non confondere l'irredentismo con il repubblicanesimo. Da tale posizione nazionale e costituzionale, Fortis attaccò il cuore della politica interna depretisina, accusata di disgregare e non assimilare le forze liberali affini per assumere posizioni illiberali: non potendo affermare la libertà inconciliabile con la monarchia, si dichiarò il governo impotente a governare con le libertà.

Infine, tra l'8 e il 19 maggio 1883 si giunse a un dibattito di grande importanza: il presidente del Consiglio era ormai pronto a definire i contorni della maggioranza parlamentare postelettorale muovendo proprio dal terreno a lui più congeniale del confronto con le posizioni radicali. Depretis ebbe modo di ribadire che, lungi dal tradire le promesse, egli stava attuando il programma riformatore della Sinistra indicato a Stradella e confermò con forza il profilo liberale di un'azione politica sottratta alle prove di forza della piazza. Chiedendo quale fosse la politica estera dell'Estrema e la sua concreta applicazione del principio di nazionalità, Depretis incalzò Bertani e Fortis ad assumere posizioni costituzionali per separarli dall'irredentismo repubblicano di carattere antistituzionale. Egli rivendicò il legame del percorso di pace e di accordo con le potenze dell'Europa centrale delineato da Mancini con una politica di sicurezza all'interno del Paese, applicata con «una grandissima moderazione», ma con fermezza, per la responsabilità che derivava al governo dal consenso della rappresentanza parlamentare. Contro la cultura del sospetto, Depretis invitò a procedere sulla via della democrazia e della libertà, sottratte ad ogni pericolo con il mantenersi fedeli alle istituzioni.

Quanto poi al nodo del Gabinetto, da alcuni accusato di non agire di comune intesa, da altri di seguire la politica della Destra, il presidente del

[51] *Ivi*, tornata del 7 maggio 1883, pp. 2890-2892.

Consiglio provocò una discussione da concludersi con una dichiarazione di netta fiducia: decise, dunque, di porre termine alla tattica dell'opposizione di produrre interpellanze e interrogazioni senza mai chiedere un voto che avrebbe manifestato l'adesione del Paese all'indirizzo ministeriale. Il 10 maggio, Morana annunciò una mozione a favore del governo, invitandolo a confermare la sua politica interna: il presidente della Camera rilevò che l'iniziativa non aveva precedenti e che era incongruente col regolamento dell'Aula; fu allora Nicotera che si riservò di presentare una mozione al Gabinetto contro la confusione dei programmi di Destra e Sinistra. Prese forma, così, l'itinerario parlamentare che avrebbe condotto a chiarire la natura della maggioranza di governo, secondo le attese di Fortis, ma con la sanzione di un voto parlamentare auspicato da Depretis. Nicotera pose due quesiti sull'indirizzo governativo seguito da due anni: se il Gabinetto intendesse la sua politica in continuità con gli altri Ministeri della Sinistra; se il programma di Zanardelli fosse quello di Depretis. In tal modo, spingendo il presidente del Consiglio a dichiarare il colore politico dell'Esecutivo, si mirava a porlo in difficoltà con la Destra, che votandolo avrebbe ripiegato la sua bandiera. L'iniziativa nicoterina in effetti offrì l'attesa opportunità a Minghetti e a Depretis di delineare un profilo d'ampio respiro per il governo della maggioranza.

Il leader della Destra, il 12 maggio 1883, volle restituire al Paese il senso morale della scelta politica di benevole riguardo verso il gabinetto Depretis. Per Minghetti essa non andava interpretata come pura tattica elettorale, sgomento per la mobilitazione di piccole minoranze politiche, sottile insidia per dividere la Sinistra, ambizione di potere o debolezza di partito. Piuttosto, la disponibilità verso il Ministero era figlia di un realistico giudizio sulla situazione politica, da tempo meditato. L'applicazione della legge elettorale aveva profondamente mutato il sistema politico, con il rendere lo Stato molto più democratico di quanto fosse stato prima, imponendo alla Destra due priorità: coinvolgersi nella fase di educazione della democrazia chiamata «a partecipare al governo della patria»; impegnarsi per una compatta maggioranza, necessaria a governare un percorso riformatore. Nel delineare un passaggio dal regime costituzionale a quello parlamentare, «nel quale la Camera elettiva acquista una influenza diretta per indicare alla Corona la scelta dei ministri», Minghetti tornò ad avvertire i pericoli dell'ingerenza della politica di partito nella giustizia e nell'amministrazione: essa avrebbe portato gli elettori a chiedere ai deputati tutto ciò che riguardava interessi privati o locali, nei quali sarebbe scomparso il sentimento nazionale. La Destra, dunque, sarebbe stata nei processi in corso per orientarli con l'apporto moderato e scongiurare derive negative; con il portato dell'esperienza avrebbe confermato quanto di buono fatto e corretto quanto di sbagliato, introducendo leggi ritenute indispensabili e rispondenti ai bisogni della società civile, accettando «tutti i progressi» compatibili con lo Statuto.

Minghetti si spinse a difendere lo stesso termine "trasformismo", collegandolo alla dinamica delle cose viventi: con Machiavelli, egli osservò come proprio il governo fosse «il più grande ambiente trasformatore» nel suo affrontare cose impreviste e inimmaginate. Riconoscendo a Depretis di essere rimasto fedele a sé stesso, Minghetti attribuì al più democratico contesto politico l'impressione che il leader della Sinistra avesse espresso nel 1882 una più marcata accettazione delle istituzioni monarchico-costituzionali, così come sempre fatto dalla Destra. Apprezzate poi le dichiarazioni del governo in margine alla legge sul giuramento, Minghetti aveva condiviso la correlazione tra politica estera e politica interna che tanto aveva infastidito Fortis, approvando le parole di Mancini sull'irredentismo. Infine, egli dichiarò il suo accordo con Magliani circa l'esposizione finanziaria, individuò nelle leggi sociali la struttura di quelle che egli stesso aveva avanzato per le classi povere, plaudì alla proposta legge comunale e provinciale ricordando l'approccio cavouriano. In tale quadro, nulla di più comprensibile del convergere dei voti moderati e progressisti nelle elezioni politiche, contrastando candidati repubblicani e socialisti, come accaduto per i rappresentanti del collegio di Ravenna nel quale erano stati eletti Farini e Baccarini. Non si trattava, dunque, di ammainare bandiere, ma di valutare se esistessero ancora le sostanziali divisioni tra partiti denominati come Destra storica o Sinistra storica: in una Camera estranea alle contese del passato era giunta l'ora di sostenere con disinteresse un governo serio e forte per il bene della patria. Depretis, ormai settantenne, non era politico da destreggiarsi usando passioni personali o espedienti per prolungare il suo Gabinetto; l'antico e provato patriota al servizio di Casa Savoia – sostenne Minghetti alla Camera – aveva aperto le porte alla democrazia e per questo sentito il bisogno di un governo autorevole sostenuto da una maggioranza compatta per procedere «con passo sicuro e misurato nella via di ogni progresso civile», al fine di perseguire «uno Stato migliore con promesse di beni maggiori per l'avvenire». A tal fine il capo della Destra preannunciò apertamente un leale appoggio al ministero Depretis[52].

Da parte sua, in ripetuti interventi, il presidente del Consiglio accentuò l'innovativa prospettiva del passaggio politico in atto, contenendo le insoddisfazioni nella Sinistra e spiazzando i radicali senza acquietarsi sulle posizioni moderate, ma accennando a scenari in mutamento, fino a

[52] AP, CD, *Discussioni*, tornata del 12 maggio 1883, pp. 3046-3057.

dichiarare il trasformismo «vecchio anche parlamentarmente, ed in continua applicazione»[53]. Per Depretis era prioritario comprendere il fenomeno europeo di un movimento d'opinione pubblica animato dal «desiderio molto naturale delle classi lavoratrici, di un gran numero di cittadini, di migliorare la loro condizione economica, e tutte le condizioni anche morali e intellettuali del viver loro»[54]. Anche in Italia era dunque necessario dare precedenza a riforme amministrative e soprattutto a riforme sociali. In tale determinazione non si poteva essere impazienti, per evitare disinganni che costringessero a tornare sui propri passi, procedendo nel percorso riformatore con ordine e sicurezza. D'altra parte, non si poteva abusare della paziente fiducia verso il Parlamento del popolo che lavorava per vivere: «Il popolo aspetta; ma non bisogna – aggiunse Depretis – farlo aspettare troppo per colpa nostra». Come «uomo di Sinistra moderata», sulla scorta dell'insegnamento del percorso risorgimentale, egli rifuggiva l'azzardo politico per muovere «un passo dopo l'altro, ma al sicuro»; «le agitazioni politiche», dunque, andavano considerate «il principale ostacolo allo studio, all'attuazione delle riforme amministrative e sociali»[55]. Appellandosi alla responsabilità della rappresentanza parlamentare per ricercare la cooperazione di tutte le parti, Depretis delineò la condizione necessaria a governare: «avere l'appoggio dell'opinione pubblica», espressa «da una maggioranza della Camera concorde, fida e sicura»[56].

Dunque, nessuna abiura da parte di un governo costituito da ministri militanti nella sinistra per sostenere le riforme promesse. Registrato l'indisponibile l'appoggio dell' Estrema, con le dovute riserve si prese atto della positiva attitudine di antichi avversari ad accettare il programma ministeriale. Depretis non tralasciò di assicurare che negli ultimi anni si era molto accostato a Zanardelli; a lui si rivolse ribadendo l'impronta liberale della politica interna, difesa con fermezza fino alla retorica disponibilità a lasciare il Ministero se non condivisa dai deputati. Rivendicò il rispetto scrupoloso delle libertà sancito esplicitamente o implicitamente dallo Statuto: da «vecchio liberale» aveva evitato che il suo Gabinetto procedesse a sciogliere associazioni, ma assicurato una sorveglianza assidua. Del resto, i circoli repubblicani erano aumentati di quasi il doppio rispetto al 1878 e, in misura minore, anche quelli internazionalisti. Nessuna bandiera ripiegata, come accusato dai radicali, né alcun principio abbandonato nella Sinistra al governo.

[53] *Ivi*, tornata del 16 maggio 1883, p. 3142.
[54] *Ivi*, tornata dell'11 maggio 1883, p. 3017.
[55] *Ivi*, tornata del 16 maggio 1883, p. 3142.
[56] *Ivi*, tornata dell'11 maggio 1883, p. 3017.

Funzionale a questa posizione fu la rappresentazione del rapporto con la Destra offerta dal presidente del Consiglio. Mirando a conseguire una maggioranza che non considerasse «la topografia della Camera a guisa di codice», Depretis confermò il programma cui Minghetti aveva espresso aperto appoggio senza offrire alcuna concessione. Piuttosto, sottolineò un punto di dissenso con i moderati, dopo aver accennato all'ormai «vecchia» questione della politica ecclesiastica, con inespressi sottintesi: «Vorrei un po' sapere a chi potrebbe venire il pensiero di andare più in là della legge delle guarentigie? Mi pare che questa sia una cosa non solamente improbabile, ma impossibile». Depretis apertamente chiarì, piuttosto, la distanza che lo separava dai ragionamenti di Minghetti sul «partito conservatore», espressione in cui altro non vedeva che la presenza del «partito clericale» nell'agone politico. Il leader della Destra aveva lamentato che tale partito fosse stato intimidito ad entrare in Parlamento, provocando così un *vulnus* della rappresentanza e impedendo di completare la transizione verso un'unione del partito liberale, chiamato a fronteggiarlo. In altra direzione si era mosso il presidente del Consiglio: «L'esperienza ci insegna che il partito conservatore, ossia il partito clericale, non è un partito nazionale»[57]. Per Depretis, come visto, questa strada era sbarrata: su altra via avrebbe dovuto dirigersi un praticabile cammino al voto dei cattolici come cittadini nella sua strategia trasformista, volta ad ottenere dalla rappresentanza della nazione sorta dal suffragio allargato una manifestazione di consenso per volontà del Paese.

Il ministro Baccarini rivendicò la bandiera della Sinistra, costretto a ridimensionare non senza imbarazzo il ruolo dei moderati nella sua elezione contro i radicali e a reagire alla scomunica contro i progressisti lanciata da Cavallotti. La difesa di un possibile spazio di dialogo a sinistra, così, era reso difficile tanto a lui quanto a Zanardelli. Dopo le polemiche con Depretis nel dicembre 1878, nell'aprile 1879 e nell'aprile 1880, il ministro di Grazia e giustizia si trovò a difendere il governo di cui era parte, convenendo strumentalmente con il presidente del Consiglio sul rispetto delle libertà associative e sull'appartenenza del Gabinetto alla Sinistra. Pur invocando una lotta tra posizioni nette della Destra e della Sinistra, nel rilevare in chiave antitrasformista presenti conservatori a sinistra e liberali a destra, egli finì col rendere di fatto «arcadia politica» le distinzioni tra partiti care a Crispi. Per Zanardelli, peraltro, il vero «partito conservatore» non era il «partito rivoluzionario» dei cattolici, da mantenere fuori dalle istituzioni, ma la Destra che si opponeva alle riforme democratiche, ancora in lotta con la Sinistra nelle amministrazioni e nell'opera legisla-

[57] *Ivi*, tornata del 16 maggio 1883, pp. 3145-3146.

tiva. Attaccando Minghetti, così, egli indirettamente criticò l'esito del progetto depretisino che avrebbe sostituito le aggregazioni storiche con «agglomerazioni fortuite e artificiali» che «si fanno e disfano, si urtano, si pacificano, si dividono, si ricompongono, si avvicendano tanto da non lasciar capire più nulla». Zanardelli, così, lasciò aperto l'uscio alle proprie dimissioni qualora i suoi «amici» lo avessero trovato in contraddizione con le ragioni della Sinistra, per le quali chiese di votare[58].

Il 19 maggio 1883, l'importante dibattito si chiuse con un voto sull'ordine del giorno di piena fiducia all'indirizzo politico del governo, proposto dal depretisino Ercole, e sull'emendamento avanzato da Miceli, già ministro di Cairoli, per qualificarlo come espresso dalla Camera «ferma nel programma della Sinistra parlamentare»[59]. Questa espressione, che avrebbe posto in difficoltà i moderati di Minghetti e messo in crisi il complesso equilibrio della maggioranza, fu respinta da Depretis come questione di Gabinetto: essa non solo limitava la netta fiducia da lui richiesta, ma metteva anche in dubbio l'adempimento dei suoi doveri verso la Sinistra, che egli riteneva secondi solo a quelli verso il re e la patria. Il voto nominale che seguì fu indicativo delle forze in campo: l'emendamento Miceli fu bocciato da 301 deputati; a sostenerlo furono in 54 (tra cui Cairoli, Crispi e Nicotera), mentre altri 55 si astennero (come Bertani, Cavallotti e Fortis). La difficoltà ad opporsi al governo trasformista con un comune accordo tra sinistra dissidente e radicali, in competizione politica tra loro, si rivelò nella finale fiducia al Gabinetto, che ottenne 348 voti favorevoli, 29 contrari e 5 astenuti.

Seguirono le prevedibili conseguenze all'aperto appoggio moderato per la maggioranza ministeriale: Zanardelli e Baccarini si trovarono politicamente impegnati a dimettersi, ritenendo conclusa la fase della loro collaborazione al governo. Se Depretis non era riuscito a trattenerli, aveva comunque già predisposto i passi da compiere: tra il 22 e il 30 maggio il presidente del Consiglio annunciò la crisi dovuta ai dissensi sorti nell'Esecutivo, rassegnò le dimissioni al re, riottenne l'incarico e presentò alla Camera il nuovo governo. Il magistrato calabrese Giannuzzi-Savelli fu chiamato a presidiare l'indipendenza del Ministero della Giustizia, mentre il dicastero dei Lavori pubblici fu assegnato a Genala, deputato della Sinistra moderata lombarda, professore all'Istituto Cesare Alfieri e già coinvolto nelle attività per la legge elettorale e quella ferroviaria. Tutta l'altra compagine del Gabinetto fu confermata, riuscendo a dare nell'evidente discontinuità un segnale forte di stabilità coerentemente ai principi e alla condotta politica presentati alle elezioni e ribaditi in Parlamento.

[58] *Ivi*, tornata del 19 maggio 1883, pp. 3258-3263.

[59] *Ivi*, p. 3271.

La vicenda, conclusa con la prova di forza nella Sinistra e l'esclusione della sua componente dissidente dal governo, confermò in Minghetti la percezione di una maggioranza compatta e la convinzione della chiara visione politica di Depretis. Lungi dall'incepparsi con una svolta a destra o con una fusione tra i partiti, il disegno trasformista depretisino era ormai compiuto, a seguito della riforma elettorale, componendo un governo della maggioranza da tempo invocato per attuare necessarie riforme. Nel 1883 le diverse e competitive prospettive di *State-builders* di Minghetti e Depretis poterono convergere nell'adesione del primo all'attuato progetto del secondo. Gli equilibri sanciti dalle elezioni del 1882, così, non segnarono per Depretis l'esaurirsi del suo percorso democratico, ma la riuscita del suo graduale sviluppo.

In tal direzione, giovò l'effettivo tentativo di amalgamare tramite la rappresentanza nazionale la classe dirigente italiana, coinvolgendo gli interessi emergenti nelle differenti realtà locali. Iniziato nei primi anni della Destra e accentuato con l'evoluzione dei partiti seguita al 1866, il sistema di cooptazione regionale e dell'opposizione meridionale «giunse a maturazione con il trasformismo di Depretis agli inizi degli anni '80»[60]. Superando una visione dicotomica della politica personalista e del malcostume politico tra le diverse aree del Paese che in passato aveva contraddistinto la deputazione sabauda e riconoscendo la diversità della mobilitazione civile nel mondo rurale borghese e operaio delle diverse province italiane, la leadership depretisina della Sinistra settentrionale coinvolse la rappresentanza parlamentare meridionale come nessun altro era riuscito a fare.

Lungi dal mortificare i diversificati interessi o dal restringere gli spazi della lotta politica, il presidente del Consiglio li spinse a svolgersi nell'arena della legalità costituzionale. Invano i suoi avversari gli contestarono di aver posto a destra il perno del governo; solo rivendicando la centralità della Sinistra nella maggioranza egli riuscì ad attrarre i riformisti liberali moderati grazie a un amalgama socio-politico reso possibile nella stabilità internazionale del regno. L'illanguidirsi di rigide contrapposizioni, mai scomparse del tutto, fu facilitato dalla costante tensione perché le oligarchie del Paese continuassero a sentirsi rappresentate dagli schieramenti del campo liberale, nel quale ricondurre il voto cattolico e, nella misura possibile, repubblicano. L'operazione trasformista fu dominata dalla volontà di conseguire un equilibrio politico necessario alla modificazione graduale, ma dinamica e permanente, della realtà sociale italiana, in un quadro di sostanziale continuità istituzionale e politica. Il trasformismo

[60] A. Capone, *op. cit.*, p. 179.

depretisino, senza implicare una rinuncia alle identità politiche, richiedeva «una deputazione "aperta" e disponibile alle richieste governative che di volta in volta sono poste all'ordine del giorno», provando a preservare «il governo dal conflitto tra le parti, nel farne un approdo sicuro per tutti nel tempestoso mare dei cambiamenti in corso nella società»[61].

Depretis operò in tal senso una rivisitazione alla luce dei profili riformisti della Sinistra di tradizionali portati culturali moderati: nel "neutralizzare" la valenza politica del governo come amministrazione rese arduo l'attribuirgli un carattere ideologico, con una "spoliticizzazione" della sua azione che mai abbandonò l'intenzionale e distintivo disegno progressista, rintracciabile nella cultura europea contemporanea. L'applicazione della tradizione politica liberale nei governi trasformisti, peraltro, non demandò all'amministrazione la gestione della questione sociale, politicizzata dalla Destra e dalla galassia radicale, riconoscendo piuttosto l'esigenza di un'evoluzione sociale degli attori in essa coinvolti su di un piano di distinte responsabilità, alla luce del più avanzato sistema di relazioni industriali britannico dove già si era convocato un Trade Union Congress. D'altra parte, l'opposizione alla trasformazione dei partiti come allargamento della classe politica, in nome della difesa della sua moralità, lasciò talora trasparire la resistenza all'ingresso di ceti popolari nell'arena della rappresentanza.

A seguito dei programmi trasformisti che sollecitarono un ripensamento del rapporto tra governo politico e sviluppo, Minghetti era riuscito a proporre come rilevante per la Destra i diversi profili d'intervento sociale avanzati da Jacini, Franchetti e Luzzatti, ispirati a differenti modelli europei (inglese e tedesco in particolare); ancora nel 1882 la pubblicazione della sua conferenza milanese *La legislazione sociale* ebbe particolare eco nella stampa e nel dibattito fra intellettuali e uomini politici. Con il consenso della Corona, Depretis costruì la sua scommessa politica di cambiamento sociale sull'incremento del benessere socio-economico della nazione. In tale direzione il presidente del Consiglio ripensò il rapporto tra politica ed economia, per superare il dirigismo e l'interventismo dell'emergenza, subìti più che teorizzati nei primi anni unitari. Orientandosi a recuperare un'impostazione liberale che tenesse conto, nel contesto economico-finanziario europeo, delle efficaci pratiche di successo nel conseguire positivi risultati economici, le dinamiche del suo governo di Sinistra non parvero infine lontane da quelle avviate da Minghetti. Il disegno depretisino, tuttavia, guardò ben oltre: se i governi postunitari avevano dato un significato patriottico alla stabilità economica come mezzo di credibilità internazionale, Depretis piuttosto indicò nello sviluppo economico un

[61] F. Cammarano, *Minghetti e il trasformismo*, cit., pp. 100-101.

motore di piena affermazione del processo nazionale, assumendolo come prioritaria finalità per il decisore politico.

L'indirizzo legislativo della politica governativa fu ispirato da tale impostazione generale per rimuovere tramite un'azione riformatrice gli ostacoli alla crescita e migliorare le condizioni dei cittadini. In questo intento di trasformazione sociale, la riduzione delle cause di conflittualità collettive sul piano politico avrebbe comportato, come frutto di una complessiva strategia e non come tattica prioritaria, anche il ridimensionamento delle rivendicazioni rappresentate dall'Estrema e dagli ambienti ad essa collegati. Così, Depretis fu assai distante dalle tesi di Sonnino che vide in una migrazione tutelata e non impedita «una valvola di sicurezza» del conflitto sociale. Il governo intervenne con una circolare nel gennaio 1883 per porre un freno all'azione di cosiddetti promotori e «agenti di emigrazione», stabili o vaganti: con false promesse e spesso imponendo esorbitanti costi di viaggio, sciolti da vincoli e in mancanza di disposizioni regolamentari, essi creavano tali sofferenze ai migranti da spingerli a provocare disordini. Per il ministro dell'Interno era necessario regolare l'azione di tali agenti, chiamati ad indicare il numero delle persone cui provvedere senza alterare gli impegni assunti. Il governo non intendeva operare una riduzione forzata di un fenomeno che investiva tutti i maggiori Stati europei (Regno Unito e Germania davanti a tutti), ma evitare pratiche speculative, se non malavitose, che profittavano di una dinamica sociale registrata in straordinario aumento rispetto al periodo precedente[62]: se i 40.000 emigranti del 1881 erano il doppio di quelli registrati nel 1876, nel 1882 si era già varcata la soglia delle 65.000 persone che avevano lasciato l'Italia. Nel rispettare la libera scelta di cittadini alla ricerca di un lavoro all'estero, i cui risparmi avrebbero potuto sostenere la famiglia restata nella madre patria, il governo iniziò a considerare procedure che evitassero loro di trovarsi, arrivando negli Stati Uniti o nell'America centro-meridionale, in indicibili sofferenze e senza possibilità di collocamento. Pur rammaricandosi di non poter contare sul contributo di quei lavoratori allo sviluppo produttivo nazionale, il presidente del Consiglio avrebbe potuto convenire con Sonnino sull'utilità di quello sfogo migratorio per le condizioni contingenti della realtà economica italiana. Dissentì, piuttosto, sulla sua idea dell'evento migratorio come contenimento della

[62] Sulla discussione socio-politica e giuridica postunitaria e sulle prime statistiche dell'emigrazione italiana, cfr. M. Sanfilippo, *Il lungo ottocento delle migrazioni italiane*, Sette Città, Viterbo 2023.

pressione sociale: l'emigrazione era minima – egli osservò numeri alla mano – a Cremona, centro di scioperi contadini[63].

La centralità attribuita allo sviluppo economico del Paese, con la connessa emancipazione materiale e sociale, da conseguire come legittimazione politica del governo, dunque, accompagnò nel 1883 l'esaurirsi del corso forzoso, la cui funzione protezionistica era valsa al rafforzarsi di credibili istituzioni, processo ora necessario a sostenere la fiducia nello Stato italiano dei capitali nazionali e sostituire con una virtuosa attrazione di quelli esteri la loro precedente invasione. Si rafforzò anche la creazione di speciali uffici di monitoraggio delle politiche, come gli osservatori sui problemi ferroviari e sulle dogane, quest'ultimo sorto come Ufficio di legislazione e statistica doganale affidato ad Ellena; intorno all'opera riformatrice nel governo emerse il ruolo di un personale amministrativo dotato di competenze tecniche capace di misurarsi con le classi dirigenti transnazionali. Affiancata alla Triplice un'alleanza politico-militare fra Romania e Austria-Ungheria e impostati cordiali rapporti con la Spagna, Mancini ottenne un trattato di commercio e navigazione con la Germania prima di impegnare a giugno la Camera nella riforma della tariffa doganale, il cui respiro di politica estera si connetteva alla politica interna come messaggio alle forze economiche e militari di una crescita compatibile con un'era di pace.

In direzione opposta all'iniziativa governativa si "radicalizzò" il tentativo di politicizzare il conflitto sociale, condizionando l'evoluzione della rappresentanza del lavoro: nell'estate 1883, mentre a Milano si avviava l'esperienza operaista del settimanale «Il Fascio Operaio. Voce dei figli del lavoro», alla fallita esperienza della Lega subentrò il Fascio della democrazia, ulteriore tentativo di coniugare le aspirazioni di radicali e repubblicane in un comune organismo. In attesa di ricomporre le proprie fila, i dissidenti della Sinistra costituzionale si erano ritrovati ancora una volta sotto il segno dell'anticlericalismo risorgimentale, in occasione dell'inaugurazione del monumento ai fratelli Cairoli a Roma, proprio alla vigilia di un importante rinnovo del consiglio capitolino, i cui componenti furono portati da 60 a 80 come in altri grandi centri cittadini. Le elezioni amministrative romane, infatti, raccolsero l'impronta politica del governo trasformista e mostrarono le potenzialità di una *res publica* senza partiti, indicando la via praticabile alla prudente inclusione dei cattolici nella vita dell'Italia liberale.

Appreso della stipula della Triplice Alleanza, la S. Sede non aveva tardato a prendere atto che il Regno d'Italia era uscito dal suo isolamento internazionale: senza cessare di condurre una protesta per la politica ec-

[63] AP, CD, *Discussioni*, tornata del 9 maggio 1883, pp. 2947-2949.

clesiastica del governo liberale, Leone XIII rilanciò la fase di preparazione alla partecipazione dei cattolici alla vita politica italiana in un percorso che favorisse lo scioglimento del «funesto dissidio» tra Chiesa e Stato. Così nel 1883 il papa diede via libera all'esperimento dell'Unione romana perché si verificassero nella Capitale le condizioni necessarie a modificare quello stato di conflittualità permanente e di impreparazione endemica che forniva al cattolicesimo intransigente elementi di pragmatica e radicale obiezione al processo partecipazionista. Il gruppo unionista de «La Rassegna Italiana», infatti, informato degli indirizzi della maggioranza del corpo cardinalizio, dopo le elezioni del 1882 aveva sottoposto al Vaticano una memoria col programma che intendeva diffondere nel Paese, disposto a una «politica di preparazione» in attesa del momento in cui, «cessate le *ragioni di ordine altissimo*», il papa avesse ritenuto opportuno che nel campo politico entrassero i cattolici «ossequienti sempre ed in ogni cosa alla divina autorità della Chiesa» e per questo impegnati con forza a conseguire «la libertà, la grandezza, l'indipendenza d'Italia»[64].

Nel gennaio 1883 sulla rivista di Jacometti comparvero articoli sul giuramento parlamentare e sulla cronaca politica che espressero le stesse preoccupazioni di contemporanee circolari pontificie sull'indebolimento delle istituzioni monarchiche davanti alle iniziative radicali e repubblicane. Peraltro, l'Unione romana inviò alla Segreteria di Stato vaticana una richiesta di istruzioni circa gli orientamenti da seguire sul piano amministrativo, mentre proseguiva l'opera di iscrizione nelle liste elettorali politiche. Gli unionisti si trovavano in una difficile posizione: aumentato il loro peso grazie alla forza numerica in Campidoglio, si erano fino ad allora astenuti dal partecipare alla maggioranza nel consiglio municipale e dal provocare alcuna crisi; in tal modo, tuttavia, finivano per trovarsi in imbarazzo col «corpo elettorale» che attendeva da loro d'incidere sugli atti capitolini. Posero dunque alla Curia romana i termini del bivio che avevano davanti: tornare ad astenersi dalle lotte elettorali, oppure ampliare la loro iniziativa fino ad entrare nella giunta cittadina e conquistare alcuni assessorati, riuscendo a moderare le deliberazioni municipali e la loro applicazione. Il positivo riscontro del Vaticano all'esposto dell'Unione romana fu visibile mentre Depretis approntava il disegno di legge per la garanzia del prestito municipale di Roma e si manifestavano le conseguenze del voto di fiducia del 19 maggio.

Infatti, in vista dell'importante tornata elettorale comunale del 10 giugno 1883, che doveva eleggere ben 34 consiglieri, l'associazione cattolica

[64] Sul manoscritto *La Rassegna Italiana. Memoria. A Sua Eccellenza Rev.ma Mons. Domenico Jacobini Arcivescovo di Tiro*, indirizzato il 26 novembre 1882, cfr. A. Ciampani, *Cattolici e liberali*, cit., pp. 362-366.

riformulò le sue alleanze nel «campo "neutrale" dell'amministrazione»[65]. I moderati costituzionali convinti dell'amicizia del partito ministeriale ritennero in un primo momento di prescindere dall'accordo con l'Unione romana per favorire l'incontro di tutti i partiti liberali, ma presto compresero che col nuovo Ministero la Sinistra depretisina mirava localmente a regolare i conti con le resistenze della Destra e dell'estrema sinistra. Il loro seguente tentativo di separare i cattolici dalla giunta, tuttavia, era destinato a fallire, avendo appreso gli unionisti la lezione impartita dal governo l'anno procedente: con la comprensione vaticana, essi allargarono le intese sul «vasto terreno del rispetto alla religione, della buona morale e della onesta e intelligente amministrazione». Di fronte ai diversi gruppi liberali disposti a contrattare le candidature, l'Unione romana colse il loro prioritario obiettivo politico di non violare la tregua municipale utile all'esecuzione del piano regolatore, la cui gestione parve il vero obiettivo della lotta elettorale. «L'interesse materiale – scrisse Santucci – è uno degli agenti più poderosi del movimento sociale, quantunque non si palesi con pompose parole, come l'interesse politico»[66].

Grazie alla caratterizzazione amministrativa delle candidature, la scelta unionista non solo realizzò accordi con diverse liste liberali, ma riuscì persino ad inserire due suoi candidati nella «lista della stampa». Il risultato elettorale premiò l'Unione romana, che elesse ben 25 consiglieri (9 candidati propri e altri 16 in concorso con le liste liberali); Giovanni Borghese sorse dalla polvere del 1882 al successo del 1883, primo degli eletti con quasi 8.200 voti. Dalle urne municipali l'Unione romana uscì con un riconoscimento politicamente importante per il credito riscosso, in sintonia con l'orientamento governativo volto a realizzare una vagheggiata neutralità politica sul terreno amministrativo capitolino. Per lo schieramento trasformista, la presenza cattolica divenne un fattore di equilibrio tra le diverse componenti del campo liberale, da gestire attraverso i delicati e manifesti fili che collegavano la rappresentanza unionista agli orientamenti vaticani. Depretis nulla aveva da temere e tutto da guadagnare dalle vicende capitoline, che rafforzavano l'immagine di stabilità del governo italiano sul piano internazionale.

In tal modo l'Unione romana e «La Rassegna Italiana» disegnarono nuovi scenari nel mondo cattolico: considerando il dovere a perseguire il bene e ridurre il male «di tutti e d'ognuno, perché *rei publicae salus su-*

[65] C. Santucci, *Le elezioni amministrative del 10 giugno 1883*, in «La Rassegna Italiana», III, giugno 1883, p. 466.

[66] *Ivi*, p. 467.

prema lex est»[67], essi posero le condizioni per proiettare la loro esperienza nel quadro politico nazionale. Il confronto con la Sinistra governativa parve consentire alla Chiesa e al movimento cattolico un dialogo tra identità differenti, permettendo nei singoli schieramenti un pluralismo di opinioni senza temere intrusioni di campo. In tal modo, ricercando al suo interno l'unità dei cattolici, superando contrapposizioni culturali, sociali e generazionali, l'esperienza unionista prospettò una possibile partecipazione cattolica allo sviluppo civile del regno sotto l'affermarsi della politica trasformista. Nel laboratorio della Capitale, in effetti, l'Unione romana si dispose ad assumere responsabilità nella giunta comunale. Il 18 giugno 1883, per la prima volta, il facente funzioni di sindaco Torlonia ottenne dall'assemblea capitolina l'elezione al posto di assessore supplente di un noto rappresentante unionista, l'avvocato Re, cui in luglio affidò la rilevante delega agli affari legali del municipio. Il passo forse più difficile per i liberali e i cattolici nel governo di Roma, sede del papa, del re e del Parlamento, era stato compiuto, auspice la spoliticizzazione dell'amministrazione dell'impianto trasformista.

Del resto, l'estate vide un migliorato stato delle relazioni tra Chiesa cattolica ed istituzioni liberali, sciogliendosi alcune tensioni in un reciproco, seppur ancora sospettoso, rispetto. Quando il 28 luglio 1883 un drammatico terremoto sconvolse Casamicciola nell'isola d'Ischia, suscitando grande impressione nel Paese, il re e il governo non mancarono di far sentire la loro vicinanza e di mobilitare le opere di beneficenza; le iniziative di soccorso promosse anche dal papa furono terreno di concorrenza tra istituzioni laiche e religiose, ma anche di possibili intese, se non di collaborazione, per dare concreta risposta ai bisogni delle popolazioni colpite. Se in settembre, peraltro, la Segreteria di Stato vaticana parve registrare una buona disposizione depretisina circa la causa che vide contrapporsi lo Stato italiano e Propaganda Fide, in ottobre un nuovo pellegrinaggio del laicato cattolico italiano a Roma fu occasione di sollecita collaborazione per evitare incidenti tra l'organizzazione della Curia romana e le forze di pubblica sicurezza, con soddisfazione del Ministero dell'Interno. Nel salutare i pellegrini in San Pietro, rivendicando una loro piena cittadinanza nel regno d'Italia, mons. Schiaffino, influente vescovo della Curia romana, non esitò a dichiarare: «Mostrandovi cat-

[67] F. Jacometti, *I cattolici nella società italiana*, in «La Rassegna Italiana», III, giugno 1883, p. 366.

tolici, lasciate che vi dica con una parola resa sospetta da coloro che ne abusarono, vi chiarite virtuosi e patrioti»[68].

Il periodo estivo, intanto, aveva visto anche i tentativi di ravvivare le opposizioni al gabinetto Depretis. Sulla rivendicazione di una partecipazione popolare all'indirizzo amministrativo come diritto dei cittadini, contro ogni consorteria, si concentrò il tentativo di politicizzare l'insoddisfazione sociale condotto da Costa, che riunì il Partito socialista rivoluzionario delle Romagne in agosto e novembre. Soprattutto, però, maturò la convergenza dei leader della Sinistra liberale in dissenso con la maggioranza trasformista: Cairoli, Zanardelli e Baccarini assieme agli antichi avversari Crispi e Nicotera diedero vita alla cosiddetta Pentarchia. Anticipata da un discorso pronunciato da Crispi a Palermo e sancita da quelli successivi di Cairoli e Zanardelli a Napoli, nel novembre 1883 l'inedita coalizione sembrò proporre il ritorno sulla scena politica della Sinistra risorgimentale. Pronto a sfidare la politica del presidente del Consiglio, considerata moderna forza corruttrice, il tentativo pentarchico mirò a recuperare con un centinaio di parlamentari lo spazio politico che aveva inteso sottrargli alla Camera il gruppo dell'Estrema, dal quale confidò eventuali sostegni. La narrazione offerta da Zanardelli, anche grazie alla nascita del giornale «La Tribuna», spinse Minghetti a confidare nella possibilità di incalzare il leader di Stradella a percorrere fino in fondo l'accordo con i moderati per avere una maggioranza compatta.

In realtà, la nascita della Pentarchia confermò in Depretis la cautela con la quale si era inoltrato nelle prospettive politiche delineate, impegnato a rafforzare la Sinistra liberale nella propria maggioranza proprio per sottrarsi all'imbarazzo suscitato da alcune calorose dichiarazioni dell'alleato moderato. Così, il timore di una ripresa anticlericale incise sul programmato ingresso del cardinale Alimonda a Torino, avvenuto senza cerimoniali che avrebbero esaltato la fedeltà cattolica della dinastia sabauda. Mentre le passioni in Parlamento travolsero Nicotera e Lovito, segretario generale del Ministero dell'Interno, giunti a sfidarsi in un duello che colpì l'opinione pubblica, Cairoli condusse l'opposizione a bloccare, di fatto, con la convergenza della destra di Bonghi, la riforma Baccelli sull'autonomia universitaria. Le divisioni interne al raggruppamento pentarchico, tra meridionali e settentrionali, tra monarchici e repubblicani, tra filotedeschi e filofrancesi, comunque, consentirono a Depretis la gestione dei lavori parlamentari.

In tale quadro, il 1884 si aprì con un solenne pellegrinaggio sulla tomba di Vittorio Emanuele II al Pantheon in occasione di quello che

[68] Il discorso del 6 ottobre in *Un saluto ai pellegrini italiani*, in «L'Osservatore romano», 9 ottobre 1883.

fu definito il 25° anniversario del Risorgimento. L'evento, inteso come celebrazione dell'indipendenza nazionale ottenuta dai Savoia, rilanciò un culto civile della patria attorno al sovrano, ricordando politicamente il perimetro costituzionale delle riforme. Particolarmente significativa, accanto alle delegazioni dei comuni d'Italia, fu la plateale partecipazione al corteo del 9 gennaio del Grande Oriente d'Italia di Petroni e Lemmi che, superate antiche remore mazziniane, accreditarono l'associazionismo massonico democratico e progressista nel campo delle istituzioni governative e monarchiche; un passo, questo, che non sfuggì alla preoccupazione della S. Sede, che nei mesi seguenti predispose la pubblicazione dell'enciclica *Humanum Genus* contro i pericoli della massoneria.

Il suscitato movimento a favore della monarchia, nel frattempo, alimentò negli esponenti della Destra aspettative di maggiore riconoscimento del loro ruolo da parte del governo, mentre le scelte depretisine ancora sfuggivano al loro controllo. Le rivendicazioni moderate avrebbero dovuto aspettare, tuttavia, per consentire a Depretis di condurre un'operazione politica a tutela del Gabinetto volta a fronteggiare l'iniziativa pentarchica: le dimissioni del presidente della Camera Farini l'11 marzo, seguite al ripetersi degli incidenti in aula con l'Estrema, consentirono di predisporre la manovra. Intanto, morto Sella il 14 marzo 1884, il governo propose l'erezione di un monumento in suo onore a Roma, nel tentativo di una riconciliazione politica in nome dell'epica risorgimentale; l'opposizione tuttavia sollevò un dibattito sul luogo dove edificarlo, facendo leva su temi anticlericali, per tentare di dividere la Sinistra e fiaccarne i legami a destra, così da provocare l'emergere di uno stato di insofferenza dei deputati in occasione dell'approvazione del disegno ministeriale. Quando il 19 marzo si giunse al voto per la presidenza della Camera, contro Cairoli fu presentata la candidatura ministeriale di un noto esponente della Sinistra come Coppino, eletto con 228 voti contro 145, una decina appena sopra il quorum necessario. Era quanto bastava a Depretis, considerata la situazione parlamentare, come disse il giorno seguente, per rassegnare le dimissioni nelle mani del re ed ottenerne il reincarico a formare un nuovo Esecutivo.

Un decreto del 30 marzo 1884 costituì il nuovo governo, sorto non senza affanno in forma di "rimpasto" ministeriale: ai sacrificati Baccelli, Berti, Del Santo e Giannuzzi-Savelli, subentrarono lo stesso Coppino (Istruzione), Ferracciu (Grazia e Giustizia), Grimaldi (Agricoltura, industria e commercio) e Brin (Marina), tutti già ministri in precedenti governi della Sinistra. Nel sesto governo di Depretis, che per la terza volta di seguito mantenne l'Interno, gli altri quattro ministri – Mancini, Magliani, Genala e Ferrero – furono confermati, rinnovando l'immagine di stabilità, se non del Gabinetto, del suo indirizzo politico; nel ribadire la fiducia a questi suoi ministri, il presidente del Consiglio confidò anche nella politica trasformata che i moderati avevano sostenuto. "Il Vecchio", come soprannominato da anni Depretis, nel rinnovare la richiesta di un'ampia concordia di tutti i deputati sul programma elettorale del 1882, aveva però privilegiato l'obiettivo di bloccare le accuse di uno scivolamento a destra con un ministero più colorato a sinistra e riproposto la questione centrale di un liberalismo riformatore.

Evidenti difficoltà accompagnavano il lavoro legislativo chiamato a svolgere dal governo: dalla riforma degli istituti d'emissione a quella del credito fondiario, dalla legge comunale e provinciale a quella per la cassa nazionale per le pensioni agli operai, fino agli interventi infrastrutturali per le vie ferroviarie e marine. Sullo sfondo Depretis affacciò l'esigenza di dipanare i nodi prodotti dall'allargamento del suffragio sulla rappresentanza parlamentare. A tal fine, per «rendere più efficace l'azione del Governo, più armonica quella dei vari dicasteri, più sicuri e più intimi i rapporti del potere esecutivo con il Parlamento», egli annunciò un disegno di legge sul numero dei ministri, provvedendo alla creazione di un «ministero della presidenza dei ministri» e di sotto-segretari di Stato, oltre che del consiglio del Tesoro e del Ministero delle Poste[69].

Del resto, il «meditatamente improvvisato»[70] discorso di Luigi Ferrari che seguì il 3 aprile alla comunicazione del Gabinetto confermò la percezione del peso politico che la camera elettiva intendeva avere accanto alla fiducia data dal sovrano al «consiglio della Corona»; Nicotera sottolineò il pieno diritto a discutere «anche immediatamente, senza le formule prescritte dal regolamento per le interrogazioni e per le interpellanze, sulle dichiarazioni del Governo»[71]. Il dibattito allora accettato da Depretis, Magliani, Coppino e Grimaldi, in risposta alle critiche dell'Estrema sulla presunta inerzia riformista della maggioranza, non solo rivelò il conseguito obiettivo di tutelare a sinistra il carattere del governo, ma diede modo d'indicare l'itinerario gradito ai moderati sulle riforme, in particolare a favore delle classi meno abbienti, i cui interessi sarebbero stati difesi da interventi legislativi praticabili e sostenuti dall'opinione pubblica senza scuotere l'edificio sociale liberale. Piuttosto che ondeggiare di continuo fra

[69] AP, CD, *Discussioni*, tornata del 3 aprile 1884, p. 7056. Come noto, sarà Crispi a riprendere alcune delle riforme affacciate dai governi Depretis.

[70] Così nell'ironia rivelatrice di Depretis; *ivi*, p. 7058.

[71] *Ivi*, pp. 7057-7060. Oltre F. Rossi, *Saggio sul sistema politico*, cit., p. 50, cfr. anche G. Sica, *Prove di fiducia: il presidente della Camera e il parlamentarismo nel periodo statutario*, Carocci, Roma 2021.

un indirizzo di Destra o di Sinistra, secondo un'accusa a lungo ripetuta, Depretis ancora una volta riuscì a riequilibrare il segno politico di una maggioranza chiamata ad attuare l'opera di governo disegnata a Stradella. Così, nell'implicito voto di fiducia che costituì l'elezione del presidente della Camera il 7 aprile 1884, di fronte alla bandiera dell'opposizione riproposta in Cairoli, il Gabinetto propose con successo la figura di Biancheri che, come nel passaggio dal governo Minghetti a Depretis, rappresentò un ponte tra i diversi partiti parlamentari.

Pur con ripetute dichiarazioni di stanchezza e mostrando segni di debolezza fisica, Depretis si apprestò a gestire in una realtà di accelerato mutamento un difficile sforzo realizzativo, il cui significato politico parve sfuggire anche a molti suoi sostenitori. Il presidente del Consiglio, così, volle esplicitamente respingere «il concetto di Governo del partito», riaffermando di voler governare «non solo nell'interesse della maggioranza che appoggia il Ministero, ma nell'interesse di tutti»[72]. Gli affondi dell'estrema sinistra sulla politica interna, in particolare sul contenimento prefettizio di socialisti e repubblicani nelle Romagne, si mostrarono del tutto incapaci di porre in crisi la maggioranza ministeriale. Anzi, dovendo allora fronteggiare il crescente scontento nella Destra, essi facilitarono la manovra depretisina di provocare un aperto appoggio di Minghetti, favorevole anche alle proposte governative di garanzie amministrative nella legge comunale e provinciale, di pensioni per gli infortuni dei lavoratori, di tutela del lavoro delle donne e dei fanciulli, di riconoscimento giuridico delle Società di mutuo soccorso, di perequazione fondiaria. Di fronte al voto di fiducia a Depretis richiesto da Mordini e condiviso da Minghetti, il 24 giugno 1884, a nulla valse la contrapposta tattica ostruzionistica di Zanardelli, che propose di non partecipare alle votazioni al gruppo pentarchico, smentita il giorno seguente dall'ingresso in aula di Nicotera e di altri esponenti che scelsero piuttosto di astenersi. D'altra parte, la sofferta convergenza di pentarchi e radicali fece il gioco della Destra, che votò compatta con il Centro e la Sinistra ministeriale per rivendicare di nuovo maggiore peso sul governo.

Declinato l'astro politico di Cairoli, così, fu Crispi a riprendere l'iniziativa per superare lo stallo dell'azione pentarchica, scegliendo di aggredire il Ministero sulla politica estera per i riflessi destabilizzanti che tale critica poteva assumere nella politica interna. Egli accusò il Gabinetto di servilismo di fronte alla Francia cedendo al suo protezionismo, di aver umiliato la Corona ricercando l'accordo con Austria-Ungheria, di aver procurato la disistima tedesca e la noncuranza britannica, di non aver tutelato la

[72] AP, CD, *Discussioni*, tornata del 24 giugno 1884, p. 9372.

dignità e gli interessi della nazione, di non aver compreso la necessaria partecipazione italiana all'espansionismo coloniale europeo. Il duro scontro personale di Crispi con Mancini, alla fine di giugno, con palese intento provocatorio, segnalò un nuovo indirizzo strategico volto ad allargare le crepe antidepretisine presenti in una Destra sempre più insoddisfatta dalla sua esclusione dalla composizione ministeriale. Consapevole delle riserve dogmatiche di Spaventa, Rudinì e Sonnino, in effetti, Minghetti lamentava la presenza nella maggioranza di frizioni ancora dovute alle distinte provenienze partitiche. D'altra parte, il riformismo moderato chiamato a scegliere tra Depretis e Zanardelli in politica interna, tra Mancini e Crispi in politica estera e tra Magliani e Seismit-Doda in politica finanziaria, non avrebbe potuto esitare ad accettare qualche pillola amara pur di evitare il peggio. Gli uomini di Minghetti inoltre convergevano sulla ferma posizione governativa di pacificazione politica come pegno di pace sociale; se per la Sinistra moderata tutto ciò avrebbe spinto l'area vicina all'Estrema a costituzionalizzarsi, per la Destra monarchica avrebbe dovuto costituire freno alla crescita repubblicana e socialista. Del resto, proprio il nodo della rappresentanza istituzionale fu terreno di confine del legame tra gli esponenti liberali radicali e le associazioni repubblicane e socialiste nella crisi che portò allo scioglimento dell'amministrazione comunale di Forlì, città che poco dopo ospitò il congresso del partito di Costa che dal 20 luglio 1884 assunse la denominazione di Partito socialista rivoluzionario italiano.

Col passare del tempo, tuttavia, le disattese aspettative di un riequilibrio politico nella composizione dell'Esecutivo aumentarono le increspature della Destra rispetto al governo. Né queste furono ricomposte dai negoziati che in ottobre portarono nel Gabinetto alla guida del dicastero della Guerra Ricotti Magnani, già ministro durante Porta Pia. A novembre, peraltro, giunse la nomina di Pessina al dicastero di Grazia e Giustizia al posto del dimissionario Ferracciu, apparso cedevole nei confronti del giornale scandalistico «Le Forche Caudine», che, come la rivista «Cronaca Bizantina», non solo accompagnò i sentimenti antigovernativi della classe medio-borghese, ma ne alimentò le pulsioni antiparlamentari[73]. Gli assestamenti nel Ministero non erano dovuti a puri equilibrismi tattici: la via percorsa da Depretis per gestire processi complessi comportava la ricerca di risorse politiche utili ad affrontare le concrete congiunture che

[73] Sulle vicende giudiziarie che coinvolsero Sbarbaro e Sommaruga tra il 1884 e il 1886, C.M. Fiorentino, *Angelo Sommaruga (1857-1941). Un editore milanese tra modernità e scandali*, Le Monnier, Firenze 2014; Id., *Eros, scrittura, politica. Gabriele D'Annunzio e Matilde Serao nella Roma umbertina (1881-1900)*, Aracne, Canterano 2019.

via via li caratterizzarono. In primo piano, in particolare, nel novembre 1884 si sarebbe riproposto lo scioglimento della questione della costruzione di nuove linee ferroviarie e del loro esercizio, concesso a tre nuove società private costituite anche con una diversificata presenza di capitale estero. Tra il 1883 e il 1884, Depretis aveva assecondato il maturare del processo di crescita di diversi attori economici e finanziari italiani che, come nel caso degli ambienti cattolici, avrebbero dovuto affiancare quelli già dominanti in una prospettiva di articolazione e di inclusione nel sistema economico. In una prospettiva liberale egli contenne ancora l'ipotesi di una gestione statalista delle ferrovie, che in nome della protezione dell'industria nazionale avrebbe potuto privilegiare l'acquisto di materiale a maggior prezzo e più scadente di quello offerto dal mercato europeo. L'aperto nodo dell'efficacia dell'esercizio e dell'accessibilità tariffaria, per le persone e le merci che si avvalevano della rete, fu sciolto rinviando all'effettivo controllo governativo sulle società ferroviarie, come osservò anche Giolitti favorevole alle concessioni. Nello stesso periodo, intorno all'ex ministro Baccarini diventato pentarca, sul dossier si aggrumò una forte opposizione politica che raccolse tradizionali ambiti statalisti della Destra, la sinistra pentarchica e l'Estrema; ad essa si collegarono settori dell'affarismo confidente nel sostegno governativo e il crescente ruolo del protezionismo industriale, come anche gli interessi economici locali, settentrionali e meridionali, esclusi dai tragitti delle linee ferroviarie.

Alla fine dell'anno, tuttavia, il presidente del Consiglio ritenne di aver conseguito nel bilanciato rapporto tra economia e politica un consenso parlamentare tale da fronteggiare questo schieramento. In effetti, egli mostrò ancora nell'occasione di saper gestire la propria maggioranza, che rigettò la proposta di Baccarini di una sospensiva sulle norme avanzate ed ottenne la fiducia sulla legge ferroviaria. Dopo il voto del 22 dicembre 1884, che chiuse la discussione generale sull'esercizio privato delle ferrovie approvando la proposta ministeriale delle convenzioni con le tre società private (che avrebbero anche acquistato e gestito il materiale rotabile), solo il 6 marzo 1885 la Camera giunse a varare gli articoli della legge con 226 voti contro 203. Nella sua azione politica, Depretis aveva provato ad innestare sulla confermata cultura liberista una cauta attenzione, misurata nei tempi e nei modi, all'ormai aperta richiesta di protezionismo industriale, concentrata in settori strategici all'interno di un articolato regime economico di concorrenza. D'altra parte, tra le intraprese economiche e finanziarie che si confrontarono, nel mercato si riscontrò un maggior dinamismo delle iniziative a carattere speculativo; nonostante le precauzioni per attenuarne l'aggressività, esse seppero intercettare l'incrementata spesa in lavori pubblici. Nel complesso, gli anni seguenti all'avvenuta trasformazione dei partiti furono contraddistinti da «un incremento del ritmo produttivo, dei redditi e della ricchezza quale non si era mai visto prima»[74]. Peraltro, le dure condizioni di vita e di lavoro di vasti strati delle popolazioni rurali, di ceti popolari e impiegatizi nelle grandi città e di nuclei operai nei primi centri industriali, all'interno di una diffusa crescita di ricchezza del Paese non adeguatamente redistribuita di là dei ceti borghesi, sollecitarono a dare priorità politica alla risoluzione di urgenze socio-economiche accanto al riproporsi di gravi questioni irrisolte, come quella relativa alla risistemazione del sistema bancario.

3. L'eredità della patria nazionale a un bivio

Il progredire dell'Italia liberale nel succedersi dei governi depretisini, con il loro bilanciare diverse spinte politiche e pressioni economico-sociali, così, si misurò dal 1885 con tensioni provocate da processi innescati al suo interno. Lo stesso sentore di un indirizzo ministeriale in grado di assicurare un dinamico sviluppo favorì un'allentata partecipazione dei gruppi dirigenti all'arena politica, che nel suo espandersi in complessi campi d'azione esigeva crescenti professionalità e rivelava maggiori patologie, ora enfatizzate, ora tollerate. Mentre alcuni assetti si stratificarono, altri si incrinarono; sui mutamenti di una classe politica autoreferenziale, intanto, incisero ristretti gruppi d'interessi organizzati che si erano via via più strutturati. In tale contesto si segnalò l'azione di Lemmi, nel gennaio 1885 subentrato a Petroni nella guida del Grande Oriente d'Italia, che aveva visto nell'ultimo triennio un incremento di mille e cinquecento iniziati in logge rese più stabili. Egli sostenne una massoneria capace di mobilitare l'opinione pubblica, orientare la stampa e condizionare il decisore politico. Oltre al radicale Pirro Aporti, maestro aggiunto, e all'aderente al Fascio della democrazia Luigi Castellazzo, confermato segretario dopo il suo contestato ingresso alla Camera nel dicembre 1884, più di un terzo del consiglio dell'ordine massonico era composto da parlamentari, tra cui Mordini e Crispi, Bertani e Fortis, Maffi e Bovio. Più in generale, il mutarsi dei rapporti tra interessi sociali e milieu politico costituì lo scenario in cui l'approccio trasformista alle studiate questioni – convenzione ferroviarie, crisi agraria e riassetto bancario – fu squilibrato dal prevalere di nodi problematici – industria pesante, competizione protezionistica e politica coloniale – che modificarono il rapporto tra economia e politica.

[74] Così già G. Carocci, *Agostino Depretis*, cit., p. 336.

Nel contempo, l'azione governativa mostrò i suoi limiti nell'accontentare le aspettative suscitate: nel gennaio 1885 la coperta corta dell'equilibrismo trasformista lasciò trasparire l'accentuato scontento non solo negli ambienti vicini a Minghetti, ma nella stessa Sinistra governativa, come evidenziò il dissenso del piemontese Marazio spostatosi nel campo pentarchico. Più che le ricorrenti critiche della Destra sul bilancio finanziario dello Stato – che dichiarato chiuso con un attivo di un milione e mezzo nel 1883 mostrò nel primo semestre del 1884 un primo disavanzo di 8 milioni – un varco nelle cautele ministeriali fu aperto proprio dai trasversali consensi alla polemica crispina per una politica coloniale. Messa da parte, comunque, l'ipotesi di un intervento sulle coste mediterranee, Mancini predispose una spedizione militare nel Mar Rosso, più coerente allo sviluppo commerciale incoraggiato dall'indirizzo governativo e resistente alle spinte antifrancesi: alla fine di gennaio rafforzata la presenza ad Assab, in febbraio un contingente italiano occupò il porto eritreo di Massaua. Assicurati l'accordo britannico, impegnato nella guerra in Sudan, e la cedevolezza egiziana, anche il Parlamento italiano a febbraio plaudì la politica coloniale e ne approvò a marzo le relative spese militari.

L'affacciarsi di una politica di potenza, peraltro, manifestò non solo le connessioni allo sviluppo della marineria commerciale, a partire dalla compagnia Navigazione generale italiana, ma l'intrinseco legame tra incremento dell'arsenale militare e rafforzamento dell'industria pesante da sostenersi con scelte protezionistiche, secondo l'indirizzo guidato dal ministro Brin. Dopo lo sviluppo della Società degli alti forni, fonderie e acciaierie di Terni, fondata nel marzo 1884, i tentativi di mantenere una dinamica concorrenziale ancora all'inizio del 1885, consentendo a Pozzuoli l'impianto di uno stabilimento della fabbrica di armamenti britannica Amstrong, suscitarono le reazioni delle imprese Orlando e Ansaldo e dei loro referenti pentarchici. D'altra parte, come indicò il coinvolgimento di Balduino nello sviluppo di grandi gruppi industriali metalmeccanici e zuccherieri, iniziò un riposizionamento delle reti finanziarie dei tradizionali settori speculativi ferroviari ed edilizi, con un sempre più prismatico sistema bancario ancora mantenuto articolato, ma in via di polarizzazione tra le banche minori e le maggiori Banco di Napoli e Banca Nazionale. All'auspicato moltiplicarsi di imprese dotate di competenze tecniche e imprenditoriali si sovrappose il convergere della consolidata borghesia industriale e commerciale con quella speculatrice in ricomposte oligarchie capaci di sfruttare dinamiche interne allo sviluppo e favori erogati dal governo ai diversi interessi.

Il Gabinetto non risparmiò interventi per le riqualificazioni delle città: dopo i prestiti per il comune di Roma, tra l'estate il 1884 e il 1885 aveva messo in campo notevoli risorse per affrontare la diffusione del colera che, dopo le prime avvisaglie degli anni precedenti, aveva fatto ingresso in Italia dai porti liguri. A Napoli, dove si registrò oltre la metà delle vittime dell'epidemia, il governo finanziò importanti opere di risanamento cittadino, assecondando l'attenzione depretisina ai principi di riforma sanitaria e d'igiene pubblica che allora si stavano affermando. Né erano mancati spese per soccorrere le vittime delle alluvioni nelle campagne in Veneto e progetti di bonifica del delta del Po. Le drammatiche condizioni contadine, intanto, nell'area padana avevano alimentato un malessere sociale che al suo colmo esplose in ricorrenti astensioni dal lavoro e proteste: «La boje, e de boto la va fora». Il movimento si era esteso dal Polesine al mantovano e al cremonese, dove trovò alimento nel 1884 in più organizzazioni bracciantili di mutuo soccorso e nell'associazionismo socialista, capaci di alimentare una diffusa agitazione contadina fino al marzo 1885, quando il governo intervenne fermando oltre 160 persone e rinviandone a giudizio una ventina che, difesi da noti deputati radicali, furono assolti l'anno seguente. Sotto l'impressione di questi eventi, accanto al riconoscimento giuridico delle società di mutuo soccorso e alla Cassa nazionale delle pensioni per la vecchiaia venne calendarizzato nei lavori parlamentari un provvedimento sugli scioperi; tra maggio e giugno trovò finalmente spazio alla Camera l'esame da tempo caldeggiato da Depretis di una legge sulla responsabilità degli imprenditori nei casi di infortunio degli operai. Il provvedimento che stabilì la presunzione di colpa del «padrone», salvo prova contraria, e il risarcimento progressivo a seconda delle circostanze di fatto e delle condizioni economiche degli imprenditori, fu proposto da Grimaldi al fine d'indurre, per via indiretta, ad assicurare gli operai. L'ampia discussione così suscitata, che vide tra i protagonisti Giolitti e Luzzatti, si concluse con l'approvazione del testo alla Camera il 15 giugno, ma fu poi bloccato al Senato.

Il presidente del Consiglio, peraltro, ritenne giunto il momento per discutere sulla più generale crisi dell'agricoltura italiana, cui Depretis avrebbe destinato una riforma strutturale a seguito di una perequazione fondiaria, prevista nei programmi di Stradella, ma rinviata per le implicazioni politiche che ripetutamente fece emergere. Essa, infatti, rischiava di alterare gli equilibri di una maggioranza in cui al moderato favore della borghesia agraria settentrionale si era affiancata la resistente attitudine, dopo le polemiche sul macinato, di un ceto agrario meridionale che aveva interpretato il trasformismo come coesione degli elementi notabilari locali. Il dibattito che si prolungò nel marzo 1885 divise ancora gli schieramenti, collocati Cairoli e Crispi accanto ai timori della classe dirigente meridionale sugli esiti della perequazione fondiaria, mentre parte della Pentarchia settentrionale si schierò con Depretis.

La discussione fu alimentata dai risultati dell'imponente inchiesta agraria della commissione presieduta dal senatore Stefano Jacini negli anni 1877-1884[75]. In essa, all'attenzione del presidente sulla distribuzione e sulle caratteristiche della proprietà fondiaria si contrappose quella del vicepresidente Bertani per l'analisi delle condizioni del contadino italiano. L'indagine ribadì il permanere in Italia, a vent'anni dall'unificazione, di distinte realtà ambientali e produttive, legate a consuetudini e culture diverse: accanto a zone limitate di coltivazione intensiva, caratterizzate dall'impiego di fertilizzanti e di macchine agricole e dalla disponibilità di capitali e di spirito imprenditoriale, si rilevarono ampie estensioni incolte o poco produttive, a causa dei metodi arcaici delle coltivazioni adottate, e infinite gradazioni di colture. Si rilevò l'esigenza di aumentare la limitata superficie coltivabile, soggetta peraltro a siccità e malaria, attraverso rimboschimenti e bonifiche dei terreni, l'impiego di più moderni mezzi di coltivazione e di una maggiore concimazione chimica, una migliore irrigazione ed efficaci rotazioni colturali. Lamentato il disinteresse dei vari governi verso l'agricoltura, che pure forniva allo Stato la maggior parte del reddito nazionale senza ricevere in cambio né capitali, né stimoli o incentivi per il suo sviluppo, di fronte alla crisi agraria degli anni Ottanta, attribuita alla concorrenza del grano americano, infine, si chiese la difesa della produzione nazionale con un qualche protezionismo doganale, la riduzione del carico tributario e un consistente impegno finanziario a favore del settore agricolo. La discussione parlamentare che l'inchiesta suscitò, però, non condusse ad una concreta soluzione, ma delineò un possibile compromesso nel consentire la legge sulla perequazione accompagnata da provvedimenti di tutela dei proprietari meridionali, a partire dall'aumento delle tariffe doganali sul grano. Nello spirare di venti protezionisti in un'Europa assai mutata dal periodo risorgimentale, tra il 1885 e il 1886 si può cogliere il canto del cigno del libero scambio in Italia.

L'evoluzione del rapporto tra il governo politico e il complessivo sistema economico emerse anche nel dibattito che portò all'approvazione di una legge sulla marina mercantile che accordò premi agli armatori, concesse esenzione di tasse e riservò il cabotaggio sulle coste italiane

[75] *L'Archivio della Giunta per l'inchiesta agraria e sulle condizioni della classe agricola in Italia (Inchiesta Jacini), 1877-1885. Inventario*, a cura di G. Paoloni, S. Ricci, Ministero per i Beni culturali e ambientali, Ufficio centrale per i Beni archivistici, Roma 1998. Per l'analisi dell'inchiesta cfr. ora *Le inchieste agrarie in età liberale*, Atti del convegno, Firenze, 23 febbraio 2017, a cura di G. Manica, Polistampa, Firenze 2017.

alla bandiera nazionale, tranne casi di perfetta reciprocità. Il nesso tra protezione economica ed esaltazione della nazione come corollario di uno Stato in espansione si riflesse nel voto che l'8 maggio 1885, dopo la discussione delle interpellanze sulla politica estera coloniale, diede alla Camera la fiducia al governo con 188 voti favorevoli contro 97 avversi e 7 astensioni. L'avvicinarsi di una nuova Destra dissidente alla Pentarchia non fu frenato dal voto che alla fine del mese approvò le spese della spedizione africana nel bilancio dello Stato, che denunciò secondo il ministro Magliani un deficit di 26 milioni. A giugno, così, le tensioni coltivate dall'inizio dell'anno e fino allora contenute furono fatte emergere: quando Mancini fu attaccato dall'opposizione sulla politica estera e coloniale, appena a un mese di distanza dai consensi ottenuti alla sua azione internazionale, Depretis volle imprimere un carattere di fiducia al Ministero nelle votazioni sulla politica estera e coloniale. Il 16 giugno la politica governativa raccolse solo 21 voti in più delle opposizioni – unendosi Crispi e Nicotera, Rudinì e Sonnino, Bovio e Costa – mentre la spesa per la stazione navale in Mar Rosso ebbe una maggioranza di oltre 60 voti; il giorno seguente il bilancio degli Esteri passò a scrutinio segreto con appena 163 voti favorevoli e 159 contrari. A seguito di tale votazione, Depretis rassegnò al re le dimissioni dell'Esecutivo: la crisi ministeriale consentì al presidente del Consiglio di operare il 29 giugno 1885 un rimpasto di governo, per tentare di dividere le convergenti dissidenze politiche. Accettando il re le dimissioni di Pessina al dicastero di Grazia e giustizia, Depretis lo sostituì con un uomo vicino a Crispi come Tajani, già ministro nel 1878; assumendo l'*interim* degli Affari Esteri, nel sacrificare il "dimissionato" Mancini, ripetutamente criticato dalle coalizioni avverse come responsabile della Triplice Alleanza e della spedizione africana, egli diede un segnale politico di continuità mantenendo in ufficio tutti gli altri ministri.

Per vanificare l'aggregarsi delle opposizioni, Depretis, come «grande conciliatore di umori incompatibili»[76], ribadì l'intento di compiere con una maggioranza stabile il programma che si era dato, "spoliticizzando" la guida dell'amministrazione secondo l'interesse pubblico. Inoltre, predispose il terreno a rafforzare i consensi alla maggioranza di quella parte moderata che si aspettava una soluzione ben diversa da quella maturata, con l'obiettivo di incrinare la fronda della Destra raccolta intorno a Spaventa in vista della ripresa dei lavori parlamentari di novembre. Infine, d'intesa con Umberto I, fu chiamato alla guida del Ministero degli Esteri il conte di Robilant: uomo molto vicino ai Savoia e senatore dal 1883, prima e dopo la «rivoluzione parlamentare» era stato rappresentante ita-

[76] Luzzatti a Depretis, 7 luglio 1885, in L. Luzzatti, *Memorie*, cit. p. 261.

liano a Vienna, da qui partecipe di tutte le politiche della Corona. Se la sua nomina in ottobre al vertice della diplomazia non poteva sollevare obiezioni della classe dirigente della Destra, tuttavia non bastò a placarne le polemiche interne. Peraltro, sulla «Nuova Antologia» Minghetti tentava di riproporre un riformismo liberale nei rapporti tra *Il cittadino e lo Stato*[77], in linea con l'evoluzione trasformista. Nello stesso mese di novembre suscitò attenzione anche l'enciclica *Immortale Dei* di Leone XIII «de civitatum constitutione christiana», in cui per contrastare la «calunnia» di una Chiesa «ostile alle più recenti costituzioni civili» il papa richiamò il dovere dei singoli cittadini cattolici a rispettare il potere civile e dare un positivo contributo alla vita pubblica, amministrativa e politica.

La manovra di Depretis aveva comunque consentito al Ministero di prendere tempo; il presidente del Consiglio diede allora un forte impulso all'approvazione della riforma fondiaria, spingendosi a mettere in gioco a fronte dello scetticismo crispino l'esistenza stessa del Gabinetto. Contenuto con ampi consensi un primo tentativo pentarchico di provocare un incidente nei lavori della Camera, tuttavia, il percorso avviato da Magliani verso la perequazione fondiaria, accompagnato da provvisori sgravi d'imposta e riduzione di tasse sul sale e su alcuni tributi indiretti, subì un'imboscata parlamentare il 27 novembre, quando il governo ottenne la stessa maggioranza risicata di giugno. La votazione manifestò la ripresa insofferenza nella Destra della dissidenza alla guida di Minghetti, intento a ricomporre le divisioni chiedendo al governo più fermezza contro il radicalismo, ma disposto ad attendere una chiara rappresentanza della destra moderata nell'Esecutivo, per evitare d'esporlo al pericolo politico costituito dalla Sinistra pentarchica. Spaventa, invece, si propose alla vicepresidenza della Camera contro il candidato governativo e, sconfitto dalla maggioranza, tentò di assumere il ruolo di vessillo dell'opposizione a quello che denunciò come il «pantano» depretisino.

Ancora una volta, l'intesa di Minghetti con Depretis risultò efficace, consentendo di realizzare una riforma fondiaria cara ad entrambi: prevista dal primo per superare entro il 1867 i provvedimenti provvisori varati nella fase fondante del regno e proposta dal secondo come punto qualificante del programma elettorale del 1882. La discussione generale sul provvedimento inteso a togliere la sperequazione del tributo fondiario tra i contribuenti ruotò intorno al cardine di un'imposta proporzionale agli averi sulla base del connesso censimento dei beni, evitando una pressione fiscale eccessiva ed operando con giustizia. Il 17 dicembre 1885, respinte le condizioni

[77] «Nuova Antologia», vol. 84, fasc. 21, 1 novembre 1885, pp. 5-41, ora in *Marco Minghetti*, a cura di R. Piccioni, cit., pp. 223-276.

poste da Crispi e Cairoli, la proposta per passare all'esame dei singoli articoli della legge, avanzata da Minghetti a nome della commissione della Camera, fu assunta da Depretis depotenziandone il valore politico; in tal modo si conseguì un ampio consenso trasversale contro un'opposizione costretta di nuovo a denunciare la «confusione» tra gli schieramenti. La linea della maggioranza, con l'adesione di uomini come Giolitti e Luzzatti, spaccò il fronte della dissidenza di Destra – Spaventa favorevole, Rudinì contrario e Sonnino astenutosi – e separò nell'estrema sinistra Fortis da Ferrari. Più difficile fu velare la frattura regionale di un indirizzo prevalentemente sostenuto dalla deputazione dell'Italia centro-settentrionale e avversato diffusamente tra i deputati meridionali, in particolare siciliani. La cura al dispositivo legislativo, sostenuto dalla relazione di Messedaglia, e la capacità di mediazione del Gabinetto permisero di giungere ad approvare alla Camera, il 5 febbraio 1886, con l'ampia maggioranza di 290 voti contro 91, le norme della perequazione fondiaria e di varare la legge del 1° marzo, a firma di Depretis e Magliani, che previde in tutto il regno la formazione di un catasto geometrico particellare uniforme fondato sulla misura e sulla stima.

Consapevole del costo politico da pagare in termini di coesione della maggioranza nel conseguire tale risultato, il presidente del Consiglio aveva da mesi promosso un'intensa attività legislativa, in cui riuscì a far approvare alcuni provvedimenti di carattere socio-economico da tempo in agenda: dagli stipendi dei maestri elementari all'istituzione del credito agrario. Con la disponibilità governativa ad accogliere emendamenti nell'Aula, fu possibile al ministro Grimaldi dar seguito come promesso alle proposte di Berti, completando la presentazione di una significativa legislazione sociale. Le difficoltà alla sua approvazione derivarono ora da pregiudiziali opposizioni, ora dall'emergere di diverse visioni di fondo. Nella discussione avviata l'8 febbraio sulle norme destinate a limitare il lavoro dei fanciulli negli opifici industriali, nelle cave e nei locali insalubri, non fu difficile trovare consensi anche nel socialista Costa. Quando l'Estrema osservò che la legge avrebbe colpito solo gli effetti e non le cause di comportamenti prodotti dal generale squilibrio delle condizioni socio-economiche, il relatore Luzzatti non ebbe difficoltà a sostenere che, per ottenere il meglio, non si dovesse perdere un bene riconosciuto da operai e industriali, in accordo con la cultura igienista, ricomponendo la frattura tra capitale e lavoro. Accogliendo proposte di Marcora e di altri deputati, il governo si impegnò ad intervenire per regolare il lavoro delle donne, in particolare nelle risaie, e per definire diritti e doveri di famiglia. Infine, il testo fu approvato con l'opposizione d'una trentina di voti, che si manifestò anche nella votazione sulla legge sull'inalienabilità dei boschi. Non ebbe buona sorte, invece, il tentativo di modificare la legislazione sugli scioperi, ancora risalente al codice penale sardo del 1859 e di quello toscano del 1853. Tra il 17 e il 18 febbraio 1886, si svolse la discussione sul provvedimento presentato da Grimaldi per stabilire la libertà di associazione e di coalizione al fine di giungere a dibattere pacificamente il miglioramento delle condizioni di lavoro tra operai e imprenditori; si sarebbe garantita la libertà dello sciopero, da punirsi se imposto con violenze, minacce o raggiri, tutelando la scelta dei lavoratori di prendervi parte o meno. L'impronta liberale delle norme trovò resistenze non solo in ambito conservatore, ma nell'opposizione dell'Estrema, nell'occasione intesa a saldare la tradizione radical-democratica con quella socialista. Musini, già giovane garibaldino ed allora socialista eletto a Parma nel 1884, non esitò a definire i deputati come rappresentanti di interessi della classe borghese, attirando il severo richiamo del presidente della Camera sul fatto che essi rappresentavano la nazione. Così, nonostante la disponibilità del ministro Tajani ad accogliere diversi emendamenti, il 20 febbraio 1886, il convergere delle opposizioni bocciò il provvedimento a scrutinio segreto, con 121 voti contro 117.

A fronte della faticosa iniziativa della Pentarchia e del continuo comporsi e scomporsi di fragili opposizioni, dopo l'alta tensione in cui venne tenuta la maggioranza nei primi mesi del 1886, parve esaurirsi la forza propulsiva del Ministero legata al programma di Stradella, al cui compimento in primavera mancava ormai l'impervio scoglio politico di una legge comunale e provinciale, impensabile da conseguire sulle montagne russe delle votazioni parlamentari. Si era reso ormai evidente lo smottamento interno al campo moderato per le mature ambizioni di leadership di Rudinì e di Sonnino, nel ricordo di Sella e all'ombra di Spaventa, orientati ad allargare il fronte della Destra antidepretisina. Si accusò Minghetti di irresolutezza nel contrastare Depretis, a sua volta incolpato d'indebolire le istituzioni nell'opera di mediazione, pur intrisa di cultura cavouriana, condotta con attori economici e con forze democratiche. In effetti, la disciplina della maggioranza si stava allentando anche a causa dei sempre più divaricanti interessi che ormai l'attraversavano, incrinando il fondamento delle libertà economiche sul quale era stato posto l'impianto riformatore, condotto lontano dalla lezione liberista di Cobden dopo le concessioni protezioniste effettuate. In tale evoluzione, si riaccesero le critiche a Magliani per l'accresciuto debito pubblico, con una tendenza di rapido aggravamento tale da provocare il dissenso di Giolitti e il suo abbandono della maggioranza.

Il dibattito sull'assestamento del bilancio 1885-1886 era stato occasione per valutare non solo l'operato del ministro delle Finanze, ma per attaccare frontalmente lo stesso Depretis: alla fine della discussione generale, Baccarini per i pentarchi accusò il trasformismo di aver prodotto oltre a un disavanzo finanziario anche un «disavanzo politico e morale»[78]. Fu Spaventa, tuttavia, a proporre un duro ordine del giorno di sfiducia a Depretis, attaccato in quanto leader della Sinistra e del «parlamentarismo» come degenerazione irrimediabile delle istituzioni. La stima per la riconosciuta statura morale personale del presidente del Consiglio e per alcune «innegabili» qualità d'uomo di Stato non impedì a Spaventa un giudizio sferzante sulla maggioranza: «La dittatura dell'onorevole Depretis dura da 9 anni ed io non vedo quali sieno le nostre conquiste morali e intellettuali, che sono oggi i soli titoli legittimi della dittatura». Egli propose una «mutazione di governo» che ristabilisse la distinzione dei partiti e il possibile cambiamento di direzione della vita politica e sociale[79]. Contro il presunto arbitrio della politica trasformista si associarono Zanardelli, difendendosi dall'accusa di impazienti ambizioni di potere, e Crispi, che attaccò il governo ritenendo il voto del bilancio come un voto politico.

Nel difendere l'opera del Gabinetto, il 5 marzo 1886, il presidente del Consiglio fece trasparire la possibile crisi di un governo giunto al termine di un percorso, ma espresse anche la forza necessaria a ridargli vitalità di fronte al Paese. In un'aula quanto mai numerosa, attirando su di sé le critiche lanciate nell'appassionato scontro politico, Depretis respinse la sua rappresentazione come leader della palude parlamentare e «caricatura di un dittatore irresponsabile»; egli rivendicò, piuttosto, i risultati di una «amministrazione quasi decennale», perseguiti con pazienza in un «disegno meditato». Uomo che aveva vissuto i tempi del Risorgimento, egli tratteggiò l'Italia nata da «una politica finanziaria democratica», facilitata da una «pace pubblica», diminuiti mortalità e crimini, capace di risparmio (più che raddoppiato dal 1875), migliore per salari e consumi, con un più facile accesso all'azionariato e alla piccola proprietà contadina, cresciuta nelle infrastrutture stradali oltre che ferroviarie, nelle imprese industriali, nella rete d'istituti di credito popolare, di mutuo soccorso e di previdenza. Depretis, soprattutto, respinse l'idea di un governo incapace: piuttosto, lo descrisse impegnato in uno sforzo difficile e dall'esito imprevedibile, ma ormai necessario al vivere civile, di tenere assieme quelle forze che secondo Spaventa si tolleravano, ma tendevano ad elidersi: «Il nazionalismo, dirò così, la democrazia»[80]. Con abilità egli delineò aperti scenari politici, grazie a una maggioranza alimentata non da partiti, ma

[78] AP, CD, *Discussioni*, tornata del 1 marzo 1886, p. 17291.
[79] *Ivi*, tornata del 4 marzo 1886, pp. 17314-17317.
[80] *Ivi*, tornata del 5 marzo 1886, pp. 17342-17347.

da principi e persone partecipi in un *de re publica eadem sentire*, nel comune percorso del progresso, spesso sperimentale, «senza salti né voli», nel rispetto delle libertà e senza pericoli per la monarchia costituzionale. Quanto al futuro, Depretis rivendicò il tempo richiesto a rendere unita la maggioranza, mentre ancora incomponibili differenze su temi di rilevante importanza, come la politica estera e le autonomie amministrative, dividevano gli oppositori coalizzati[81]. Giunti alla votazione, presenti ben 470 deputati a testimonianza del momento cruciale, la Camera approvò l'ordine del giorno Mordini di fiducia al Ministero (con la maggioranza di 242 deputati contro 227 ed un astenuto).

Il presidente del Consiglio, in realtà, era ormai pronto ad affidarsi alle urne per gestire la crisi del governo. Dopo una pausa di dieci giorni dei lavori parlamentari, mentre iniziarono a girare voci sulla decisione di sciogliere la Camera ed indire le elezioni, Depretis impose l'esame urgente della legge per diminuire il prezzo del sale ed altri provvedimenti finanziari. Uscito con autorevolezza dallo scontro oratorio, egli si mosse per evitare che l'acquietamento della maggioranza conducesse alla sua decadenza, per ricomporre le frizioni nella Destra di Minghetti, per attrarre la Sinistra a difesa di quanto conquistato. Esaurite alcune schermaglie tra Cairoli e Depretis sulla decisone di escludere la tassa di registro e bollo dal provvedimento, evitando un'ardua discussione circa le tasse sugli affari, fu trovato un accordo tra le posizioni di Magliani e di Seismit-Doda, che consentì di approvare i provvedimenti finanziari con sicura maggioranza. In vista dell'approssimarsi dei comizi elettorali, i passi per recuperare Zanardelli o Nicotera al Gabinetto non convinsero Depretis, né prese forma l'avvicinamento tra Nicotera e De Zerbi, Rudinì e Spaventa, mentre altri pentarchi si accostarono in chiave antigovernativa ai radicali.

Rincorrendosi i rumori sulle dimissioni del governo, tuttavia, ci fu tempo nell'aprile 1886 per completare il pacchetto degli interventi sociali con l'approvazione della legge per il riconoscimento giuridico delle società operaie di mutuo soccorso, venendo incontro alle modifiche di Maffi e Marcora a tutela dell'indipendenza delle società dei lavoratori: la larga maggioranza che approvò il testo finale sanzionò il rilevo assunto da questo associazionismo che, giunto al suo vertice organizzativo, iniziò dopo di allora il suo declino. Seguirono alcune leggi preelettorali, prima che venisse meno il numero legale per rendere valide le votazioni alla Camera; le elezioni generali politiche, infine, furono fissate per il 23 e il 30 maggio 1886. La proposta al re di sciogliere la Camera fu accompagnata da una relazione firmata dall'intero Esecutivo, che sostenne l'esigenza di

[81] *Ivi*, pp. 17350-17356.

formare una più solida maggioranza per completare le iniziative per il miglioramento materiale e morale delle classi lavoratrici, il riordinamento della magistratura e dell'istruzione pubblica, le procrastinate riforme nell'amministrazione delle province, dei comuni e delle opere pie, l'assetto definitivo delle banche d'emissione.

Si sviluppò, così, la campagna elettorale idealmente avviata il 5 marzo, tra la circolare di Lemmi alla massoneria a sostegno dei pentarchi, l'attenzione crispina per temi anticlericali ed accentuati motivi sociali, le suggestioni a carattere nazionalista che trovarono spazio nell'area radicale, i vani tentativi di Costa di unire al Partito socialista rivoluzionario italiano (convocato a Mantova per il suo secondo congresso) il Partito operaio italiano. Divenuta l'adesione moderata al Ministero terreno di contesa elettorale, nel dichiararsi deluso del percorso incompiuto dei partiti trasformati, Minghetti rivendicò i progressi realizzati dopo il 19 maggio 1883. Riconoscendo costituzionalmente corretta la scelta depretisina di appellarsi al Paese, Minghetti invitò a mandare alla Camera uomini disposti a costituire «un partito essenzialmente governativo e di ordine, liberale e conservatore ad un tempo»[82]. Per superare le incertezze della precedente legislatura egli auspicò una sicura difesa delle istituzioni da possibili assalti politici e del governo dall'aggressione di gruppi affaristici disposti a stare con qualsiasi maggioranza.

Tenuta per norma la libertà economica, Minghetti dichiarò tollerabile l'ingerenza statale per tutelare le fragilità sociali e per integrare l'iniziativa privata e associativa quando incapace di soddisfare l'interesse generale. Dalle urne sarebbe dovuta uscire una maggioranza in grado di affrontare i nodi centrali della giustizia e della retta amministrazione; in politica interna sarebbe stato necessario completare leggi rispettose delle classi sociali più deboli, pur nella convinzione che i mali che le affliggevano sarebbero stati rimossi solo da una diversa attitudine morale e religiosa; in politica estera, rafforzando gli scali commerciali del Mar Rosso, stimò poco prudente provocare un allargamento dei conflitti. Le parole di Minghetti, pensate in accordo con la proposta depretisina, furono utilizzate in vario modo durante una campagna elettorale che, contro il suo avviso, si polarizzò come un pronunciamento pro o contro Depretis, mentre Crispi, restituendo cordiali attenzioni a Rudinì, si candidava leader dell'opposizione davanti al fallimento di ministeri che, a suo dire, avrebbero portato il presidente del Consiglio a scegliere se fare il partito conservatore liberale o tornare pentito alla Sinistra.

[82] Il discorso di Minghetti del 9 maggio 1886 presso l'Unione monarchica liberale in *La politica italiana dal 1848 al 1897: programmi di governo*, cit., 2, p. 399.

Depretis seppe abilmente mostrarsi, piuttosto, coerente con sé stesso – come gli riconobbe persino Spaventa – in un discorso che tenne a Roma, presso l'Unione monarchica, il 19 maggio 1886. Non gli fu difficile contestare l'idea di una campagna elettorale condotta con un attacco personale contro di lui, per poi dispiegare un'autodifesa fondata sul proprio contributo politico nella storia dello Stato unitario, riaffermando il significato della trasformazione dei partiti e prospettando il compimento delle riforme. Nel rivendicare di essere stato «per 38 anni ascritto alla università politica, seguendo dì per dì la grande scuola parlamentare», intento a «non perdere nessuna lezione», egli ricordò come non si fossero esaurite «le fatiche del rinascimento» italiano dal 1848 in poi, condotte con un apprendimento civico, «a passo di prove, di fatti, di sperimenti» realizzati talora con «fortuna di casi, virtù di principi, abnegazione di popolo», attorno al cardine di una dinastia accettata nel sistema internazionale che aveva assunto «la causa della patria e della libertà»[83].

In tale cammino Depretis segnalò la svolta imposta con Roma capitale, con una lettura che mirò a salvare le iniziative garibaldine e condannare la violenza antimonarchica. Così, la trasformazione dei partiti aveva sostenuto l'evoluzione parlamentare del 1876: allora con il sostegno del Centro e di parte dell'antica Destra, la Sinistra era giunta a guidare il Paese nel segno del progresso, pronta ad assicurare una maggioranza in cui avrebbe accettato il più ampio contributo degli uomini del campo liberale per sviluppare le proprie idee. Nel 1886, dunque, egli poteva rivendicare di aver attuato in gran parte il programma di Stradella, discutendo, approvando e pubblicando ben 850 leggi, presentando solo nell'ultimo triennio 378 progetti di legge di cui 276 approvati e quasi tutti divenuti legge; altri 40 provvedimenti erano pronti e lungamente studiati. In particolare, restava da realizzare la riforma della legge comunale e provinciale. Per quale motivo, si domandò dunque retoricamente il presidente del Consiglio, un così efficace percorso aveva condotto alla crisi manifestata il 5 marzo e al ricorso alle urne?

Anzitutto, osservò Depretis, era difficile «mantenere lungamente unita e concorde, su un programma di riforme, una maggioranza numerosa», impegno condiviso con Minghetti, del quale volle tessere l'elogio; minacciato da imboscate parlamentari che avevano reso impossibile governare con «lunghi pensieri» e «larghi propositi», il Gabinetto si era deciso a chiedere il giudizio degli elettori piuttosto che tentare di tirare avanti fino alla vicina scadenza naturale della legislatura (scelta che peraltro servì ad

[83] Il discorso di Depretis, *ivi*, pp. 405-408.

impedire il coagularsi delle forze di opposizione ancora incerte e mantenere nelle sue mani la gestione del periodo elettorale).

Esplicita, d'altra parte, fu la volontà depretisina di replicare con il consenso dell'opinione pubblica ai duri attacchi politici personali, condotti fuori e dentro la Camera. L'accusa riassunta crudamente dallo stesso Depretis nell'aver «con subdole arti di governo, incoraggiato e quasi insegnata la immoralità pubblica» fu respinta come frutto di studiate campagne denigratorie *ad personam*. Rifiutando uno scontro politico fatto di «basse battaglie di fango» – dalle quali peraltro non si astennero anche i suoi sostenitori – egli chiamò a giudicare la sua credibilità dal consenso acquisito presso l'elettorato. Bruciò soprattutto il rimprovero, alimentato da folate nazionaliste, di aver umiliato la patria in politica estera: nelle crisi legate alla Grecia e alla Rumelia occidentale, il Regno d'Italia si era mosso d'intesa con i tre Imperi e l'Inghilterra, mantenendo una pace tanto necessaria al suo sviluppo quanto alla tutela delle popolazioni balcaniche, sottratte al pericolo di proposte illusorie. Accennando alla crisi tunisina con la Francia, senza citarla apertamente, Depretis ribadì la sua condanna a impeti improvvisati e imprese inconsulte; la presenza a Massaua, limitata nei territori occupati, era finalizzata a vantaggi politici e commerciali auspicati anche con il rafforzamento dei porti italiani, crocevia di scambi tra l'Europa centrale, l'Africa e l'Oriente[84].

Con le elezioni del 1886 il presidente del Consiglio, che avvertiva i sempre più gravi i limiti del proprio declino fisico, dunque, aspirò a chiudere un decennale ciclo politico. Mentre gli esponenti di spicco dei diversi raggruppamenti liberali organizzarono i consueti banchetti elettorali di respiro nazionale, nei territori si realizzò talora una maggiore fusione tra moderati e progressisti, talora un'alleanza dei pentarchi coi radicali. Infine, si calcolò che le consultazioni politiche del 23 e del 30 maggio 1886, cui parteciparono oltre 1.415.000 cittadini (il 58,5 per cento degli inscritti alle liste elettorali), portassero alla Camera 285 candidati ministeriali, 183 tra pentarchici e dissidenti, e 40 radicali: l'opera di contenimento delle opposizioni ottenne nel complesso il risultato sperato. In Piemonte, Liguria, Veneto, e nell'Italia centrale i trasformisti risultarono oltre il doppio degli eletti delle opposizioni, ottenendo un successo particolare in Toscana, ma furono minoranza in Lombardia e nel meridione continentale (nelle isole i consensi si equilibrarono). Mantenne, comunque, vigore a destra la dissidenza verso Depretis; la Pentarchia uscì sconfitta nell'Italia settentrionale; i radicali si affermarono oltre che nelle Romagne, a Genova e Milano, dove prevalsero sulla rappresentanza dei circoli operai, più fragili

[84] *Ivi*, pp. 409-421.

ad operare sul piano politico. Nel complesso parve essere la classe media a dare maggiore forza all'indirizzo trasformista, la cui vittoria fu salutata con favore dal mondo finanziario. Col successo del partito liberale monarchico entrarono alla Camera nuovi deputati, come Salandra e Giusso, Ellena, Tittoni, Carlo e Maggiorino Ferraris. Non mancarono aperture a singoli esponenti governativi in diffusi ambiti cattolici del Paese, isolando l'intransigenza milanese de «L'Osservatore Cattolico» di don Albertario, anche a seguito di sondaggi della maggioranza trasformista con un Vaticano attento a cogliere i segnali, talora contraddittori, provenienti dal governo; il calabrese Fazzari, già garibaldino ed esponente della Sinistra, fu eletto con un programma di riconciliazione tra papato e monarchia[85].

Commemorato con solennità a Torino il 25° anniversario dalla morte di Cavour, la XVI legislatura fu aperta da un breve discorso della Corona, il 10 giugno, che non suscitò particolare entusiasmo, sebbene concentrato sulle importanti riforme del Consiglio di Stato e delle amministrazioni centrali, sulla legge delle rappresentanze comunali e provinciali, sul nuovo codice penale, oltre che sul buon governo della pubblica beneficenza. Riprese vigore l'insoddisfazione moderata, espressa anche da Saracco, confortata dell'esito elettorale e dalla battuta d'arresto pentarchica, in vista di una maggiore unione della Destra e del suo eventuale allontanamento dal presidente del Consiglio. L'avvicinamento tra Crispi e Rudinì, tuttavia, non incoraggiò a muovere in tale direzione Minghetti; questi ritenne piuttosto il momento di rafforzare l'intesa con Depretis e farlo uscire dalla cautela da lui mostrata per recuperare alla maggioranza parte dissidente della Sinistra.

Lo scontro politico si mantenne in un clima di sospensione, protrattosi lungo l'estate dopo l'ampia fiducia concessa al Gabinetto il 29 giugno dalla Camera per l'esercizio provvisorio dei bilanci, che consentì comunque di riavvicinare la dissidenza di Destra ai pentarchi nella critica alla finanza di Magliani. Ancora il 12 agosto 1886, Minghetti convenne con Luzzatti che Depretis non aveva mantenuto la promessa di coinvolgere i moderati al governo, non ritenendo né Ricotti Magnani, né Robilant, disposto ad allearsi con Nicotera, parte della loro rappresentanza politica; egli era tuttavia convinto che, tollerando Magliani alle finanze, in autunno Depretis avrebbe consentito un avvicendamento di quattro ministri che

[85] Oltre F. Fonzi, *Documenti sul conciliatorismo e sulle trattative segrete tra i governi italiani e Santa Sede dal 1886 al 1897*, in *Chiesa e Stato nell'Ottocento. Miscellanea in onore di P. Pirri*, a cura di R. Aubert, A.M. Ghisalberti, E. Passerin D'Entreves, Antenore, Padova 1962, pp. 167-242, cfr. anche il *Carteggio Scalabrini-Bonomelli*, a cura di C. Marcora, Studium, Roma 1983, pp. 186-196.

coinvolgesse appieno i moderati nell'Esecutivo[86]. A settembre, scavalcando Minghetti, fu Rudinì a proporsi come interlocutore a Depretis sulla legge provinciale e comunale, mentre Giolitti, a nome di tutti i dissidenti, affacciava l'ipotesi di un governo Depretis-Rudinì con l'appoggio di Zanardelli, purché si abbandonasse Magliani: il presidente del Consiglio si limitò a registrare questi sondaggi, forse più irritato che disposto ad approfondirli.

Queste azioni disturbarono, certamente, il disegno di Minghetti che aveva intravisto a portata di mano il progetto a lungo inseguito, avvertendo il momento di incertezza depretisino; egli tenne accanto a sé Saracco e Luzzatti, con la speranza di staccare Rudinì da Spaventa, ipotizzando per ottobre le dimissioni del presidente del Consiglio e la costituzione di un nuovo Ministero con i moderati. Ma alla fine del mese ogni tentativo di rimpasto parve declinare. Seriamente malato, nonostante gli auspici estivi di ritrovate energie per la lotta politica d'autunno, nella speranza di «formare un partito nuovo egualmente devoto all'ordine e alla libertà», Minghetti si spense a Roma il 10 dicembre 1886. La sua morte diede una forte scossa agli equilibri dei partiti e privò Depretis del più fine interlocutore nella Destra, dove si diffuse un irrigidimento verso gli esponenti progressisti ministeriali e si scatenò un'aperta battaglia per la leadership di partito.

In questo contesto, il dibattito sulla politica estera pose in luce nella Destra la figura di Robilant. Normalizzati i rapporti diplomatici con la Francia dell'autunno 1882, dopo le trattative condotte per impedire la sua uscita dalla Unione Monetaria Latina nel 1885, vi fu delusione per la crisi estiva del 1886 apertasi quando la Camera della Terza Repubblica respinse la convenzione di navigazione stipulata con l'Italia. La ferma posizione di Robilant di rifiuto delle proposte francesi e l'inizio di provvedimenti commerciali di reciproca rappresaglia registrarono consensi nell'opinione pubblica, che seguì con trasversale soddisfazione progetti e movimenti dei ministeri della Guerra e della Marina per rafforzare l'esercito e lo sviluppo di navi corazzate. Nel quadro internazionale segnato dall'aggressivo nazionalismo in Francia e dalla competizione austro-russa nei Balcani, la Germania iniziò a guardare con maggiore attenzione al ruolo della monarchia sabauda. Il ministro Robilant, che aveva seguito il percorso di Mancini per una collaborazione italo-austriaca in vista di possibili compensi territoriali paralleli all'espansione asburgica, non mancò nel novembre 1886 di cogliere il momento favorevole per aprire un negoziato sul rinnovo della Triplice Alleanza che comprendesse tale indirizzo in alcuni accordi addizionali. Confortato dal positivo riscontro politico

[86] La lettera di Minghetti a Luzzatti, in L. Luzzatti, *Memorie*, cit., p. 263.

della sua iniziativa, sostenuta dalla Corona, egli trovò incoraggiamento anche negli ambienti protezionisti, che accompagnarono la revisione della tariffa doganale implicita nella denuncia anticipata dei trattati commerciali a dicembre 1886. Abilità diplomatica e fedeltà al sovrano parvero attribuirgli un ruolo di rilievo quando, emergendo dall'ombra di Spaventa una generazione moderata avversa all'itinerario trasformista, iniziò a prender forma l'ipotesi di una successione "interna" al Gabinetto gradita alla monarchia, in un più vasto scenario di accesso al governo politico di uomini dotati di competenze settoriali, valorizzati proprio dal riformismo degli anni Ottanta.

A un preoccupato Depretis non sfuggì dopo la scomparsa di Minghetti l'accentuata distanza rilevata nel campo della Destra dalla visione politica che aveva individuato in una condivisa azione riformatrice parlamentare la via prioritaria al crescente benessere e all'inclusione costituzionale, elementi necessari a governare il mutamento socio-economico. Il presidente del Consiglio, intento a mantenere la maggioranza in una posizione centrista, nell'opera di erosione della dissidenza a sinistra, aprì al dialogo con Crispi, che per tempo colse l'imbarazzo depretisino per le nuove leadership della Destra. Coinvolgendo il politico siciliano, tornato a invocare nel dicembre 1886 un Parlamento forte con un governo forte, Depretis si sarebbe misurato con un interlocutore a lui ben noto, sottraendo l'iniziativa alle opposizioni e trattenendo gli ambienti conservatori della Corte da tentazioni post-trasformiste.

Superata nel gennaio 1887 l'insidiosa discussione del bilancio dei lavori pubblici, che vide distinti, ma concentrici attacchi al governo da parte di Rudinì, Giolitti e Costa, l'opinione pubblica italiana fu progressivamente coinvolta nei temi della politica coloniale dalle notizie allarmanti giunte dalle manovre militati nella zona d'occupazione intorno a Massaua. La Camera accordò la fiducia al Ministero con 229 voti a favore contro 154 contrari, confermando gli equilibri immediatamente seguenti le elezioni. Ma il giorno precedente, 26 gennaio 1887, guerrieri abissini a Dogali avevano attaccato e distrutto una colonna militare italiana di oltre cinquecento uomini. Solo il primo febbraio fu informata la Camera del disastroso scontro coloniale: la notizia ebbe grande impatto sulla stampa e una ventata patriottica accompagnò l'imbarco di nuove truppe per l'Eritrea. Dopo l'iniziale sconcerto per gli sviluppi dell'avventura africana in cui era stato trascinato, Depretis affrontò un mondo politico presto diviso tra il richiamo alla compattezza nazionale e la tentazione di colpire l'Esecutivo. Di fronte alla proposta governativa di un ulteriore credito per i possedimenti d'Africa, si segnalò la posizione di Crispi favorevole ad accordarlo senza ulteriori discussioni; seguì, invece, alla Camera, un dibattito politico di due giorni, concluso il 4 febbraio con un rinnovato voto di fiducia, l'ampia approvazione del credito e l'isolato invito di Costa – sostenuto da appena tre voti – a richiamare le truppe dall'Africa. Lontano dall'esaurire l'incidente politico, l'equilibrio manifestato nella discussione fu preludio al confronto dei diversi schieramenti in una crisi di governo extraparlamentare: con qualche sorpresa, il 5 febbraio 1887 il ministro degli Esteri Robilant si dimise; l'8 seguente Depretis annunciò le dimissioni del Gabinetto.

Si era aperta, in realtà, una difficile fase politica in cui Corona, Esecutivo e Parlamento giocarono una complessa partita, in cui la posta in gioco fu la leadership politica degli anni successivi. La mossa di Robilant, sull'onda della solidarietà nazionale, avrebbe potuto attrarre alla sua figura moderata e gradita a Casa Reale un consenso trasversale per superare i governi trasformisti; tuttavia Depretis era lungi dal rinunciare a distribuire le sue carte. In assenza di un'indicazione di voto parlamentare per affidare al capo dell'opposizione l'incarico di formare il governo, Umberto I tentò d'indirizzare la soluzione della crisi ministeriale sondando le disponibilità dei diversi leader politici. Subito rifiutata da Biancheri e Farini l'ipotesi di un incarico istituzionale ai presidenti delle Camere, scartato il recupero di Cairoli con gli Esteri affidati a Crispi – il cui ruolo emerse nell'udienza che il re gli concesse il 9 febbraio – col sostegno dalla dissidenza di Destra prese forma la proposta di un ministero Robilant, il cui prestigio fu presto oscurato dall'ombra depretisina che lo additò responsabile della critica situazione. Saracco fu sondato per assumere l'Interno, Luzzatti per la Pubblica istruzione e Bertolé Viale per la Guerra, ma il tentativo fallì e condusse il 19 febbraio a riassegnare l'incarico per un governo di coalizione al leader di Stradella, contando sulla mediazione di Saracco, senatore gradito alla Corona, già legato a Minghetti e interlocutore di Depretis.

Intanto, profittando della rottura della Alleanza dei Tre imperatori e dell'avvicinamento della Francia alla Russia, Robilant era riuscito a predisporre il rinnovo della Triplice Alleanza, che fu firmato il 20 febbraio 1887. Nel quadro di un più generale sistema di garanzie per la sicurezza terrestre e marittima dell'Italia e di maggiore parità con gli alleati, l'intesa previde, in particolare, il concerto di reciproche politiche con l'Austria-Ungheria in caso di mutamento dello *status quo* nei Balcani, fondata sul principio del compenso reciproco per ogni vantaggio che una delle parti avesse ottenuto. Per Robilant l'accordo italo-austriaco, perseguito sulle tracce della proposta di novembre, avrebbe dovuto contribuire a risolvere la questione strategica, lasciata aperta nel 1866, di confini sicuri per la difesa del Paese. Se egli poteva ipotizzare un diritto all'annessione di territori che dal Trentino e Alto Adige si spingevano verso l'Isonzo, accettabile all'Austria-Ungheria a seguito di futuri vantaggi in Bosnia-Erzegovina, tuttavia, l'Impero asburgico considerò apertamente l'accordo un principio di collaborazione politica, niente affatto vincolante. Il successo diplomatico del ministro degli Esteri, peraltro, non giovò, come forse sperava, al suo inserimento come protagonista in confuse proposte ministeriali: l'ipotesi di bilanciare il sostegno dei dissidenti della Destra di Rudinì con la stampella di Crispi, ottenne il rifiuto di quest'ultimo e le decisive resistenze di Spaventa. Il 23 febbraio, così, Depretis rinunziò al mandato, alimentando il sospetto che il presidente del Consiglio avesse voluto ritardare la soluzione della crisi e dettare i tempi per soluzioni differenti.

Presto fu chiaro nella Destra l'esito disastroso di una prova di forza che aveva in effetti dissolto la maggioranza, ma infine restituito vitalità a Depretis, ora tutto rivolto a rafforzare il governo a sinistra. Compiuto senza risultato un sondaggio per un Gabinetto con Zanardelli e il coinvolgimento crispino, anticamera dell'abbandono di Cairoli a sé stesso, il 5 marzo il re comunicò di aver respinto le dimissioni del ministero Depretis, tornato dopo un mese nel pieno dei suoi poteri. Mentre una programmata riunione dell'intera Destra liberale a Firenze lasciò aperte le divisioni interne tra avversari e sostenitori dell'Esecutivo, l'evidente soluzione interlocutoria lasciò intendere come per Depretis fosse giunto il momento di coinvolgere Crispi. Quest'ultimo presentò il 10 marzo un ordine del giorno di sfiducia al governo che, pur respinto, offrì al leader siciliano un'opportuna tribuna per evidenziare il ruolo da protagonista che egli intendeva assumere. Il segnale politico fu colto dai maggiori esponenti della Destra antidepretisina che s'incontrarono con Crispi, incoronandolo leader dell'opposizione, lo stesso 12 marzo in cui Depretis, assicuratosi della firma del re al rinnovo della Triplice Alleanza, ottenne la «proroga» dei lavori parlamentari.

Nei successivi passi per comporre la nuova squadra di governo il presidente del Consiglio seppe negoziare il consenso crispino a parteciparvi, lasciandogli il tempo per effettuare un necessario riposizionamento e per convincere Zanardelli ad abbandonare la sua creatura pentarchica. D'altra parte, rassicurando Casa Reale e quanti nei territori avevano sostenuto l'assetto trasformista, Depretis confermò al centro delle trattative il moderato Saracco che, consapevole della difficoltà a sottrarsi senza lasciar via libera a Crispi, infine, s'intese con questi per un iter prioritario alla legge sull'amministrazione comunale e provinciale. Tra la fine di marzo e l'inizio d'aprile, l'appoggio della stampa a un gabinetto Depretis-Crispi rivelò il buon sviluppo dei negoziati: messo da parte Robilant, Saracco ottenne l'esclusione di Tajani, ma non riuscì ad ottenere per Luzzatti il Ministero alla Pubblica istruzione, mantenuto nelle mani di Coppino per bloccare l'inserimento di Baccelli. Confermati Magliani, Grimaldi e Brin, il 4 aprile

1887, Depretis avviò il suo ottavo gabinetto, assumendo gli Affari esteri, con l'ingresso di Crispi all'Interno e Zanardelli alla Giustizia, Saracco ai Lavori pubblici e Bertolé Viale alla Guerra.

Ancora una volta «il Vecchio» era riuscito nell'impresa politica di un bilanciato sostegno alla sua articolata maggioranza, evitando una deflagrazione dell'assetto trasformista e frantumando opposte dissidenze. Posto di fronte ad una *revanche* della Destra dagli esiti imprevedibili, coerente con la dichiarata appartenenza alla Sinistra liberale, Depretis preferì lasciare in eredità a Crispi le riforme ancora incompiute, in particolare quella legge comunale e provinciale la cui esigenza aveva sempre condiviso con Minghetti. Il presidente del Consiglio avrebbe potuto contare sulla propria necessaria leadership politica finché non si fosse consolidata la posizione crispina, il cui accrescimento con la partecipazione al governo poteva solo idealmente essere compensato dal ruolo di Saracco; a questi fu presto chiaro che il lavoro di tanti anni della Destra moderata era andato, comunque, distrutto.

Sostenuto dagli eredi di Minghetti ne «L'Opinione», riconosciuto a sinistra come soluzione eccezionale da «La Riforma», così, il governo fu presentato il 18 aprile alla Camera, che respinse le dimissioni di Biancheri in segno di continuità col passato. Segnali di discontinuità, tuttavia, si colsero già nella torsione data alla ripresa dei dibattiti sul rafforzamento delle spese militari – che indussero a ridimensionare l'alleggerimento della pressione fiscale in vista dell'aggravarsi del debito – e sull'attuazione di provvedimenti protezionistici sul grano. Nelle sue dichiarazioni programmatiche, Depretis assicurò con l'esercizio delle ferrovie alle società private anche maggiori spese militari coloniali per la Corona e aumento dei dazi sui cereali per l'impegno di Crispi. Sia ai sostenitori degli interessi sovrani che di quelli crispini, inoltre, fu ben presente lo stato di precaria salute di Depretis e l'esaurirsi già alla fine di aprile del suo puntuale intervento negli affari di governo; il gabinetto Depretis-Crispi, così, fu da molti inteso come il passaggio a un ministero Crispi.

Dedicatosi Saracco ad assicurare effettivo rigore nei lavori pubblici e maggiore controllo parlamentare sulla spesa pubblica, iniziò a delinearsi un programma postdepretisino modellato sulla fotografia che del sistema Paese diede in maggio la presentazione della relazione di Luzzatti sulla commissione d'inchiesta per la revisione della tariffa doganale voluta da Depretis nel 1883 e conclusa nel 1886, a corollario delle inchieste sull'industria, sull'agricoltura e sulla marina. Richiamando il clima internazionale segnato ormai da dazi di ritorsione in cui l'Italia era stata condotta lontana dall'idea di libero scambio, la relazione descrisse anche l'evoluzione economica di una nazione che era riuscita a emanciparsi da gran parte dei prodotti stranieri e realizzare un graduale progresso delle esportazioni. Assieme all'industria tessile era stata favorita la produzione metallurgica e meccanica, del ferro, dell'acciaio e delle armi; il vento del protezionismo nel 1887 conquistò anche antichi avversari. Stava alterandosi profondamente l'idea di sviluppo liberista in un contesto di stabilità socio-politica assunta dal ceto dirigente risorgimentale, finalizzata alla crescita della ricchezza privata e all'allargamento delle basi dello Stato monarchico costituzionale, obiettivi del progetto progressista di Depretis. Il presidente del Consiglio osservava fenomeni che non era più in grado di controllare, dopo aver tentato di gestire trasformazioni provocate anche dalle riforme da lui avviate.

Nel guado della transizione allora in corso si trovò anche uno dei fattori centrali della sua strategia: il coinvolgimento del mondo cattolico nella vita socio-politica del regno per la coesione nazionale. Anche dopo la morte del segretario di Stato Ludovico Jacobini in febbraio e la successione affidata a Mariano Rampolla, Leone XIII rinnovò i segnali d'apertura a un informale dialogo con la maggioranza liberale, dopo aver ribadito come punto di partenza negoziale nel 1886 i confini del *non expedit* e la tolleranza di sue concrete deroghe. Anche grazie all'esperimento romano avviato dal 1883, un possibile terreno negoziale si era aperto un varco tra le associazioni del conservatorismo transigente e le organizzazioni dell'intransigentismo, restie ad accogliere gli inviti pontifici del 1885 per evitare discordie intestine dovute a passioni di parte, che parve confermato dal profilo di una graduale conciliazione disegnato nell'opuscolo *Intransigenti e transigenti: considerazioni di un Vescovo italiano*[87]. Nell'allocuzione *Episcoporum ordinem* del 23 maggio 1887, Leone XIII ribadì l'esigenza di risolvere per il bene dei cittadini italiani il «funesto dissidio» dello Stato con il pontefice ed «aprire la strada alla concordia» purché il papa non fosse «soggetto alla potestà di alcuno». Si volle ribadire, così, che il processo verso il voto politico dei cattolici italiani sarebbe stato collegato non solo alla fattuale convivenza in Roma della dimensione universalistica del papato e del radicamento delle istituzioni monarchico-liberali, ma allo scioglimento della «questione romana» con l'irrinunciabile riconoscimento di una qualche «sovranità» del papa; in tal caso – si sottolineò – la «cosa italiana (*res italica*) non solo non riceverebbe alcun danno, ma si avvantaggerebbe di molto in sicurezza e prosperità»[88]. A tale discorso, che ebbe cauto apprezzamento dalla stampa liberale, fu collegato il fortunato opuscolo *La conciliazione* del padre Tosti,

[87] Sul volere pontificio di pubblicare l'anonimo opuscolo, uscito per Zanichelli a Bologna, cfr. *Carteggio Scalabrini-Bonomelli*, cit., pp. 188-191.

[88] Così registrò il testo dell'allocuzione A. Guiccioli, *Diario del 1887* (I), in «Nuova Antologia», 16 ottobre 1938, vol. 399, fasc. 1598, p. 415.

noto patriota già abate di Montecassino e allora vice-archivista in Vaticano, diffondendosi il tema nel dibattito pubblico nazionale e nelle diplomazie europee; durante la crisi di governo, diversi mediatori avevano pressato Depretis per comporre la questione papale. Un ravvicinamento tra Stato italiano e papato avrebbe accostato la monarchia sabauda agli indirizzi degli Imperi centrali e spuntato le armi alla politica coloniale della Francia (preoccupata dall'eventuale accordo tra Italia e Vaticano), passando da una fase di competizione a una di collaborazione per le missioni e gli emigrati italiani, consentendo inoltre quel maggior dinamismo in politica estera tanto caro a Crispi. La presunzione che nel formare il Ministero ci fosse nella leadership della Sinistra anche un'intesa sul graduale inserimento dei cattolici nella politica nazionale, accompagnata da voci su contatti del ministro dell'Interno con l'abate cassinense e sull'ispirazione pontificia della recente pubblicazione, incise sulle più varie prese di posizione circa una conciliazione che alcuni sperarono o temettero imminente.

Nel passaggio politico tra l'indebolirsi del pur autorevole presidente del Consiglio, malato e spossato da molti anni d'intenso lavoro, e l'ascesa del ministro dell'Interno, già ritenuto uomo forte del Gabinetto, si prospettò una situazione indeterminata che nessun protagonista era interessato a definire. Alla fine di maggio era quanto mai viva la suggestione che, ai fini della politica interna e internazionale dell'Italia, si potesse valutare l'attitudine vaticana verso Casa Reale, Depretis e Crispi. La commemorazione della morte di Garibaldi, il 2 giugno, si svolse con un pellegrinaggio a Caprera, mentre a Roma si inaugurò il monumento ai caduti di Dogali, per i quali si erano tenute nelle chiese molte liturgie funebri; il re per la festa nazionale dello Statuto di giugno assegnò il collare dell'Annunziata sia a Cairoli, sia a Nazari di Calabiana, vescovo piemontese e senatore del regno che dal 1867 reggeva la diocesi di Milano. Intanto, dopo il discorso alla Camera di Depretis del 31 maggio, Crispi si era esposto in prima persona accanto al ministro Bertolé Viale nel dibattito sul bilancio del ministero della Guerra finendo per essere accusato dall'Estrema di aderire alle posizioni depretisine prima contestate. Fu Crispi a chiedere ai deputati la fiducia al Ministero il 3 giugno 1887, ma fu Depretis, presidente del Consiglio e ministro degli Esteri, a voler dire l'ultima parola sull'ordine del giorno scelto dal governo, che ottenne infine un importante consenso parlamentare. In tale clima continuarono i contatti informali tenuti presso la Curia romana: «Purché Leone fosse riconosciuto principe sovrano – scrisse de Bojani a Crispi il 5 giugno – si accontenterebbe anche del Vaticano»[89].

[89] De Bojani a Crispi, 5 giugno 1887, cit. in F. Fonzi, *Documenti sul conciliatorismo*, cit., pp. 198-199.

In tale frangente fu proposta un'interpellanza, tra le poche avanzate dopo l'esaurirsi dell'ostruzionismo antitrasformista, rivolta a Crispi e Zanardelli da parte di Bovio, anch'egli come loro nel direttivo delle logge massoniche italiane con Lemmi, ma avversario politico del Gabinetto. Annunciata l'8 giugno e convertita il giorno seguente in interrogazione, per evitare un ampio dibattito che l'avrebbe posposta all'esame del bilancio degli Esteri (e all'intervento depretisino), in essa si domandava ai ministri quale fosse la politica del governo verso il Vaticano, aspettando una loro «risposta liberale». Si voleva, insomma, sondare se i due noti esponenti dell'anticlericalismo risorgimentale fossero disposti a investire nel dialogo con la S. Sede, affacciando l'accusa di trasporre false aspettative politiche in una «legge di conciliazione»[90]. Di fronte all'insidia politica, nel misurarsi indirettamente con Depretis e sostenere la maggioranza, il 10 giugno 1887, il ministro di Grazia e giustizia e dei culti si trincerò nel rilevare l'estraneità del Gabinetto al dibattito pubblico e, comunque, l'inutilità di discutere di conciliazione quando il governo, come già affermato nel 1883, era «alieno da ogni persecuzione», tollerante nei confronti del clero, ma vigile delle prerogative dello Stato per le «sacre necessità della patria». Desideroso di un clero patriottico, che senza alimentare discordie (accennando all'intransigentismo sociale) facesse osservare le leggi, Zanardelli chiamò in causa la Corona, ricordando le espressioni di Umberto I che in occasione del 20 settembre 1886 aveva dichiarato la presa di Roma intangibile conquista; in tal modo egli si difese da qualsiasi attacco e coinvolse una Casa Reale apparsa cedevole alle sirene conciliatrici. Nel diffondersi di voci di dissenso con Depretis sull'opportunità d'intervenire, Crispi non rinunciò a prendere brevemente la parola come leader del Gabinetto e, riaffermato il rispetto della legge del 13 maggio 1871, tentare un più difficile equilibrio:

> Noi non domandiamo conciliazioni, né ce ne occorrono, perché lo Stato non è in guerra con nessuno (*Benissimo!*). Né sappiamo né vogliamo sapere quello che si pensa in Vaticano. Leone XIII non è un uomo comune. I tempi maturano; essi che mitigano, che estinguono le più fiere avversioni, potrebbero anche avvicinare Chiesa e Stato. Di parte nostra, però, nulla sarà toccato al diritto nazionale sancito dai plebisciti (*Benissimo!*). L'Italia appartiene a sé stessa, a sé sola e non ha che un unico capo: il re[91].

Le dichiarazioni si prestarono alle più diverse considerazioni. Bovio ironizzò sulle future possibilità di conciliazioni, mostrandosi soddisfatto

[90] AP, CD, *Discussioni*, tornata del 9 giugno 1887, p. 3410, e del 10 giugno 1887, p. 3416.
[91] *Ivi*, tornata del 10 giugno 1887, p. 3417.

per l'assicurato disinteresse per il presente. Postosi Crispi nella linea oratoria depretisina, forse per velare ancora il proprio indirizzo, non vi riuscì con analoga efficacia. Ne diede prova lo stesso Depretis, nel presentare il bilancio degli Esteri, già l'11 giugno: un cenno di Toscanelli sull'opportunità di valutare il concetto di conciliazione con il papa, per le positive connessioni tra interne dinamiche socio-politiche e relazioni internazionali sottratte a ingerenze esterne, gli offrì l'occasione di prendere parte al dibattito[92]. Dopo aver evocato le immutate convinzioni contenute nei programmi di Stradella – dei quali, disse con ironica polemica, «sento parlare con orrore» – il presidente del Consiglio rinviò alle parole di Zanardelli e Crispi del giorno precedente, da ritenersi «come pronunziate – aggiunse – dal labbro mio»[93]. In tal modo, Depretis tentò di ricondurre i discorsi dei due ministri all'evoluzione del proprio disegno, incoraggiando a perseguirlo.

I contrastanti effetti del dibattito politico si fecero sentire a Roma, dove, come riconosciuto strumentalmente da Bovio, era in corso un'opera di pacificazione, nella convivenza fra il papa, il re e le istituzioni parlamentari. Un diffuso allarme, tuttavia, aveva percorso gli ambienti capitolini fin dalla nomina di Crispi all'Interno: per rafforzare l'equilibrio raggiunto nella Capitale, Torlonia nell'aprile 1887 si era dimesso da deputato, liberando un collegio elettorale romano e ottenendo il decreto reale a sindaco, ruolo che aveva fino allora esercitato come facente funzioni. Le elezioni politiche suppletive, che a maggio portarono alla Camera Ricciotti Garibaldi, e soprattutto le successive elezioni amministrative a Roma, dimostrarono la tenuta dell'intesa tra gli ambienti depretisini e l'Unione romana. Quest'ultima propose una lista di candidati composta da esponenti della comunità ebraica e consiglieri vicini a Casa Reale accanto a noti nomi del cattolicesimo romano, che riuscì completamente eletta alle consultazioni amministrative del 19 giugno 1887. Accompagnato da intese tra cattolici e liberali in altre amministrazioni locali del Paese, il risultato romano fu accolto con soddisfazione e speranze nelle stanze vaticane, ma fu sgradito alla sinistra crispina che vide esclusi dal Campidoglio Seismit-Doda, Pianciani ed Ettore Ferrari. Tutto ciò confermò in Crispi l'inopportunità della prospettiva di «riconciliazione» ancora viva in alcuni ambienti della Corte e dell'episcopato, che inserendo il mondo cattolico nella trama di rapporti

[92] Depretis diede mostra di forza politica nell'autoironia con la quale si rivolse a Toscanelli: colui che lo aveva dipinto – disse – «partigiano nato della conciliazione in tutti i sensi, conosce anche un'altra mia qualità, cioè un poco di ostinazione nelle mie idee»; AP, CD, *Discussioni*, tornata dell'11 giugno 1887, p. 3473.

[93] *Ivi*, p. 3474.

delle istituzioni nazionali e negli ambienti economico-finanziari avrebbe portato a consolidare quel centro trasformista che egli intese scardinare per affermare il proprio successo politico.

Realizzato un processo di ripensamento del Ministero dell'Interno per una più efficiente dipendenza dei prefetti dalla propria direzione[94], Crispi confermò le linee di politica internazionale nel dibattito che il 30 giugno ottenne al governo un largo voto di fiducia da una Camera in procinto di aggiornare i suoi lavori per la pausa estiva. L'ampia discussione sui risvolti di politica interna della politica coloniale e delle relazioni con la S. Sede, peraltro, continuò sulla stampa, nei riservati contatti informali, nelle piazze animate da trasversali conati anticlericali. Il 26 luglio si diffuse una lettera di Leone XIII a Rampolla del 15 giugno, con probabilità antedatata, che parve mantenere le aperture di maggio[95], quasi a stemperare la circolare ai nunzi del 22 luglio della segreteria di Stato vaticana dopo le dichiarazioni dei ministri italiani del 10 giugno, per replicare che l'auspicata conciliazione poteva realizzarsi solo con la restituzione al pontefice di «una vera sovranità». Il duro commento de «La Riforma» chiarì che, di fronte alla scelta se procedere, comunque, con forza in continuità con l'indirizzo ministeriale o cavalcare tradizionali temi anticlericali e di politica estera, Crispi avrebbe infine privilegiato questo secondo percorso. In tal senso, si collocò infine la risposta crispina a Lampertico sull'impossibilità del diritto nazionale a cedere al papa «un pollice del territorio italiano»[96]. Lo stesso giorno, il 29 luglio 1887, Depretis morì a Stradella. Respinte le dimissioni del Ministero, il re diede a Crispi l'incarico di assumere la presidenza del Gabinetto in carica e (dopo un rifiuto di Nigra) l'*interim* degli Esteri.

Con la scomparsa di Depretis a pochi mesi da quella di Minghetti si avviò un ripensamento profondo della sfida liberale pensata per dare al nuovo Stato stabilità politica ed economica, così da inserirlo in tal modo nel contesto internazionale con maggiore autonoma autorevolezza. In tale prospettiva si era affermato un processo di trasformazione di partiti parlamentari, accettato da molti politici come il più adatto per sostenere con equilibrio gli obiettivi posti dall'«Italia risorta». Infine, dal 1873 l'innovazione politica aveva preso forma nelle parallele visioni coltivate

[94] Sui mutamenti introdotti da Crispi ancora durante il gabinetto Depretis, cfr. G. Tosatti, *Storia del Ministero dell'Interno*, il Mulino, Bologna 2009, pp. 76-77.

[95] Lettera di de Bojani a Crispi, Roma 28 luglio 1887 e di Lampertico a Crispi, Vicenza, 9 agosto 1887, in F. Fonzi, *Documenti sul conciliatorismo*, cit., rispettivamente pp. 200-202 e 210-212.

[96] Crispi a Lampertico, Roma, 29 luglio 1887, *ivi*, p. 210.

nella Destra da Minghetti e nella Sinistra da Depretis. Fu il leader di Stradella che, portando la Sinistra liberale al governo, riuscì ad attuare il suo programma coinvolgendo la classe dirigente moderata nel disegno di un progressivo itinerario di riforme, ritenuto il solo percorribile. Il riproporsi di alternative progettualità politiche, con trasversali antagonismi, ebbe in Cairoli la contesa guida dei Gabinetti e in Sella il confronto con l'opposizione, bandiere di più articolati schieramenti. Nondimeno, l'affermarsi del trasformismo favorì lo stratificarsi di un'attività legislativa riformatrice attenta a coinvolgere diversi interessi ed attori socio-economici.

I governi depretisini accentuarono lo sforzo «per conoscere l'Italia» e per intervenire, in un articolato riordino complessivo, attraverso una «amministrazione di gestione»; fu proceduralizzata la formazione delle decisioni di fronte al gioco degli interessi dei diversi attori a molteplici livelli e valorizzata la relazione tra dirigenza tecnica e governo politico[97]. Nel tornante del 1882, il primo allargamento elettorale costituì la chiave di volta per compiere il moto di trasformazione dei partiti, con l'implicita spinta a costituzionalizzare, anche grazie al vincolo esterno della Triplice Alleanza, una più ampia rappresentanza politica e sociale, avviata a organizzarsi fuori del Parlamento. In tale quadro rientrò la strategia depretisina per favorire la nazionalizzazione del cattolicesimo italiano, risorsa piuttosto che *vulnus* per le istituzioni monarchico-liberali, nel quadro dell'eredità liberale del disegno cavouriano. Il governo di una *res publica* senza partiti nella Capitale, che evidenziò il possibile coinvolgimento dei cattolici in responsabilità dal chiaro riflesso politico, in vista di un superamento della questione romana, era posto all'interno di una più ampia scelta strategica di *nation building*.

Il richiamo patriottico che accompagnò dal 1881 al 1887 il continuo succedersi di governi guidati dallo stesso presidente del Consiglio, che assunse senza interruzione il dicastero dell'Interno, era funzionale all'auspicata stabilità di direzione politica garantita nell'avvio dell'età umbertina, ma trovò credibilità in un maggiore accesso alla rappresentanza, in un più condiviso benessere e in aspettative di emancipazione sociale, il cui conseguimento fu affidato all'azione riformatrice come governo politico. A sostenere tale iniziativa avrebbero dovuto contribuire le grandi inchieste sui principali settori economici del giovane Stato, che restituirono una mappatura dei molti squilibri delle aree arretrate o in rapido mutamento del Paese. Tutto ciò avrebbe comportato un impegno di medio-lungo

[97] G. Melis, *Storia dell'amministrazione italiana*, il Mulino, Bologna 2020, pp. 100-101, 114 e soprattutto pp. 119, 121, 123 e 128; per la decisiva trasformazione della direzione di statistica nel 1878, nel 1883 e nel 1887, pp. 157-159.

periodo, che Depretis avviò in diversi settori con il concorso di Minghetti, invocando un impegno civile delle classi dirigenti e temperando le impazienze di diversi attori e interessi, spesso in contrasto tra loro. Alla sua uscita di scena, il percorso parve incompiuto e l'equilibrio ricercato tra politica ed economia messo in discussione dal movimento di mercati preda di un affarismo sregolato, dal potere prevalente dei protezionismi, dalla politica di potenza coloniale, dall'anticlericalismo come risorsa di conservazione politica, dalla tentazione d'imporre una pedagogia nazionale, dal radicalizzarsi di una questione sociale nell'aggravarsi della mobilità interna e della grande emigrazione italiana nelle Americhe. L'imporsi delle eredità dell'età depretisina fu rielaborata nelle scelte di un successore che aveva condiviso il passaggio dalla rivoluzione risorgimentale al regno unitario, ma che si mostrò determinato a mettere in campo diverse progettualità per misurarsi con crescenti forze sociali nel Paese e con la classe politica emersa negli anni Ottanta in Parlamento.

Sandro Rogari
Una competizione identitaria (1887-1903)

IV.

Crispi e il suo tempo

La successione di Crispi a Depretis, intervenuta alla scomparsa di quest'ultimo, avvenne nel quadro della continuità della maggioranza parlamentare, così come si era costituita a seguito della crisi che aveva dato vita all'ottavo e ultimo governo Depretis. Ma se la continuità riguardò la maggioranza parlamentare e le prassi trasformistiche che restarono a lungo invariate, emerse subito la differenza della personalità del nuovo presidente del Consiglio e del suo approccio su questioni cruciali di politica interna e di politica ecclesiastica. Sul primo versante, nel luglio 1887 era stato approvato un disegno di legge voluto da Crispi ancora ministro dell'Interno che dava al ministro la possibilità di mettere in aspettativa o a riposo i prefetti con un semplice provvedimento amministrativo. Poi, nel dicembre di quello stesso anno, il governo presentava un disegno di legge, approvato agli inizi del 1888, volto a dare al presidente del Consiglio la facoltà di istituire e sopprimere i ministeri con semplici decreti regi, senza ricorrere alla legge.

In questo stesso provvedimento si prevedeva anche l'abolizione dei segretari generali dei ministeri, che erano funzionari amministrativi, sia pure ad alta caratura politica, e il loro rimpiazzo con la nuova figura prettamente politica dei sottosegretari[1]. Era evidente, dunque, fin dagli esordi, la volontà di Crispi di accentrare nelle proprie mani poteri di governo inusitati, anche nel disegno di sottoporre la pubblica amministrazione al potere politico. Non era casuale, infatti, che assumendo la presidenza del Consiglio, Crispi detenesse anche la titolarità degli Interni e degli Esteri fino alla prima interruzione della continuità dei suoi governi nel 1891. Non solo, alla ripresa nel 1893, dopo il primo governo Giolitti, egli avrebbe riassunto il Ministero dell'Interno fino alla sua definitiva caduta, nel marzo 1896.

C'è poi un secondo aspetto di discontinuità nella politica crispina rispetto al periodo precedente e riguarda il versante della politica eccle-

[1] G. Candeloro, *Storia dell'Italia moderna VI. 1871-1896*, Feltrinelli, Milano 1981, p. 347.

siastica. Nella prima metà del 1887 ambienti vicini alla Corona e alla curia pontificia sembravano alimentare spiriti conciliatoristici. Ne furono un segnale, fra l'altro, lo stimolo del Pontefice perché a Sant'Andrea della Valle si celebrasse una messa in memoria dei caduti di Dogali e l'allocuzione pontificia del 23 maggio nella quale si parlava di «zelo di pacificazione» diffuso nel Paese. Certo, gli avversari di ogni possibile conciliazione non mancavano, né sul fronte clericale né sul fronte avverso, come dimostrava la polemica in atto per l'erezione di un monumento a Giordano Bruno a Campo dei Fiori. Tuttavia, la nomina di Leopoldo Torlonia, figura di raccordo fra liberali e cattolici, a sindaco di Roma nell'aprile 1887 parve consolidare la tendenza alla riconciliazione. Questa evoluzione trovò conferma nella vittoria della lista dell'Unione romana alle elezioni amministrative per il Campidoglio del giugno 1887[2].

Se il clima generale, dunque, sembrava deporre a favore di un dialogo, va precisato che questo avrebbe dovuto comunque passare attraverso le forche caudine delle condizioni poste dalla Santa Sede per la quale la conciliazione avrebbe implicato comunque la cessione di un pezzo di sovranità territoriale[3]. Questo era emerso nell'allocuzione del 23 maggio ed era stato ribadito nella lettera di Leone XIII al cardinal Rampolla. Correvano voci dell'aspirazione a una sovranità che si estendesse all'intera Roma; era evidente che in questo caso la trattativa eventuale avrebbe trovato un ostacolo insormontabile. Comunque, l'uscita dell'opuscolo di padre Luigi Tosti, *La conciliazione*, che si considerava avallato dal pontefice, e l'incontro, dai contenuti ignoti, di quest'ultimo con Crispi quando era ancora ministro dell'Interno, avvalorarono prospettive conciliatoristiche[4].

Ancora il 20 settembre, data fatidica, la nota inviata dal re al sindaco Torlonia perché, pur ribadendo il principio di Roma capitale, si propiziassero le visite dei pellegrini al papa per il giubileo sacerdotale, era del tutto distensiva. Ma il clima generale era cambiato con Crispi presidente del Consiglio. La linea prudenziale assunta da Torlonia sul monumento a Giordano Bruno aveva infastidito il presidente del Consiglio e concorse

[2] A. Ciampani, *Cattolici e liberali durante la trasformazione dei partiti. La «questione di Roma» tra politica nazionale e progetti vaticani (1876-1883)*, Istituto per la Storia del Risorgimento Italiano, Roma 2000, pp. 436-442.

[3] *Ivi*, p. 449.

[4] G. Candeloro, *Storia dell'Italia moderna, VI*, cit., pp. 325-326. Vedi anche F. Fonzi, *Documenti sul conciliatorismo e sulle trattative segrete tra governi italiani dal 1886 al 1897*, in *Chiesa e Stato nell'Ottocento, Miscellanea in onore di P. Pirri*, a cura di R. Aubert, A. M. Ghisalberti, E. Passerin D'Entreves, Antenore, Padova 1962, pp. 167-242 e Id., *Tentativi di conciliazione (1871-1900)*, in Aa.Vv., *Roma capitale*, Istituto di Studi Romani, Roma 1972, pp. 141-149.

a deteriorare i rapporti fra i due. Infine, gli spiriti fortemente anticlericali di Crispi assunsero il sopravvento. D'altra parte, giungevano potenti oltre Tevere le pressioni dell'intransigentismo francese, avverso ad ogni avvicinamento fra il governo italiano e il Papato in questa fase di deterioramento delle relazioni italo-francesi[5]. Ne fece le spese il sindaco Torlonia che il 29 dicembre 1887 fu estromesso dalla carica per un atto del tutto coerente con la linea assunta dal re nel settembre precedente: essersi recato dal vicario per fare pervenire al Pontefice gli auguri per il prossimo giubileo sacerdotale[6].

1. Il primato della politica estera: la grande Italia di Crispi in Europa e nelle colonie

Ma la svolta identitaria di forte matrice crispina intervenne nella politica estera.

Fino alla caduta del Secondo impero la politica estera italiana aveva seguito, sotto il profilo politico ed economico-commerciale, i canali obbligati segnati dalle relazioni con la Francia. La questione romana, assieme ad altre questioni di carattere finanziario, meno visibili ma non meno cogenti, ponevano il Regno d'Italia in stato di subordinazione e di dipendenza dalla Francia di Napoleone III che, per motivi preminenti di politica interna, a partire dal '49 si era fatto paladino della tutela dello Stato pontificio. Naturalmente, la formula della ricerca di soluzione della questione previo accordo con la Francia, secondo la dottrina di Cavour, non era condivisa dal partito d'azione, anche con l'avallo tacito e occulto di componenti della maggioranza. Le iniziative garibaldine del '62 e del '67, concluse con due disastri politici e militari, rispettivamente nell'Aspromonte e a Mentana, avevano acuito lo scontro politico interno che si era cristallizzato per tre anni, dal '67 al '70, sul tema della subordinazione politica alla Francia.

Quel paradigma di politica estera, obbligato a conclusione della Seconda guerra d'indipendenza e della proclamazione del Regno (marzo 1861), anche se non condiviso da tutte le parti politiche, era divenuto condizionante per le scelte di politica interna. Il primato della politica estera era obbligato e imponeva condizioni di subalternità internazionale che comportavano grande sofferenza, vista la mancata soluzione della

[5] *Ivi*, p. 326.

[6] A. Ciampani, *Cattolici e liberali*, cit., p. 449.

questione romana[7]. L'avversione di una Sinistra movimentista alla politica della Destra verteva, per il primo decennio unitario, attorno al tema del mancato soddisfacimento dei diritti inalienabili della nazione. Le accuse avevano un'ispirazione e si richiamavano a valori nettamente mazziniani. Un ventennio più tardi, lo stravolgimento del significato dell'idea di nazione era un fatto compiuto. Si era ormai concluso lo spostamento da una visione della nazione che per compiersi doveva raccogliere in dimensione unitaria tutte le sparse membra, riconoscibili per lingua e cultura, ad una nazione che celebrava sé stessa e s'inverava solo grazie a una politica espansiva ed audace. Va sottolineato, tuttavia, che le accuse della Sinistra, parlamentare e non, alla Destra, non facevano appello né si richiamavano a motivi di *grandeur*. Nelle discussioni del tempo non si rinvenivano i temi propri della polemica fra Bonghi e Crispi (1890) nella quale il secondo rinfacciava al primo e in genere alla Destra di avere fatto una politica estera servile, «senza esercito né flotta»[8].

L'Europa del libero scambio stava andando in crisi per fattori interni ed esterni. Fra questi ultimi dobbiamo annoverare la crescente immissione nei mercati mondiali di cereali a prezzi altamente competitivi, soprattutto nei confronti delle agricolture europee che non avevano ancora imboccato la via della rivoluzione agronomica e della conseguente elevazione delle rese. La ripresa della frontiera americana, dopo la conclusione della guerra di secessione (1865), e la conversione delle marine commerciali da vela a vapore, con navi a scafo di ferro dotate di grandi capacità di carico e tempi certi di trasporto, facevano sentire in modo crescente i propri effetti sui mercati mondiali dei cereali. Inoltre, nei paesi a bassa industrializzazione gli imprenditori manifatturieri alimentavano sentimenti crescenti di avversione al libero scambio per la non sostenibilità della concorrenza dei prodotti provenienti da paesi di prima industrializzazione, soprattutto britannici, ma non solo. Nel corso del decennio degli anni '70, ben prima

[7] Per tutta la questione come si evolve nel primo decennio unitario, anche con considerazioni generali sulla politica estera del Regno, rinvio a S. Rogari, *I liberali e la questione di Roma capitale. Da Cavour a Porta Pia, 1860-1870* in *Roma A. D. 1870. Dalla Roma pontificia alla Roma liberale*, a cura di A. Ungari, Rubbettino, Soveria Mannelli 2020, pp. 11-47. Per un approccio più sintetico cfr. Id., *Roma capitale: dal lungo oblio alla conquista accelerata*, in *150 sulla Breccia. Roma, una capitale in trasformazione*, a cura di M. Patulli Trythall, prefazione di L. Caracciolo, Nova Delphi, Roma 2020, pp. 67-77. Ora anche *La Breccia di Porta Pia. Raccolta di Studi nel 150° anniversario (1870-2020)*, a cura di F. Anghelone, P. Piatti, E. Tirone, Libreria Editrice Vaticana, Città del Vaticano 2022 e nello specifico Id., *Il governo Lanza e la presa di Roma*, pp. 89-100.

[8] G. Mammarella, P. Cacace, *La politica estera dell'Italia. Dallo Stato unitario ai giorni nostri*, Laterza, Roma-Bari 2006, p. 39.

della introduzione delle tariffe protettive, entrò in crisi il modello univoco di un'Europa liberale che era tale perché si associava al libero scambio. L'assolutizzazione astorica delle leggi dell'economia, secondo i canoni smithiani, fu messa in crisi in una discussione che dilagava sul continente e soprattutto in Germania, ove gli interessi dell'industria manifatturiera andavano cercando una base di giustificazione teorica all'elevazione di tariffe protettive del mercato interno.

Le concezioni dell'ispiratore della scuola storico economica tedesca, l'economista Friedrich List, cominciavano ad avere una nuova fortuna nella cultura economica europea. Non è casuale che nel 1874, a Firenze, venisse fondata la Società Adamo Smith[9] che pubblicava l'organo bandiera del pensiero liberista «L'Economista», ispirato dal nume tutelare del pensiero liberoscambista italiano, Francesco Ferrara, e a Padova, nello stesso anno, Luigi Luzzatti, Fedele Lampertico, Antonio Scialoja e Luigi Cossa fondino l'Associazione per il progresso degli studi economici in Italia che pubblicava la «Rassegna d'agricoltura industria e commercio», primo tramite di diffusione e di rielaborazione in Italia della scuola del socialismo della cattedra di matrice germanica[10]. Già negli anni Ottanta ormai i venti protezionisti soffiavano forti e con essi veniva emergendo un'altra Europa che si stava allontanando a larghi passi da quell'Europa liberale nella quale erano maturati i Risorgimenti nazionali. La protezione economica e commerciale si accompagnava all'esaltazione della nazione e della sua autosufficienza e alla vocazione imperiale della conquista come corollario di uno Stato forte ed espansivo.

Naturalmente, questi processi avevano un'eco in tono minore e ritardato in Italia, in comparazione con i maggiori stati europei, proprio per la misura ridotta delle capacità economiche e militari del Paese e in virtù delle gravi questioni ancora aperte e non risolte dell'unità nazionale. Questa combinazione di esigenze espansive, anche in funzione della tutela delle necessità interne, con correlata specifica duplicità italiana, è bene rappresentata da un colonialista convinto come Leone Carpi sul «Corriere della Sera» del 14-15 gennaio 1883[11], quando rivendicava, a ragione, di essere

[9] M. Poettinger, *Ferrara, la Società Adamo Smith e «L'Economista»*, in *Firenze dopo la capitale.* Atti del convegno di studi a cura di S. Rogari, Polistampa, Firenze 2022, pp. 149 e ss.

[10] P. Pecorari, *Luigi Luzzatti e le origini dello "statalismo" economico nell'età della Destra storica*, Signum, Padova 1983, pp. 185-186. Per un quadro d'insieme si veda Id., *Luigi Luzzatti economista e politico della nuova Italia*, Edizioni Scientifiche italiane, Napoli 2003.

[11] L. Carpi, *Politica coloniale*, in «Corriere della Sera», 14-15 gennaio 1883, anche in E. Decleva, *L'Italia e la politica internazionale dal 1870 al 1914. L'ultima delle grandi potenze*, Mursia, Milano 1974, p. 150.

stato fra i primi in Italia ad affermare la necessità di una politica coloniale e connetteva strettamente pace sociale e benessere interno con l'espansione coloniale. Tuttavia, lo snodo fondamentale per questo riorientamento, che Carpi cominciava a percepire nell'Italia dei primi anni '80, fu la vicenda legata al Congresso di Berlino del giugno-luglio 1878, che faceva seguito alla Pace di Santo Stefano fra Russia e Impero Ottomano. Il congresso era stato convocato per riequilibrare la presenza balcanica della Russia a vantaggio dell'Austria. Questo apriva, in apparenza, le condizioni utili al soddisfacimento delle aspirazioni italiane sulle terre irredente. È inutile aggiungere che la diplomazia italiana si trovò di fronte al muro del diniego di ogni presa in considerazione di questi interessi nazionali, pur a fronte del soddisfacimento della richiesta austriaca di acquisire l'amministrazione della Bosnia. Proprio da questa cocente esperienza derivò, nel 1887, la richiesta italiana di ottenere compensazioni a fronte di qualsiasi modifica dello status quo nei Balcani quale clausola di rinnovo della Triplice, cui Bismarck accedette, premendo sull'Austria in tal senso per tenere stretta l'Italia quando la Francia stava uscendo dal suo isolamento internazionale grazie all'avvicinamento alla Russia[12]. L'adesione alla Triplice Alleanza, peraltro, per l'Italia continuò ad avere forti valenze di politica interna e un impatto dilacerante nei rapporti politici. La rappresentazione più icastica di quella che, a suo vedere, era la natura stessa della Triplice fu data da un intransigente e coerente oppositore, Felice Cavallotti, in un discorso tenuto a Milano nel novembre 1890. La Triplice, disse,

> era quel patto che il senatore Alfieri con frase felice definì il *patto dell'uomo col diavolo*, che Gladstone definì un *patto grottesco, da matti*, che Crispi nell'84 definì *una vergogna italiana*; si combina il patto che garantisce alla Germania il possesso dell'Alsazia e della Lorena, all'Austria Trento e Trieste; a noi... di essere compatiti[13].

Naturalmente, il «bardo della democrazia» esprimeva un punto di vista unilaterale, volto soprattutto ad attaccare Crispi che, da pentarca, si era schierato su posizioni avverse a Depretis sul punto, mentre, divenuto presidente del Consiglio, aveva fatto propria la dottrina del triplicismo più intransigente. Gli strali di Cavallotti erano puntati contro il Crispi

[12] E. Decleva, *L'Italia e la politica internazionale*, cit., p. 83.

[13] F. Cavallotti, *L'Italia sotto Crispi e la democrazia. Pensieri di Felice Cavallotti esposti la sera del 12 novembre 1890 agli elettori di Milano*, Milano 1891, pp. 16-17. Cfr. anche E. Decleva, *L'Italia e la politica internazionale*, cit., p. 152.

che aveva definito l'irredentismo «il più dannoso degli errori in Italia»[14]; contro il Crispi che, nel settembre 1890, aveva dimissionato Seismit Doda dal Ministero delle Finanze, perché responsabile di avere assistito a discorsi irredentisti a Udine, e l'aveva sostituito con Giolitti[15]. Sotto questo profilo, le scelte di politica estera concorrevano a condizionare la politica interna e a riconfigurare il sistema politico. Va, tuttavia, sottolineato che nella stagione di Depretis che si concluse con la sua morte (luglio 1887), non furono condivise spinte che andassero al di là di una interpretazione rigorosamente difensiva dell'alleanza. Né il governo coltivò l'imitazione del modello costituzionale degli Imperi centrali. Il primato della politica estera si limitava a condizionare le dinamiche del sistema senza assurgere a paradigma di un sistema costituzionale.

D'altra parte, i sintomi dell'ulteriore deterioramento delle relazioni con la Francia erano già percepibili nella stagione dell'ultimo Depretis. Nel dicembre 1886 fu denunciato il trattato di commercio con la Francia e si aprirono le trattative che procedettero a stento e con continui rinvii, finché non emerse chiaramente che le questioni inerenti la politica commerciale erano strettamente intrecciate con lo schieramento assunto in politica estera e le trattative si arenarono. Il 6 febbraio 1888 il delegato francese alle trattative Teisserenc de Bort dichiarò apertamente che «finché sarete nella Triplice non sarà possibile un accordo commerciale tra Italia e Francia»[16]. Fu cattivo profeta, perché le relazioni commerciali ripresero con i nuovi accordi firmati da Rudinì nel 1898, nella stagione dei cosiddetti giri di valzer, per usare l'espressione di von Bülow, ma in quel momento si era alle soglie della guerra commerciale con la Francia che registrò i primi segnali di superamento solo dieci anni dopo, in un clima di ricercata distensione.

Certo nello scontro commerciale gravavano anche motivazioni strettamente economiche. In particolare, gli interessi maturati di agricoltori e industriali che chiedevano protezione rendevano impossibile il rinnovo secondo le linee originarie del trattato risalente al Secondo impero, per il quale l'Italia si faceva importatore di prodotti manufatti francesi e la Francia importatrice di prodotti agricoli italiani. La conversione protezionista della nostra politica commerciale, in un contesto europeo ove il protezionismo stava divenendo dominante, rafforzava posizioni di rendita nel mondo agricolo, a scapito dei produttori di agrumi, di vino o di mosti.

[14] F. Chabod, *Storia della politica estera italiana dal 1870 al 1896*, Laterza, Bari 1962, p. 77.

[15] M. Grillandi, *Crispi*, UTET, Torino 1969, p. 446.

[16] *Ivi*, p. 405.

La chiusura del mercato francese fu il colpo definitivo che si aggiunse al resto[17].

Senza dubbio, comunque, nelle trattative con la Francia le questioni politiche sormontarono quelle economiche e commerciali[18]. Ciò trova conferma nel fatto che dopo il rinnovo della Triplice del febbraio 1887[19], l'Italia aveva ottenuto l'integrazione del Trattato con una convenzione militare di garanzia antifrancese con valenze mediterranee. In pratica, se gli interessi mediterranei dell'Italia fossero stati lesi dall'espansionismo francese, la Germania sarebbe corsa in soccorso dell'Italia[20]. D'altra parte, la convenzione militare del febbraio 1888 prevedeva addirittura che l'Italia inviasse truppe sul Reno in caso di guerra fra Germania e Francia[21]. In parallelo, l'Italia aveva stretto accordi con la Gran Bretagna per ottenere garanzia nella tutela dei nostri interessi mediterranei[22], anche se il tentativo di Crispi di ottenere la garanzia britannica di scendere in campo contro la Francia, in caso di conflitto, era fallito[23]. Come, del resto, era fallito e fallirà il tentativo crispino di convertire la Triplice da alleanza difensiva in strumento offensivo di politica estera[24]. Questo quadro di contesto fa comprendere come la rottura commerciale con la Francia, con le conseguenze nefaste ben note sul versante delle nostre esportazioni vinicole nel mercato francese, avesse una origine di natura prettamente politica. Infatti,

[17] Per un quadro generale di conversione dell'Italia verso politiche protezionistiche fra la fine degli anni '70 e il 1888, anno di avvio della guerra commerciale con la Francia, rinvio alla colossale opera critica e documentaria in cinque volumi di E. Del Vecchio, *La via italiana al protezionismo. Le relazioni economiche internazionali dell'Italia 1879-1888*, Archivio storico della Camera dei deputati, Roma 1979-1980. Tutto il capitolo quarto del primo volume dalle pp. 229 e ss. è dedicato alle relazioni fra Italia e Francia dal Trattato del 1863 alla guerra commerciale dell'88. Dallo studio discende chiaramente che le responsabilità italiane nella rottura sono parziali. Le spinte verso il protezionismo erano marcate e crescenti in Francia. Inoltre, gravavano gli interessi armatoriali italiani che aspiravano ad acquisire una autonomia rispetto all'egemonia francese. Questo studio avvalora la lettura di una conversione protezionista come correlata alla politica interventista che matura soprattutto in età crispina a favore del coinvolgimento della mano pubblica nell'economia. I volumi dal secondo al quinto dell'opera di Del Vecchio hanno carattere documentario.

[18] E. Decleva, *L'Italia e la politica internazionale*, cit., p. 95.

[19] G. Mammarella, P. Cacace, *op. cit.*, p. 37.

[20] R. Petrignani, *Neutralità e alleanza. Le scelte di politica estera dell'Italia dopo l'Unità*, il Mulino, Bologna 1987, p. 412.

[21] A. Capone, *Destra e Sinistra da Cavour a Crispi*, UTET, Torino 1981, XX volume della *Storia d'Italia* diretta da G. Galasso, p. 488.

[22] R. Petrignani, *Neutralità e alleanza*, cit., p. 415.

[23] M. Ganci, *Il caso Crispi*, Palumbo, Palermo 1976, p. 181.

[24] A. Capone, *op. cit.*, p. 490.

ad essa si accompagnò la ricerca di accordi commerciali compensativi con gli Imperi centrali e la ricerca del sostegno della finanza tedesca.

A questo proposito, torna del tutto condivisibile l'acuta osservazione di Arturo Carlo Jemolo che rappresenta Crispi come un giacobino che non ama la rivoluzione dell'89[25]. Non la ama perché la sua origine non è autoctona. La significativa risposta di Crispi ai democratici che lo accusavano di non avere partecipato alla esposizione di Parigi per il centenario della rivoluzione dell'89 fu che «la rivoluzione francese ci schiaccia». Urgeva dunque «riprendere le tradizioni della patria nostra». Egli si fece quindi portabandiera di una ideologia italiana che vantasse l'orgoglio dell'originalità. Per farlo, nella sua visione ci si doveva richiamare ai principi di libertà e di nazionalità per i quali l'Italia era divenuta una grande potenza europea. Certo, si trattava di una posizione debole perché il richiamo alla tradizione dei padri evocava principi e culture che Crispi considerava avverse alla rivoluzione nazionale del Risorgimento. Tutto ciò rendeva la sua ideologia assai confusa e contraddittoria, ma il dato di fondo risiedeva nell'aspirazione a costruire una ideologia italiana, con la quale presentarsi nell'agone internazionale in assoluta autonomia. Da qui la sua avversione radicale verso la Francia verso la quale ben sapeva che il nostro debito era forte, non solo politico per la vicenda del Risorgimento nazionale, ma anche ideologico per i principi dell'89. E da qui ancora la sua forte spinta alla convergenza verso un modello privo di affinità, come già sottolineato, ossia quello del cancelliere tedesco, dal quale la distanza politica e ideale era conclamata dalla dinamica stessa del nostro Risorgimento liberale in comparazione col Risorgimento tedesco che, dopo il fallimento del '48, aveva imboccato la via della forza e della conquista prussiana.

L'oltranzismo triplicista di Crispi richiede, tuttavia, una interpretazione storiografica[26]. I sentimenti di affinità con Bismarck «uomo forte» e condottiero di una grande Germania, che Crispi va a incontrare quasi in pellegrinaggio agli esordi del suo governo, possono trovare spiegazione anche nell'avversione di Crispi verso l'assemblearismo[27], che esplicitava la sua avversione al sistema parlamentare, oltre che riscontro nel suo passato apprezzamento del *Kulturkampf*. Crispi è uomo alieno dalle mediazio-

[25] A.C. Jemolo, *Crispi*, Le Monnier, Firenze 1970, pp. 119-122.

[26] Il giudizio storico di Carlo M. Santoro sulla politica estera di Crispi è *tranchant*: viene definita come incompetente e velleitaria. Cfr. C.M. Santoro, *La politica estera di una media potenza. L'Italia dall'unità a oggi*, il Mulino, Bologna 1991, p. 118. È un giudizio storico cui Santoro assimila anche la politica coloniale. Tuttavia, Santoro concorda sul punto della valenza politica e ideologica interna del triplicismo (p. 117).

[27] *Ivi*, p. 499.

ni parlamentari e, senza dubbio, i metodi bismarckiani di governo sono un modello per il presidente del Consiglio italiano. Certamente, egli si sarebbe trovato più a suo agio in un sistema costituzionale puro di tipo tedesco: non soggetto, quindi, ai condizionamenti della fiducia parlamentare. L'assunzione contemporanea, nel suo primo Ministero, degli Interni e degli Esteri, con l'avallo del re, dopo il tentativo fallito di attribuire questo secondo a Nigra, era indicativa della sua volontà di innovare in modo coordinato politica estera e politica interna. Ma è indubbio ch'egli cercasse nella politica estera la nuova chiave identitaria della politica nazionale.

Ciò può parere paradossale, dal momento che il suo triplicismo si calava nel contesto della continuità delle alleanze che erano state costruite da Depretis alla svolta di inizio decennio. Ma non lo è, perché il suo spirito di fondo era opposto a quello che era appartenuto al suo predecessore. Quest'ultimo era andato cercando il surrogato protettivo che era venuto a mancare al Paese dopo la caduta della Francia, una volta constatati a Berlino (1878) gli effetti negativi dell'isolamento internazionale e i pericoli che questo comportava. Nella scelta di Depretis, era insita la consapevolezza dello status dell'Italia, «ultima delle grandi potenze»[28] ovvero «prima delle piccole»[29], che non godeva delle condizioni interne che giustificassero i rischi di una politica estera incisiva e aggressiva. La gestione Depretis, con Mancini e poi Di Robilant agli Esteri, pur nel ribaltamento, forzato, delle antiche alleanze, consumato nel 1882, aveva raccolto gli spiriti continuisti che avevano ispirato la politica estera di Visconti Venosta[30]. Era stato un continuismo fatto di prudenza, consapevole della debolezza italiana sulla quale gravavano rilevanti motivazioni interne riconducibili ai ritardi nella conquista dell'unità nazionale.

L'indicatore forte di questo atteggiamento stava nella sofferenza, mai contraddetta e mai digerita, per il "sacrificio" delle terre irredente, comunque considerato momentaneo, non definitivo, per le quali poteva valere il detto di Gambetta per l'Alsazia e la Lorena, «pensarci sempre e non parlarne mai». Non a caso, il ministro degli Esteri Di Robilant dell'ultimo Depretis lavorò, da quando entrò in carica (1886), per andare a un rinno-

[28] Si riprende il titolo del saggio di Enrico Decleva già cit.

[29] C.M. Santoro, *La politica estera di una media potenza*, cit., p. 75.

[30] Per il continuismo di Visconti Venosta in politica estera, fatto di prudenza e di fedeltà agli impegni presi rinvio a S. Rogari, *I liberali e la questione di Roma capitale*, cit., pp. 11-47 e, per l'ultima fase di gestione della questione romana nell'ambito degli accordi assunti con la Francia nell'ambito nella Convenzione di settembre, Id., *Il governo Lanza e la presa di Roma*, in *La breccia di Porta Pia*, cit., pp. 89-100. Proprio all'opera di restaurazione dell'immagine internazionale dell'Italia si dedicò Visconti Venosta, ministro degli Esteri quasi in continuità con i ministeri di Rudinì, Pelloux e Saracco, dal 1897 al 1901.

vo della Triplice che contemplasse compensazioni a favore dell'Italia, se si fosse verificata una modifica dello status quo nei Balcani. Fu a tal fine firmata una convenzione a parte italo-austriaca, nel 1887, che, in occasione del rinnovo della Triplice del 1891, fu integrata nel Trattato come articolo 7, mentre la convenzione italo-tedesca fu poi integrata come articolo 9. In sostanza, ben prima dell'oltranzismo triplicista crispino e della correlata negazione della questione delle terre irredente, risolta da Crispi col semplice rinvio ad un pari trattamento per gli italiani rispetto alle altre etnie, nel quadro dell'Impero asburgico, Depretis era andato cercando una via per una pacifica soluzione.

Certo, la convenzione celava una commedia degli equivoci, dal momento che, mentre l'Austria pensava di compensare eventuali rivendicazioni italiane con parti dell'Albania, l'Italia guardava alle terre irredente. Non a caso proprio di Albania discusse a Monza Visconti Venosta col delegato austriaco nell'ipotesi di dissoluzione dell'Impero Ottomano[31]. Tanto il tema era sensibile che la prima vera profonda incrinatura della Triplice intervenne nel 1908, quando l'Austria trasformò unilateralmente l'amministrazione della Bosnia Erzegovina, come assegnatale a Berlino nel 1878, in sovranità politica, senza compensazioni a favore dell'Italia. La questione tornò alla ribalta nel 1914, nel momento dello scoppio della guerra, come rafforzata motivazione e giustificazione a favore della scelta neutralista dell'Italia che Giolitti rivendicò[32].

Fatte le debite e profonde distinzioni fra due accezioni diverse e per certi versi opposte che contrapponevano Crispi a Depretis; soprattutto, messo in luce che le intenzioni di Crispi erano di svolgere una grande politica estera, indipendente e non subordinata, nell'ambito della Triplice, anche ricavando un ampio spazio di autonomia all'Italia nell'interpretarne lo spirito e la lettera, va precisato che il presidente del Consiglio italiano non era assimilabile al modello politico bismarckiano. Crispi univa all'avversione verso la Francia, che si era manifestata pubblicamente nel suo primo viaggio a Berlino come presidente della Camera nel 1877[33], quando di fronte al cancelliere tedesco aveva lasciato cadere le sue inaspettate e imbarazzanti invettive antifrancesi, una visione sostanzialmente roussoviana

[31] G. Mammarella, P. Cacace, *op. cit.*, p. 46.

[32] Dal dibattito che anticipò la neutralità italiana, e che era fortemente sostenuta da Giolitti, emerse la continuità della lettura della Triplice che veniva data da Giolitti rispetto a quella depretisina, mentre la lettura crispina era agli antipodi. Rinvio a S. Rogari, *Il declino: il neutralismo debole di Giovanni Giolitti*, in *L'Italia neutrale 1914-1915*, a cura di G. Orsina e A. Ungari, Rodorigo, Roma 2016, pp. 27-37.

[33] C.M. Santoro, *La politica estera di una media potenza*, cit., p. 120.

della volontà popolare della quale riteneva di farsi interprete superando i corpi intermedi[34]. Il suo fastidio per le mediazioni parlamentari era da ricondursi a questa mentalità e, a un tempo, a questa visione della politica. Ed era proprio sul terreno delle scelte di politica estera che si poteva estrinsecare questa visione unitaria e, a un tempo, espansiva, della nazione. Il modello di Bismarck era, per così dire, un autoritarismo di casta, mentre quello crispino era un autoritarismo di scaturigine popolare, intriso di un mazzinianesimo di fondo che lo induceva a concepire popolo e nazione come un amalgama unitario e omogeneo, capace di esprimere una volontà generale onnicomprensiva, che il leader doveva sapere interpretare.

Il velleitarismo, del quale Crispi è stato giustamente accusato, era da ricondurre al conflitto fra una politica triplicista, quella di Bismarck, che era guidata da un presupposto di fondo: impedire che i sentimenti di *revanche* coltivati dalla Francia trovassero sponde di sostegno in Europa, anche dirottando gli interessi francesi verso lidi extra europei, e la sua personale avversione alla Francia. Il contrasto di fondo stava nell'intrinseco conflitto interpretativo sulle funzioni della Triplice nelle relazioni intraeuropee: strumento di stabilità e di conservazione della posizione dominante della Germania sul continente, per il cancelliere tedesco; arma aggressiva di attacco contro la Francia, per rivalsa del Trattato del Bardo e per tutela dei nostri interessi mediterranei, per il presidente del Consiglio italiano, in un momento nel quale egli era convinto che la guerra fosse inevitabile e alle porte.

Questa almeno era la convinzione di Crispi durante il nuovo viaggio a Berlino col re, nel maggio 1889[35]. E questo giustificava lo straordinario aumento delle spese militari messo in atto nella prima stagione crispina. Sempre per citare Cavallotti, se la Triplice alleanza, che era stata pensata per tutelare l'Italia, aveva comportato fra il 1882 e il 1887 l'accrescimento delle spese militari da un quinto a un quarto della spesa pubblica, con Crispi dal 1887 l'accelerazione era stata ancora maggiore, passando in tre anni da un quarto a un terzo della spesa pubblica, per complessivi 625 milioni di spesa[36]. In pratica, quello strumento di politica estera, la Triplice, pur tanto odioso agli occhi della sinistra democratica, che sa-

[34] A. Capone, *op. cit.*, p. 498.

[35] *Ivi*, p. 426. Questo sentimento di inevitabile prossimo conflitto ricorre nella pubblicistica dell'epoca. Si veda fra gli altri, G. di Castelnuovo, *Il conflitto franco italiano e la guerra*, Venezia 1894, *passim*.

[36] F. Cavallotti, *L'Italia sotto Crispi e la democrazia. Pensieri di Felice Cavallotti esposti la sera del 12 novembre 1890 agli elettori di Milano*, cit., pp. 16-17. Cfr. anche E. Decleva, *L'Italia e la politica internazionale*, cit., p. 153.

rebbe stato pensato per garantire all'Italia uno scudo protettivo e quindi di garanzia, era divenuto nelle mani di Crispi un'arma d'assalto. Questo aggravio degli oneri di bilancio andava a tutto detrimento di altre spese utili alla crescita del Paese. È noto come sul punto fra la sinistra radicale e la destra, soprattutto lombarda, si venisse nel tempo a cementare una convergenza che concorse a determinare la definitiva caduta di Crispi nel marzo 1896, dopo la sconfitta di Adua. D'altra parte, la presa di distanza di Giolitti, ministro del Tesoro, dal primo governo Crispi, dopo le elezioni del novembre 1890, fu un segnale importante di dissenso verso la politica di *grandeur* crispina e i correlati oneri finanziari[37].

Questo valeva a maggior ragione perché, dopo una prima fase incerta, Crispi aveva fatto proprio un disegno di espansione coloniale che non fosse da meno da quello concepito dalle grandi potenze europee, lanciate dopo il congresso di Berlino del 1884-85 alla conquista di quanto restava da spartire nel mondo. Va detto che, comunque, forse anche per la sua ossessione antifrancese a seguito del mal digerito Trattato del Bardo (1881), l'espansionismo coloniale inseguito da Crispi, soprattutto agli esordi del suo governo, era molto incentrato nel Mediterraneo. La sua ricerca costante di alleati e solidarietà, sia sul versante tedesco sia su quello britannico, era rivolta in prevalenza, per non dire in via esclusiva, verso le terre del Mediterraneo, *in primis* la Tripolitania, sempre in funzione antifrancese.

La rilevanza delle colonie del Mar Rosso crebbe nel tempo e con gradualità nella sua visione politica dell'espansionismo coloniale italiano, muovendo da una iniziale avversione[38]. Nel maggio 1888, Crispi dichiarò al Senato che «le colonie sono una necessità della vita moderna. Noi non possiamo rimanere inerti e far sì che le altre Potenze occupino sole tutte le parti del mondo inesplorate»[39]. Le colonie del Mar Rosso divenivano quindi ai suoi occhi la grande via dell'Asia, dopo che tre anni prima aveva dichiarato la sua opposizione all'espansione coloniale italiana nell'area. Tuttavia, la conquista dell'Eritrea aveva anche un'altra valenza che, per così dire, nazionalizzava il colonialismo italiano, ossia soddisfaceva le esigenze e le aspirazioni di lavoro del contadino italiano, in specie meridionale.

Nel 1889, Crispi aveva investito Leopoldo Franchetti di una missione esplorativa in Eritrea per verificare la possibilità di sviluppare un insediamento di contadini italiani. L'anno successivo l'aveva nominato

[37] A. Capone, *op. cit.*, p. 557.

[38] M. Ganci, *Il caso Crispi*, cit., p. 175.

[39] *Ivi*, p. 178.

responsabile dell'Ufficio per la colonizzazione eritrea[40]. Il progetto di Franchetti era di procedere all'esproprio delle terre dell'altipiano, ricco di terre fertili e scarso di abitanti, per la distribuzione della terra in concessione di piccoli lotti. Ma tutta l'operazione si scontrò con diversi ostacoli. Anzitutto, era d'ostacolo a Franchetti l'opposta visione dei governatori militari dell'Eritrea, Antonio Gandolfi e Oreste Baratieri, che erano più favorevoli allo sviluppo della grande affittanza latifondista e, comunque, mal sopportavano un contropotere in loco rappresentato dall'Ufficio di Franchetti. Inoltre, Franchetti aveva sottovalutato la conflittualità degli indigeni che si vedevano espropriati delle terre. La rivolta di Batha Agos del dicembre 1894 fu provocata dagli espropri e innescò un meccanismo di reazione italiana che portò al disastro di Adua il 1° marzo 1896. Inoltre, Franchetti sopravvalutò la capacità di adattamento dei contadini meridionali alle condizioni di vita dell'altipiano eritreo, come alla vita nei tukul[41]. Si aggiunga poi che il progetto era stato aspramente criticato anche in patria da Luigi Bodio per gli alti costi che comportava. Secondo i calcoli di Bodio, l'insediamento di ciascuna famiglia contadina sarebbe costato 4.000 lire[42]. La missione di Franchetti si concluse nel dicembre 1894 per insuperabili conflitti con Baratieri, col corredo di accuse a Crispi di essere succube del generale.

È comunque un fatto che il colonialismo italiano nel Mar Rosso, l'unico che fu dato a Crispi di coltivare nonostante le sue propensioni mediterranee, aveva quantomeno una duplice ispirazione: quella imperiale di un presidente del Consiglio che desiderava che il proprio Paese partecipasse alla spartizione della torta coloniale, e quella demografico migratoria, volta a fronteggiare e risolvere con soluzione interna un aspetto drammatico del surplus demografico meridionale[43] che la politica daziaria e la guerra commerciale con la Francia avevano accentuato. Quindi, sotto questo profilo, la *grandeur* crispina va ridimensionata. Era evidente che su consiglio e orientamento di questo neomeridionalismo, del quale il toscano Franchetti era portavoce con Sonnino, la conquista delle colonie nel Mar Rosso diveniva funzionale a dare una risposta al surplus demografico italiano. Di fatto, si confermava «l'imperialismo degli straccioni» ove le

[40] F. Guazzini, *Leopoldo Franchetti e la questione fondiaria nell'Africa italiana: tra progetti e realizzazioni*, in *Leopoldo Franchetti la nuova Destra e il modello toscano*, a cura di S. Rogari, Rubbettino, Soveria Mannelli 2019, p. 119.

[41] *Ivi*, pp. 126-127.

[42] F. Manzotti, *La polemica dell'emigrazione nell'Italia unita*, Società editrice Dante Alighieri, Milano-Roma-Napoli 1962, p. 124.

[43] N. Labanca, *In marcia verso Adua*, Einaudi, Torino 1993, pp. 150-157.

terre di conquista rispondevano ad una precisa esigenza sociale del Paese. Alla Camera, il 6 marzo 1890 Crispi dichiarò esplicitamente:

Qual è lo scopo nostro nell'Eritrea? Lo scopo nostro è l'istituzione di una colonia che possa accogliere quell'immensa emigrazione che va in terra straniera e che si sottrae al dominio e alle leggi dell'Italia; ed è anche di far tutto ciò che possa giovare ai commerci nostri, ed a quelli del Paese che abbiamo occupato[44].

Nell'ottobre precedente da Palermo si era rivolto alla borghesia produttiva di tutto il Paese per prospettare la prossima costituzione di una vasta colonia, conquistata senza spargimento di sangue, funzionale ai nostri commerci e a recepire la «esuberante fecondità italiana»[45]. Crispi sembrava coniugare quindi una visione mercantile e quindi più coloniale che imperiale della nostra espansione nel Mar Rosso con una possibile soluzione al nostro surplus demografico. Singolare era anche la convinzione che un protettorato come quello sull'Etiopia potesse essere imposto senza colpo ferire.

Al contrario, tutta la dinamica che portò alla firma del Trattato di Uccialli col negus Menelik nel maggio 1889, che nella prospettiva italiana comportava l'imposizione del protettorato e quindi l'assunzione della rappresentanza internazionale dell'Etiopia da parte dell'Italia, fu contraddetta dallo stesso Menelik che nel 1890 si incoronò e proclamò alle cancellerie la sua ascesa a negus dell'Etiopia, senza passare attraverso i canali diplomatici italiani[46]. Dal punto di vista del negus questo era giustificato dal fatto che nel testo aramaico non era previsto quanto disposto dall'art. 17 del testo italiano che riservava il protettorato all'Italia[47]. A questo punto al governo non restava che imboccare l'opzione militare o recedere. Le opposizioni interne indussero Crispi a tergiversare, fino a che le dimissioni del Ministero nel febbraio 1891 rinviarono *sine die* la soluzione del problema.

Abbiamo fatto riferimento al ruolo di Franchetti in Eritrea, volto a cercare una soluzione nazionale alla questione dell'emigrazione. Esso, come abbiamo visto, si calava in un contesto nel quale la curva dell'emigrazione denunciava una crescita esponenziale che costringeva le classi dirigenti del Paese ad assumere una linea d'intervento. I 135.832 emigrati del 1881, quando per la prima volta in una inchiesta agraria nazionale,

[44] M. Ganci, *Il caso Crispi*, cit., p. 180.
[45] *Ivi*, p. 181.
[46] *Ibidem*.
[47] G. Mammarella, P. Cacace, *op. cit.*, p. 42.

quella guidata da Jacini, Giuseppe Andrea Angeloni, nel suo rapporto sull'Aquila, aveva messo in correlazione emigrazione e colonie, profilando l'utilizzo di queste seconde in funzione della prima[48], divenivano 290.736 nel 1888, l'anno dell'avvio della guerra commerciale con la Francia. Poi la curva s'impennò ulteriormente, fino a superare le 300 mila unità nel 1896 e a raggiungere le 352.782 nel 1900[49]. Al contrario, negli anni '70, pur nella incertezza dei numeri, dal momento che la componente clandestina dell'emigrazione non poteva agevolmente essere ponderata, lo standard medio annuale era stato attorno alle 100 mila unità. Si trattava in grande maggioranza di emigrazione temporanea diretta in prevalenza verso paesi europei[50].

L'emigrazione era un fenomeno sociale complesso, sia nelle sue origini, sia nelle direttrici che essa assumeva. Sulle prime gravavano fattori di carattere demografico ed economico. La caduta sotto la soglia limite della sopravvivenza si combinava con l'aspettativa di un miglioramento generale delle condizioni di vita da raggiungere nei paesi di destinazione. Va comunque tenuto presente che anche nel nuovo secolo, quando l'emigrazione vide salire la curva da 533.245 nel 1901 a 872.598 unità nel 1913[51], l'aspirazione preminente del contadino emigrante era di precostituirsi il ritorno in patria. Quando si tenne la prima grande inchiesta nazionale dedicata specificatamente al tema dei contadini meridionali con l'avvio del lungo ministero Giolitti, nel 1906, la questione dell'emigrazione fu al centro dell'attenzione delle sottogiunte che si divisero il lavoro per ambiti territoriali. Dalle relative relazioni, emerse chiaramente che anche l'emigrante meridionale che prendeva la via delle Americhe, oltre a quello che seguiva rotte europee e mediterranee, ormai del tutto minoritario, aspirava a tornare alla sua terra in patria. Tanto forte era questa volontà che spesso l'emigrante si sposava prima di partire, lasciando magari la moglie incinta in attesa del suo ritorno col gruzzolo necessario ad acquisire un pezzo di terra nel paese d'origine[52]. Era molto puntale la descrizione

48 F. Manzotti, *La polemica dell'emigrazione nell'Italia unita*, cit., p. 61.

49 *Ivi*, p. 67.

50 Cfr. *Luigi Bodio e la prima statistica ufficiale dell'emigrazione* in Z. Ciuffoletti, M. Degl'Innocenti, *L'emigrazione nella storia d'Italia, 1868-1975*, Vallecchi, Firenze 1978, p. 59.

51 F. Manzotti, *La polemica sull'emigrazione*, cit., p. 143.

52 Per questo rinvio a S. Rogari, *Mezzogiorno ed emigrazione. L'Inchiesta Faina sui contadini delle province meridionali e nella Sicilia 1906-1911*, Centro editoriale toscano, Firenze 2002. Si veda in particolare l'introduzione alla p. LXXVII per la Puglia; alla p. LXXXV per la Campania e alla p. XCV per la Calabria. Inoltre, si vedano le relazioni delle sotto giunte da p. 175 a p. 369. Si veda, soprattutto, la relazione finale del sen. Eugenio

del contadino meridionale emigrante fatta da Faina nella relazione finale dell'Inchiesta da lui diretta (1910):

L'emigrante meridionale non è apprezzato al giusto valore. Non bisogna vedere in lui il cattivo cittadino che abbandona una patria, di cui si è disamorato, ma l'uomo energico e previdente che affronta i rischi e i disagi dell'ignoto per raccogliere i capitali con i quali feconderà al ritorno la terra che lo vide nascere, dove conta formare il suo nido[53].

Poi Faina correggeva il tiro mettendo in evidenza che fra gli emigranti vi erano anche individui poco raccomandabili. Ma l'attenzione verteva sul punto dell'aspirazione del ritorno in patria col gruzzolo necessario per acquistare la terra. Questo era un argomento che lasciava prefigurare negli ottimisti, fra i quali lo stesso Faina, che proprio dall'emigrazione di questa natura potesse scaturire la soluzione della questione meridionale. L'emigrato che tornava col gruzzolo, acquistava la terra e riscattava il suo antico status di subalternità divenendo coltivatore diretto, quindi borghese e conservatore, sarebbe stato il vettore del cambiamento radicale della società meridionale e per gli ottimisti questa era la via da percorrere per la soluzione della questione.

Questa era una valutazione che veniva maturando nel nuovo secolo, ma va sottolineato che, nel complesso, l'opinione della classe dirigente italiana, via via che si veniva profilando, non era avversa alla emigrazione. Fra i grandi meridionalisti faceva eccezione Pasquale Villari, il quale, tuttavia, nel nuovo secolo, era costretto a riconoscere che senza l'emigrazione la situazione del Mezzogiorno sarebbe stata una catastrofe[54]. Infatti, l'Inchiesta Faina dimostrava che per effetto dell'emigrazione i depositi bancari delle famiglie meridionali e i salari erano aumentati. Semmai l'ostilità proveniva dai proprietari fondiari che temevano la restrizione

Faina, presidente della commissione d'inchiesta, nella parte specifica dedicata all'emigrazione alle pp. 489-508.

[53] *Ivi*, *Relazione finale* di E. Faina, p. 492.

[54] *Ivi*, p. CXXIII. Sul pessimismo di Villari si veda anche il brano dell'articolo pubblicato sul «Corriere della sera» del 19 giugno 1908 a proposito dell'Inchiesta sulla questione agraria e l'emigrazione in Calabria promossa dall'Istituto di scienze sociali «Cesare Alfieri» nel 1907 e curata da D. Taruffi, L. de Nobili e C. Lori riportato in Z. Ciuffoletti, M. Degl'Innocenti, *L'Emigrazione nella storia d'Italia*, cit., pp. 409-412. Per l'Inchiesta sulla Calabria rinvio allo studio di G. Manica, *I terremoti del 1905 e del 1908 in Calabria e l'Inchiesta del "Cesare Alfieri". Con la ristampa anastatica dell'inchiesta La questione agraria e l'emigrazione in Calabria di D. Taruffi, L. de Nobili e C. Lori*, Rubbettino, Soveria Mannelli 2021.

delle braccia da lavoro e quindi della relativa domanda, con conseguente lievitazione dei salari.

Negli anni '80, il dibattito sull'emigrazione ebbe, in realtà, una impronta prevalentemente evoluzionista, secondo la cultura dominante nel Paese e, in genere, in Europa. Fu considerato un fenomeno sociale di carattere fisiologico e fu molto lenta la maturazione di un approccio regolatorio. Questo emerge chiaramente nell'articolo che Ettore Coppi dedicò al tema, nel 1887, sulla fiorentina «Rassegna di scienze sociali e politiche» di Carlo Ridolfi[55]. Soltanto con Crispi, peraltro, l'emigrazione diviene una questione di politica estera fino ad elaborare un provvedimento normativo che fu aspramente criticato da Nitti nel 1888, ancor prima di essere varato, per il suo approccio contraddittorio. Esso, infatti, da un lato considerava l'emigrazione come stato di necessità e d'altro lato introduceva restrizioni, riversando tutta la responsabilità sugli agenti e i subagenti che ne sarebbero stati lo stimolo, a loro volta sfruttandola[56].

In particolare, Badaloni e Ferri puntavano il dito contro la politica economica che era all'origine dell'emigrazione[57]. Se il surplus demografico era un dato di fatto che alimentava flussi emigratori contenuti fino dal primo decennio unitario[58], l'impennata della curva, alla fine degli anni '80, era stata determinata, come abbiamo visto[59], dalle scelte di politica protezionista operate dall'ultimo governo Depretis e soprattutto dal primo governo Crispi con la guerra commerciale con la Francia. La perdita improvvisa del mercato francese aveva colpito duramente l'agricoltura meridionale che produceva vini, mosti e vini da taglio di alta gradazione, oltre che olio e agrumi per l'esportazione, e che costituiva la «polpa», secondo il termine usato da Manlio Rossi Doria negli anni '50 del secolo scorso, per rappresentare la pianura fertile. Nel Mezzogiorno questa agricoltura produttiva era stata incrementata dalla vendita dei beni nazionali, attuata secondo

[55] F. Manzotti, *La polemica sull'emigrazione nell'Italia unita*, cit., p. 70.

[56] *Ivi*, pp. 92-93.

[57] *Ivi*, p. 94.

[58] All'origine, l'emigrazione, soprattutto dalle regioni meridionali, derivava dalla fine del protezionismo che sfiorava il vero e proprio proibizionismo a tutela delle manifatture meridionali. La costruzione graduale di un mercato unico nazionale aveva messo fuori mercato quel poco d'industria tessile e meccanica che operava nel Mezzogiorno. Questo aveva comportato espulsione di forza lavoro che alimentava l'emigrazione.

[59] Per tutta la questione migratoria e il suo andamento si veda E. Sori, *L'emigrazione italiana dall'unità alla seconda guerra mondiale*, il Mulino, Bologna 1979 e i più recenti P. Bevilacqua, A. De Clementi, E. Franzina, *Storia dell'emigrazione italiana*, 2 voll., Donzelli, Roma 2009 e M. Colucci, S. Gallo, *L'emigrazione italiana. Storia e documenti*, Morcelliana, Brescia 2015.

una logica distributiva che negli anni Settanta e Ottanta aveva puntato ad incrementare la figura del contadino proprietario. Sappiamo che l'operazione era stata spesso deviata o inficiata da quei proprietari fondiari che si erano avvalsi di prestanome per acquisire le migliori terre messe all'asta. Ciononostante, nella piana di Gioia Tauro piuttosto che negli agrumeti del Catanese, per fare un esempio, si erano venute costituendo piccole proprietà contadine che alimentavano l'esportazione e che da questi redditi traevano le risorse per pagare il debito contratto per l'acquisto della terra. Gli alti dazi sul grano uniti alla chiusura del mercato francese avevano da un lato esaltato la rendita agraria di quei proprietari fondiari, latifondisti e non, che non erano stimolati ad investire nella terra dal momento che la rendita diveniva garantita; d'altro lato, aveva colpito i produttori che avevano investito nel settore vinicolo e degli agrumi determinandone la catastrofe economica[60].

Di fatto, la legge Crispi, che nella versione finale integrò il progetto presentato da Rocco de Zerbi in commissione parlamentare, si rivelò insufficiente a garantire l'emigrante dallo sfruttamento degli agenti né lo tutelava all'arrivo nel Paese straniero[61]. A questo scopo furono promosse iniziative d'ispirazione cattolica che nel 1887 sembravano calarsi in un clima conciliatorista, che poi si rivelò senza fondamento[62]. Famose furono le iniziative assunte da mons. Scalabrini, vescovo di Piacenza, con la promozione della Associazione, poi trasformata nel 1894 in Società San Raffaele, e con la Congregazione dei sacerdoti missionari[63]. L'opera di Scalabrini fu sostenuta anche da Romolo Murri attraverso la rivista «Cultura sociale», mentre nel 1900 mons. Geremia Bonomelli, vescovo di Cremona, promosse l'Opera che prese il suo nome in chiave conciliatorista, anticipando il clima distensivo che sarebbe maturato negli anni successivi. Prima ancora, l'Unione cattolica per gli studi sociali di Giuseppe Toniolo aveva rivolto attenzione al tema. Anche i congressi della Società geografica degli anni '90 dedicarono attenzione alla questione dell'emigrazione, mentre il

[60] Per la crisi di questa agricoltura d'avanguardia meridionale si veda di S. Lupo, *Il giardino degli aranci. Il mondo degli agrumi nella storia del Mezzogiorno*, Marsilio, Venezia 1990, in particolare pp. 135 e ss.

[61] F. Manzotti, *La polemica sull'emigrazione*, cit., pp. 96-97. Per una disamina approfondita della legge rinvio a R. Ugolini, *Crispi e la legge sull'emigrazione* in *Problemi istituzionali e riforme nell'età crispina. Atti del LV congresso di storia del Risorgimento italiano*, Istituto per la storia del Risorgimento italiano, Roma 1992, pp. 347 e ss.

[62] F. Manzotti, *La polemica sull'emigrazione*, cit., p. 115.

[63] *Ivi*, pp. 99-100. Per l'opera di mons. Giovanni Battista Scalabrini si veda P. Borzomati, *Giovanni Battista Scalabrini. Il vescovo degli emarginati*, Rubbettino, Soveria Mannelli 1997

mondo socialista prese in considerazione il fenomeno dell'emigrazione in modo tardivo. Solo al congresso di Roma del 1900 Angelo Cabrini dedicò una relazione al tema[64].

Nel complesso, gli effetti negativi e le insufficienze della legge Crispi, come si manifestarono nel corso degli anni '90, indussero Visconti Venosta, ministro degli Esteri del governo di Rudinì, ad elaborare un nuovo disegno di legge, anch'esso rielaborato sulla base di proposte parlamentari e che entrò in vigore nel 1901. La legge Visconti Venosta ebbe il pregio di tutelare l'emigrante al momento della partenza, ma restava carente nel momento del suo arrivo nella terra di destinazione[65].

2. Crescita industriale, cultura economica e politiche pubbliche

La stagione crispina e in particolare gli anni dal 1889 e il 1894 coincisero con il periodo unitario più buio sotto il profilo dello sviluppo economico[66]. La crisi, tuttavia, era iniziata assai prima, dalla metà degli anni '70, e si era manifestata come crisi agraria con il crollo dei prezzi delle derrate. Il corso forzoso era stata una barriera protettiva che aveva fatto da scudo agli effetti più gravi di questa crisi, ma una volta deliberata la sua abolizione (1881) e, soprattutto, resa operativa (1883), le pressioni sui prezzi delle derrate alimentari erano divenute insostenibili per una agricoltura in larga misura arretrata e poco produttiva come quella italiana[67].

Sistemi di trasporto navale e terrestre sempre più efficienti e certi nei tempi facevano arrivare dal Nord America piuttosto che dalla Russia quantità crescenti di cereali. Questo spingeva gli agricoltori a chiedere la protezione daziaria. D'altra parte, l'Inchiesta industriale degli anni '70-'74[68], svolta da un Comitato presieduto da Antonio Scialoja, del quale fu *magna pars* Luigi Luzzatti[69], aveva raccolto un coro di sollecitazioni da parte degli industriali interpellati, fra i quali primeggiavano quelli del settore tessile, perché lo Stato garantisse protezioni e tutele all'industria

[64] *Ivi*, p. 102, e pp. 112-113.

[65] *Ivi*, pp. 138-139.

[66] V. Zamagni, *La seconda rinascita economica dell'Italia 1861-1990*, il Mulino, Bologna 1990, p. 190.

[67] Le rese in media per ettaro erano assai inferiori a quelle del Nord Europa ove l'uso dei concimi chimici e le rotazioni delle colture non depauperanti producevano rese anche tre volte superiori a quelle medie italiane.

[68] *Ivi*, p. 149.

[69] A. Cardini, *Stato liberale e protezionismo in Italia 1890-1900*, il Mulino, Bologna 1981, pp. 28-29.

italiana nascente che, a loro dire, non era in grado di sostenere la concorrenza estera. È bene ricordare che, quando si svolse questa inchiesta, gli scambi commerciali italiani si svolgevano nell'ambito del principio della divisione internazionale del lavoro che aveva ispirato il trattato italo-francese di commercio (1863). La rottura con la Francia, voluta da Crispi per motivazioni politiche ancor prima che economico commerciali (1888), fu anche funzionale a rivedere il sistema del commercio estero italiano, diversificando i nostri partner e, dato il contesto politico internazionale, aumentando l'interscambio con la Germania. Questo, tuttavia, non raggiunse mai in termini percentuali, nel panorama globale, la dimensione dell'interscambio italo-francese, che si era avvicinato negli anni '80 al 50% del commercio estero italiano in entrata e in uscita. Negli anni della fine del secolo e degli esordi del nuovo, l'Italia compì anche uno sforzo notevole per cercare di ridimensionare il commercio con i partner europei, accrescendo i rapporti commerciali soprattutto con i Paesi extraeuropei ove le comunità italiane fossero cospicue e quindi la traenza di prodotti italiani potesse essere alimentata da affinità culturali: in particolare gli Stati Uniti e l'Argentina[70]. Ma questo, da un lato non ribaltò i rapporti quantitativi del commercio con i partner europei, d'altro lato non determinò uno sviluppo *export-led*, come è accaduto in larga misura negli anni del boom economico del secondo dopoguerra.

Il mercato di traenza delle produzioni italiane era quello nazionale e le tariffe protettive miravano a preservarlo, assegnando al Mezzogiorno un ruolo "coloniale" di mercato domestico per i beni prodotti al Nord. Inoltre, la funzione, ovviamente non ricercata, del Mezzogiorno, ma fondamentale per sostenere lo sviluppo italiano, era quella di procurare valuta pregiata al sistema. Dal momento che l'economia industriale italiana era di trasformazione, povera di materie prime, la valuta pregiata delle rimesse degli emigranti alla famiglia di origine non aveva solo la fondamentale funzione di sostenere la domanda nel Mezzogiorno, ma aveva anche la funzione di rendere disponibile una valuta, soprattutto dollari, utile nei mercati internazionali per l'acquisto di minerale ferroso e carbone dei quali l'Italia scarseggiava. Questo modello di sviluppo va tenuto presente come sfondo o contesto condizionante lo sviluppo italiano fino alla Grande guerra. Esso in parte fu accentuato dalla politica crispina, che oltrepassò la soglia della politica doganale, adottando con la Francia una linea di vero proibizionismo commerciale. Le conseguenze furono la chiusura del mercato francese per i vini, i mosti e gli altri prodotti agricoli italiani e quindi la riduzione forzata della forza lavoro nella campagna meridionale

[70] *Ivi*, pp. 163-164.

e l'esaltazione delle colture estensive a basso utilizzo della forza lavoro. Il disegno crispino di riforma del latifondo cercò d'invertire questo schema, puntando a fare anche del Mezzogiorno un territorio di traenza economica. Ma il disegno fallì[71].

Quanto poi alla forza lavoro utilizzata, essa proveniva dalle aree limitrofe alle produzioni manifatturiere. La pianura padana la metteva a disposizione in abbondanza rispetto alle necessità. Questo aveva, inoltre, un risvolto positivo, perché la sopravvivenza della famiglia di origine in zone relativamente vicine costituiva un ammortizzatore sociale in caso di crisi. Il caso specifico della rivoluzione industriale milanese ha dimostrato come caso esemplare di studio il processo di formazione della classe operaia[72]. Dal momento che il processo di industrializzazione procedeva per onde, secondo il modello di Luciano Cafagna[73], ovvero a scalini, come si preferisce, e con il periodo crispino rientrante nella fase della stagnazione quando non della recessione, la capacità della campagna circostante di riassorbire forza lavoro in esubero svolgeva una azione rilevante di ammortizzamento sociale. Inoltre, questo processo di assorbimento perdurò nel tempo, fino a raggiungere la grande crisi del '29 e il massiccio ritorno alle origini di molti lavoratori industriali. Questo passaggio è assai rilevante per i suoi effetti sociali e culturali. In sostanza, anche gli anni del decollo più marcato e accelerato, che coincidono con gli anni di fine secolo e con gli esordi del nuovo, fino al 1907, non costituiscono uno stacco netto verso una irreversibile società industriale[74].

Questo dipese essenzialmente da due fattori. Da un lato, pesò il tipo di formazione della forza lavoro, come sopra descritta, e il permanere di un retroterra agricolo che non fu svuotato dal processo di urbanizzazione e mantenne una funzione osmotica. Inoltre, l'industrializzazione era un fenomeno assai delimitato nello spazio. Riguardava, prima della Grande guerra, la Lombardia e il Piemonte. È vero che si trattava di territori a grande traenza politica e culturale e di significativo peso demografico negli equilibri generali del Paese, ma non erano tali da stravolgere la configurazione rurale dell'Italia, che permaneva e, anzi, tendeva a rivoltarsi

[71] A. Capone, *op. cit.*, p. 583.

[72] V. Hunecke, *Classe operaia e rivoluzione industriale a Milano 1859-1892*, il Mulino, Bologna 1982, *passim*.

[73] V. Zamagni, *op. cit.*, p. 109.

[74] A questo proposito ho proposto uno schema interpretativo relativo alle lunghe permanenze e dominanze del mondo rurale nella storia italiana fino alla grande guerra. Per questo rinvio al mio saggio *Modernizzazione e storia intellettuale. Un modello interpretativo della storia dell'Italia unita*, in S. Rogari, *Rappresentanza corporazione conflitto. Ceti e figure dell'Italia rurale fra Otto e Novecento*, Centro editoriale toscano, Firenze 1998, pp. 23 e ss.

contro i processi in atto[75]. D'altro lato, nella crescita dell'industria manifatturiera svolse un ruolo di rilievo lo sviluppo e la trasformazione delle attività artigianali. Il fenomeno del capitalista agrario che investiva in una impresa industriale rappresentava l'eccezione, non la regola nel panorama italiano. Si può citare il caso, forse il più famoso ed esemplare, di Giovanni Agnelli, che da capitalista agrario di Pinerolo nel 1899 fondò la Fiat, ma si trattò, appunto, dell'eccezione, non della regola[76]. Il modello britannico di capitalista agrario che investiva i surplus di capitale nell'industria manifatturiera non allignò in Italia.

Il capitale agrario si poteva convertire in capitale finanziario, magari anche in partecipazioni di società di controllo di quel fattore traente dello sviluppo che fu il settore ferroviario[77]. Il caso delle Società strade ferrate meridionali, salotto buono della finanza toscana negli anni di Firenze capitale e dopo, ne è esempio. D'altra parte, il passaggio dalla Destra alla Sinistra non costituì uno stacco, per quanto riguarda l'attitudine verso lo sviluppo dell'industria manifatturiera, che permettesse di contrapporre la seconda alla prima. Come non lo sarebbe stato la contrapposizione fra intervento o non intervento dello Stato nell'economia del Paese. Sono note la visione integrata di attività agricole e industriali che aveva Cavour e l'approccio industrialista di Quintino Sella[78]. A voler restare alla Destra toscana, si potrebbe ricordare l'industrialista Peruzzi che aveva una formazione tecnica che lo predisponeva ad avere un atteggiamento tutt'altro che negativo in via pregiudiziale verso le attività manifatturiere[79].

Altra cosa, invece, è tenere nel debito conto la crescente ostilità che ampi settori della borghesia italiana e della classe dirigente nutrivano per le conseguenze del processo di industrializzazione. La classe operaia concentrata in fabbrica, organizzata sindacalmente e potenzialmente conflittuale

[75] Per un caso esemplare rinvio al mio studio sull'agronomo visionario Stanislao Solari e alla sua originale proposta di rivoluzione agronomica: S. Rogari, *Ruralismo e antiindustrialismo di fine secolo. Neofisiocrazia e movimento cooperativo cattolico*, Le Monnier, Firenze 1984.

[76] V. Castronovo, *Giovanni Agnelli. La FIAT dal 1899 al 1945*, Einaudi, Torino 1977.

[77] S. Maggi, *Le ferrovie*, il Mulino, Bologna 2007.

[78] Vedi *Quintino Sella tra politica e cultura 1827-1884. Atti del Convegno Nazionale di Studi*, Torino, Palazzo Carignano. 24-25-26 ottobre 1984, a cura di C. Vernizzi, Silvestrelli Cappelletto, Torino 1986 e S. Rogari, *Il liberalismo di Cavour*, in *Il Risorgimento e l'Unità d'Italia. Idee, figure e percorsi*, a cura di S. Rogari, Minerva, Bologna 2018, pp. 101-110.

[79] S. Rogari, *Agricoltura e industria nel pensiero e nell'azione di Ubaldino Peruzzi*, in *Ubaldino Peruzzi. Un protagonista di Firenze capitale. Atti del Convegno di studi*, Firenze 24-26 gennaio 1992, a cura di P. Bagnoli, Atti Vieusseux 5, Festina Lente, Firenze 1994, pp. 45-60. Ma si veda anche in sintesi, sempre di S. Rogari, *Ubaldino Peruzzi*, in *Il Parlamento Italiano 1861-1988*, vol. 3: 1870-1874, Nuova CEI, Milano 1989, pp. 347-349.

era percepita come classe pericolosa. Essa destabilizzava le armonie sociali che si riteneva potessero permanere in agricoltura, soprattutto laddove le gerarchie sociali erano forti e consolidate come le campagne meridionali oppure laddove la prevalenza dei contratti di compartecipazione lasciava presagire la pace sociale, anche se essa stava più nei sogni dei suoi laudatori che non nella realtà dei fatti[80]. Del resto, la trasversalità delle posizioni che divideva la Destra aveva trovato conferma nella cosiddetta rivoluzione parlamentare del marzo 1876. La rottura della maggioranza che sosteneva il governo Minghetti avvenne sulla questione delle concessioni ferroviarie. La Destra toscana difendeva una visione privatistica della gestione del sistema ferroviario, anche a tutela della Società strade ferrate meridionali nella quale aveva ampie partecipazioni[81]. La questione si associava poi alla richiesta, inesaudita, di Peruzzi sindaco di Firenze di un provvedimento finanziario *ad hoc* per salvare la città dal fallimento dopo la fine della stagione della capitale[82]. Al contrario, la Destra piemontese difendeva una visione statalista del servizio ferroviario. Questo manifestava una visione interventista nell'economia del Paese che i toscani, riuniti attorno alla Società Adamo Smith[83], avversavano.

D'altra parte, quanto avviene con la svolta protezionista e la guerra commerciale alla Francia non deve essere letto come il prodotto della costituzione di un asse di interessi fra agricoltura e industria. Questo, del resto, è confermato dal fatto che l'industria meccanica, come del resto quella chimica, restò senza protezione doganale. Si privilegiarono gli interessi del mondo agricolo, che deteneva un'alta influenza politica con rappresentanza diretta e indiretta in Parlamento, e si protessero i settori industriali,

[80] Esemplare il caso di Sonnino che considerò la mezzadria toscana un modello addirittura esportabile nel Mezzogiorno nella convinzione che essa avrebbe risolto il problema dei patti leonini che vigevano in quelle terre. Cfr. S. Rogari, *Sonnino e la questione agraria*, in Aa.Vv., *Sidney Sonnino e il suo tempo*, Olschki, Firenze 2000, pp. 253-277. Ma si veda anche S. Rogari, *Il modello toscano: moderatismo e mezzadria*, in *Leopoldo Franchetti la nuova Destra e il modello toscano*, a cura di S. Rogari, cit., pp. XXIX-XXXVIII.

[81] Si veda di R.P. Coppini, *La Società strade ferrate meridionali nella storia italiana*, in *Firenze dopo la capitale. Atti del convegno di studi*, Firenze 24-25 maggio 2021, a cura di S. Rogari, Polistampa, Firenze 2022, pp. 243 e ss.

[82] Per questo rinvio a P. Bagnoli, *Da Firenze a Roma: la regia fiorentina della rivoluzione parlamentare del marzo 1876*, in *Firenze dopo la capitale*, cit., pp. 259 e ss.

[83] Per la Società Adamo Smith come luogo di difesa dei principi liberoscambisti a fronte dell'avanzata delle pressioni protezioniste degli anni '70, si veda il contributo di M. Poettinger, *Francesco Ferrara, la Società Adamo Smith e «L'Economista»*, in *Firenze dopo la capitale*, cit., pp. 149 e ss.

come la siderurgia e la cantieristica, che ricevevano commesse statali o vedevano, come la Terni (1884)[84], la partecipazione di capitali pubblici.

Questo punto è cruciale. La svolta protezionista si connette e si collega con politiche interventiste in settori industriali rilevanti non solo per l'economia nazionale, ma soprattutto per le aspirazioni politiche del Paese nelle relazioni europee. È già stata ricordata[85] l'aspirazione italiana a sviluppare una industria cantieristica in via autonoma rispetto agli investimenti stranieri e come questa a sua volta necessitasse di una siderurgia italiana atta a fornire le corazze delle navi. L'intervento di capitale pubblico nella nascita della Terni andava a sostegno di questo disegno. Questo quadro tendenziale è stato definito come di *deficit spending* keynesiano *ante litteram*[86]. È il caso di essere più prudenti nella valutazione generale. Se per *deficit spending* si intendono investimenti utili a dotare il Paese di infrastrutture utili e strumentali alla crescita, dobbiamo operare alcune distinzioni. Lo erano certamente le risorse correlate al rinnovo ventennale delle concessioni ferroviarie nel 1885. Ma altre voci di spesa, come quelle correlate alla Terni, per esempio, erano più funzionali a finalità politiche che non economiche e di sviluppo. Il trend di crescita della spesa pubblica fino a raggiungere il 20% del pil accompagnò l'evoluzione dei governi Depretis[87]; non è quindi riconducibile alle scelte di Crispi, che operò in continuità, anche se accentuò la componente delle spese militari.

D'altra parte, tutto l'apparato pubblico conferma in età crispina il suo trend alla crescita. Vale la pena ricordare, anche per la rilevanza dell'impegno pubblico finanziario, la legge Crispi Pagliani del dicembre 1888 sulla tutela dell'igiene e della sanità pubblica, che istituì un sistema gerarchico piramidale nella provincia italiana, con medici sottoposti all'autorità prefettizia e, a cascata, medici circondariali e comunali che rispondevano al sindaco e al sottoprefetto. Era l'avvio della costituzione di un sistema sanitario nazionale che certo era ancora molto deficitario, anche perché i farmaci non venivano forniti gratuitamente neppure alle classi più povere, ma che ebbe l'effetto positivo di allungare le aspettative di vita degli ita-

[84] V. Zamagni, *op. cit.*, p. 129.

[85] Faccio riferimento allo studio di E. Del Vecchio, *La via italiana al protezionismo*, cit., in particolare al capitolo quarto del vol. 1, relativo rapporti con la Francia, che evidenza come aspirazione italiana fosse svincolarsi dai condizionamenti francesi sul versante della politica marittima. Cfr. pp. 229 e ss.

[86] V. Zamagni, *op. cit.*, p. 227.

[87] *Ivi*, p. 210.

liani da 35 a 41 anni alla svolta del nuovo secolo, anche grazie al drastico abbattimento della mortalità infantile[88].

Del resto, questa evoluzione dalla difesa del libero scambio alla prevalenza della scuola storica interpretata da Sella, Minghetti e Luzzatti diviene palese già alla fine degli anni '60 quando il nume tutelare del libero scambio, Francesco Ferrara, viene gradualmente rimpiazzato da Luzzatti come consigliere economico principe della Destra[89]. Come già ricordato, il corso forzoso fu un fattore distorsivo dei prezzi quando già in Europa correvano venti protezionisti. Quando questa distorsione monetaria venne a mancare, i gruppi che meglio riuscivano a condizionare il potere politico ottennero protezioni[90]. Quanto alla valutazione anche quantitativa del ruolo dello Stato nel determinare lo sviluppo economico e ai ferventi dibattiti storiografici che le sue dinamiche e il suo impatto hanno esercitato, si rinvia agli studi dell'epoca, riflesso di un'alta storiografia appassionata e rigorosa, ancora non immiserita dalla crisi identitaria che l'ha afflitta dalla fine del secolo scorso[91].

È, tuttavia, inequivocabile che la crescente commistione di interessi fra poteri pubblici e impresa creasse processi corruttori, sistematicamente condannati dalla scuola liberista che, a partire dal 1890, si era raccolta con Pantaleoni e De Viti de Marco nella nuova serie del «Giornale degli economisti»[92]. De Viti de Marco, in particolare, metteva in evidenza il danno all'economia del Sud e di conseguenza a tutta l'economia nazionale che derivava dall'adozione delle tariffe protettive[93]. D'altra parte, è un dato che il ciclo lungo recessivo partì proprio con le tariffe del 1887 e con la

[88] Cfr. G. Cosmacini, *Storia della medicina e della sanità in Italia*, Laterza, Roma-Bari 1995. Per un giudizio di apprezzamento della riforma che si calava, secondo Benedetto Croce, nelle leggi di indirizzo liberale-democratico, «il solo che effettivamente rispondeva alla mente del Crispi quantunque il suo abito pratico avesse del dittatorio», si veda B. Croce, *Storia d'Italia dal 1871 al 1915*, Laterza, Bari 1928, p. 190. Convengo con Croce sulla positività della riforma, ma non sul punto dell'aspirazione liberale di Crispi.

[89] A. Cardini, *Stato liberale e protezionismo*, cit., p. 33.

[90] *Ivi*, p. 124 Cardini recepisce la tesi di Gerschenkron che il protezionismo non corrispondeva ad esigenze di sviluppo, ma piuttosto a capacità d'influenza politica.

[91] Mi riferisco in particolare al dibattito Romeo-Gerschenkron. Per una puntuale sintesi del dibattito cui si inserì anche il gramsciano Sereni, accusato da Romeo di manipolare i dati, rinvio alla puntuale recentissima sintesi che ne dà G. Pescosolido, *Rosario Romeo. Uno storico liberaldemocratico nell'Italia repubblicana*, Laterza, Roma-Bari 2021, pp. 180-187. Si veda anche l'ultimo capitolo di M. Romani, *Storia economica d'Italia nel secolo XIX*, il Mulino, Bologna 1982, pp. 203 e ss.

[92] A. Cardini, *Stato liberale e protezionismo*, cit., pp. 70 e ss.

[93] P. Bini, *Scienza economica e potere. Gli economisti e la politica economica dall'Unità d'Italia alla crisi dell'euro*, Rubbettino, Soveria Mannelli 2021, pp. 83-89.

guerra commerciale con la Francia. È una constatazione, ancora, che in Europa i *second comers* adottarono politiche d'intervento nell'economia con vari strumenti che, comunque, esponevano al rischio di scambi illeciti fra politica ed economia. E può essere addotto a dimostrazione *a contrario*, sempre in merito al presunto effetto benefico delle tariffe sullo sviluppo italiano, che l'industria meccanica italiana crebbe fino alle soglie dello scoppio della guerra senza godere di protezioni tariffarie.

Comunque, una volta consolidato lo scambio vizioso fra governi e interessi economici in un contesto nel quale, anche se talora negato, come da Crispi, permanevano le prassi trasformiste, non era più possibile invertire il corso degli eventi senza predestinarsi al fallimento politico. Questo non significa che sia proponibile una semplicistica lettura in continuità delle politiche dei governi, da Crispi a Zanardelli. Su una questione cruciale come la questione meridionale, per esempio, si passò da una visione globale, anche se fallimentare, come quella di Crispi, al ripiegamento verso politiche di intervento mirate, come quelle di Zanardelli e Giolitti, dopo il famoso viaggio a dorso di mulo del primo in Basilicata, nel settembre 1902. Quando Sonnino riprovò a dare centralità al Mezzogiorno, inserendo nel programma del suo breve governo nel 1906 la questione della revisione forzata dei contratti agrari, si predestinò al fallimento. La soluzione Sonnino cozzava nello stesso tempo con le prassi trasformiste consolidate ed erette a sistema di governo; con l'impossibilità per qualsiasi governo di scontrarsi con una deputazione meridionale deliberata a tutelare gli interessi della proprietà fondiaria e con la debolezza del disegno di formazione di un governo e di una maggioranza che erano uniti dallo scontento verso Giolitti, ma non erano nelle condizioni di sviluppare un disegno politico in positivo da contrapporre[94].

Crispi fu interprete di una visione interna e internazionale dello Stato forte, che ricercava nella politica estera e in quella coloniale grandi e velleitarie affermazioni che surrogassero la reale debolezza italiana. Fu anche complice, con prassi politiche repressive, di una politica che aveva la propria ispirazione nella cultura antiparlamentaristica che stava montando nel Paese. Prima di Sonnino e del suo *Torniamo allo Statuto*[95], nel suo secondo governo, entrato in carica nel dicembre 1893, Crispi aveva adottato provvedimenti e operato scelte politiche che lo avevano di fatto reso interprete politico di teorizzazioni antiparlamentaristiche montanti

[94] S. Rogari, *Alle origini del trasformismo. Partiti e sistema politico nell'Italia liberale*, Laterza, Roma-Bari 1998, pp. 168-177.

[95] «Nuova Antologia», 1° gennaio 1897.

nella cultura dell'epoca. Come è noto, questo disegno fu abbandonato con la svolta politica interpretata da Zanardelli nel 1901.

3. Le riforme e l'antiparlamentarismo

Una interpretazione complessiva del progetto riformatore di Crispi è tutt'altro che facile[96]. Soprattutto, non è riconducibile ad un modello univoco di Stato amministrativo, anche se l'impatto su questo versante è stato incisivo, fino a giustificare l'utilizzo della espressione di «seconda unificazione amministrativa» per qualificare il suo disegno riformatore[97]. Di sicuro, nel senso del decentramento amministrativo e dello sviluppo delle autonomie locali andava la riforma degli enti locali con l'introduzione della eleggibilità del sindaco e del presidente della provincia. I tre punti cardine su cui si basava il provvedimento, varato nel dicembre 1888, erano: l'allargamento dell'elettorato attivo e passivo amministrativo, l'elettività del sindaco e la possibilità per i consiglieri comunali di rimuoverlo, in aggiunta ai poteri riservati al re. Quanto alla provincia, diveniva elettiva anche la carica del presidente che, contestualmente, perdeva i poteri di controllo sulle amministrazioni comunali, riservati alle prefetture. L'allargamento dell'elettorato era più marcato rispetto a quanto previsto nel 1882 per l'elettorato politico, perché la soglia del censo scendeva a 5 lire e la capacità era riconducibile alla semplice alfabetizzazione. Contrariamente al parere di molti, Crispi si oppose all'estensione dell'elettorato attivo alle donne con argomenti che rinviavano alla non acquisita maturità al voto[98]. Questo era un tema di largo dibattito nel Paese e sul piano politico a partire dagli anni '60[99], ma assai contrastato. Quanto all'esclusione della eleggibilità del sindaco nei comuni con meno di 10.000 abitanti, Crispi la giustificava con la volontà di ovviare al controllo dei piccoli comuni sia da parte dei grandi proprietari, sia da parte di un partito «più attivo e più pernicioso»[100].

[96] Rinvio, comunque, agli studi raccolti in *Problemi internazionali e riforme nell'età crispina. Atti del LV Congresso di storia del Risorgimento italiano*, Sorrento, 6-9 dicembre 1990, Istituto per la Storia del Risorgimento italiano, Roma 1992.

[97] D. Adorni, *Francesco Crispi. Un progetto di governo*, Olschki, Firenze 1999, pp. 231 e ss.

[98] *Ivi*, p. 237-239.

[99] A. Isastia, *La battaglia per il voto nell'Italia liberale*, in *Dal diritto di voto alla cittadinanza piena*, a cura di M. Ferrari Occhionero, Casa editrice Università La Sapienza, Roma 2008, pp. 31-51.

[100] D. Adorni, *Francesco Crispi*, cit., p. 239.

Analoghe argomentazioni lo inducevano ad opporsi al suffragio universale esteso agli analfabeti. Era convinto, infatti, che gli analfabeti fossero preda facile dei latifondisti o della sinistra socialista. Quella riforma che sembrava andare nel senso dello sviluppo delle autonomie locali veniva tuttavia sottoposta a stringente controllo amministrativo grazie alla creazione della Giunta provinciale amministrativa, che non fu il prodotto della volontà di Crispi, ma che quest'ultimo recepì. La Giunta, che avrebbe dovuto essere presieduta da un magistrato, ma su richiesta di Crispi fu presieduta dal prefetto e aveva contestualmente funzioni di controllo e di contenzioso, era peraltro composta da membri elettivi[101]. Essa si prestava quindi come strumento di controllo amministrativo, in grado di condizionare gli enti locali. Il nuovo organo amministrativo diveniva, inoltre, il livello decentrato della definizione di un processo di separazione della giustizia amministrativa dalla giustizia ordinaria. Il passo successivo fu la creazione della IV sezione del Consiglio di Stato, cui fu affidata la materia relativa ai ricorsi contro gli atti della pubblica amministrazione lesivi di interessi legittimi per motivi di incompetenza, abuso di potere o in violazione della legge[102].

Si veniva quindi a separare la giustizia amministrativa da quella ordinaria, creando un organo giurisdizionale all'interno della amministrazione che indeboliva la posizione del cittadino verso lo Stato, derubricando i suoi diritti lesi a interessi legittimi. Lo spirito della riforma fu esplicitato dallo stesso Crispi alla Camera nel febbraio 1889, quando disse che non

> ci può essere un giudice che per i casi che si riferiscono unicamente alla Pubblica amministrazione… Se voi allargaste questo campo, signori, voi disarmereste il governo; e, col desiderio di voler garantire i cittadini, voi mettereste la società in pericolo, quando venisse il momento in cui questa società debba essere tutelata e possa essere salvata dal governo[103].

Emerge evidente l'approccio centralistico/statalistico di Crispi e il rapporto ribaltato ch'egli concepiva nella relazione fra Stato e società e soprattutto fra Stato e singolo cittadino.

Abbiamo già fatto cenno agli effetti benefici della riforma sanitaria voluta da Crispi nell'abbattere la mortalità e nell'accrescere le aspettative di vita. Ora, per completare il quadro del modello riformistico promosso dal presidente del Consiglio va sottolineato come la legge che regolava la

[101] *Ivi*, pp. 240-241.
[102] *Ivi*, pp. 243-244.
[103] *Ivi*, p. 245.

materia sanitaria rispondesse anch'essa ad una concezione centralistica. Egli si pose in continuità con l'ispirazione del codice sanitario che era stato concepito da Agostino Bertani, creando una direzione sanitaria nazionale presso il Ministero dell'Interno, e in periferia la figura del medico provinciale affiancato da un organo consultivo, il Consiglio provinciale di sanità, che rispondeva anch'esso al prefetto. Analoga dipendenza si creava fra il sindaco e i medici comunali, che generalmente erano i medici condotti[104]. La riforma aveva dunque una ispirazione fortemente centralistica e tendeva a confondere, se non ad assimilare, questioni igienico-sanitarie e questioni di ordine pubblico.

Esito analogo di rafforzamento dell'amministrazione ebbe la riforma della compagine del governo. Essa potenziò le funzioni di indirizzo e di coordinamento della presidenza del Consiglio, anche dotandola di un ufficio di segreteria. Inoltre, soppresse la figura del segretario generale del ministero, che sopravvisse solo nel Ministero degli Esteri[105], mentre introdusse, sul modello britannico, la figura del sottosegretario (1888)[106]. Questo poteva assumere funzioni delegate dal ministro e soprattutto aveva funzioni di raccordo con le Camere. Implicitamente, questa riorganizzazione ministeriale allontanava la figura del ministro dal Parlamento; era suscettibile, quindi, d'interpretare le spinte in atto verso la configurazione del governo del re e di superare la parlamentarizzazione del sistema voluta da Cavour[107], verso una lettura strettamente costituzionale dello Statuto. Questo processo ebbe l'esito di rafforzare ulteriormente l'amministrazione centrale per la conseguente nascita delle direzioni generali interne ai ministeri.

Senza dubbio, la riforma più liberale che sia stata promossa nel corso del primo ministero Crispi fu il nuovo codice penale varato dal Guardasigilli Zanardelli. Essa entrò in vigore il 1° gennaio 1890 e prevedeva l'abolizione della pena di morte; consentiva la libertà di sciopero; introduceva la libertà condizionale e, soprattutto, introduceva il principio della funzione rieducativa della pena, escludendo la imputabilità di minorenni fino ai 18

[104] *Ivi*, pp. 254-255.

[105] I motivi sono da ricondurre al ruolo prettamente politico esercitato nelle ambasciate dai nostri funzionari all'estero. Inoltre, per prassi, la figura del ministro degli Esteri era indicata o doveva, quantomeno, avere il gradimento del re. La figura del segretario generale sopravvive ancor oggi e viene ricoperta da ambasciatori di alto rango.

[106] S. Cassese, *Governare gli italiani. Storia dello Stato*, il Mulino, Bologna 2014, p. 93 e pp. 117-118.

[107] Rinvio a S. Rogari, *Il liberalismo di Cavour* in *Il Risorgimento e l'Unità d'Italia. Idee, figure e percorsi*, a cura di S. Rogari, Minerva, Argelato 2018, pp. 101-110.

anni[108]. Tuttavia, sul punto relativo alla libertà di sciopero essa trovava forti limitazioni nella legge di pubblica sicurezza, varata da Crispi nel 1888, che prevedeva la preventiva autorizzazione della questura per le manifestazioni pubbliche. Quanto poi alla legge sulle Opere pie, approvata nel 1890, essa rispondeva a due finalità che rientravano a pieno titolo nell'ispirazione politica di Crispi: la pubblicizzazione delle funzioni di carità e la loro laicizzazione. Nel complesso, dunque, il filo ispiratore delle riforme era il rafforzamento dell'autorità centrale dello Stato e dei poteri dell'esecutivo in funzione del superamento o della tendenziale marginalizzazione delle mediazioni parlamentari.

Una questione storiografica aperta riguarda le motivazioni per cui la successione di Crispi a Depretis sia stata accolta con favore in Parlamento, sia a destra che a sinistra. Se facciamo nostra la definizione di Crispi come di un «radicale autoritario»[109], data dall'organo del moderatismo lombardo «La Perseveranza», abbiamo la chiave di lettura della positiva accoglienza riservatagli da parte della Sinistra in virtù della sua provenienza da una cultura e da una tradizione antimoderata. La circolare emanata, appena assunto il potere, contro gli arresti arbitrari operati dalla polizia non poteva che alimentare questo gradimento. D'altra parte, Crispi ottenne anche un vasto seguito a destra e questo richiede una spiegazione più complessa. Gravava su questi sentimenti la progressiva disaffezione verso Depretis, logorato da prassi trasformiste che avevano incontrato il gradimento, all'inizio, di esponenti della destra come Minghetti e Bonghi, ma che nel tempo avevano dato adito ad avversioni crescenti.

Nel corso degli anni Ottanta, poi, era montata nella cultura politica e istituzionale la critica al parlamentarismo e alle sue vere o presunte degenerazioni. Si aggiunga anche che l'allargamento della base elettorale e la crescita e il consolidamento nel Paese di movimenti considerati avversi al processo e, soprattutto, all'identità risorgimentale avevano alimentato queste correnti di pensiero. Nella prima metà degli anni Ottanta furono pubblicati due studi, rappresentativi di questa corrente di pensiero, di Pasquale Turiello[110] e di Gaetano Mosca[111]. Erano studi certo diversi e lontani. Turiello incentrava la propria analisi su aspetti sociali e aveva un forte taglio meridionalistico. Mosca poneva tutta la sua attenzione sul tema della circolazione delle élite. Tuttavia, essi condividevano la vena antiparlamentaristica. Nel giugno

[108] Per la puntuale disamina del nuovo Codice penale rinvio a P. Nuvolone, *Giuseppe Zanardelli e il codice penale del 1889*, in *Giuseppe Zanardelli*, a cura di R. Chiarini, Franco Angeli, Milano 1985, pp. 163-182.

[109] L. Lotti, *Crispi e le maggioranze parlamentari*, in «Rassegna Storica Toscana», 1, 1979, p. 40.

[110] P. Turiello, *Governo e governati*, 2 t., Zanichelli, Bologna 1882.

[111] G. Mosca, *Sulla teorica dei governi e governo parlamentare*, Tipografia dello Statuto, Palermo 1884.

1884, poi, Ruggero Bonghi pubblicava sulla «Nuova Antologia» un saggio divenuto famoso sul tema, che traeva ispirazione dalla decadenza del regime parlamentare e che avrebbe anticipato altre disamine degli anni successivi[112]. Nel 1885, il costituzionalista Domenico Zanichelli manifestò nella prolusione inaugurale dei corsi della fiorentina Scuola di scienze sociali, fondata da Carlo Alfieri di Sostegno dieci anni prima, i suoi dubbi e le sue perplessità sul futuro delle istituzioni parlamentari[113].

Da ciò emerge che il dibattito sull'evoluzione del sistema politico precedeva Crispi e ne giustificava, almeno in parte, il credito iniziale. Erano noti la sua visione politica e il suo disegno di rafforzamento dei poteri dello Stato e del governo contro le derive parlamentaristiche. Ma è chiaro anche che la questione della decadenza del Parlamento, o, almeno, percepita come tale, e i rimedi da opporre ad essa rimasero un problema aperto, ben oltre la caduta di Crispi. Fu la questione cruciale del decennio fino alla svolta politica del nuovo secolo avviata da Zanardelli e Giolitti, almeno per quanto riguarda la liquidazione definitiva del tentativo di invertire la rotta parlamentaristica del sistema.

La stagione depretisina con l'accentuato trasferimento della funzione di governo nelle aule parlamentari aveva fatto perdere incisività all'esecutivo. Crispi, quindi, nonostante agli esordi venisse inteso come una successione in continuità, in realtà si faceva interprete di indirizzi di governo che puntavano ad invertire il ciclo. Si aggiunga a questo che il decadimento dei costumi e del livello culturale, oltre che sociale, del ceto politico parlamentare concorreva a spingere verso soluzioni che "blindassero" quello che Bonghi definiva «il governo del Principe» dalle influenze demagogiche. Queste spinte erano anche avvalorate dalla crescita nel Paese di una sinistra di classe alla quale l'allargamento dell'elettorato attivo con la riforma del 1882 aveva permesso di conquistare la prima rappresentanza parlamentare, poi accresciuta nelle tornate successive.

Rimaneva poi irrisolto il problema dell'intransigentismo cattolico che, ancora negli anni '90, e almeno fino alla crisi del '98, mantenne una

[112] R. Bonghi, *Programmi politici e partiti*, a cura di G. Gentile, Mondadori, Milano 1933, pp. 309 e ss. Il saggio del 1884 era intitolato *Una questione grossa: la decadenza del regime parlamentare*. Nel 1893 Bonghi pubblicò altri due saggi, di forte ispirazione antigiolittiana, intitolati *L'ufficio del principe in uno Stato libero* e *Il diritto del principe in uno Stato libero* sempre pubblicati sulla «Nuova Antologia» e raccolti da Gentile nel volume citato. Per una disamina della riflessione dell'ultimo Bonghi, sia teorica che politica, rinvio a S. Rogari, *Ruggiero Bonghi nella vita politica dell'Italia unita*, Vivarium, Napoli 2001, in particolare pp. 79-98.

[113] G. Spadolini, *Il «Cesare Alfieri» nella storia d'Italia. Nascita e primi passi della scuola fiorentina di scienze sociali*, Le Monnier, Firenze 1975, pp. 309 e ss.

posizione dominante nel movimento cattolico, nonostante i reiterati sforzi di Jacini, sempre falliti, di dare vita a un partito clerico-conservatore; nonostante «La Rassegna Nazionale» si facesse portabandiera di un disegno conciliatorista e, soprattutto, nonostante che in periferia, nelle elezioni amministrative, il conciliatorismo cattolico facesse passi da gigante nell'Italia profonda. Come abbiamo visto, nell'anno della successione di Crispi a Depretis si parlò a lungo di possibile conciliazione e molti la credettero imminente[114]. A seguito della successiva chiusura di questi scenari conciliatoristi, lo scontro divenne più aspro e come tale accentuato da Crispi, anche per effetto del contraccolpo.

Per questo complesso di motivi, la piena identità risorgimentale di Crispi, unita alla sua nota avversione a socialisti e cattolici, considerati «nemici» del Risorgimento e dell'Unità, e alla sua concezione di un governo forte che operasse in piena autonomia con una Camera che esercitava funzioni di controllo, ma senza intralci parlamentari alla funzione di governo, corrispondeva alle aspirazioni del ceto politico liberale nei suoi diversi orientamenti, al di là dell'occasione fortunata della "naturale" successione a Depretis. Ciò non significa che Crispi, ex prodittatore di Garibaldi in Sicilia, o altri esponenti della Destra, come Sonnino, non avvertissero la necessità dell'acquisizione di uno status di piena cittadinanza da parte dei ceti subalterni, in particolare rurali. Non sfuggiva loro la debolezza di istituzioni unitarie nelle quali solo un numero limitato di cittadini era partecipe della vita delle istituzioni. Essi erano consapevoli che per la grande maggioranza dei contadini italiani, che a loro volta erano la maggioranza della popolazione, lo Stato aveva per lo più il volto dell'oppressore: o quando, raggiunta la maggiore età, pur esclusi dal suffragio politico o amministrativo, li costringeva ad una lunga leva militare; o quando, come nel 1868, per fronteggiare le necessità della finanza pubblica, aveva imposto la tassa sul macinato; o ancora quando, nel 1887, sempre per motivi finanziari determinati dalle guerre coloniali cui si aggiungevano le pressioni d'interessi economici settoriali, era stato elevato il dazio sul grano, determinando l'espulsione dalle campagne di migliaia di contadini costretti a prendere la via dell'emigrazione.

La conquistata «nazionalizzazione delle masse», ossia la piena integrazione delle stesse nello Stato unitario e monarchico, era un problema ben presente, a cui si riteneva di dovere dare una soluzione. Questa era ricercata per lo più nella riforma del suffragio amministrativo, operata da Crispi e da Rudinì, che tuttavia Sonnino considerò insufficiente perché non

[114] A.C. Jemolo, *Chiesa e Stato in Italia negli ultimi cento anni*, Einaudi, Torino 1971, pp. 296-301.

era universale e manteneva il presupposto della alfabetizzazione. Ed era ricercata nella riforma dei contratti agrari, soprattutto nel Mezzogiorno, da Sonnino e dallo stesso Crispi. Ciò che rifiutavano i fautori della cultura «elitista» era l'immissione dei ceti subalterni nella vita delle istituzioni tramite una rappresentanza espressa da culture politiche difformi o avverse a quella risorgimentale; era il rischio che la democrazia parlamentare portasse tali culture politiche a condizionare i governi e, nella prospettiva più fosca, a dominarli. La storia del sistema politico italiano nell'ultimo decennio del secolo fu quindi condizionata da questo dilemma, che divise il ceto politico liberale fra coloro che inseguivano una rigorosa separazione dei poteri, facendo dei governi gli «organi responsabili della volontà e dell'azione del sovrano»[115], e coloro che accettavano fino in fondo la democratizzazione del sistema, puntando all'integrazione delle forze nuove emergenti nella vita delle istituzioni.

In via astratta, ambedue le vie erano compatibili con la sopravvivenza del sistema politico liberale. Anzi, la prima opzione, se interpretata in chiave di pura restituzione di efficienza e di stabilità dei governi, poteva apparire persino più razionale. Tuttavia, in considerazione del fatto che la tradizione cavouriana, dalla crisi Calabiana del 1855 in poi, aveva avviato il sistema lungo la via maestra della parlamentarizzazione; e ancor più in ragione del fatto che l'orientamento di coloro che auspicavano il ritorno ad un modello di costituzionalismo puro si rivelò essere il migliore alibi per quanti intendevano dare una cifra autoritaria e reazionaria al sistema politico[116], la sopravvivenza della "centralità" del Parlamento fu la migliore garanzia per il progresso politico e sociale che l'Italia visse nell'età giolittiana. Infatti, come vedremo, nel corso della lunga crisi legata ai governi Pelloux e al tentativo di quest'ultimo di varare per decreto provvedimenti di limitazione della libertà di stampa e di associazione, fu proprio la lotta ingaggiata dalle opposizioni in sede parlamentare a dimostrare la validità del sistema parlamentare e le garanzie che esso era in grado di opporre contro le tendenze autoritarie.

Naturalmente, il prevalere finale della seconda opzione non significa che i vizi del sistema come si erano manifestati, soprattutto nella stagione di Depretis, fossero superati o risolti. Con Zanardelli e con Giolitti si cercò piut-

[115] A. Aquarone, *L'Italia giolittiana (1896-1915)*, vol. 1, *Le premesse politiche ed economiche*, il Mulino, Bologna 1981, p. 79. Non a caso Aquarone fa esordire l'età giolittiana con la caduta di Crispi, quindi con la liquidazione dell'unico disegno alternativo che non avrebbe potuto essere quello di Pelloux e neppure quello di Sonnino perché privo di base parlamentare.

[116] *Ivi*, pp. 80-81.

tosto di accentuare ed estendere le prassi trasformiste per dare una risposta di natura parlamentare alla questione cruciale della nazionalizzazione delle masse. Non si trattò di una gestione risolutiva, soprattutto nei confronti delle masse meridionali. Tuttavia, la già ricordata *Inchiesta Faina sui contadini meridionali*, promossa da Giolitti agli esordi del governo del 1906, dimostrò che le rimesse degli emigranti e, soprattutto, il loro ritorno con un gruzzolo che li mettesse nelle condizioni di acquistare un pezzo di terra nel Paese d'origine avrebbero potuto cambiare il volto del Mezzogiorno[117]. Mancò il tempo necessario, perché la guerra interruppe quel circolo virtuoso.

4. La crisi economica e bancaria

Sul consenso a Crispi, almeno agli esordi del suo governo, e sulla crescita del clima di avversione antiparlamentare gravò la crisi economica che era iniziata prima della sua successione a Depretis alla presidenza del Consiglio e che spingeva l'opinione pubblica ad "investire" su di lui aspettative di ripresa. Sappiamo bene che queste andarono presto deluse. Nella prima metà degli anni '90 ci furono anni nei quali la crisi economica si accompagnò ad una profonda crisi del sistema bancario, oltre che alla sua riforma. Ma la crisi di sistema fu accompagnata dalla emersione di fenomeni di corruzione e di malversazione che coinvolsero la presidenza del Consiglio sia nella prima stagione di Crispi, che si concluse nel febbraio 1891 per lo sfaldamento della sua maggioranza a causa di una politica economica espansiva ispirata a sproporzionati disegni di *grandeur*[118], sia col primo governo Giolitti.

In realtà, il dibattito sulle banche di emissione era antico e il disegno di operare una unificazione creando un'unica banca di Stato deputata all'emissione risaliva a Cavour che non aveva avuto il tempo necessario per realizzare l'opera, anche a causa delle forti opposizioni locali[119], oltre che della morte precoce. La questione era stata quindi rinviata *sine die*, pur nella consapevolezza che il sistema fosse farraginoso e distorto, finché la crisi economica che investì il Paese non spinse il governo a premere sulle banche di emissione perché sostenessero le banche in crisi. Allora il fenomeno della circolazione illegale, che probabilmente aveva lontane origini, divenne macroscopico. Alle banche in crisi per la difficoltà di

[117] S. Rogari, *Mezzogiorno ed emigrazione. L'inchiesta Faina sui contadini delle province meridionali*, cit., in particolare il mio saggio introduttivo, p. CXXXVI.

[118] A. Capone, *op. cit.*, p. 498.

[119] V. Zamagni, *op. cit.*, p. 180.

esigere i crediti aperti e soprattutto alle maggiori, Credito mobiliare e Banca generale, che si erano largamente esposte nella speculazione edilizia seguita al trasferimento della capitale a Roma e che ora subivano le conseguenze del crollo dei valori immobiliari, fu conferita una liquidità prodotta da emissioni non legittime.

Il fenomeno degenerativo divenne palese in tutta la sua portata quando nell'ottobre 1887 la Banca nazionale presentò al cambio somme ingenti di biglietti emessi dalla Banca romana[120]. Questo fenomeno riaprì la questione delle banche di emissione e della loro regolamentazione, dividendo il campo fra chi intendeva procedere alla razionalizzazione del sistema, puntando verso l'unica banca di emissione, e chi, al contrario, intendeva tutelare lo stato di differenziazione oltre che di molteplicità delle banche di emissioni, maggiori e minori, e temeva che quest'ultime finissero per essere penalizzate[121].

A fine 1889, Crispi si trovò sul tavolo un progetto elaborato dalla Banca nazionale, la più grossa delle banche di emissione, che prevedeva la creazione di un'unica Banca di Stato, denominata appunto Banca d'Italia, ma che avrebbe mantenuto natura privatistica. Le altre banche di emissione sarebbero state trasformate in banche di credito agrario e fondiario e in banche di sconto. Crispi sembrò orientarsi in senso favorevole all'unificazione delle banche di emissione, anche scontrandosi con le resistenze opposte dalle minori. Arrivò a dire, nel 1893, che la caduta del suo governo nel 1891 era stata determinata dalla Banca romana e dai gruppi ad essa collegati proprio per il suo progetto di unificazione[122]. Fondata o meno che fosse la sua dichiarazione, essa dava la misura della portata degli interessi in gioco.

Con il governo di Rudinì e il ritorno della Destra alla presidenza del Consiglio dopo quindici anni, sembrò prevalere l'orientamento che andava verso la razionalizzazione del sistema, pur nel suo consolidamento. Il ministro del Tesoro Luzzatti presentò un progetto, peraltro avversato dalla Banca Nazionale, che prevedeva la costituzione in consorzio delle banche di emissione e che cadde con le dimissioni di Rudinì, nell'aprile 1892. La questione restava irrisolta. Il successore Giolitti si apprestava alla proroga delle concessioni di emissione, quando nel dicembre 1892 Colajanni e Gavazzi resero di pubblica ragione le risultanze dell'ispezione effettuata

[120] S. Cardarelli, *La questione bancaria in Italia dal 1860 al 1892*, in Aa.Vv., *Ricerche per la storia della Banca d'Italia*, vol. 1, Laterza, Roma-Bari 1990, pp. 157-158.

[121] *Ivi*, pp. 161-163. A difesa delle tesi dei liberisti si schierò Maggiorino Ferraris sulla «Nuova Antologia» del 1° febbraio 1888.

[122] *Ivi*, pp. 168-171.

sulle emissioni della Banca romana nel 1889[123]. Nel frattempo, il titolare dell'inchiesta, Alvisi, era deceduto; ma prima di morire aveva consegnato il testo dell'inchiesta, che era stato secretato da Crispi, a Maffeo Pantaleoni dal quale l'aveva ricevuto Colajanni e, tramite Mazzola, del «Giornale degli economisti», Gavazzi, un deputato della Destra milanese[124]. Dal rapporto emergevano ammanchi notevoli, pari ad almeno dieci milioni di lire, e una extracircolazione non autorizzata[125]. Quindi Giolitti incaricò Gaspare Finali, già ministro dei Lavori Pubblici del governo Crispi, di compiere una indagine sul tema che il presidente del Consiglio presentò alla Camera il 20 marzo 1893. Era un'inchiesta dalle risultanze esplosive perché emergeva che la Banca aveva coperto debiti di politici, giornalisti, imprenditori, fra i quali lo stesso Crispi, oltre a finanziare occultamente il suo giornale, «La Riforma».

Crispi passò all'attacco cercando di coinvolgere in ogni modo Giolitti. Quest'ultimo riconobbe di avere ricevuto come presidente del Consiglio 60.000 lire come anticipazione per funzioni di ufficio, puntualmente restituite, ma negò sempre recisamente di avere ricevuto 40.000 lire per la campagna elettorale delle elezioni del novembre 1892 che avevano segnato il ritorno ai collegi uninominali[126]. Non emersero mai prove certe che smentissero Giolitti. Tuttavia, pesò gravemente sulla figura del presidente del Consiglio il fatto che nella "infornata" di senatori operata nel novembre precedente, Giolitti avesse aggiunto di suo pugno il nome di Bernardo Tanlongo, governatore della Banca romana. Il quale Tanlongo era stato arrestato nel gennaio successivo assieme al cassiere della Banca, Cesare Lazzaroni, a seguito della scoperta di una circolazione abusiva di 60 milioni e di un vuoto di cassa di 20 milioni. Questo gettò un'ombra di credibilità su Giolitti che, tuttavia, continuò a portare avanti il disegno di legge istitutivo della Banca d'Italia, giunto in porto nell'agosto 1893. La Banca d'Italia nasceva quindi come Istituto centrale di emissione, frutto dell'aggregazione di quattro banche operanti nel Centro-Nord del Paese, compresa la Banca romana in fase di liquidazione, mentre sopravvivevano nel Mezzogiorno due istituti di emissione con competenza territoriale, il Banco di Napoli e il Banco di Sicilia. La legge bancaria del 1926 avrebbe tolto a queste ultime il diritto di emissione e sarebbero sopravvissute come banche di credito ordinario. D'altra parte, Giolitti non poté impedire che

[123] *Ivi*, p. 176.

[124] G. Manacorda, *Crisi economica e lotta politica in Italia 1892-1896*, Editori Riuniti, Roma 1993, p. 57.

[125] A. Capone, *op. cit.*, p. 469.

[126] G. Manacorda, *Dalla crisi alla crescita*, cit., pp. 58-61.

venisse costituita una commissione di sette parlamentari presieduta da Mordini per indagare su tutta la questione della Banca romana. Quando il comitato espose le risultanze dell'indagine, la situazione generale delle banche nel Paese si era fatta drammatica. Il Credito mobiliare e la Banca generale correvano a rapidi passi verso il fallimento per la perdita dei sostegni che erano venuti prima dalle banche di emissione e soprattutto dalla Banca nazionale[127], concorrendo alla tracimazione di tanti istituti minori e alla diffusione del panico fra i correntisti. In questo clima cupo, il rapporto finiva per essere accusatorio nei confronti sia di Crispi che di Giolitti, sulla base del presupposto che non potevano non sapere, visto il rapporto Alvisi dell'89. Questo colpiva più Giolitti di quanto non colpisse Crispi perché Giolitti, pur sapendo, non aveva esitato a inserire Tanlongo nell'infornata di senatori. Quanto invece all'accusa maggiore, ossia avere ricevuto clandestinamente dalla Banca romana 40.000 lire per la campagna elettorale, essa restava non provata[128]. Giolitti rassegnò le dimissioni il 24 novembre 1893.

A questo punto si pose il problema di dotare il sistema bancario italiano di nuove banche di credito. Questo stato di necessità, divenuto urgente a fronte del fallimento del Credito mobiliare e della Banca generale, richiedeva l'apporto di consistenti capitali che non era facile reperire in Italia. D'altra parte, la svolta della Triplice e ancor più il forte deterioramento delle relazioni politiche e commerciali oltre che finanziarie con la Francia, a seguito della guerra commerciale voluta da Crispi nel 1888, vincolava alla ricerca di sostegni in piazze finanziarie alternative ove i capitali fossero disponibili. Alla fine di settembre 1893, il prussiano Otto Joel, ispettore della Banca Generale, fu investito di questa missione dal presidente del Consiglio Giolitti. Il primo fine della missione era trovare capitali funzionali al salvataggio delle due banche in profonda crisi, operazione che fallì[129]. Ma contestualmente Joel avanzò presso i suoi interlocutori tedeschi la possibilità di fondare ex novo una banca e la proposta cominciò a trovare interlocutori disponibili durante il suo secondo viaggio a Berlino, nel febbraio 1894. Il progetto non andò in porto e, comunque, non era nelle intenzioni degli investitori impiantare una banca mista[130]. Solo nel corso dell'anno e solo per il timore che si affacciassero altre iniziative poten-

[127] V. Zamagni, *op. cit.*, pp. 188-189.

[128] G. Manacorda, *Dalla crisi alla crescita*, cit., p. 82.

[129] A. Confalonieri, *Banca e industria in Italia. (1894-1906)*, vol. 2, *Il sistema bancario fra due crisi*, il Mulino, Bologna 1980, pp. 18-22.

[130] P. Hertner, *Il capitale tedesco in Italia dall'unità alla prima guerra mondiale. Banche miste e sviluppo economico italiano*, il Mulino, Bologna 1984, pp. 89-92.

zialmente concorrenziali, le sei maggiori banche tedesche partecipanti al consorzio di fondazione costituirono a Milano, nell'ottobre 1894, la Banca commerciale italiana con un capitale di 20 milioni elevabile subito a 50, partecipato al 78,86% dalle stesse[131]. Al capitale tedesco si aggiunse capitale austriaco e svizzero; il solo italiano che sottoscrisse azioni per 100 mila lire fu Alfonso Sanseverino Vimercati[132]. I primi sportelli furono aperti al pubblico il 1° dicembre 1894[133]. La seconda banca "universale" fondata in quel torno di tempo che rispecchiò il modello della Banca commerciale fu il Credito italiano, fondato nel 1895 a Genova, sempre con l'apporto di capitale tedesco sulla base di un istituto preesistente denominato Banca di Genova. In questo caso i partecipanti erano banche tedesche di seconda fila che sembrarono destinare la banca a un esercizio bancario di minore livello rispetto alla Banca commerciale[134].

La questione storiografica non riguarda tanto le difficoltà iniziali a reperire capitali in Italia e all'estero. La grave crisi che il Paese stava passando era di per sé dissuasiva, anche se Joel continuava a dispensare ottimismo sul futuro anche politico del Regno d'Italia, pur in una fase di crescente turbolenza sociale[135]. La questione riguarda piuttosto il perché l'investimento finanziario tedesco e austriaco nelle due banche miste decrebbe con tanta rapidità. Solo sei anni dopo la fondazione la quota di capitale tedesco e austriaco era calata al 10%, per poi ridursi al 2,4% per la Banca commerciale[136]. Per quanto riguarda il Credito italiano il processo fu analogo[137]. La seconda questione storiografica riguarda il perché, nonostante questo rapido decremento del capitale, le due banche e soprattutto la Banca commerciale mantennero la nomea di banca tedesca e furono tacciati di filotedeschi tutti i presidenti del Consiglio che si susseguirono nel nuovo secolo prima della guerra, con particolare riferimento a Giolitti. Anzi il suo neutralismo fu ricondotto dalla propaganda interventista dell'epoca ai suoi presunti stretti legami con la Banca commerciale[138].

Per quanto riguarda il primo punto sono condivisibili le considerazioni di chi afferma che la congiuntura economica tornata espansiva in Germania con anticipo, nel 1895-96, rispetto ad altri paesi europei,

[131] *Ivi*, p. 95.
[132] A. Confalonieri, *Banca e industria in Italia*, cit., p. 32.
[133] *Ivi*, p. 34.
[134] P. Hertner, *op. cit.*, pp. 96-97.
[135] A. Confalonieri, *op. cit.*, p. 27.
[136] P. Hertner, *op. cit.*, p. 98.
[137] *Ivi*, pp. 101-102.
[138] Cfr. S. Rogari, *Il declino: il neutralismo debole di Giovanni Giolitti*, in *L'Italia neutrale 1914-1915*, cit., pp. 27-37.

compresa l'Italia, fece della Germania un polo di attrazione irresistibile per gli investitori che dirottarono i capitali domestici e anche quelli esterni sul mercato tedesco[139]. A questa motivazione va aggiunta la consueta tiepidezza dei capitalisti tedeschi verso l'investimento in Italia. Di fatto, la mancata sottoscrizione dei successivi aumenti di capitale da parte degli investitori iniziali diluì il peso specifico della loro partecipazione. Si consideri inoltre che a fine secolo, eclissatosi Crispi, i rapporti gradualmente più distesi con la Francia, sanciti anche dal nuovo trattato commerciale italo-francese del giugno 1898[140], aprirono le porte al ritorno del capitale francese in Italia. A partire dal 1899, la sottoscrizione di quote crescenti del capitale da parte della Banque de Paris e des Pays Bas portò "Paribas" a detenere fino a oltre il 28% del capitale nominale della Comit[141]. Decisamente in termini di controllo del capitale non poteva essere qualificata come banca tedesca.

Resta aperta quindi la questione del perché la Comit e il Credit continuassero ad essere considerate banche tedesche fino alla soglia della Grande guerra, fino a divenire bersaglio polemico esse stesse e i politici che venivano considerati vicini ad esse. Senza dubbio, per una parte gravava la dinamica della nascita e diremmo anche il modello di banca che assimilava il modello tedesco, che unisce a funzioni di credito ordinario funzioni di grande investitore nella sua qualità di intermediario fra il risparmio privato delle famiglie e il capitale di rischio. Si trattava di un modello non assimilabile alla realtà francese e britannica, ove le banche d'affari operanti aumenti di capitale e collocamenti di partecipazioni sul mercato dei capitali erano distinte e separate da quelle di credito ordinario. Le banche miste erano la tipica espressione di un Paese giunto in ritardo al processo di industrializzazione e carente sul mercato dei capitali. L'intermediazione della banca mista permetteva di generare capitale di rischio dal risparmio delle famiglie che di per sé non avrebbe mai intrapreso la via dell'investimento industriale.

Ma non ci sono solo queste motivazioni. Gli amministratori di queste banche e comunque coloro che condividevano i processi decisionali restarono fino alla Grande guerra, in maggioranza, di origine tedesca o austriaca. Alla Comit, i tedeschi Joel e Weil, pur naturalizzati italiani, mantennero il controllo della banca fino all'entrata in guerra dell'Italia, quando rassegnarono le dimissioni. Lo stesso Toeplitz, che subentrò alla guida della Banca commerciale e che per il nome avrebbe potuto essere

[139] P. Hertner, *op. cit.*, p. 102.

[140] E. Decleva, *L'Italia e la politica internazionale dal 1870 al 1914*, cit., pp. 103-105.

[141] P. Hertner, *op. cit.*, p. 99.

ricondotto a origine tedesca, fu costretto a precisare che egli era in realtà di origine russo polacca[142]. Analoga questione fu sollevata per il Credito italiano che, tuttavia, fu meno colpito dalle polemiche perché più defilato politicamente. Le relazioni di Giolitti erano piuttosto con i vertici di Comit.

Questa continuità degli amministratori di origine tedesca o austriaca ha diverse motivazioni. Un fattore è rappresentato dalla continuità personale ai vertici delle banche che aveva, come di consueto, una certa tendenza a perpetuarsi. La seconda, forse più pregnante, originava dalle competenze. Si trattava di un *management* che aveva esperienza specifica di gestione di banche miste desunta da esperienze dirette fatte in Germania. Questo perpetuava un circuito di "mobilità" fra banche tedesche e banche italiane che aveva a che vedere con la gestione di un modello di banca che non apparteneva alla tradizione italiana. Questo da un lato fu oggetto di polemiche pretestuose e persino faziose e strumentali come quelle di Giovanni Preziosi[143], ma fu anche tema di analisi politica di alto respiro da parte di Francesco Saverio Nitti che nel 1915 denunciava l'invadenza del capitale tedesco in Italia[144].

Il modello di banca mista o di banca universale dimostrò di avere successo e seguito nel panorama bancario italiano. Fra la fine del secolo e gli esordi del nuovo furono fondate la Società Bancaria Italiana (1898) su iniziativa di operatori finanziari milanesi e il Banco di Roma, che nacque dalla trasformazione ed espansione di un istituto che risaliva al 1880 e che dalla filiale aperta ad Alessandria d'Egitto nel 1905 si espanse nel Nord Africa fino a caldeggiare nel 1911 l'intervento italiano in Libia. Questo secondo istituto era in questo torno di tempo presieduto da Ernesto Pacelli, uomo vicino alla Curia, oltre che mediatore designato nei rapporti col governo italiano[145]. Le vicende di queste banche, disegnate sul modello delle due maggiori, furono assai meno fortunate nei primi anni del secolo. Soprattutto, come ultime arrivate, subirono il condizionamento di Comit e di Credit che, vuoi perché arrivate prima, vuoi perché avevano già conquistato la migliore clientela, spesso fidelizzandola con clausole contrattuali vincolanti all'esclusività, soprattutto la Banca commerciale[146], non si trovarono nelle condizioni di gestire gli affari migliori e con la più qualificata clientela.

[142] *Ivi*, pp. 106-107.
[143] *Ivi*, pp. 99 e 105.
[144] Lo fece nel saggio *Il capitale straniero in Italia*. Cfr. P. Hertner, *op. cit.*, p. 110.
[145] *Ivi*, pp. 191-194.
[146] *Ivi*, p. 201.

Ma, ciò che conta, il nuovo modello di banca che nacque in Italia con singolare tempismo fra il 1894 e il 1895, in anticipo di due anni rispetto alla svolta in positivo della congiuntura economica, e che, almeno per l'Italia, accompagnò la crescita ininterrotta per dieci anni fino al 1907 con tassi annui superiori al 6%, ebbe un ruolo decisivo nello sviluppo industriale italiano. Pur trattandosi di un modello di banca ad alto rischio, dal momento che i risparmi dei correntisti venivano utilizzati per alimentare il credito industriale, esso si dimostrò funzionale alla crescita italiana sia nei settori tradizionali, come il tessile, sia in quelli di avanguardia, come l'elettrico[147].

5. Movimento operaio, socialisti e repubblicani

La questione cruciale del movimento operaio italiano era svincolare l'ideologia e la prassi anarchica dai presupposti socialisti come venivano affermandosi in altri paesi dell'Europa continentale. Quest'opera di decantazione maturò gradualmente in Italia nel corso degli anni '80 ed ebbe un'accelerazione in piena età crispina. A questo processo di matrice prettamente politica si affiancò un processo parallelo, che si sviluppò nel milanese e si espanse in Lombardia, di matrice strettamente operaista, organizzato da lavoratori del braccio e sviluppato in concomitanza con l'elezione di Costa in Parlamento[148]. Mentre la dinamica che portò alla nascita del partito socialista proprio nel pieno dell'età crispina fu diversa e distinta. Essa si svolse all'interno della sinistra tradizionale che aveva una matrice borghese e che portò all'enucleazione della componente socialista dal classico radicalismo. Questo processo ebbe un grande protagonista in Filippo Turati che proveniva dalle file del radicalismo e che, anche su consiglio della compagna Anna Kuliscioff, già moglie di Andrea Costa, operò per superare le chiusure operaistiche sviluppando una coscienza socialista che poteva essere condivisa da colletti blu e da colletti bianchi. Quindi, da un lato Turati operava per enucleare una nuova sinistra di classe muovendo dalla sinistra classica, radicale e repubblicana, che avesse natura prettamente politica e non sindacale; d'altro lato, perseguiva il disegno della netta separazione della sinistra socialista dagli anarchici: una distinzione ben più netta e marcata di quella ambigua e possibilista

[147] *Ivi*, pp. 205 e ss.

[148] Oltre S. Merli, *Proletariato di fabbrica e capitalismo industriale. Il caso italiano 1880-1900*, La Nuova Italia, Firenze 1976, pp. 642-661, ora Z. Ciuffoletti, *Storia del Psi*, vol. 1, *Le origini e l'età giolittiana*, Laterza, Roma-Bari 1992, pp. 53-54.

seguita da Costa. Questo processo, del resto, procedeva in parallelo con quanto era avvenuto nel movimento operaio europeo quando i congressi parigini del luglio 1889 avevano dato vita alla Seconda Internazionale.

Questo approccio di Turati al problema politico della sinistra ebbe due conseguenze. La prima, di natura culturale, comportò che gli elementi evoluzionistici propri della cultura positivista che avevano fortemente impregnato di sé la sinistra democratica rimasero una componente forte, anche se a tratti recessiva, del panorama culturale del socialismo italiano. In tale cultura, l'accento veniva posto sull'evoluzione graduale verso una società socialista che si realizzava tramite l'azione rivendicativa e politica, ma che escludeva drastiche rotture. In questa accezione, il socialismo era un destino certo perché realizzazione di un disegno progressivo e che si raggiungeva tramite un processo di selezione sociale che procedesse alla graduale eliminazione delle forme deteriori dello sfruttamento capitalista. Anche Marx era letto, quindi, in chiave positivista, come grande scienziato sociale che aveva contribuito a scoprire le leggi ferree dell'economia e della società[149]. Questo approccio fu contestato da Antonio Labriola, unico grande intellettuale marxista italiano che conoscesse Marx per lettura diretta dei testi e che proponeva una lettura rivoluzionaria, antipositivista del filosofo di Treviri[150], ma che per scarsa duttilità politica e per morte precoce ebbe scarsa influenza.

Il secondo obiettivo di Turati era di aggregare al nuovo partito tutte le forze democratiche e repubblicane che fossero disponibili. Per questo motivo mantenne con queste forze un rapporto di attenta collaborazione che concorse anche a determinare qualche ambiguità iniziale nel momento della fondazione del partito. Il passaggio decisivo avvenne in occasione del congresso operaio di Milano dell'agosto 1891[151] dal quale scaturì la formazione di una commissione mista di repubblicani e socialisti, cui partecipò anche il repubblicano Antonio Maffi, deputata a redigere lo statuto del nuovo partito.

L'opera di Turati volta ad aggregare forze sociali provenienti dal mondo repubblicano fu vincente anche perché molte società operaie di ortodossia repubblicana si stavano convertendo su posizioni collettivistiche. Fin dalla prima metà degli anni Ottanta, il fenomeno si era manifestato in

[149] A. Galante Garrone, *I radicali in Italia 1849-1925*, Garzanti, Milano 1974, p. 267.

[150] G. Arfè, *Storia del socialismo italiano, 1892-1926*, Einaudi, Torino 1965, pp. 12-13.

[151] R. Zangheri, *Storia del socialismo italiano*, vol. 2, *Dalle prime lotte in Val Padana ai Fasci siciliani*, Einaudi, Torino 1997, pp. 459-460.

talune città come Imola[152], ove l'influenza di Costa si faceva sentire più che altrove, ed era una conversione in crescita alla fine del decennio. La Consociazione operaia romagnola venne investita del problema quando nel novembre 1889 nacque la Federazione operaia romagnola con dichiarata connotazione collettivista. Di fatto, all'alba degli anni '90, la convivenza fra repubblicani ortodossi e mazziniani ortodossi era divenuta impossibile[153]. Poi intervenne la scomparsa di Aurelio Saffi, leader autorevole e riconosciuto dei mazziniani. Per fronteggiare l'emorragia e la frantumazione in atto e il rischio che nascesse un nuovo partito, il radicale Felice Cavallotti e il repubblicano Ettore Socci convocarono un congresso per il maggio 1890 per dare vita a un nuovo partito che ricomponesse in quadro unitario le tre componenti della sinistra sotto la denominazione di Patto di Roma[154]. L'operazione andò in porto, ma non ebbe il successo sperato. Il documento finale votato riservava, secondo Turati e Labriola, scarsa attenzione alle questioni sociali, inoltre la leadership radicale inseguita da Cavallotti non trovò convalida alle elezioni politiche del novembre 1890. I radicali persero suffragi a nord e manifestarono una tendenza alla meridionalizzazione del gruppo. Questo preludeva alla loro tendenziale ministerializzazione e quindi all'esaurirsi del disegno della leadership riconosciuta della sinistra che implicava, soprattutto sul fronte collettivista, una vocazione certa all'opposizione.

Maffi riuscì quindi a portare al congresso fondativo del nuovo partito a Genova, nell'agosto 1892, la componente collettivista repubblicana. Ma si trattò della vittoria di Pirro: egli ottenne, infatti, che il nuovo partito si chiamasse Partito dei lavoratori, senza il termine socialista, all'inizio, ma la sua posizione in fin dei conti era contraddittoria e le posizioni collettiviste che nelle sue intenzioni dovevano essere sostenute dal patto di Fratellanza fra le società operaie si scontrarono con la crisi e la dissoluzione di quest'ultimo nel 1893. Il grande successo di Turati a Genova era stato quello di rompere definitivamente con anarchici e operaisti intransigenti. La configurazione del partito rimaneva ancora incerta, condizionata dall'afferenza di leghe, società operaie, Camere del lavoro e, in minore misura, sezioni politiche, piuttosto che di singoli. Ma era nato un soggetto politico nuovo in linea con le tendenze del movimento socialista internazionale come si erano configurate a Parigi tre anni prima.

[152] M. Ridolfi, *Il partito della Repubblica. I repubblicani in Romagna e le origini del PRI nell'Italia liberale, 1872-1895*, Franco Angeli, Milano 1989, p. 147.

[153] *Ivi*, pp. 178-180.

[154] A. Galante Garrone, *I radicali in Italia*, cit., p. 274.

Inoltre, grande elemento di novità nel rapporto fra rappresentanza politica e società civile fu la nascita della frazione parlamentare del Partito dei lavoratori, deliberata dal congresso di Reggio Emilia del settembre 1893[155]. Ne faceva parte un gruppo esiguo di cinque deputati, ma il principio era dirompente e anticipava uno dei canoni della futura rappresentanza politica ove il corpo intermedio e mediatore della rappresentanza, il partito, diveniva centrale nella elaborazione degli indirizzi politici che venivano elaborati anche in Parlamento. Questo principio rispondeva al disegno di Turati di accentrare la direzione politica del partito in quella che sarebbe divenuta la figura del segretario politico e di riservare ad essa il potere di dare al gruppo parlamentare le direttive di condotta. Era la prima volta che nel Parlamento unitario un organo politico esterno alla Camera rappresentativa si riservava formalmente il diritto di dare direttive di linea politica ad una rappresentanza parlamentare. Naturalmente, nella esperienza concreta e nell'evoluzione storica fino alla guerra il rapporto fra gruppo parlamentare e segreteria politica, espressione delle maggioranze interne del partito, fu tutt'altro che lineare. Molto contava l'omogeneità ovvero la disomogeneità d'orientamento fra maggioranza del partito che esprimeva la segreteria e maggioranza del gruppo parlamentare. Nella storia del Partito socialista il gruppo parlamentare fu tradizionalmente più moderato, a vocazione gradualista, rispetto alle maggioranze dominanti del partito a vocazione massimalista.

Dopo il fallimento del tentativo federativo del Patto di Roma (1890) di Cavallotti e Socci e dopo la nascita del Partito dei lavoratori (1892), il movimento repubblicano ricevette una forte spinta verso l'organizzazione di partito, divenuta ineludibile, pena la frantumazione e l'irrilevanza politica. Al convegno del 1893 della Consociazione repubblicana lombarda fu varato un programma federalista e si prospettò la nascita di un partito. L'anno successivo, sempre a Milano, si riunirono le Consociazioni lombarde e romagnole per consolidare il disegno e arrivare il 21 aprile 1895, data fatidica del Natale di Roma, alla proclamazione della nascita del Partito repubblicano che tuttavia approvò lo statuto solo al congresso di Firenze del maggio 1897[156]. Lo spirito federativo sopravvissuto alla lunga tradizione repubblicana segnata dall'esperienza delle consociazioni territoriali rese più difficile e lento, rispetto al Partito italiano dei lavoratori, divenuto Partito socialista nel congresso tenuto nella clandestinità a Parma nel

[155] R. Zangheri, *Storia del socialismo italiano*, cit., t. II, p. 504.

[156] M. Tesoro, *Il partito repubblicano da galassia regionale a partito nazionale*, in *Il partito politico nella belle époque. Il dibattito sulla forma partito in Italia tra Otto e Novecento*, a cura di G. Quagliariello, Giuffrè, Milano 1990, p. 478.

gennaio 1895, con Turati segretario, la configurazione di una segreteria politica. Ma lo stacco si era comunque consumato. L'asse si era spostato dal Parlamento, ove ad ogni elezione si consumava il rito del deputato repubblicano eletto che non giurava sullo Statuto e decadeva dalla carica prima ancora di assumerla, alla presenza politica permanente che, scendendo al compromesso del giuramento, garantiva a questa nuova sinistra organizzata nel Paese una rappresentanza che prefigurava un modello di partito analogo a quello socialista.

6. Interludio. I governi di Rudinì e Giolitti

Il primo sintomo dello sfaldamento della maggioranza apparentemente plebiscitaria di Crispi furono nel febbraio 1888 le dimissioni di Saracco, ministro dei Lavori Pubblici, per eccessive spese coloniali. Le dimissioni rientrarono[157], ma presto si manifestarono altri segni di disagio a destra, come l'iniziativa presa dall'Associazione costituzionale di Milano agli inizi del 1889 per organizzare un vero partito della Destra che si configurasse come «nucleo di opposizione al governo»[158]. Seguì la convocazione a Roma nel giugno successivo di un congresso di tutte le associazioni liberali. La riunione fu presieduta da Ruggiero Bonghi e su proposta di Carlo Alfieri di Sostegno si configurò la nascita della Federazione Cavour. Non era ancora un partito di dichiarata opposizione al governo, anche perché la componente centro-meridionale delle associazioni aderenti fu più possibilista e prudente verso Crispi che, in fin dei conti, ai loro occhi era e restava il primo presidente del Consiglio meridionale della storia unitaria. La componente nordica, al contrario, che era preminente, stava già orientandosi verso l'opposizione[159]. Tuttavia, quanti alimentavano una visione politica ampia della riforma del sistema politico erano anche consapevoli che la costruzione di un partito identitario della tradizione cavouriana rispondeva ad una strategia che andava ben al di là dei rapporti con un singolo governo.

L'opposizione della Destra lombarda guidata da Giuseppe Colombo fu allertata dalla nomina di Alessandro Fortis, uomo che proveniva come Crispi dalle fila garibaldine, nella qualità di sottosegretario agli Interni[160].

[157] A. Capone, *op. cit.*, p. 493.

[158] F. Cammarano, *Il progresso moderato. Un'opposizione liberale nella svolta dell'Italia crispina (1887-1892)*, il Mulino, Bologna 1990, p. 70.

[159] *Ivi*, p. 90.

[160] L. Lotti, *Crispi e le maggioranze*, cit. p. 41.

Era un premio dato nel dicembre 1888 all'uomo che aveva operato la mediazione fra la monarchia e i circoli repubblicani romagnoli, anche curando la visita del re in Romagna, ma che non poteva non insospettire la Destra lombarda e comunque quanti si consideravano cavouriani ortodossi. Comunque, l'avversione della Destra lombarda si era appuntata soprattutto verso il ministro del Tesoro e delle Finanze Agostino Magliani che, sempre nel dicembre 1888, Crispi sostituì rispettivamente con Grimaldi e con Perazzi. Ma questo non fu sufficiente a contenere i rischi di crisi perché nel febbraio 1889 emerse un colossale disavanzo frutto della gestione di Magliani. Di fronte al pericolo di una caduta del governo per la necessità di maggiorare le imposte al fine di colmare il buco di bilancio, Crispi provocò una crisi a freddo rassegnando le dimissioni e ottenendo dal re, dopo una breve consultazione con Biancheri, Farini e Saracco, l'incarico per formare il nuovo governo che era più spostato a sinistra, ma nel quale Giolitti al Tesoro e Seismit Doda alle Finanze erano garanzia di rigore finanziario[161].

In apparenza, Crispi aveva avuto partita vinta contro l'asse della destra che si era costituito attorno a Colombo e di Rudinì. Quest'ultimo poi sarebbe rientrato nella maggioranza nella primavera del 1890 con un proprio gruppo, rompendo l'asse con i lombardi che era stato comunque precario[162]. Ma a questo punto la maggioranza che sorreggeva il governo Crispi cominciò ad essere erosa anche a sinistra. Si veniva costituendo una sinistra meridionale guidata da Nicotera e da Magliani, che aveva certo natura personalistica e scontava l'avversione anticrispina sviluppata dall'ex ministro delle Finanze e del Tesoro, ma che comunque indeboliva Crispi a sinistra. Poi, nel giugno 1890 Fortis prendeva le distanze dal governo per la durezza di Crispi nei rapporti con il movimento irredento. Inoltre, il Patto di Roma, di cui abbiamo detto e che fallì nell'intento cavallottiano di creare il grande partito della sinistra che ne aggregasse tutte le componenti, non poteva non avere alla nascita, nel maggio 1890, una vocazione all'opposizione[163]. Quindi il potenziale sfaldamento a sinistra e soprattutto il deterioramento della situazione finanziaria consigliarono Crispi, anche su suggerimento di Zanardelli e di Giolitti, di andare presto ad elezioni per superare l'impasse prima che la situazione si deteriorasse. Cosa che Crispi fece nel novembre 1890 riscuotendo una maggioranza assai ampia, di oltre 400 deputati su 508, anche grazie all'utilizzo massiccio dei prefetti nei collegi ove i candidati della destra di opposizione erano più forti, e

[161] *Ivi*, p. 43.
[162] *Ivi*, p. 44 e F. Cammarano, *Il progresso moderato*, cit., p. 130.
[163] A. Capone, *op. cit.*, pp. 496-497.

che furono fortemente penalizzati. Si salvarono la sinistra radicale, che riuscì a fare eleggere una cinquantina di deputati e la sinistra meridionale, con una ventina[164].

Tuttavia, si trattava di un successo più apparente che reale. I moderati che, con spirito trasformistico, si erano camuffati nella maggioranza per salvare il seggio, erano pronti ad aggregarsi all'opposizione appena se ne fossero create le condizioni politiche. Queste si verificarono per più eventi concomitanti. Il primo furono le dimissioni di Giolitti da ministro del Tesoro. La ragione ufficiale era da imputare ai contrasti col ministro dei Lavori Pubblici Finali. Ma probabilmente il motivo reale stava nella ineluttabile necessità di inasprimenti fiscali dei quali Giolitti non intendeva assumersi la responsabilità. Inoltre, era stato un errore, dopo le elezioni del 1890, riportare Grimaldi, l'uomo del febbraio '89, al governo[165]. Infine, erano in atto, anche accentuati dalla gestione che Crispi aveva fatto dei prefetti nella tornata elettorale, conflitti che coinvolgevano Destra e Sinistra sulla legge elettorale. Bonghi intendeva tornare al collegio uninominale dal momento che lo scrutinio di lista non aveva soddisfatto al compito che era stato prefigurato, ossia la decantazione nel sistema politico di due schieramenti politici contrapposti. Gli argomenti che Bonghi userà nel dibattito parlamentare che condusse alla nuova legge elettorale col ritorno al collegio uninominale, dopo la caduta di Crispi, agli esordi del governo di Rudinì, furono che il vecchio sistema ripristinato garantiva maggiore vicinanza dell'eletto ai cittadini e minore «influenza del grande elettore, del faccendiere, nell'elezione»[166]: non è difficile leggere in queste parole la rivalsa della Destra contro i metodi di Crispi.

Si aggiunga poi, fra i motivi di indebolimento del governo, la diffusa ostilità del Parlamento verso il provvedimento di riduzione delle prefetture. Comunque, la caduta avvenne a seguito della discussione su un disegno di legge sull'aumento dei diritti di confine e della tassa di fabbricazione degli spiriti. In tale occasione, Rudinì chiese la riduzione delle spese militari, spalleggiato da Bonghi che rinfacciò a Crispi la politica saggia e prudente della Destra storica. La replica di Crispi fu che la Destra l'aveva potuto fare perché aveva perseguito «una politica servile verso lo straniero»[167]. Insomma, si tornava al punto della politica estera di *grandeur* come nodo

[164] P.L. Ballini, *Le elezioni nella storia d'Italia dall'Unità al fascismo*, il Mulino, Bologna 1988, p. 111.

[165] L. Lotti, *Crispi e le maggioranze*, cit., pp. 47-49.

[166] M.S. Piretti, *Le elezioni politiche in Italia dal 1848 a oggi*, Laterza, Roma-Bari 1995, p. 125.

[167] A. Capone, *op. cit.*, p. 504.

centrale del contendere. Crispi pose la fiducia e incassò 183 voti contrari a fronte di 123 favorevoli. Tutte le opposizioni si erano coagulate, ma soprattutto la Destra aveva dimostrato di sapere tessere le fila di una riorganizzazione politica, superando la contrapposizione territoriale che era emersa al momento della nascita della Federazione Cavour. Questo apriva la strada a Rudinì verso la presidenza del Consiglio.

Il governo formato da Rudinì ebbe una chiara connotazione di destra, ma si propose anche come coagulo di tutti gli avversari di Crispi, quindi, almeno inizialmente, ebbe l'appoggio dei radicali[168], che peraltro presero subito le distanze, e fu capace di soddisfare la sinistra meridionale di opposizione con Nicotera agli Interni. Ma gli uomini chiave erano della Destra: con Colombo, leader della destra lombarda avversa a Crispi, alle Finanze e Luzzatti, anch'egli esponente della destra settentrionale, al Tesoro. Completava il quadro Pasquale Villari alla Istruzione Pubblica: meridionale e meridionalista, uno degli ultimi grandi esponenti intellettuali della destra meridionale. Ma la vera contraddizione interna alla compagine governativa, che ne avrebbe presto minato la tenuta, era il ministro della Guerra, il generale Pelloux, molto ben introdotto a Corte, che fu imposto dal re, com'era di prassi, ma che nello specifico aveva la funzione di garantire il sovrano contro tagli alla spesa militare. Questo era conflittuale con la politica di risparmio che la destra lombarda intendeva perseguire e che non poteva non investire il settore militare.

Quanto alla politica estera, l'assunzione degli Esteri da parte dello stesso presidente del Consiglio palesava una linea di continuità nella Triplice dell'Italia, che puntualmente fu rinnovata per ben dodici anni nel maggio 1891 con integrazione nel testo del trattato degli accordi addizionali del 1887 e con l'impegno a stipulare accordi commerciali[169]. Ma il triplicismo accentuato di Crispi, legato anche alla sua convinzione che il 1891 sarebbe stato inevitabilmente anno di guerra[170], veniva lasciato cadere. Rudinì andava, infatti, cercando sul doppio fronte, degli Imperi centrali e della Francia, accordi commerciali che concorressero a migliorare la situazione economica italiana. Egli, inoltre, seppe approfittare della caduta di Bismarck e del graduale riorientamento della Russia verso la Francia per accrescere il peso internazionale dell'Italia[171].

[168] R. Romanelli, *L'Italia liberale, 1861-1900*, il Mulino, Bologna 1979, p. 355.

[169] E. Decleva, *L'Italia e la politica internazionale dal 1870 al 1914*, cit., pp. 96-97.

[170] A. Capone, *op. cit.*, p. 452.

[171] P. Carusi, *Superare il trasformismo. Il primo ministero di Rudinì e la questione dei partiti «nuovi»*, Studium, Roma 1999, pp. 179-181.

Il disegno politico portato avanti da Rudinì in questa fase è stato correttamente definito di «decentramento conservatore»[172], mirante a restituire potere politico alla proprietà fondiaria nelle amministrazioni locali. Egli cercò anche di arrivare a varare il voto plurimo a favore della proprietà fondiaria. Non è legittimo attribuire a Rudinì disegni antiparlamentaristici, pur essendo egli molto vicino a Gaetano Mosca[173]. Ma non era certo casuale che sulla «Nuova Antologia» del febbraio 1891, in concomitanza con la caduta di Crispi, uscisse un articolo di Stefano Jacini dal titolo *Le forze conservative della nuova Italia* che auspicava la fusione fra la destra laica anticrispina e la destra cattolica conciliatorista. Il progetto di Jacini non andò avanti, sia per la scomparsa del proponente, nel marzo; sia perché le basi sociali di quel partito si stavano sfaldando nella Milano e nella Lombardia di quegli anni[174]; sia per l'avversione della Santa Sede. A partire dalle elezioni amministrative del 1895, sulla base del programma di Filippo Meda, astro emergente del clerico-moderatismo italiano, prenderà corpo un nuovo disegno di accordo fra moderati e cattolici in funzione di opposizione contro i blocchi democratici[175]. Rudinì e Luzzatti non abbandonarono il disegno di organizzare su base laica il partito della Destra. La svolta politica impersonata nel nuovo secolo da Zanardelli e Giolitti sembrò rappresentare il crogiolo adatto per la formazione di questo partito, ma il progetto fallì nuovamente per la ministerializzazione della stessa Destra nell'ambito del trasformismo giolittiano[176].

L'ampia convergenza di consensi fra Destra e Sinistra giunse fino alla riforma elettorale che reintrodusse il collegio uninominale, nell'aprile 1891. Questo concorso di volontà fu determinato dall'antica avversione della Destra allo scrutinio di lista e, sul versante della Sinistra, dalla conversione di quest'ultima a favore del ritorno al vecchio sistema. Nicotera e Crispi avevano abbandonato il sostegno allo scrutinio di lista: il secondo soprattutto perché aveva constatato che gli effetti bipartitici auspicati non si erano manifestati. Cavallotti, dopo la verifica dei risultati di quel sistema elettorale in Francia alle elezioni del 1885[177], con l'avanzata massiccia dei

[172] A. Rossi Doria, *Per una storia del «decentramento conservatore»; Antonio di Rudinì e le riforme*, in «Quaderni Storici», VI, 1971, p. 852.

[173] A. Capone, *op. cit.*, p. 553.

[174] F. Fonzi, *Crispi e lo «Stato di Milano»*, Giuffrè, Milano 1965, p. 113.

[175] *Ivi*, p. 299. Su Meda si veda A. Canavero, *Filippo Meda. L'intransigente che portò i cattolici nello Stato*, Centro Ambrosiano, Milano 2003.

[176] P.L. Ballini, *La Destra mancata. Il gruppo rudiniano luzzattiano fra ministerialismo e opposizione (1901-1908)*, Le Monnier, Firenze 1984, pp. 14 e ss.

[177] H. Ullrich, *Sistemi elettorali e sistema politico: dalla riforma del 1882 alla crisi di fine secolo*, in *Idee di rappresentanza e sistemi elettorali in Italia tra Otto e Novecento.*

clericali, si era riconvertito al sistema uninominale nella convinzione che «avrebbe permesso alla Democrazia di allargare di molto, ma di molto, la sua sfera di azione e di influenza nel Paese, nella Camera e – perché no – anche nel Governo»[178].

Ma, se il legame del governo con la sinistra di Nicotera si prolungò per tutta la durata del Ministero, le altre componenti della Sinistra ne presero dopo poco tempo le distanze. L'Estrema ruppe con Rudinì a seguito della repressione delle manifestazioni del 1° maggio[179], mentre la sinistra giolittiana decretò il suo distacco appena comprese che il governo, stretto fra la necessità di risanare la finanza pubblica e l'avversione del re e del ministro della Guerra Pelloux al taglio delle spese militari, sarebbe andato in crisi. Fu appunto lo scontro sul tema delle economie militari fra Colombo e Pelloux, con conseguenti dimissioni del primo, a provocare la crisi del Ministero nell'aprile 1892[180]. Il tentativo di rimettere in piedi il governo si scontrò con il voto di sfiducia parlamentare.

Giolitti da tempo preparava un fronte di opposizione progressista al governo[181] con il sostegno di Zanardelli. Egli era divenuto il leader indiscusso della deputazione piemontese i cui voti erano essenziali per la tenuta della maggioranza e si era adoperato per spingere il governo sempre più a destra per definire il suo progetto politico alternativo[182]. Al momento della caduta di Rudinì l'operazione di aggregazione di diverse componenti della Sinistra era molto avanzata e dato che il governo era caduto per lo sfaldamento della Destra, fondamentale componente della maggioranza, si apriva la sua successione alla presidenza del Consiglio con una maggioranza di centrosinistra. Stesso profilo ebbe la composizione del Gabinetto, anche se inizialmente Giolitti cercò di trovare sostegni a tutto campo[183]. Il suo programma di economie si differenziava da quello di Rudinì sul terreno della equità fiscale, anche associata al taglio delle spese, ma tale da non incidere sul bilancio del Ministero della Guerra per non

Atti della terza giornata di studio «Luigi Luzzatti» per la storia dell'Italia contemporanea (Venezia, 17 novembre 1995), a cura di P.L. Ballini, Istituto Veneto di Scienze Lettere e Arti, Venezia 1997, p. 116.

[178] *Ivi*, p. 120.

[179] F. Cammarano, *Storia politica dell'Italia liberale 1861-1901*, Laterza, Roma-Bari 1999, p. 275.

[180] A. Capone, *op. cit.*, p. 554.

[181] M. Sagrestani, *Italia di fine secolo. La lotta politico parlamentare dal 1892 al 1900*, Forni, Sala Bolognese 1976, p. 28.

[182] P. Carusi, *Superare il trasformismo*, cit., pp. 260-262.

[183] G. Manacorda, *Dalla crisi alla crescita*, cit., p. 24.

suscitare l'avversione del re che era il suo grande sostenitore. Per inciso, il re aveva imposto nuovamente Pelloux alla Guerra.

Ovviamente, per motivi personali che si appalesarono chiaramente durante l'esplosione della crisi bancaria, quando, come abbiamo visto, dopo le elezioni, Napoleone Colajanni mise la Camera al corrente della relazione Alvisi-Biagini sugli illeciti di talune banche di emissione, Giolitti non ebbe l'appoggio né di Crispi, né di Nicotera. Né, ovviamente, ebbe l'appoggio della Destra, che avversò duramente il carattere di sinistra del governo. D'altra parte, non ci fu neppure l'appoggio generale dell'Estrema, anche se taluni esponenti come Mussi, Ferrari e Barzilai votarono la fiducia[184]. Cavallotti aveva puntato alla soluzione Zanardelli ed era rimasto deluso. Inoltre, non piacque ai radicali la procedura di nomina da parte del re del presidente del Consiglio con un decreto che precedeva la formazione del governo. Si trattava di una designazione *ad personam* che forzava la volontà parlamentare e con queste motivazioni giustificarono la loro mancata fiducia[185].

Per singolare sorte, il bardo della democrazia si trovò in buona compagnia con l'esponente della Destra Bonghi che, cadendo in contraddizione con sé stesso, da un lato avversò duramente Giolitti e, d'altro lato, come abbiamo visto, veniva elaborando un indirizzo costituzionale che ricreasse un rapporto esclusivo di fiducia fra il sovrano e il "suo" Gabinetto, con adesione rigorosa alla lettera dello Statuto. Egli anticipava il ben noto *Torniamo allo Statuto* di Sidney Sonnino del 1897. In fin dei conti, infatti, la contraddizione stava nel fatto che il governo Giolitti era proprio il «governo del principe», per usare la formula di Bonghi, ma aveva il difetto ai suoi occhi di avere un orientamento politico avverso al suo. Anche questo rivelava quanto il dibattito sulla riforma istituzionale di quegli anni celasse, dietro argomentazioni d'ordine statutario, precise opzioni politiche.

In realtà, Giolitti, pur «designato dal principe», a differenza di Crispi intendeva restituire centralità al Parlamento nell'elaborazione degli indirizzi politici del Paese. Inoltre, Cavallotti non seppe cogliere il significato politico del disegno giolittiano di «rilancio di un'idea autonoma e genuina della sinistra contro il trasformismo»[186]. L'idea coltivata da Giolitti di creazione di una nuova sinistra era particolarmente attuale, non solo perché era aperta al mondo socialista del quale riconosceva la piena legittimità

[184] *Ivi*, p. 46.

[185] A. Galante Garrone, *Cavallotti*, UTET, Torino 1976, pp. 603-604.

[186] G. Pescosolido, *Stato e società 1870-1898*, in *Storia dell'Italia contemporanea*, diretta da R. De Felice, Esi, Napoli 1976, vol. 1, p. 302.

a organizzarsi in partito, ma perché puntava all'assimilazione in essa del consenso dei ceti emergenti[187].

Questo complesso di avversioni concorse a ridurre ai minimi termini la fiducia del governo, con 169 voti favorevoli, 160 contrari e 38 astenuti. Giolitti fu costretto a chiedere l'esercizio provvisorio e a cercare di rafforzare la propria maggioranza con una nuova tornata elettorale, che si tenne nel novembre 1892. Il presidente del Consiglio, anche grazie all'ampio ricambio dei prefetti e al loro uso massiccio, tornò alla Camera con una maggioranza di 365 deputati. Era una maggioranza ove i settori di Centrosinistra, di Sinistra e di una parte dell'Estrema erano del tutto prevalenti su quote della Destra che pure confluivano in essa. Ma il disegno di costituire il grande partito della Sinistra era mancato per la scarsa omogeneità di quella forza parlamentare, nonostante il profilo antitrasformista che il governo Giolitti aveva assunto[188]. Inoltre, il ministero Giolitti muoveva i suoi primi passi proprio quando nasceva il Partito socialista che, per i motivi identitari che abbiamo visto, aveva scelto anche sul piano elettorale la tattica della completa autonomia. Questa fu una ragione in più di divisione della Sinistra. Tutto questo avveniva mentre, come abbiamo visto, lo scandalo della Banca romana esplodeva nel Parlamento e nel Paese. Il presidente del Consiglio cercò di fermare l'onda che minacciava di travolgerlo sul caso Tanlongo, facendolo arrestare e presentando un disegno di legge di unificazione delle banche di emissione, approvato nell'agosto 1893, che istituiva la Banca d'Italia, pur mantenendo con competenze ristrette e poteri limitati il Banco di Napoli e il Banco di Sicilia[189].

Se la Sinistra era frantumata e difficilmente governabile, era d'altra parte difficile per Giolitti recuperare il consenso a destra, a maggior ragione non volendo prendere provvedimenti repressivi nei confronti dei Fasci siciliani verso i quali mantenne una linea di tolleranza[190]. Quando furono resi noti i risultati dell'inchiesta parlamentare Mordini, della quale abbiamo detto, Giolitti comprese che il suo governo era giunto al capolinea. In questo clima maturò la decisione di prospettare una riforma fiscale che introducesse l'imposta progressiva sui redditi. Lo fece con un discorso tenuto il 18 ottobre 1893 in occasione di un banchetto in suo onore a Dronero. La progressività riguardava sia i redditi che le successioni

[187] M. Sagrestani, *Italia di fine secolo*, cit., p. 62.

[188] Cfr. P.L. Ballini, *Le elezioni nella storia d'Italia*, cit., p. 122, e G. Manacorda, *Dalla crisi alla crescita*, cit., p. 29.

[189] M. Sagrestani, *Italia di fine secolo*, cit., p. 84.

[190] F. Cammarano, *Storia politica dell'Italia liberale*, cit., p. 297.

e si inquadrava in una politica di sostegno dei ceti più deboli[191]. Giolitti chiudeva la sua esperienza di governo tenendo fermo il disegno politico di costruzione di una grande Sinistra di governo che riteneva di potere aggregare su un tema così progressista. Egli ribadì, in quel discorso, che la funzionalità delle istituzioni richiedeva la presenza di partiti ben delineati e che i governi compositi con la partecipazione di partiti opposti potevano essere utili per l'emergenza ma «non riescono a risolvere problemi importanti»[192]. Le tesi di Giolitti da un lato rappresentavano la sua volontà di "cadere a sinistra", d'altro lato riflettevano umori di critica al trasformismo e di revisione della funzionalità delle istituzioni in quel momento correnti. In realtà, quando tornerà al potere, Giolitti perseguirà aggregazioni politico parlamentari avverse alla organizzazione permanente dei partiti. L'unica vera opposizione che dovette fronteggiare, nell'ambito del mondo liberale, quella di Sonnino e del suo disegno di costruzione del partito liberale, fallì.

7. L'ultimo Crispi, i Fasci siciliani e la ricerca della stabilizzazione della maggioranza

Giolitti dimissionario cercò di pilotare la successione politica a lui stesso orientando il sovrano verso l'incarico a Zanardelli. Ma il tentativo naufragò subito perché il presidente incaricato intendeva imporre agli Esteri il generale Baratieri di origine trentina. Era un tentativo utile ad aggregare la Sinistra, anche quella irredenta, su un orientamento innovatore di politica estera, ma proseguiva anche il disegno di costruzione di una sinistra integrata in funzione della costruzione di una solida maggioranza governativa. Le veementi proteste austriache con il re a meno di due anni dal rinnovo della Triplice bloccarono il tentativo. Quindi la palla tornò nelle mani di Crispi che formò un governo caratterizzato a destra. Questa fu una sconfitta per Giolitti che vide il suo maggiore avversario tornare al potere, ma ciò dimostrava anche che, contrariamente alle apparenze, lo scandalo della Banca romana non costituiva la definitiva liquidazione politica di Giolitti, dal momento che Crispi era altrettanto e ancor più implicato nello scandalo.

Per breve tempo, Crispi, che, data la crisi del Paese e delle istituzioni, aveva invocato quella ch'egli stesso definì la «tregua di Dio», ebbe anche

[191] M. Sagrestani, *Italia di fine secolo*, cit., p. 99.

[192] *Discorso di Giovanni Giolitti presidente del Consiglio dei ministri*, pronunziato in Dronero il 18 ottobre 1893, in *La politica italiana dal 1848-1897. Programmi di governo*, Tipografia della Camera dei Deputati, Ripamonti e Colombo, Roma 1899, vol. 3, p. 239.

il sostegno dei radicali ai quali aveva promesso strumenti legislativi di governo della situazione siciliana[193]. Nella realtà, appena ottenuta la fiducia la sua linea fu opposta, usando il pugno di ferro della repressione con la proclamazione dello stato d'assedio in Sicilia e in Lunigiana. Questo pesante intervento di Crispi con strumenti estremi di repressione aveva diverse valenze politiche. Da un lato, il presidente del Consiglio mirava a stabilizzare e ad allargare la sua maggioranza di destra che sapeva essere scarsa. Quando a giugno 1894, sul tema dei tagli al bilancio, ottenne una maggioranza risicata[194], Crispi usò la carta delle dimissioni per ricostituire il governo su nuove basi. Comunque, tutta la vicenda del secondo governo Crispi, dal ritorno al potere nel dicembre 1893 alla sua definitiva caduta nel marzo 1896, ha una chiave di lettura obbligata: la ricerca affannosa di strumenti e metodi che stabilizzino la maggioranza.

Certamente la linea dura verso i Fasci siciliani con lo stato d'assedio deliberato il 3 gennaio, per il quale nel febbraio 1894, quando si riaprì la sessione parlamentare, Crispi fu accusato da Badaloni di violazione dello Statuto[195], era uno strumento di compattamento della Destra. Ma a questo motivo si aggiungeva la convinzione di fondo che tutta la Sinistra, ch'egli considerava eversiva perché di classe e quindi minacciosa della compattezza del tessuto sociale del Paese, dovesse essere radicalmente delegittimata, messa fuori legge. La linea di liquidazione dei Fasci siciliani *manu militari*, infatti, integrata con la repressione antianarchica in Lunigiana fu per lui strumento per giungere a varare una legislazione antianarchica che fosse utile a sciogliere anche il Partito socialista. Era una scelta politica che dimostrava la conversione antiparlamentare di Crispi[196]. Non era rilevante per Crispi il fatto che il Partito socialista si fosse dato regole per le quali il processo decisionale veniva trasferito a organi politici di partito esterni al Parlamento. Per lui era la stessa espressione della classe come contrapposta alla identità nazionale e calata in una visione internazionalistica della lotta ad essere condannata in via di principio.

Il caso dei Fasci siciliani fu letto da Crispi nella chiave della ribellione contro l'autorità dello Stato. Si trattava di un movimento composto da contadini e da lavoratori delle miniere che chiedeva cooperative di consumo e di lavoro[197], che non aveva una ideologia ben precisa e i cui dirigenti,

[193] F. Cammarano, *Storia politica dell'Italia liberale*, cit., p. 311.

[194] A. Capone, *op. cit.*, p. 484.

[195] A. Roveri, *La discussione parlamentare sullo scioglimento dei Fasci*, in *I Fasci dei lavoratori e la crisi italiana di fine secolo 1892-1894*, a cura di P. Manali, Salvatore Sciascia editore, Caltanissetta-Roma 1995, p. 208.

[196] A. Capone, *op. cit.*, p. 589.

[197] G. Giarrizzo, *I Fasci siciliani*, in *I Fasci dei lavoratori e la crisi italiana*, cit., p. 29.

Giuseppe De Felice Giuffrida e Rosario Garibaldi Bosco, non avevano mai letto Marx, ma frammischiavano spiriti mazziniani e garibaldini con impeti classisti, salvo ad avere ben chiara la distinzione dagli anarchici[198]. I rapporti con il Partito socialista furono all'inizio distanti, senza che da parte di quest'ultimo, tutto occupato nella propria costruzione interna, si manifestasse particolare attenzione verso un movimento lontano e dalle peculiari caratteristiche isolane.

Bosco si era recato al congresso di Genova dell'agosto del 1892 e aveva manifestato orientamento favorevole all'adesione, seguito da molti circoli siciliani che nell'autunno avevano assunto una linea di convergenza con il partito di Turati. L'accelerazione del conflitto sociale fu determinata dai fatti di Caltavuturo, nei pressi di Palermo, del gennaio 1893, quando un gruppo di cinquecento contadini, reduci da una simbolica occupazione di terre demaniali, si scontrarono con reparti di poliziotti e carabinieri che spararono sulla folla provocando tredici morti. La rivolta dilagò nell'isola. Come abbiamo visto, Giolitti non intese adottare pratiche repressive, mentre Crispi usò lo strumento dello stato d'assedio e dei tribunali militari contro il movimento. A questo punto, per il partito di Turati si pose la questione di assumere una linea chiara verso il movimento. Nel corso del 1893 le oscillazioni interpretative sulla sua natura e sulla sua fondata o meno coerenza con i principi del socialismo furono ampie. Antonio Labriola, massimo intellettuale marxista italiano, passò dalla dura condanna del movimento a luglio, in occasione del grande sciopero agrario, alla revisione del giudizio. Ancora nel dicembre 1893 l'organo del partito socialista, «La Lotta di classe», esprimeva un giudizio impietoso sul movimento dei Fasci, decretando che la rivolta della fame non era rivolta socialista[199]. Dopo la proclamazione dello stato d'assedio, su «Critica sociale» del gennaio 1894 Filippo Turati rettificò la posizione del partito socialista ascrivendo la lotta dei Fasci ad azioni di riscatto sociale assimilabili alla lotta di classe. La conseguenza ultima di questa assunzione di responsabilità fu la candidatura nelle fila del Partito socialista degli esponenti dei Fasci nel giugno 1895 e la loro elezione.

L'effetto ultimo dell'azione di Crispi fu, dunque, opposto al fine perseguito. Questo attacco alla Sinistra ottenne il risultato di provocare un avvicinamento fra le sue varie componenti. Il detonatore fu la presentazione di provvedimenti nell'estate 1894 che venivano qualificati come antianarchici, ma che in realtà furono utilizzati anche per sciogliere il partito socialista nell'ottobre dello stesso anno. «La Lega per la difesa

[198] S. Fedele, *Filippo Turati e i fasci siciliani dei lavoratori*, ivi, p. 446.
[199] Ivi, p. 453.

della libertà», che nell'ottobre 1894 riunì sotto una sola bandiera radicali, repubblicani e socialisti, fu una svolta rispetto alla politica antibloccarda che i socialisti avevano adottato ai congressi di Genova (1892) e di Reggio Emilia (1893)[200]. La Lega fece le prime prove elettorali nella campagna elettorale delle amministrative milanesi del febbraio 1895. Inoltre, il Partito socialista varò nel corso di un consiglio nazionale tenuto nel marzo 1895 il cosiddetto «programma minimo» che fra l'altro prevedeva un processo di democratizzazione delle istituzioni e di garanzie per le pubbliche libertà. Turati arrivò a dire che era giunta l'ora di «combattere *per* Cavallotti *contro* Crispi»[201]. Si trattava di un'alleanza in difesa della libertà che, nelle intenzioni dei radicali, doveva preludere alla costruzione condivisa del grande partito della democrazia. Il disegno mancò, ma quando Salvemini scrisse che in quelle settimane tutta l'Italia si sentì socialista, bene rappresentò i sentimenti anche di quella borghesia progressiva che si schierava a difesa delle istituzioni liberali. Infatti, alla sinistra di classe e radicale si aggiunse quella di Giolitti e di Zanardelli. Quest'ultimo disse chiaramente, in un discorso pubblico nel gennaio 1895, che il governo operava al di fuori «dei limiti dello Statuto fondamentale»[202].

Eravamo alla vigilia delle elezioni amministrative del comune di Milano del febbraio 1895, nelle quali Crispi cercò di alimentare nuove alleanze, sia per uscire dall'angolo della condanna morale e politica, sia per aggirare o indebolire la destra lombarda che manteneva sacche di ostilità nei suoi confronti. Egli cercò quindi l'alleanza del mondo cattolico che in quel momento storico sembrava facilitata dal disegno dei cattolici di opporsi alla nuova alleanza fra radicali e socialisti[203]. Ma l'accordo elettorale per le amministrative, che pure sortì l'effetto di permettere ai moderati di riconquistare il comune di Milano con 41 seggi ai liberali e 17 ai cattolici, mentre radicali e repubblicani ne conquistavano rispettivamente 20 e 2[204], non precorse la grande alleanza con i cattolici che Crispi aveva visualizzato.

Tuttavia, se il processo silenzioso di avvicinamento andava avanti, se «il baratro che divideva le due Italie andava lentamente colmandosi»[205] e trovava ora il suo crogiolo nelle elezioni amministrative nelle quali i cattolici, sia conciliatoristi sia inquadrati nell'intransigente Opera dei congressi,

[200] F. Fonzi, *Crispi e lo «Stato di Milano»*, cit., p. 17.

[201] A. Galante Garrone, *I radicali in Italia*, cit., p. 321.

[202] *Discorso pronunciato da Zanardelli al Teatro Guillaume in Brescia il 13 gennaio 1895*, in *Giuseppe Zanardelli*, cit., vol. 3, p. 328.

[203] F. Fonzi, *Crispi e lo «Stato di Milano»*, cit., p. 292.

[204] *Ivi*, p. 365.

[205] A.C. Jemolo, *Stato e Chiesa in Italia*, cit., p. 285.

rivendicavano il pieno diritto a rappresentare un'Italia reale che l'Italia legale di Crispi e dei suoi predecessori non sapevano esprimere, cadeva nel vuoto l'appello sollevato da Crispi nel settembre 1894, in visita a Napoli colpita dall'epidemia di colera, alle plebi disperse perché si ricompattassero «con Dio, col Re, con la Patria»[206]. Nel maggio 1895 giunse la lettera preclusiva di Leone XIII al cardinale Lucido Maria Parocchi, vicario di Roma, che richiamava i cattolici all'osservanza dell'astensionismo politico, ricordando che «nulla è da Noi mutato sulle suddette disposizioni», ossia il *non expedit*[207]. Veniva quindi mantenuta ferma la distinzione fra le amministrative e le politiche, quando era proprio su questo secondo versante quello sul quale Crispi puntava per allargare e stabilizzare a destra la propria maggioranza. A quei cattolici conciliatoristi come Filippo Meda, che a fine 1894 invocavano un pronto accesso alle urne politiche, vuoi nella prospettiva della conciliazione, vuoi, in alternativa, per dare ai cattolici gli strumenti per una «più efficace lotta per la conquista della pace e la giustizia» rispondeva «La Civiltà cattolica» con l'invito a non premere sulle decisioni pontificie perché l'obiettivo dei cattolici non era quello di puntellare l'edificio franante del liberalismo[208]. D'altra parte, se la Santa Sede e i suoi portavoce ufficiali ed ufficiosi frenavano le spinte conciliatoriste che maturavano nella base cattolica, Crispi ci metteva del suo con le sue continue oscillazioni sul tema nel quale a parziali aperture facevano seguito battute di arresto e revisioni in chiave laicista.

Ma c'era anche un altro motivo che giustificava l'impossibilità per Crispi di giungere ad un accordo con le organizzazioni cattoliche, se pure questo fosse stato mai possibile, ed era il fatto che la sua politica aveva un'impronta nettamente meridionalistica. L'incapacità di Crispi di sfondare al Nord, in particolare nei collegi lombardi, emerse chiaramente alle elezioni del giugno 1895. Il risultato fu di successo con 334 seggi conquistati dalla maggioranza a fronte di 104 andati all'opposizione costituzionale di Destra e di Sinistra[209], ma era un successo riscosso in larga prevalenza nei collegi meridionali. A Milano tutti i candidati governativi erano stati sconfitti[210], mentre nel Centro-Nord i candidati governativi avevano ottenuto qualche successo solo in Liguria e in Toscana[211].

[206] G. Spadolini, *L'opposizione cattolica da Porta Pia al '98*, Le Monnier, Firenze 1992, vol. 1, p. 350.

[207] M. Sagrestani, *Italia di fine secolo*, cit., pp. 195-196.

[208] «Non c'è alcun male, scriveva l'organo dei Gesuiti, a compiacersi del fallimento del liberalismo nemico di Dio e del suo Cristo», *ivi*, pp. 357-358.

[209] G. Pescosolido, *Stato e società*, cit., p. 321.

[210] F. Fonzi, *Crispi e lo «Stato di Milano»*, cit., p. 448.

[211] A. Capone, *op. cit.*, p. 596.

In fin dei conti, la maggioranza di Crispi si era meridionalizzata e questo avveniva in un sistema politico che imponeva equilibri e mediazioni territoriali e poteva sostenere squilibri di leadership politica solo se a favore del Nord dell'Italia, purché compensati con provvidenze clientelari verso i collegi meridionali. Ciò rifletteva la dinamica di attuazione dell'unità politica e giuridico amministrativa operata dalla Destra con la trasposizione al resto del Paese degli istituti piemontesi[212]; era condizionato dalla più numerosa rappresentanza del Nord, anche conseguenza del criterio preminente della capacità introdotto con la riforma elettorale del 1882 che penalizzava i collegi meridionali ove era più forte l'analfabetismo[213]; ed era ancor più condizionato dal modello di sviluppo industriale adottato con la svolta delle tariffe del 1887.

L'opposizione lombarda restava quindi uno schieramento avverso e minaccioso. Non essendo riuscito a svuotarla né a indebolirla, Crispi tornò ad attaccarla. Come si è detto a proposito delle sue oscillazioni fra aspirazioni conciliatoristiche e conflitto anticlericale, egli imboccò di nuovo questa seconda via, che del resto più corrispondeva ai suoi spiriti, con il varo della legge che elevava a festività nazionale il 20 settembre[214]. Questo può essere anche letto come un tentativo di riconquistare il consenso della Sinistra o almeno di una parte di essa sul terreno del laicismo. Tuttavia, dopo la pubblicazione della *Lettera agli onesti di tutti i partiti* di Cavallotti sul quotidiano «Il Secolo» di Milano nel giugno 1895, nella quale il deputato radicale accusò Crispi di concussione e di corruzione[215], il riavvicinamento era arduo. Lo era a maggior ragione perché alla riapertura della Camera Crispi aveva ottenuto il rinvio, di sei mesi, della discussione sulle accuse di Cavallotti. Nel frattempo, Crispi doveva riuscire a blindare il proprio governo con solide basi di consenso se non voleva correre rischi.

8. Il partito agrario e la sconfitta coloniale: Crispi esce di scena

Tuttavia, se il recupero del fronte della Sinistra si dimostrava più difficile di quanto Crispi non avesse previsto, le minacce di sfaldamento della Destra si erano manifestate fin dagli esordi del nuovo governo e queste

[212] L. Mannori, *Da «periferia» a «centro». I toscani e le leggi di unificazione*, in *1865. Questioni nazionali e questioni locali nell'anno di Firenze capitale*, a cura di S. Rogari, Polistampa, Firenze 2016, pp. 27 e ss.

[213] P.L. Ballini, *La questione elettorale nella storia d'Italia*, cit., pp. 134-135.

[214] F. Fonzi, *Crispi e lo «Stato di Milano»*, cit., p. 508.

[215] A. Galante Garrone, *I radicali in Italia*, cit., p. 325.

erano assai più pericolose per la sua maggioranza. Il pericolo nasceva dalla rivolta contro l'accresciuta pressione fiscale introdotta dal ministro delle Finanze Sonnino. I provvedimenti erano resi necessari da imprescindibili politiche di risanamento del bilancio che, tuttavia, non cambiavano, a differenza della proposta Giolitti di introdurre la progressività dell'imposta sui redditi, la *ratio* complessiva delle imposte. La voce relativa all'elevazione del dazio del grano a 7 lire il quintale, oltre ad aumentare il gettito erariale, accresceva la protezione della produzione nazionale con indubbio beneficio per la rendita agraria, anche se la proprietà fondiaria meridionale la considerava insufficiente.

Ma gli altri provvedimenti provocarono la rivolta fiscale. Particolarmente odiosi erano il ripristino dei due decimi dell'imposta fondiaria, aboliti nel 1886-87; l'aumento delle ritenute di ricchezza mobile sulle cedole della rendita; l'imposta complementare progressiva sul reddito delle persone fisiche; l'aumento di un decimo dell'imposta di successione e l'aumento della tassa sul sale[216]. Tutto questo avveniva in un contesto di progressivo declino della proprietà fondiaria: sia declino numerico nell'ambito della rappresentanza parlamentare a partire dalla caduta della Destra storica[217], che vedeva la diminuzione dei proprietari e l'aumento del ceto degli avvocati; sia declino culturale e sociale come classe centrale[218]. Corollario di questo declino era anche un certo riflesso nostalgico per un'Italia rurale in via di esaurimento che una cultura antindustrialista riteneva di potere ripristinare, invertendo il ciclo storico dei processi di urbanizzazione e di diffusione dell'industria manifatturiera[219]. Vale la pena ricordare che le tesi dell'agronomo visionario, neo ruralista Stanislao Solari furono portate al XIV congresso di Fiesole dell'Opera dei Congressi, la

[216] A. Capone, *op. cit.*, p. 567.

[217] S. Rogari, *L'Associazione agraria nazionale e la questione del partito agrario nell'Italia di fine secolo*, in Id., *Rappresentanza Corporazione Conflitto*, cit., p. 77.

[218] L. Musella, *Le posizioni politiche dei proprietari fondiari dall'Unità alla svolta protezionista*, in «Annali della Fondazione Luigi Einaudi», vol. 15, Torino 1981, p. 361.

[219] S. Rogari, *Ruralismo e anti-industrialismo di fine secolo. Neofisiocrazia e movimento cooperativo cattolico*, Le Monnier, Firenze 1984, *passim*; Id., *Agricoltura e società nel pensiero di Stanislao Solari*, in «Rivista di storia dell'Agricoltura», 1, giugno 1985, pp. 35-48; Id., *Stanislao Solari e la neofisiocrazia: un'ideologia reazionaria nell'età della modernizzazione*, in «Padania», II, 3, 1988, pp. 171-180. Per un quadro interpretativo della modernizzazione italiana che investe il lungo e contrastato declino dei ceti rurali, vedi Id., *Modernizzazione e storia intellettuale. Un modello interpretativo della storia dell'Italia unita*, in Id., *Rappresentanza corporazione conflitto*, cit., pp. 23 e ss., versione in italiano del saggio *Modernization and intellectual history, an interpretative model for the history of unified Italy*, in «Intellectual News». Newsletter of the international Society for Intellectual History, 2, autunno 1997.

sede privilegiata dell'intransigentismo cattolico, che si tenne ai primi di settembre 1896[220]. Le tesi non ebbero grande seguito, ma erano la conferma del tendenziale ricompattamento delle forze moderate e conservatrici agli esordi del nuovo governo di Rudinì.

Le accuse verso una classe politica composta in prevalenza di avvocati e per questo incapace di interpretare gli interessi dei ceti produttivi erano frequenti e ricorrenti[221], anche se non dobbiamo dimenticare che assai spesso quel ceto parlamentare, soprattutto se proveniente dai collegi meridionali, era profondamente legato al ceto degli agrari fino a fungerne da portavoce. Comunque, la graduale riduzione d'influenza politica di quel ceto socialmente dominante era un dato reale. La percezione di non essere più quella classe che assomma in sé gli interessi economici e sociali preminenti del Paese si andava diffondendo. L'accresciuta pressione fiscale mal si conciliava con la perdita dei privilegi politici. Il rischio che a fronte di eventi economici interni e soprattutto internazionali lesivi degli interessi rurali della nazione – vedi fra gli altri l'ulteriore calo dei prezzi dei cereali sui mercati internazionali secondo un *trend* decrescente che aveva cominciato a far sentire i suoi effetti in Italia a partire dagli anni ottanta – la proprietà fondiaria non avesse più i mezzi politici adeguati per tutelare in Parlamento i propri interessi diveniva un fattore determinante di scelte e comportamenti.

I provvedimenti fiscali di Sonnino furono il detonatore della mobilitazione. Un deputato agrario influente, Edoardo Ottavi, direttore del più antico periodico agrario italiano, «Il Coltivatore» di Casale Monferrato, comunicava che, a seguito delle iniziative del ministro Sonnino, il 2 marzo si erano riuniti nella sala rossa di Montecitorio 115 deputati per discutere il da farsi e prefigurava la nascita del partito agrario. «Il partito agrario deve sorgere – scrisse – e deve essere essenzialmente un partito politico»[222]. Il nodo, per Ottavi, come per tanti altri, era superare l'indubbia capacità interdittiva e di tutela degli interessi agrari, quando minacciati, con capacità propositiva, fino a delineare un'organizzazione politica permanente.

La mobilitazione nelle campagne contro i minacciati provvedimenti di Sonnino fu spontanea. A Padova, a Modena e a Bologna furono convocati congressi di protesta e per chiedere una più forte protezione daziaria. Gli

[220] S. Rogari, *Ruralismo e anti industrialismo*, cit., p. 84.

[221] Il tema emerge anche nei dibattiti del Congresso agrario del 15-17 aprile 1894 che avrebbe dovuto essere costitutivo del partito agrario. Cfr. S. Rogari, *L'Associazione agraria nazionale e la questione del partito agrario*, cit., p. 77.

[222] E. Ottavi, *L'agricoltura alla Camera dei deputati*, in «Il Coltivatore», 9, 7 marzo 1894, pp. 268-269.

agrari chiedevano che il dazio fosse elevato a 9 lire al quintale[223]. I primi a muoversi furono i deputati piemontesi, fra i quali Carlo Compans, deputato di Aosta, Giuseppe Frascara, deputato di Alessandria, Francesco Cocito, deputato di Nizza Monferrato e Tommaso Villa, deputato di Villanuova Asti[224]. Tuttavia, mentre i piemontesi, nella fase iniziale, chiedevano «soprattutto sgravi per l'agricoltura invece dei minacciati aumenti di tasse»[225], quando la protesta si allargò ad altri comizi lombardi, veneti ed emiliani, essa assunse caratteri nettamente protezionistici. Il congresso di Padova del 17 febbraio 1894, promosso dall'agricoltore e organizzatore agrario Tito Poggi, si concentrò soprattutto sulla richiesta di elevazione del dazio protettivo[226].

La richiesta di aumento dei dazi protettivi era di vecchia data, dal momento che il calo dei prezzi sui mercati internazionali era un *trend* in atto da tempo; ma solo la presentazione dei provvedimenti Sonnino operò da detonatore verso il disegno politico di costituzione del partito agrario che si configurava come oppositore del governo. Il momento organizzativo fu la convocazione del congresso agrario di Roma, il 15 aprile 1894, dal quale scaturì la richiesta di aumentare il dazio fino a 9 lire. A Roma si formò un comitato promotore dell'Associazione agraria nazionale presieduto dall'on. Ludovico Fusco che aveva fra i suoi uomini di punta Camillo Mancini, volto alla convocazione di un congresso nazionale della proprietà fondiaria con due obiettivi e un auspicio: «salvare» la cerealicoltura con un aumento del dazio «non derisorio com'è quello proposto dall'on. Sonnino» e «protestare contro l'ingiusta e dannosa reimposizione dei due decimi della tassa fondiaria». Poi Mancini auspicava che dal congresso scaturisse quel «grande partito agrario nazionale che da anni è nel desiderio di tutti coloro che veggono nell'agricoltura la sola ancora di salvezza del nostro Paese»[227]. Di fatto, poi, l'organizzazione del partito agrario sembrò divenire l'obiettivo primario dei promotori del congresso.

In via immediata, sul piano parlamentare la mobilitazione non sortì effetti positivi perché la commissione presieduta dall'on. Vacchelli, delegata a valutare i provvedimenti finanziari proposti dal governo, respinse sia la elevazione del dazio a 9 lire sul grano sia gli aumenti sui cereali in-

[223] S. Rogari, *L'Associazione agraria nazionale*, cit., p. 80.

[224] G. Manacorda, *Crisi economica e lotta politica*, cit., p. 151.

[225] *Ibidem*.

[226] Tito Poggi era il fondatore della prima cattedra ambulante italiana, a Rovigo. Cfr. *Il Comizio di Padova sul dazio dei cereali*, «Il Coltivatore», 7, 23 febbraio 1894, p. 218.

[227] C. Mancini, *Un congresso agrario in Roma*, in «Il Coltivatore», 9, 7 marzo 1894. Le tesi di Mancini sul partito agrario furono sintetizzate poi in *I capisaldi del programma del partito agrario italiano*, Alatri, 1895.

feriori, approvando il resto[228]. Ma questo sembrò accentuare la popolarità e il seguito del congresso di Roma che riscosse un numero esorbitante di adesioni: 14.000 fra iscrizioni individuali e istituzionali. Queste ultime erano numerosissime. Inoltre, ben 128 deputati si erano iscritti al congresso, anche se il numero non va sopravvalutato, come talora viene fatto[229], dal momento che era prassi d'opportunità per i parlamentari del ceto politico liberale iscriversi ai congressi agrari, senza che questo significasse rottura di lealtà politiche personali che davano al deputato una determinata collocazione parlamentare.

Il congresso fu aperto dalla relazione dell'on. Fusco incentrata sulle cause di decadimento dell'agricoltura e sulla difesa dall'accusa che, organizzando le forze agrarie, si perseguissero interessi di classe. Egli ribadì la tesi che la classe agricola esprimeva la classe generale, quindi non interessi di parte[230]. Questo da un lato contraddiceva con la costituzione di un partito politico, a meno che questo non fosse inteso come il partito della nazione; d'altro lato, configurava una vera contrapposizione fra Paese legale e Paese reale, per riecheggiare la formula cara ai cattolici intransigenti, dove il primo era rappresentato dal governo e dalle forze che lo sostenevano e il secondo dalla classe generale, quella degli agricoltori, appunto. Si trattava di un crinale assai scivoloso e comunque pericoloso per il governo.

Il discorso di apertura di Fusco fu piuttosto trionfalistico. Nel Parlamento e nel Paese si registrava, a suo avviso, un risveglio delle forze agrarie che lasciava bene sperare[231]. Il tema del partito agrario monopolizzò l'attenzione del congresso nei primi due giorni di lavori. Fu costituita una commissione volta a studiare le modalità della fondazione dell'Associazione agraria nazionale per la difesa degli interessi agrari come base organizzativa del partito agrario. Ne facevano parte, fra gli altri, Fusco, Ottavi, Menotti Garibaldi e Mancini[232]. Ne scaturì un'Associazione universalistica d'impianto corporativo che era aperta sia a proprietari e coltivatori sia a mezzadri, ad agronomi, a tecnici e a figure intermedie sia pure con quote di iscrizione differenziate, col chiaro intento di promuovere un'organizzazione che rappresentasse il mondo rurale nella sua globalità[233]. Questo nascondeva l'intento di rappresentare quelli che si riteneva fossero l'uni-

[228] M. Sagrestani, *Italia di fine secolo*, cit., p. 143.

[229] G. Manacorda, *Crisi economica e lotta politica*, cit., p. 165, tende a dare forte peso e significato a questo numero.

[230] *Il Congresso agrario. Il discorso inaugurale*, in «Il Messaggero», 16 aprile 1894.

[231] *Ibidem*.

[232] *Congresso agrario nazionale*, in «L'Opinione liberale», 17 aprile 1894.

[233] A. Bizzozero, *Dall'Associazione agraria nazionale*, in «L'Avvenire agricolo», XI, 6, giugno 1894, p. 145.

versalità degli interessi agrari del Regno d'Italia, ma dimostrava la confusa percezione della realtà di un partito.

In realtà, poi, il tema centrale e di coagulo del congresso fu la richiesta dell'elevazione del dazio a 9 lire, vero motore dell'agitazione agraria e del congresso definito dal «Corriere della Sera» «congresso daziario protezionista»[234] in virtù del consenso plebiscitario che aveva ottenuto l'odg relativo. In realtà, «il re veniva messo a nudo» da Francesco Saverio Nitti quando accusava «il partito degli agrari», peraltro non ancora nato, di chiedere la rendita garantita dallo Stato. Il concetto di limite remuneratore determinato dal dazio contrastava, secondo Nitti, con gli interessi dell'economia nazionale. Con lo stesso argomento, disse, avrebbe quindi potuto essere difeso il salario minimo[235]. La reazione antinittiana riecheggiata l'ultimo giorno del congresso dimostrava che Nitti aveva colpito nel segno.

Era, comunque, indubbio che se il disegno del partito agrario avesse avuto successo, la prassi trasformistica di formazione delle maggioranze parlamentari, inaugurata da Depretis, avrebbe avuto i giorni contati. La politica del "grande centro", mediatore fra le grandi fratture, localistiche e non, che solcavano la società italiana e che Giolitti avrebbe eretto a principio ispiratore della propria politica, sarebbe stata liquidata. Il sistema politico italiano sarebbe stato avviato verso la formazione di maggioranze più omogenee, ma probabilmente altrettanto instabili; il processo di modernizzazione economica e sociale che il Paese stava vivendo – sia pure con molti limiti nei caratteri e nella diffusione territoriale – avrebbe pagato un alto prezzo alla modernizzazione politica.

Questo contribuisce a spiegare l'evidente ostilità del governo e delle istituzioni in genere verso l'iniziativa degli agrari. Essa non verteva tanto sulla protesta, scontata, contro i due decimi di sovrattassa fondiaria, oggetto di specifica relazione da parte di Mancini il 17 aprile 1894[236] che del resto sparava, alzo zero, su tutti i provvedimenti fiscali del governo e chiedeva piuttosto fondi e sgravi a favore dell'agricoltura. La stessa protesta sul dazio, con la richiesta di 9 lire al quintale, era una mossa per ottenere l'elevazione a 8 rispetto alle 7 lire previste nel decreto Sonnino. Del resto, sul punto, Crispi parve propenso ad accettare questa soluzione, che aveva effetti positivi per l'erario e poteva essere usata per compensare l'abolizione della sovrattassa. La vera avversione riguardava il disegno politico di cui

[234] 16-17 aprile 1894.

[235] F.S. Nitti, *Il partito degli agrari e il suo significato sociale*, in «La Riforma Sociale», I, 3, 10 aprile 1894, pp. 262-265, in particolare p. 265.

[236] F. Virgili, *Il problema agricolo e la questione sociale*, Sandron, Palermo 1895, pp. 24-25.

Fusco si era fatto portatore. Non a caso, era da registrare al congresso la completa assenza di ogni rappresentanza ufficiale e di ogni messaggio di saluto: davvero singolare per un congresso tanto partecipato.

Sul terreno dell'organizzazione della proprietà fondiaria, l'Italia ufficiale, ossia il governo, si mosse con rapidità. Prima ancora che fosse verificata la tenuta del "partito" di Fusco nella discussione parlamentare sui provvedimenti finanziari, il potente direttore generale del Ministero dell'Agricoltura, l'on. Nicola Miraglia, accelerò i tempi della nascita di una società nazionale degli agricoltori, che era nell'aria da tempo, con l'intento non esplicitato ma palese di costituire un organismo che bloccasse sul nascere il disegno di Fusco. Non è casuale che la lettera ad alcuni amici con cui Miraglia formò il comitato promotore dell'iniziativa fosse datata 12 aprile 1894, tre giorni prima dell'inaugurazione dei lavori del congresso romano promosso da Fusco[237]. Poi nella seconda circolare inviata da Miraglia e datata 30 ottobre 1894, quando il disegno di Fusco si era ormai esaurito, egli scriveva esplicitamente e in chiara indiretta polemica con Fusco che da tale Società «la politica deve essere bandita»; in essa

ogni partito politico ed ogni scuola economica devono accogliersi, fondersi e temperarsi per il supremo bene dell'agricoltura, che rappresenta il primo degli interessi nazionali. Non deve essere una società di classe ma un sodalizio mirante al bene di tutte le classi e di ciascuna[238].

In queste parole sono contenute molte note polemiche verso quanto avevano inteso fare i promotori del "partito agrario". L'incompatibilità con ogni opzione politica, che poi divenne oggetto del primo articolo dello Statuto, rifletteva un chiaro intento di avversione non solo nei riguardi della formazione di un partito degli agrari, ma anche nei confronti di un'ipotesi di sostegno della Società verso certe correnti o gruppi politici in luogo di altri. Essa doveva avere i caratteri ufficiosi del fiancheggiamento del governo e della maggioranza, con le funzioni di consiglio e orientamento che possono venire da una rappresentanza di tipo informale. Non doveva,

[237] S. Rogari, *Proprietà fondiaria e modernizzazione. La Società degli agricoltori italiani, 1895-1920*, Franco Angeli, Milano 1994, p. 15. Per l'analisi della rappresentanza territoriale della Società, per la distribuzione degli iscritti oltre che della composizione degli organi direttivi si veda, oltre al volume citato, di Id., *La Società degli agricoltori italiani*, in *Studi sull'agricoltura italiana. Società rurale e modernizzazione*, a cura di P.P. D'Attorre e A. De Bernardi, in «Annali della Fondazione Giangiacomo Feltrinelli», XXIX, Feltrinelli, Milano 1994, pp. 139-156.

[238] S. Rogari, *Proprietà fondiaria*, cit., p. 23.

infine, avere i caratteri della difesa di classe che, per il duro orientamento protezionista, erano attribuiti all'associazione di Fusco.

La discussione parlamentare sui provvedimenti finanziari, in giugno, fu la cartina tornasole della debolezza del partito degli agrari. Fusco tentò di catturare l'appoggio della Sinistra con due argomenti: l'opposizione dei deputati agrari alla tassa sul sale, che colpiva anche le classi popolari, e la devoluzione degli aumenti della tariffa daziaria, oltre la soglia proposta da governo, alla creazione di un fondo per le famiglie e le associazioni di lavoratori che assumessero la gestione di terreni mal coltivati o disabitati di proprietà non privata. L'appoggio della Sinistra mancò per la netta opposizione socialista. Allora gli agrari ripiegarono sulle 8 lire al quintale, con Crispi possibilista per timore di incorrere in una sconfitta, nella convinzione che gli agrari avessero un seguito superiore alla realtà. Al voto passò la proposta governativa, mentre ci furono ben 170 assenze, molte delle quali opportunistiche di deputati che, stretti fra la pressione degli agrari e magari dei notabili del collegio e la fedeltà alla maggioranza, preferirono eclissarsi. Contro la richiesta di 80 lire a tonnellata si schierarono Miraglia, Frascara, Niccolini e Visocchi, massimi promotori dell'associazione concorrenziale con quella di Fusco. Il prosieguo della discussione parlamentare segnò lo squagliamento del "partito agrario" con seguito di recriminazioni e polemiche, accuse di opportunismo e di imboscamento e velleitari programmi di riscossa. Fusco con Cremonesi in singolare allineamento con Miraglia e Cambray Digny, Frascara e Visocchi votarono a favore del dazio proposto dal governo. Compans con Ottavi e Romanin Jacur in convergenza con i liberisti Giusso, Guicciardini e Serristori votarono contro. Il disegno politico di Fusco era fallito e, nel marzo 1896, la sua associazione ormai asfittica confluì nella Società degli agricoltori voluta da Miraglia[239].

Crispi aveva sventato una manovra politica di grande pericolosità e ne era uscito vincente pur dovendo abbandonare il ripristino dei due decimi di sovrimposta fondiaria. Aveva al contrario dovuto registrare e subire il potere interdittivo degli agrari nel suo tentativo di spezzare il latifondo siciliano a favore della piccola proprietà coltivatrice. A luglio 1894 aveva infatti presentato un provvedimento che riformava l'enfiteusi imponendola coattivamente ai fondi demaniali che, a giudizio di una commissione agraria provinciale, sarebbero stati suddivisi in quote fra 2 e 20 ettari da assegnare ai contadini. Ma ancor più lesivo per gli agrari siciliani era il fatto che il provvedimento contemplava l'estensione dell'en-

[239] S. Rogari, *L'Associazione agraria nazionale e la questione del partito agrario*, cit., pp. 92-95.

fiteusi ai latifondi non coltivati. Essi sarebbero stati ripartiti in lotti fra 5 e 20 ettari. Il proprietario era suscettibile di ricevere la conduzione diretta fino a 100 ettari, mentre erano favorite le cooperative agricole[240]. La legge passò, ma svuotata «per la levata di scudi degli agrari siciliani»[241] guidati da Rudinì che fu *magna pars* di una riunione di proprietari fondiari che si tenne a Palermo nel novembre 1894[242]. Si confermava che gli agrari avevano notevoli capacità interdittive se ritenevano che i loro interessi fossero lesi, ma altrettanto scarse erano le loro capacità propositive. La destra settentrionale e lombarda si trovò di fronte al dilemma, se appoggiare Crispi nella sua politica meridionalistica ovvero solidarizzare con la proprietà fondiaria del Sud come del Nord. Questa seconda opzione incontrava due ostacoli. Il primo era rappresentato dal fatto che dietro lo scudo del protezionismo, elevato dall'ultimo Depretis (1887) e rafforzato da Crispi, si celavano interessi convergenti e consolidati nel decennio di agricoltori e imprenditori del settore manifatturiero. Un orientamento filocrispino sul punto avrebbe inciso quell'asse e indebolito il fronte della destra lombarda. Il secondo ostacolo era rappresentato dalla ripresa della politica coloniale che era avversata come dispendiosa e inutile dalla destra settentrionale[243]. La sua ripresa, peraltro avversata anche dal ministro Sonnino, concorse a consolidare all'opposizione il fronte della Destra preparando la maggioranza che avrebbe riportato di Rudinì alla presidenza del Consiglio.

In realtà, al momento del ritorno al potere, Crispi aveva consigliato prudenza a Baratieri, governatore dell'Eritrea, nei confronti dell'Etiopia, nonostante la denuncia unilaterale del Trattato di Uccialli da parte di Menelik nel febbraio 1893, alla quale Giolitti, presidente del Consiglio, non aveva reagito. La condotta prudenziale, condizionata anche dalle gravi questioni interne legate allo stato d'assedio, era andata avanti fino all'estate del 1894, quando il colonnello Arimondo aveva inflitto una grave sconfitta ai dervisci sudanesi nel loro tentativo di raggiungere Massaua e aveva raggiunto Kassala, nel Sudan meridionale, con grande irritazione britannica. Questo successo indusse Crispi a modificare il proprio atteggiamento prudenziale anche in funzione della lotta politica interna, nella convinzione di spezzare l'assedio parlamentare di Destra e Sinistra con una conquista coloniale che soddisfacesse appieno le aspirazioni italiane.

240 M. Ganci, *Il caso Crispi*, cit., p. 217.

241 U. Levra, *Età crispina e crisi di fine secolo*, in *Storia d'Italia*, a cura di F. Levi, U. Levra, N. Tranfaglia, t. I, La Nuova Italia, Firenze 1978, p. 327.

242 M. Ganci, *Il caso Crispi*, cit., p. 218 e D. Adorni, *Francesco Crispi*, cit., p. 410.

243 M. Ganci, *Il caso Crispi*, cit., pp. 218-219.

Gli insuccessi e le sconfitte subite dal maggiore Toselli ad Amba Alagi, con il pressoché totale annientamento del nostro contingente di 2000 uomini nel dicembre 1895, e la resa delle truppe del colonnello Galliano assediate al forte Makallé nel gennaio successivo innescarono un processo assai pericoloso di conflitto fra il presidente del Consiglio, che chiedeva a gran voce un successo militare per calmare le acque parlamentari e rinsaldare la maggioranza governativa, e Baratieri che, anche in relazione alla preponderanza numerica dell'esercito etiope voleva stare sulla difensiva in basi fortificate ove la superiorità tecnologica e di addestramento delle truppe italiane costituiva un vantaggio[244]. È probabile che Baratieri si decise ad uscire allo scoperto e ad attaccare a seguito della notizia che Crispi l'aveva sostituito con Baldissera, che era già partito alla volta di Massaua. Forse voleva incassare un successo militare prima di lasciare il comando. Il risultato fu opposto. Nella conca di Adua le colonne italiane di 16.000 uomini furono attaccate e sconfitte il 1° marzo 1896. Caddero 7.000 uomini. Il 5 marzo, a furore di popolo, Crispi rassegnò le dimissioni.

[244] *Ivi*, pp. 220-221.

V.

L'ombra del colpo di Stato

1. Il ritorno di Rudinì e lo stato d'assedio a Milano nel 1898

La caduta di Crispi apriva la strada al ritorno alla presidenza del Consiglio del leader della Destra, Antonio Starabba di Rudinì. Non era una soluzione gradita al re, per il suo favore, già emerso nel corso della sua prima esperienza di governo del 1891-92, alla riduzione delle spese militari e al ridimensionamento della politica coloniale[1]. Il re avrebbe preferito la soluzione Saracco, ma la rivolta dei senatori impedì questa designazione[2]. Saracco era considerato uomo di Crispi[3] e tutto il processo che porta alla difficile transizione postcrispina è segnato da questa matrice originaria di rivolta contro l'ex presidente del Consiglio. Comunque, Crispi era caduto a destra e la chiave della soluzione politica andava per forza di cose cercata in quella parte politica. L'inserimento nel governo di Colombo e di Carmine, il primo nella posizione chiave di ministro del Tesoro, era indicativo della volontà di Rudinì di dare ampio spazio ai conservatori lombardi. Mentre il coinvolgimento di Branca e di Compans, quest'ultimo protagonista della mobilitazione agraria del '94 e firmatario del manifesto dell'opposizione piemontese alle elezioni del 1895, era indicativo del dialogo che Rudinì voleva attivare con il mondo della proprietà fondiaria[4]. A Compans fu attribuito il posto di sottosegretario all'Agricoltura, Industria e Commercio. L'avvicinamento di Giolitti si consolidò nella nomina di due sottosegretari a lui vicini, Branca e Guicciardini, anche se in posizione subordinata nella compagine governativa rispetto alla Destra. Cavallotti garantì il sostegno

[1] M. Belardinelli, *Un esperimento liberal-conservatore: i governi di Rudinì 1896-1898*, Elia, Roma 1976, pp. 22-23.

[2] A. Rossi Doria, *Il governo di Rudinì. A proposito del secondo ministero di Rudinì*, in «Studi Storici», IX, 2, 1968, p. 405.

[3] M. Sagrestani, *Italia di fine secolo*, cit., p. 258.

[4] *Ivi*, p. 201.

esterno[5]. Si trattava di un Gabinetto a prevalenza piemontese e lombarda. La componente settentrionale tornava a prevalere, dopo l'eclissi crispina, nonostante la sicilianità del presidente del Consiglio.

Gli esordi del governo furono quindi all'insegna della riconciliazione nazionale, anche per il gradimento espresso dalla Sinistra verso i provvedimenti di amnistia a favore dei dirigenti dei Fasci siciliani[6] e per l'introduzione, con uno dei primi atti del governo, dell'elettività dei sindaci nei comuni sotto i diecimila abitanti. Si era creato quel clima di «unanimità nell'attesa» di cui Crispi aveva goduto al momento dell'assunzione della presidenza del Consiglio nel 1887 e che favoriva grandi convergenze. Anche verso il mondo cattolico, all'inizio, l'atteggiamento fu di cauta apertura, propiziato dall'accelerata concessione degli *exequatur* in sospeso, anche se la posizione dell'Opera dei congressi restò intransigente[7]. Ci si trovava nella fase in cui di Rudinì riesumò il progetto di creazione di un grande partito liberal-conservatore[8], ma almeno inizialmente egli si mosse con abile pendolo a destra e a sinistra, con «maneggi alla Depretis»[9]. Nel dibattito coloniale sulla questione fu approvato l'odg del governo che dava mandato a Baldissera a concludere la pace col sovrano etiope[10]. Il trattato di pace firmato nell'ottobre 1896 sancì il reciproco riconoscimento italo-etiopico della colonia Eritrea e dell'Impero d'Etiopia. Il disimpegno era gradito ai settori anticolonialisti della Sinistra, ma anche a quelle componenti della Destra, soprattutto lombarda, che vedeva nell'impegno coloniale un inutile dispendio di risorse.

Innovativa rispetto alla politica estera crispina era anche la linea di condotta tenuta da Rudinì verso la Triplice. Il rinnovo era obbligato, ma fu cura del presidente del Consiglio togliere ad esso ogni carattere antifrancese. Questo permise di raggiungere con la Francia un accordo che definiva lo status degli italiani in Tunisia, chiudendo un contenzioso che risaliva al 1881. E questa fu anche la migliore premessa per riattivare migliori relazioni commerciali con la Francia. I risultati vennero col successivo ministero Saracco che, grazie all'opera preparatoria del ministro del Tesoro di Rudinì, Luigi Luzzatti, subentrato a Colombo nel luglio 1896, nel novembre 1898 firmò il nuovo trattato commerciale con la Francia[11].

[5] *Ivi*, p. 265.

[6] *Ivi*, p. 270.

[7] M. Belardinelli, *Un esperimento liberal-conservatore*, cit., pp. 48-50.

[8] A. Rossi Doria, *Il governo di Rudinì*, cit., p. 408.

[9] M. Belardinelli, *Un esperimento liberal-conservatore*, cit., p. 53.

[10] M. Sagrestani, *Italia di fine secolo*, cit., p. 283.

[11] A. Aquarone, *L'Italia giolittiana (1896-1915)*, vol. 1, *Le premesse politiche ed economiche*, il Mulino, Bologna 1981, pp. 130-131.

Questo equilibrismo di successo, fra Destra e Sinistra, cominciò a manifestare le prime incrinature con la crisi di governo del luglio 1896. La crisi fu provocata dallo stesso di Rudinì su un progetto di riforma dell'esercito avanzato dal ministro Ricotti, che si scontrò con l'avversione del re al ridimensionamento dello Stato maggiore e con quella del ministro Colombo che premeva per risparmi più marcati. Grazie al reincarico, previa evidente mediazione col re, Rudinì potette estromettere alcuni ministri chiave e sostituire Ricotti Magnani con Pelloux, gradito al re Umberto I. Poi immise nel governo Prinetti e Visconti Venosta, utile a propiziare l'avvicinamento ai cattolici, mentre usciva Colombo. Questa revisione della compagine di governo aveva, tuttavia, l'effetto di indebolire la politica di austerità finanziaria e di rafforzare la Destra con irritazione dei giolittiani e avversione dei radicali. Se il fine politico dell'operazione era quello di raggiungere un'intesa col mondo cattolico, in funzione antisinistre e antisocialista, nell'ambito del grande disegno di costruzione del partito della destra nazionale, il progetto fallì. Con l'allocuzione al Sacro collegio del 23 dicembre 1896, Leone XIII ribadì il *non possumus* della Chiesa dichiarando che «l'indirizzo delle nuove cose e lo spirito che le informa è sempre quello medesimo»[12].

A questo punto prese il via il disegno piuttosto spericolato di Rudinì di aggregare alla sua maggioranza Zanardelli con un'alleanza che avesse il suo collante nella lotta anticlericale e nello stesso tempo riportare su posizioni filogovernative i radicali con Cavallotti, nel momento in cui questi ultimi stavano perdendo la leadership della Sinistra a favore dei socialisti ed erano alla ricerca di accordi politico elettorali per fronteggiare la situazione. Ben rappresenta questo clima di assedio in cui viveva parte del mondo liberale il famoso articolo pubblicato da Sonnino sulla «Nuova Antologia» del gennaio 1897 dal titolo *Torniamo allo Statuto* con il quale si ipotizzava l'inversione dell'evoluzione parlamentare del sistema grazie alla restaurazione di un ordinamento costituzionale puro nel quale il governo rispondesse esclusivamente del rapporto di fiducia col re. Dal momento che questa era la lettera dello Statuto e dal momento che così era stato nei primi anni di vita costituzionale del Regno di Sardegna, finché la crisi Calabiana gestita da Cavour non avviò la parlamentarizzazione del sistema, Sonnino proponeva questa risposta di "modello germanico" al pericolo che le forze considerate ostili al Risorgimento nazionale arrivassero a condizionare i governi.

Rudinì non fu favorevole al disegno di Sonnino, che era fuori della maggioranza per i suoi trascorsi crispini, anche se a lungo cercò di

[12] M. Belardinelli, *Un esperimento liberal-conservatore*, cit., p. 114.

avvicinarlo. Né fu favorevole Domenico Farini che si espresse in modo nettamente contrario, con motivazioni analoghe, ossia il fatto che questa formula esponeva troppo la monarchia con conseguenze potenzialmente destabilizzanti. Né in questa fase Rudinì elaborò progetti di vera e propria ingegneria costituzionale. Avanzò durante la campagna elettorale di febbraio/marzo il progetto di voto plurimo e di domicilio coatto. Ambedue i provvedimenti furono portati in discussione in Parlamento dopo le elezioni. Ma si trattava, per il secondo, di un provvedimento di polizia e, per il primo, del tentativo di indebolire i socialisti nei consigli comunali attribuendo ai possidenti un voto ponderato più pesante in relazione alla presunta maggiore responsabilità sociale dei proprietari fondiari. Il provvedimento non fu mai varato, ma i socialisti lo percepirono come uno strumento di «decapitazione delle classi popolari», come scrisse l'«Avanti!»[13].

Tutta l'operazione andava quindi consolidata con una tornata elettorale. A questo scopo nel gennaio 1897 il consiglio dei ministri deliberò lo scioglimento della Camera e il voto per il marzo successivo. I risultati delle elezioni del marzo 1897, che, a differenza di quelle di due anni prima, videro la forte competizione a sinistra fra radicali e socialisti, premiarono il governo. A dimostrazione del pesante intervento del governo nei collegi "caldi", dei 65 deputati passati a Rudinì, 44 furono rieletti. Dei 128 rimasti all'opposizione, 88 persero il seggio[14]. Comunque, su 327 complessivi deputati ministeriali, 149 erano di Destra, 13 di Centro, 145 di Sinistra e una ventina d'incerta collocazione; l'opposizione costituzionale nelle sue diverse componenti ottenne 87 seggi, con i radicali che registrarono un calo, con 42 seggi, e 25 repubblicani che si costituirono in gruppo autonomo, superando definitivamente la crisi del patto di Fratellanza[15]. I socialisti raddoppiarono i voti di due anni prima, anche se al ballottaggio conquistarono solo 15 seggi. Al governo, pur presieduto da un siciliano, vennero consensi prevalenti dal Nord, in particolare da Lombardia, Piemonte e Veneto che a suo tempo avevano penalizzato Crispi[16]. La Camera fu rinnovata in modo consistente.

A questo punto si chiuse il cerchio con Zanardelli. L'alleanza consolidata portò in aprile il parlamentare di Brescia alla presidenza della Camera. Ma l'operazione trasformista di Rudinì mostrò le sue crepe quando a maggio

[13] M. Sagrestani, *Italia fine secolo*, cit., p. 328.

[14] F. Fagiani, *La struttura del sistema politico italiano alla fine del XIX secolo*, in «Storia contemporanea», XIV, 3, 1983, p. 192.

[15] L. Lotti, *I repubblicani in Romagna dal 1894 al 1915*, Lega, Faenza 1957, p. 135.

[16] M. Belardinelli, *Un esperimento liberal-conservatore*, cit., p. 168.

si formava il gruppo dissidente della Destra con Colombo e Carmine[17]. Il coagulo del gruppo risiedette nell'opposizione alla politica coloniale, ma il detonatore era rappresentato dall'apertura ai zanardelliani di Rudinì. Inoltre, l'attentato Acciarito al re, in aprile, pur senza conseguenze, provocò un'ondata di arresti di esponenti dell'Estrema, molti dei quali arbitrari, che raffreddò, almeno per il momento, i rapporti del governo con Zanardelli[18]. Ma se la repressione antisocialista che seguì all'attentato costituì motivo di difficoltà nei rapporti con Zanardelli e spinse Cavallotti a prendere le distanze, l'attacco ai clericali fu un motivo di convergenza con la Sinistra. Col congresso dell'Opera, tenuto a Milano nell'agosto settembre 1897, le posizioni d'intransigenza furono ribadite unitamente alla rappresentazione della formidabile espansione del movimento cooperativo nelle campagne.

È in questo clima che, a settembre, il governo fece partire cinque circolari volte alla repressione del movimento cattolico, arrivando ad impedire le riunioni anche nei luoghi di culto[19]. La repressione anticlericale fece seguito allo scioglimento di molte Camere del lavoro e circoli socialisti. I movimenti politico parlamentari segnarono, dunque, il distacco di Giolitti dalla maggioranza, non più disposto ad avallare il disegno reazionario di Rudinì. La nuova crisi di governo a dicembre seguita alle dimissioni di Pelloux, il cui progetto di riforma dell'esercito era stato bocciato a lieve maggioranza dalla Camera, fu l'occasione sfruttata da Rudinì per rassegnare le dimissioni e formare un nuovo governo, consolidando l'alleanza con Zanardelli cui fu conferito l'incarico di Guardasigilli, mentre il zanardelliano Cocco Ortu veniva collocato al Ministero dell'Agricoltura, industria e commercio. Questo definitivo consolidamento dell'alleanza di Rudinì con Zanardelli, cementata dall'avversione anticlericale, ebbe dunque l'effetto di spingere Giolitti all'opposizione, a sinistra, e Sonnino, in asse con Prinetti, a destra, in piena convergenza con l'opposizione lombarda. La definizione data da Cavallotti a questa operazione trasformistica, volta a creare il grande partito di centro, di «governo dell'impotenza»[20] fu del tutto pertinente. Anche perché i garanti interni al ministero della Destra, in testa il ministro degli Esteri Visconti Venosta, si sentirono in difficoltà crescente e ben presto matureranno il proposito di abbandonare la compagine governativa.

Fin qui il disegno politico di Rudinì, quando la situazione economica e sociale precipitò. Fra dicembre e gennaio 1898 dilagò nel Paese

[17] M. Sagrestani, *Italia di fine secolo*, cit., p. 339.

[18] M. Belardinelli, *Un esperimento liberal-conservatore*, cit., pp. 181-185.

[19] M. Sagrestani, *Italia di fine secolo*, cit., pp. 346-347.

[20] *Ivi*, p. 354.

la crisi alimentare determinata dalla drammatica scarsità di produzione cerealicola del '97. A fronte della richiesta della Federazione socialista di abolizione del dazio sul grano per liberalizzare il mercato e immettere quantitativi crescenti di grano estero, il governo varò, tardivamente, il 23 gennaio 1898, quando la protesta già dilagava, la riduzione del dazio da 7,50 a 5 lire al quintale per poi giungere, troppo tardi, alla sospensione. Le motivazioni della intempestività dei provvedimenti furono, da un lato, la preoccupazione per la riduzione del gettito per l'erario; d'altro lato, il desiderio di non confliggere con gli interessi della proprietà fondiaria[21]. Giolitti ne colse occasione a febbraio per riproporre l'introduzione della progressività delle imposte per compensare il mancato dazio sul grano[22]. Naturalmente, nella prospettiva della maggioranza, si trattava di proposta irricevibile.

In questo clima di grave malessere si diffuse la convinzione presso l'opinione pubblica moderata e nel governo dell'esistenza di «un'intelligenza sovversiva» che operasse come regia di una insurrezione generalizzata del Paese. Si arrivò a sospettare della possibile invasione di bande dal Canton Ticino[23]. Allora, come oggi, i falsificatori di professione erano al lavoro e qualcuno alimentò ad arte queste fantasie. Secondo la questura di Milano, il piano insurrezionale era avvalorato da due lettere di Mario Borsa alla Kuliscioff e a Romussi nelle quali si parlava semplicemente di pessime condizioni economiche e sociali e di possibili tumulti[24]. Rudinì, timoroso d'essere attaccato a destra per inazione e di perdere l'appoggio di Zanardelli che chiedeva il pugno di ferro anche verso i clericali, il 3 maggio autorizzò provvedimenti di stato d'assedio nelle aree più calde del Paese. Questa pressione di Zanardelli incontrava l'ostilità di Visconti Venosta, che già aveva maturato il proposito del disimpegno dal governo[25]. Il clima generale era particolarmente cupo e su alcune testate come la «Perseveranza» e sull'«Idea liberale» si cominciò a giustificare la soppressione delle libertà statutarie. In questo clima, il 7 maggio 1898 il generale Bava Beccaris impartì l'ordine di sparare sulla folla inerme, a Milano, causando oltre ottanta morti e un numero imprecisato di feriti. Questi fatti luttuosi furono solo l'apice di una sanguinosa e smodata repressione militare e

[21] A. Aquarone, *L'Italia giolittiana*, cit., p. 152.

[22] M. Sagrestani, *Italia di fine secolo*, cit., p. 354.

[23] M. Belardinelli, *Un esperimento liberal-conservatore*, cit., pp. 346-354.

[24] U. Levra, *Il colpo di Stato della borghesia. Crisi politica di fine secolo in Italia 1896-1900*, Feltrinelli, Milano 1982, p. 143.

[25] M. Sagrestani, *Italia di fine secolo*, cit., p. 359.

politico giudiziaria[26]. Ad essa fece seguito la prassi generalizzata degli arresti di esponenti socialisti e cattolici anche di altissimo profilo – lo stesso Turati fu condannato a dodici anni di carcere – e della soppressione di testate considerate eversive, fra le quali l'«Avanti!» e «L'Osservatore Cattolico» di don Davide Albertario – anch'egli arrestato e condannato a tre anni di carcere.

A fine maggio, lo scontro ormai insanabile all'interno del Gabinetto fra Visconti Venosta e Zanardelli costrinse Rudinì alle dimissioni nel tentativo di ricostituire un governo tutto orientato a destra, con una configurazione conservatrice e agraria, mentre Zanardelli e Giolitti si convertirono di nuovo nell'opposizione. L'operazione non riuscì perché la Destra, che Rudinì cercò di riaggregare presentando una serie di provvedimenti liberticidi, ormai non si fidava più di lui. Inoltre, l'irrigidimento del presidente del Consiglio contro il mondo clericale aveva provocato fratture insanabili nella destra lombarda. In questo spirito, lo stesso Rudinì valutava il comportamento di Visconti Venosta quando scriveva a Luzzatti il 5 maggio 1898:

> L'opera dei cattolici settarii della Lombardia è applaudita entusiasticamente dal Vaticano!! Se anche Zanardelli rinunziasse, Visconti Venosta troverebbe altri pretesti. Il dissidio è troppo profondo e palese. Noi vogliamo difendere l'idea italiana contro tutti i nemici... Gli altri impauriti non confidano nell'idea italiana, non confidano nella Stella d'Italia e nella Croce Sabauda, ma vogliono capitolare nelle mani dei clericali[27].

Né sul fronte agrario fu risolutiva la designazione di Raffaele Cappelli agli Esteri. Il governo si presentò alla Camera il 16 giugno unitamente a sei provvedimenti liberticidi che non solo convalidavano lo scioglimento dei circoli e delle associazioni sciolte, ma che davano al governo nuovi strumenti repressivi contro la libertà di stampa e di associazione altamente lesivi dei diritti statutari. Sarebbe stato il governo più duramente repressivo dall'Unità d'Italia. Ma, constatata la mancanza della maggioranza, il 18 giugno Rudinì rassegnò le dimissioni prima d'incassare un voto di sfiducia che avrebbe visto trionfare le sinistre nelle loro diverse componenti e in particolare Zanardelli che si muoveva per ottenere l'incarico di

[26] A. Aquarone, *L'Italia giolittiana*, cit., p. 147. Cfr. ora anche C. Storti, *Lo stato d'assedio a Milano. Maggio 1898*, in *Istituzioni politiche e mobilitazioni di piazza*, a cura di A. Ciampani, D.M. Bruni, Rubbettino, Soveria Mannelli 2018, pp. 51-66.

[27] A. Rossi Doria, *Il governo di Rudinì*, cit., p. 409.

governo[28]. A questo punto, Rudinì chiese al re di sciogliere nuovamente la Camera e di varare per decreto i provvedimenti liberticidi. Il re, su consiglio di Domenico Farini, si rifiutò di compiere un atto che si sarebbe configurato come un colpo di Stato, dal momento che i provvedimenti erano stati presentati da un governo che non aveva ottenuto la fiducia[29]. Falliti i tentativi di Finali e di Visconti Venosta, il re incaricò di formare il governo il generale Pelloux che godeva della sua fiducia.

2. L'epilogo dell'intransigentismo cattolico

Le posizioni dei conciliatoristi, che continuavano a raccogliersi attorno a «La Rassegna Nazionale», erano entrate in crisi alla fine degli anni Ottanta. Quando, agli inizi del decennio seguente, Jacini provò a rilanciare l'ipotesi di un partito conservatore d'ispirazione cattolica, i tempi erano ormai radicalmente cambiati, rendendo inattuale quel progetto. Le posizioni degli intransigenti si erano consolidate e l'Opera si veniva aprendo a temi di vasto impegno sociale ed economico, con la promozione di società operaie e casse rurali, sulla base della dottrina ufficiale della Chiesa sulla questione sociale quale era stata definita nell'enciclica *Rerum novarum* (15 maggio 1891). Questa dottrina «equivaleva ad una riconferma dell'assoluta autonomia delle posizioni cattoliche»[30]. Anche le organizzazioni della Gioventù cattolica nelle quali si erano manifestate tendenze al rigetto del *non expedit* furono fuse con l'Opera.

I temi sociali divenivano dunque centrali nella riflessione dell'Opera. Dopo aver discusso della questione operaia e dell'economia sociale cristiana, cui si dedicò in via preminente il congresso di Lucca dell'aprile 1887, Giuseppe Toniolo fondò a Padova nel dicembre 1889 l'Unione cattolica per gli studi sociali, col fine dichiarato della restaurazione «dell'ordine sociale giusta la dottrina cattolica e giuste le tradizioni della civiltà italiana nella sua storica colleganza colla missione della Chiesa e del pontificato»[31]. L'Unione terrà il suo primo congresso a Genova nel 1892 da cui scaturirà la «Rivista internazionale di scienze sociali e discipline ausiliarie» che sarà sede privilegiata di elaborazione e di discussione della dottrina

[28] M. Sagrestani, *Italia di fine secolo*, cit., pp. 373-374.

[29] *Ivi*, p. 375.

[30] G. Spadolini, *L'Opposizione cattolica*, cit., p. 229.

[31] M.G. Rossi, *Le origini del partito cattolico. Movimento cattolico e lotta di classe nell'Italia liberale*, Editori Riuniti, Roma 1977, p. 20.

sociale cattolica e di definizione del programma dei cattolici di fronte al socialismo del gennaio 1894.

A partire dal congresso di Vicenza del settembre 1891 e grazie all'opera di don Luigi Cerutti, la diffusione delle casse rurali cattoliche ebbe una crescita esponenziale. Erano già 18 l'anno successivo; 73 al congresso di Roma del febbraio 1894, più di 140 alla fine di quello stesso anno. Il successo di questo organismo cooperativo cattolico, che presto sormontò per numero e diffusione il corrispettivo modello laico promosso da Leone Wollemborg, era legato al ruolo di garante per i soci della cassa esercitato dal parroco, molto importante dal momento che si trattava di società di persone. La capillare diffusione del movimento economico cattolico, che aveva il suo insediamento preminente nelle campagne del Centro-Nord, avveniva dunque in stretta connessione con la gerarchia ecclesiastica e sulla base di posizioni intransigenti. Nel 1896, don Cerutti era riuscito a varare una rivista della cooperazione cattolica, «La Cooperazione popolare», che l'anno successivo sarebbe divenuta organo della Cassa centrale fra le casse rurali d'Italia fondata a Parma[32]. Le stesse unioni professionali come formula organizzativa più ampia delle società operaie cattoliche ottennero piena legittimazione da parte del movimento, anche se la presenza cattolica nel tessuto industriale del Paese sarà sempre più limitata. La cultura degli intransigenti percepiva il mondo rurale come terreno privilegiato di conquista cattolica e resurrezione sociale, per la scarsa capacità di conciliazione fra tradizionalismo cattolico e modernità industriale.

Gli anni Novanta furono il decennio di massima crescita del movimento inquadrato nell'Opera dei Congressi. Al congresso di Milano dell'agosto/settembre 1897, l'Opera contava 189 comitati diocesani e 3982 parrocchiali; 708 sezioni giovanili; 17 circoli universitari; 588 casse rurali; 688 società operaie. La voce di questa imponente organizzazione era diffusa da ben 24 quotidiani e 155 periodici[33]. Inoltre, a partire dal congresso di Pavia del settembre 1894, i temi inerenti la mobilitazione elettorale, limitatamente al suffragio amministrativo, ottennero una specifica sede di orientamento nella neocostituita Terza sottosezione della prima sezione dell'Opera, specializzata appunto in "Elezioni amministrative". I già ricordati accordi fra cattolici e moderati alle elezioni amministrative di Milano del febbraio 1895 in funzione antisocialista furono il primo macroscopico esperimento di convergenza fra cattolici e costituzionali, sia pure in una tornata elettorale amministrativa. Ma non si trattò di accordi di remissione alle ragioni dei liberali. La garanzia dell'istruzione

[32] S. Rogari, *Ruralismo e anti industrialismo di fine secolo*, cit., pp. 148-149.

[33] G. De Rosa, *Storia del movimento cattolico in Italia*, vol. 1, Laterza, Bari 1966, p. 281.

religiosa nella scuola elementare affidata al clero fu la condizione posta dai cattolici per l'accordo elettorale[34]. Il ceto politico liberale, sia pure sul piano locale, era per la prima volta costretto a cedere su un punto cruciale dell'etica dello Stato laico.

A questo punto divenne cruciale il tema dell'astensione dalla vita politica. Da molti cattolici l'astensione alle elezioni politiche era ormai percepita come una camicia di Nesso che impediva al movimento di sviluppare tutte le potenzialità, anche politiche, maturate grazie al *non expedit* e all'intransigenza, che tuttavia ora stavano divenendo sterile rifiuto. Al congresso di Milano del 1897, gli intransigenti eredi di don Margotti, con Paganuzzi e Sacchetti in testa, prevalsero ancora senza difficoltà[35]. Ma le vicende del '98, la chiusura forzata di tanti circoli, associazioni e giornali cattolici, l'arresto di illustri esponenti cattolici come il direttore dell'«Osservatore cattolico» di Milano, don Albertario, furono motivo di rafforzamento della volontà di impegno politico. Questi eventi avevano fatto crescere nell'Opera correnti di forte opposizione ai vecchi intransigenti guidati dal presidente Paganuzzi che esplosero al congresso di Ferrara del 1899 per arrivare fino all'ultimo congresso di Bologna del novembre 1903.

Tuttavia, la critica ai vecchi intransigenti era di diversificata natura, come di molteplice approccio era l'analisi della crisi che stava attraversando lo Stato liberale alla fine del secolo. C'erano coloro che si riconoscevano nelle posizioni di Filippo Meda, che sottolineava l'eccezionalità del divieto pontificio e per il quale i cattolici dovevano ormai seguire la via costituzionale e parlamentare. Era una linea per così dire di riconoscimento del Risorgimento nazionale «in cui – disse Meda nel 1901 – ci sono delle pagine veramente gloriose»[36]. Ciò non lo induceva ad appiattirsi sulle posizioni dei conciliatoristi de «La Rassegna Nazionale», che nel luglio 1898 invocarono l'abrogazione del *non expedit* e la costituzione di un fascio dell'ordine, quanto piuttosto a cogliere la crisi profonda del sistema politico per sviluppare accordi «non subalterni fra cattolici e liberali»[37]. In questa linea era insita l'accettazione del principio della rappresentanza e delle sue implicite divisioni di parte, della costituzione e della legittimità dello Stato unitario. Meda, quindi, univa alla critica dell'astensionismo quella all'intransigenza, pur tenendo fermi i capisaldi del programma cattolico. Si trattava di un orientamento al passo con i tempi e con la sensibilità di una nuova generazione di cattolici che verificavano nei fatti

[34] G. Spadolini, *L'Opposizione cattolica*, cit., p. 289.
[35] G. De Rosa, *Storia del movimento cattolico in Italia*, cit., p. 291.
[36] G. Spadolini, *L'Opposizione cattolica*, cit., p. 452.
[37] M.G. Rossi, *Le origini del partito cattolico*, cit., p. 54.

quanto la fine del potere temporale fosse stata positiva per il papato e quanto le Guarentigie avessero tutelato la funzione del pontefice quale guida spirituale della Cristianità. Tuttavia, dal momento che la questione romana era ancora formalmente aperta, la Santa Sede non era disposta ad avallare posizioni politiche assunte dall'Opera che implicassero la negazione delle rivendicazioni pontificie.

Diversa era la posizione di Romolo Murri e di molti circoli della democrazia cristiana. In Murri era assai accentuata la sensibilità per la questione sociale, anche grazie alla forte influenza culturale esercitata su di lui da Antonio Labriola quando ne aveva seguito le lezioni alla Facoltà di Lettere dell'Università di Roma. A differenza di Meda, Murri non intendeva attenuare l'intransigenza verso lo Stato liberale, ma dava ad essa nuovi contenuti, rafforzando ulteriormente le dimensioni sociali del movimento cattolico e abbandonando quelle chiusure verso il nuovo, ossia il proletariato industriale oltre che agricolo e il conflitto sociale, che erano proprie del tradizionalismo cattolico. Su questo terreno i rapporti di Murri con Toniolo si dimostrarono difficili, perché il fondatore dell'Unione economico-sociale non era parimenti aperto al nuovo, soprattutto in fatto di uso del sindacato come strumento di mobilitazione e di lotta sociale, attardandosi ancora nella difesa di forme di solidarismo sociale di tipo corporativo che erano più vicine alla dottrina cattolica ufficiale.

Diversa ancora era la linea di don Luigi Sturzo che univa ad «una empirica accettazione dello Stato e del metodo liberale»[38] una forte sensibilità sociale. Egli, pur aspirando alla nascita di una forza cattolica autonoma, temeva che l'abbandono dell'astensionismo potesse essere la via maestra che avrebbe portato il clero meridionale «nelle braccia delle clientele moderate locali»[39]. Sturzo fu partecipe dell'esperienza della democrazia cristiana, pur distaccandosene quando colpita da censura ecclesiastica, nella convinzione che essa potesse essere un grande moto di rinnovamento del mondo cattolico meridionale, soprattutto grazie ad un municipalismo rivitalizzato e sottratto al dominio di antiche clientele e potentati. In conclusione, nell'ottica del sistema politico dell'Italia liberale, mentre la linea di Meda apriva la strada all'integrazione del movimento cattolico nel sistema, pur nella sua trasformazione, quali che fossero gli esiti finali in termini di partito e di rappresentanza, la linea di Murri perpetuava su nuove basi la frattura che aveva minato la costituzione dello Stato unitario fin dalle sue origini.

[38] P. Scoppola, *Idea di partito cattolico* in *Dizionario storico del movimento cattolico in Italia*, vol. 1, t. I, diretto da F. Traniello, G. Campanini, Marietti, Torino 1981, p. 202.

[39] G. De Rosa, *Storia del movimento cattolico*, cit., p. 298.

Probabilmente, Murri aspirava all'inizio solo alla riforma dell'Opera. Tuttavia, fin dal 1898 cominciò a sviluppare le basi di «una organizzazione democratica cristiana a se stante»[40], dotata di una vera e propria rivista ideologica, sul modello della socialista «Critica sociale», con «Cultura sociale». Due anni dopo, in una riunione collaterale del congresso di Roma dell'Opera, i democratici cristiani progettarono la fondazione di un settimanale quale «organo popolare nazionale del nascente partito democratico cristiano»[41] denominato il «Domani d'Italia». A questo punto, le preoccupazioni della Santa Sede furono particolarmente acuite sia dalle profonde divisioni che minavano l'Opera; sia dallo sviluppo autonomo rispetto all'Opera che aveva assunto il movimento sindacale promosso dai circoli democratici cristiani; sia, infine, dal rischio che ben presto le posizioni astensioniste ribadite ancora nel 1900 col *Programma politico dei cattolici* fossero abbandonate a favore della costituzione di un partito cattolico che, del resto, Murri aveva vagheggiato fin dal 1896[42].

L'enciclica *Graves de communi re* (18 gennaio 1901) non condannò la democrazia cristiana, come speravano gli intransigenti, anzi ne avvalorò la «benefica azione cristiana a favore del popolo»[43], ma ribadì due punti fermi, ossia la non liceità di formare un partito cattolico e la netta distinzione fra dottrina sociale cattolica e socialismo. A ciò fece seguito la disposizione del pontefice che i circoli democratici cristiani aderissero al Secondo gruppo dell'Opera, mentre lo statuto di quest'ultima veniva riformato, conferendo ad essa un carattere ancor più ecclesiastico con l'esplicita riserva al papa della nomina del presidente. La contemporanea costituzione da parte del Secondo gruppo dell'Opera della Federazione nazionale delle leghe cattoliche del lavoro, il trasferimento da Bergamo a Roma del «Domani d'Italia» e il suo divenire organo ufficiale del secondo gruppo[44] rispondevano a questo disegno di controllo ecclesiastico e dottrinario della democrazia cristiana e di tutto il movimento cattolico ufficiale. Certamente, questo suonava sfiducia verso la leadership dei vecchi intransigenti che fu sancita anche dalla sostituzione di Paganuzzi con Grosoli alla presidenza dell'Opera nell'ottobre 1902. Tuttavia, ciò non fu sufficiente a garantire la sopravvivenza dell'Opera.

[40] M.G. Rossi, *Le origini del partito cattolico*, cit., p. 46.

[41] *Ivi*, p. 63.

[42] S. Zoppi, *Romolo Murri e la prima democrazia cristiana*, Vallecchi, Firenze 1968, p. 12; cfr. ora Id., *Dalla Rerum novarum alla Democrazia cristiana di Murri*, il Mulino, Bologna 1991.

[43] G. De Rosa, *Storia del movimento cattolico*, cit., p. 361.

[44] M.G. Rossi, *Le origini del partito cattolico*, cit., p. 74 e p. 106.

L'ultimo congresso celebrato a Bologna, nel novembre 1903, sembrò delineare l'alleanza fra il neo presidente Grosoli e i murriani[45] che pose sulla difensiva gli intransigenti. Ma il conflitto permase e sfociò nel luglio successivo nell'approvazione a maggioranza da parte del comitato permanente dell'Opera di un odg presentato dall'intransigente Cerutti in cui si chiedeva al nuovo pontefice Pio X, salito al soglio pontificio nell'agosto 1903, di placare i dissidi all'interno dell'Opera alimentati dai democratici cristiani. Il documento suonava sfiducia verso Grosoli che, tuttavia, fu confermato dal papa. Questo sembrò aprire la via della liquidazione del vecchio intransigentismo, sia con l'assunzione di un programma sociale tratto dalla democrazia cristiana, sia riponendo definitivamente nel cassetto come superate le questioni temporalistiche. In una circolare agli organi direttivi centrali e periferici dell'Opera, Grosoli scriveva che i cattolici erano «gelosi che non venisse intralciata l'opera dei viventi da questioni morte nella coscienza nazionale» – leggi: questione romana – e che «il programma dopo la *Rerum novarum*, la *Graves de communi re*, le istituzioni della Sacra Congregazione degli affari ecclesiastici straordinari, non può essere altro che il democratico cristiano»[46]. Faceva seguito una nota pubblicata dall'«Osservatore Romano» che smentiva ogni corrispondenza fra le direttive papali e i contenuti della circolare; seguivano quindi le dimissioni di Grosoli e lo scioglimento dell'Opera coll'eccezione del Secondo gruppo economico sociale. Tutte le organizzazioni dipendenti venivano sottoposte alla supremazia dei vescovi.

Si chiudeva la stagione dell'Opera dei congressi che negli ultimi anni era stata tormentata da divisioni che il nuovo pontefice considerava dannose per il movimento e per la Chiesa. Grosoli aveva interpretato correttamente lo spirito della grande maggioranza dei cattolici italiani parlando di questioni morte nella coscienza nazionale. Ma la Santa Sede rivendicava a sé stessa la gestione anche formale di questo superamento in tutte le sue fattispecie, a partire dall'accesso al voto politico dei cattolici. Era iniziata l'età giolittiana.

3. Una difficile transizione al cambio di secolo: da Pelloux a Saracco

Il governo Pelloux era tutt'altro che di destra e non si trattava solo di composizione e di appoggi parlamentari. Aveva l'appoggio di 90 deputati

[45] S. Zoppi, *Romolo Murri*, cit., pp. 169 e ss.
[46] G. De Rosa, *Storia del movimento cattolico*, cit., p. 423.

ascrivibili a Zanardelli e di 45 a Giolitti[47], cui si aggiunse il sostegno della destra più dura e intransigente dei toscani di Cambray Digny e di Torrigiani, in attesa di vederlo all'opera[48]. Sonnino, dopo avere chiesto e non avere ottenuto gli Interni, che Pelloux tenne per sé, criticò il fatto che un militare andasse agli Interni. In realtà, Pelloux aveva fama di liberale anche perché aveva gestito la crisi in Puglia e Basilicata senza ricorrere allo stato d'assedio. Inoltre, Pelloux esordì con una dichiarazione di rispetto delle istituzioni. Il 10 luglio il governo presentò alla Camera i provvedimenti di Rudinì mitigati e a termine: con validità fino al 30 giugno 1899. Sul terreno delicato della libertà di stampa era la magistratura e non l'autorità di pubblica sicurezza ad avere voce in capitolo. Poi, sul domicilio coatto e sulla militarizzazione di ferrovieri e addetti delle poste e sulla possibilità di sciogliere le associazioni miranti a sovvertire lo Stato, anche in ragione del fatto che si trattava di provvedimenti a termine, raccolse una larga maggioranza, con il voto contrario solo dell'Estrema, anche se Giolitti sollevò dubbi e perplessità[49]. Il sentimento diffuso e preminente della borghesia era del ritorno all'ordine.

Poi il governo fece seguire un provvedimento di autorizzazione alla ricostituzione di associazioni nei confronti delle quali l'autorità giudiziaria non avesse trovato prove di azione eversiva. Questo favoriva la rapida rinascita delle associazioni e delle cooperative cattoliche. Inoltre, l'enciclica *Spesse volte*, pubblicata nell'agosto 1898, si prestava ad una lettura favorevole al ruolo di conservazione sociale dei cattolici. Infatti, «La Civiltà Cattolica» trovò modo di spendere parole di commento positivo a favore delle circolari di lotta alla corruzione, alla disonestà e all'arbitrio. Il clima di riconciliazione nazionale sembrava dunque andare avanti, accompagnato dalla fine dello stato d'assedio a Napoli, ad agosto, e, a settembre, a Milano e a Firenze. Si cominciava a parlare anche di grazia. Anzi, Giolitti invitò il governo ad affrontare rapidamente la questione di Turati e di De Andreis. Ma quando a novembre si riaprì la sessione parlamentare, Sonnino partì all'attacco contro ogni possibile amnistia o concessione di grazia, adombrando che questo cedimento avrebbe potuto essere foriero di nuove rivolte e segno di debolezza dello Stato. D'altra parte, il conferimento di un'alta onorificenza a Bava Beccaris da parte del re contraddiceva questi intenti. Il governo concesse solo l'indulto nel gennaio 1899.

A questo punto in un clima generale che sembra essersi fatto più disteso, anche per la ripresa economica in atto, oltre che per una politica estera

[47] U. Levra, *Il colpo di Stato della borghesia*, cit., p. 237.

[48] M. Sagrestani, *Italia di fine secolo*, cit., p. 397.

[49] *Ivi*, p. 399.

e commerciale ove il rinnovo del trattato commerciale con la Francia aveva attenuato il filo triplicismo in un quadro più equilibrato di rapporti europei aperto ad ulteriori sviluppi sul terreno coloniale, Pelloux presentò il disegno di legge *Aggiunte e modificazioni alla legge sulla Pubblica sicurezza e sulla stampa*. Per certi aspetti si trattava di un fulmine a ciel sereno, dal momento che quando il disegno di legge fu presentato dal governo, nel febbraio 1899, era lontana la data di scadenza dei provvedimenti eccezionali assunti nel luglio precedente. Il fine era quello di dotare l'ordinamento di strumenti repressivi volti a sciogliere le associazioni «dirette a sovvertire per via di fatto gli ordinamenti dello Stato»[50]. In realtà, si trattava di provvedimenti che davano alle forze di polizia strumenti limitativi della libertà di stampa e del diritto di associazione, senza passare attraverso l'autorità giudiziaria. L'Estrema si schierò subito contro, mentre Giolitti annunciava voto negativo se non fosse stata modificata la limitazione della libertà di stampa, dopo che il liberale Tecchio aveva denunciato «le manovre governative per imbavagliare l'editto albertino»[51].

Si trattava di provvedimenti d'impianto fortemente autoritario che non solo si configuravano come anticostituzionali, ma che contrastavano con gli spiriti e con la tradizione di un ceto politico che traeva la propria legittimazione dai principi liberal-costituzionali del Risorgimento. La debolezza del disegno di Pelloux risiedeva in due sostanziali elementi: anzitutto, la rozzezza di un'azione politica che puntava al varo di provvedimenti rispondenti più alla logica di una repressione militare che non a un disegno politico di restaurazione delle vecchie élite sociali, com'era stato coltivato da Rudinì. Inoltre, esso veniva concepito nel quadro della non disponibilità di ampi settori del ceto politico liberale e dell'opinione pubblica, anche moderata, ad avallare rotture costituzionali. Questo fu l'aspetto cruciale della debolezza politica perché tutti gli sforzi che a suo tempo erano stati fatti da Rudinì per coinvolgere Zanardelli e portare sulle sue posizioni la Sinistra liberale venivano vanificati da questa spaccatura che la spingeva a solidarizzare con l'Estrema.

Ad aggravare la frattura intervenne l'infausto episodio del colonialismo italiano legato al maldestro tentativo di occupare la baia di San Mun a seguito di ultimatum comminato al governo cinese e poi ritirato per l'opposizione britannica. All'umiliazione si sommava l'avversione della Sinistra liberale unita alla Destra lombarda, oltre naturalmente all'Estrema, per la politica coloniale. Nella discussione parlamentare di maggio, la frattura era emersa chiara e aveva indotto Pelloux a rassegnare

[50] A. Aquarone, *L'Italia giolittiana*, cit., p. 157.
[51] M. Sagrestani, *Italia di fine secolo*, cit., p. 417.

le dimissioni per riottenere l'incarico e formare un governo tutto orientato a destra, nel quale Visconti Venosta sostituiva Canevaro agli Esteri e Salandra subentrava a Fortis al MAIC. Ma il vero presidente ombra era Sonnino che ispirava e condizionava tutte le mosse del ministero[52]. Ciò emergeva anche dalle dichiarazioni di esordio di Pelloux alla Camera che, presentando il nuovo Ministero, disse che la nomina dei ministri spettava al re[53]. Il discorso riecheggiava il *Torniamo allo Statuto* del gennaio 1897. Fu palese che Sonnino stava portando avanti il suo disegno per interposta persona. La rottura con la Sinistra liberale divenne irreversibile. Giolitti passò definitivamente all'opposizione e Zanardelli abbandonò la presidenza della Camera.

Con la costituzione del nuovo governo, nello stesso mese di maggio 1899, inizia una lunga battaglia che si conclude solo l'anno dopo con le elezioni politiche del giugno 1900. È la fase conclusiva della crisi di fine secolo che si consuma sul piano politico e parlamentare quando ormai la situazione economica e sociale dell'Italia è in netto miglioramento. In essa emerge chiaro il ruolo del Parlamento come «unico strumento di difesa e di affermazione dell'equilibrio politico del Paese, equilibrio che faceva tutt'uno col regime liberal-democratico»[54]. Questo ruolo centrale del Parlamento nella tutela delle libertà costituzionali e quindi nel garantire lo sviluppo democratico del sistema politico divenne chiaro quando, a fronte dell'ostruzionismo parlamentare dell'Estrema per impedire l'approvazione dei provvedimenti, il governo presentò proposte di modifica del regolamento della Camera. Quindi l'ostruzionismo si spostò dai provvedimenti repressivi al regolamento. La lotta del governo si veniva a configurare come lotta antiparlamentare, come tentativo di ridurre ai minimi termini la capacità del Parlamento di farsi garante delle tutele statutarie. Si stava perseguendo il disegno di Sonnino che aveva come approdo ultimo porre al centro del sistema il governo del re, svincolandolo dalla fiducia parlamentare.

Questo disprezzo del Parlamento e la dimostrazione che lo si voleva marginalizzare togliendo ad esso anche la sua funzione centrale, la legislazione, emersero con chiarezza il 22 giugno quando il governo sospese la sessione parlamentare per sei giorni. Approfittando di questa sospensione, il governo varò per decreto i provvedimenti in discussione alla Camera. Alla riapertura, il 28 giugno, il governo ne intimò l'approvazione entro

[52] U. Levra, *Il colpo di Stato della borghesia*, cit., p. 323.

[53] M. Sagrestani, *Italia di fine secolo*, cit., p. 434.

[54] *Il Parlamento nella storia d'Italia. Antologia storica della classe politica*, a cura di G. Carocci, Laterza, Bari 1964, p. IX.

il 20 luglio, altrimenti sarebbero entrati comunque in vigore[55]. Questo passaggio si configura come drastica rottura istituzionale del sistema perché vede la contrapposizione fra il governo, intenzionato a far passare comunque i provvedimenti restrittivi delle libertà costituzionali sui quali era aperta la discussione in sede parlamentare, e la Camera, sede naturale di espressione della volontà popolare. Il momento culminante della crisi di fine secolo si caratterizza, quindi, come un blocco forzato e una inversione di corso del processo di parlamentarizzazione del sistema. Con questo atto, sul quale si estende l'ombra di Sonnino, Pelloux rende irreversibile «il passaggio all'opposizione di Giolitti e Zanardelli»[56]. Non solo. Giolitti esplicita alla «Gazzetta del Popolo», a luglio, la sua avversione al governo che si è fatto irretire dai reazionari, adombrando che il governo voglia addirittura arrivare alla restrizione del suffragio[57].

A questo punto, tutte le componenti di sinistra ricompattate sono in movimento. Fallisce a luglio il tentativo di organizzarsi in partito democratico nazionale[58], ma dalla sinistra di classe vengono lanciati messaggi chiari alla Sinistra costituzionale. Sulla «Critica Sociale», che ha appena ripreso le pubblicazioni, Filippo Turati formula il progetto di un governo progressista presieduto da Giolitti, mentre Treves scrive il famoso «c'è dall'altra riva un uomo che ci ha capito»[59]. Il disegno politico di un'alternativa di sinistra prese corpo in ottobre, quando Giolitti annunciò in un discorso agli elettori del suo collegio di Dronero il programma di una politica riformatrice che integrasse i ceti popolari nelle istituzioni del Regno d'Italia. Era la risposta alla proposta di governo liberale e riformista formulata da Turati nell'agosto precedente, dopo avere ribadito l'ispirazione democratica e progressista del Partito socialista. Intanto, Giolitti era riuscito a portare sulle sue posizioni Prinetti, preparando la sua collocazione agli Esteri nel futuro governo Zanardelli, mentre riservava per sé il posto di ministro dell'Interno.

In tale discorso, Giolitti mandava anche un preciso segnale al re quando poneva sul tappeto la necessità che la monarchia trovasse consensi non «negli interessi di ristrette classi privilegiate, ma nell'affetto della immensa maggioranza del Paese»[60]. Il progetto politico giolittiano integrava quindi la salda tutela degli istituti liberali – monarchia compresa – in chiave di

[55] U. Levra, *Il colpo di Stato della borghesia*, cit., p. 334.
[56] A. Aquarone, *L'Italia giolittiana*, cit., p. 170.
[57] M. Sagrestani, *Italia di fine secolo*, cit., p. 455.
[58] U. Levra, *Il colpo di Stato della borghesia*, cit., p. 370.
[59] M. Sagrestani, *Italia di fine secolo*, cit., p. 457.
[60] U. Levra, *Il colpo di Stato della borghesia*, cit., p. 375.

continuità politico-istituzionale che conducesse il sistema fino ad operare una legittimazione politica dell'Estrema. Data la configurazione assunta dal nostro sistema politico a partire dagli anni Ottanta, questo disegno aveva il suo implicito corollario nell'ingresso nell'area della maggioranza di quelle forze riformiste, socialisti compresi, che fossero disposte ad accettarne i presupposti istituzionali e la dinamica di fondo.

Il colpo di scena intervenne il 20 febbraio 1900 quando la prima sezione penale della Corte di Cassazione dichiarò nulla l'efficacia giuridica del decreto del giugno 1899 in quanto non approvato dal Parlamento entro il 20 luglio[61]. Si trattava, secondo la Corte, di un semplice disegno di legge. Il governo era, quindi, costretto a ripresentarlo alla Camera per la conversione e ad ingaggiare una nuova battaglia con le opposizioni, sia sui contenuti del decreto sia sul regolamento parlamentare. La battaglia sul regolamento si concluse nel modo più infausto. Il vice presidente della Camera Palberti mise ai voti l'approvazione del regolamento emendato senza discussione per alzata e seduta. Nel parapiglia generale, tale presunta approvazione non aveva alcun valore. Il 3 aprile Zanardelli proclamava la nullità della votazione sul regolamento del 28 marzo e annunciava l'uscita dall'aula della Sinistra costituzionale. L'Estrema si associava e abbandonava l'aula. Il presidente Colombo in assenza di circa 160 deputati d'opposizione metteva nuovamente ai voti le modifiche del regolamento che erano approvate quasi all'unanimità[62].

La sessione parlamentare fu sospesa fino al 15 maggio nella speranza di una decantazione che non venne. Nel frattempo, il 5 aprile il governo ritirava i provvedimenti eccezionali mentre la seduta del 15 maggio, di nuovo tumultuosa, si risolse nell'annuncio dello scioglimento della Camera. La via delle urne era divenuta obbligata per il governo che nella campagna elettorale mise in atto un'azione sistematica per ridimensionare la Sinistra costituzionale. I risultati segnarono la sostanziale sconfitta del governo con una maggioranza uscita dal ballottaggio del 10 giugno con 279 deputati, in drastico calo rispetto alla precedente legislatura e con soli 24 voti di maggioranza: decisamente pochi per ingaggiare nuovamente la battaglia parlamentare sui provvedimenti eccezionali. La Sinistra costituzionale come l'Estrema e in particolare il gruppo socialista, anche a scapito dei radicali, risultarono in grande avanzata. Le forze governative furono sconfitte al Nord e anche in Toscana, ove pure la destra oltranzista allineata sulle posizioni di Sonnino era radicata. Al contrario ottenne-

[61] M. Sagrestani, *Italia di fine secolo*, cit., p. 464.
[62] *Ivi*, pp. 470-471.

ro successo nei collegi meridionali ove il voto era più condizionabile[63]. A Camera riunita la debolezza della maggioranza emerse nel momento dell'elezione del presidente della Camera: il candidato della maggioranza Nicolò Gallo ottenne solo 242 voti contro i 214 di Biancheri. Il 17 giugno, per pacificare gli animi, il governo ritirò il regolamento parlamentare approvato il 3 aprile. Ma questo scatenò il conflitto interno al Gabinetto, con Visconti Venosta, Carmine e Salandra che non intendevano recedere. Il 18 giugno 1900 il governo Pelloux rassegnò le dimissioni[64].

La crisi di carattere extraparlamentare favorì la possibilità per Pelloux di indicare al re il suo successore nella persona del presidente del Senato, Giuseppe Saracco[65]. Si trattava di politico piemontese molto stimato come presidente del Senato, in ottimi rapporti col re e in età avanzata. Si prospettava quindi come un presidente del Consiglio di transizione, di orientamento conservatore e come tale capace di soddisfare la maggioranza della Camera. Appena incaricato, Saracco convocò Sonnino, nella sua funzione di capo virtuale della maggioranza che aveva sostenuto Pelloux, ma non convocò Giolitti e Zanardelli. Nel complesso formò un governo di destra, salvo ad avere l'appoggio almeno provvisorio di Zanardelli e di Giolitti a condizione che il governo ripristinasse le libertà statutarie[66]. L'assunzione da parte di Paolo Carcano del Ministero dell'Agricoltura, industria e commercio fu emblematica di questa apertura.

L'evento imprevisto e che intervenne a poco più di un mese dalla formazione del governo fu l'attentato mortale al re Umberto I a Monza, il 29 luglio 1900. Seguirono inevitabilmente retate di anarchici in tutta Italia. Il governo volle dimostrare durezza e tempestività per fronteggiare l'inevitabile pressione della Destra. Sonnino, che aveva aspirato all'incarico di governo dopo Pelloux e che fu escluso proprio nello spirito di liquidazione di tutti i tentativi di limitare le libertà statutarie, dei quali era il massimo responsabile, cercò di giocare col nuovo re la carta dello scioglimento della Camera nella convinzione della vittoria della Destra e di riuscire a ottenere l'incarico di formare il nuovo governo. Ma il nuovo re Vittorio Emanuele III, che giurò al Senato l'11 agosto, non accolse la richiesta, sia perché Saracco si opponeva sia perché il messaggio lanciato col discorso del giuramento lasciava chiaramente intendere che il sovrano avrebbe accompagnato la svolta liberale che aveva il primo presupposto

[63] U. Levra, *Il colpo di Stato della borghesia*, cit., p. 396.

[64] E. Falco, *Il Ministero Saracco. Un governo liberalconservatore dalla crisi di fine Ottocento all'età giolittiana*, Franco Angeli, Milano 2007, pp. 74-77.

[65] *Ivi*, pp. 77-78.

[66] *Ivi*, p. 86.

nelle garanzie statutarie. Il discorso fu apprezzato anche a sinistra da Antonio Labriola[67]. A questo punto, per Sonnino il vero problema divenne dimostrare che il suo ritorno al potere non avrebbe comportato ritorni di fiamma sul versante della parlamentarizzazione del sistema. In questa ottica va letto il *Quid agendum?*, pubblicato nel settembre 1900 sulla «Nuova Antologia», che spostava l'attenzione dalle questioni politico-istituzionali a quelle sociali per attivare, sia pure da posizioni conservatrici, il dialogo con le forze popolari.

L'Estrema non ruppe col governo, neppure quando il governo tornò alla prassi di mandare l'esercito a mietere il grano a Molinella per lo sciopero dei mietitori. L'autorizzazione a tenere a Roma il congresso del Partito socialista a settembre fu motivo di pacificazione. D'altra parte, l'invio da parte del papa del cardinale Ferrari a Monza a rendere omaggio alla regina fu un segno forte di carattere distensivo sul fronte cattolico, che si calava nel crescendo del conciliatorismo che Filippo Meda viveva e alimentava senza alcuno spirito di subalternità verso i liberali, ma nel quadro del riconoscimento delle pagine gloriose del Risorgimento, come abbiamo visto. Né l'inevitabile irrigidimento della Santa Sede provocato dal passo del discorso del giuramento nel quale il re si richiamava a «Roma intangibile simbolo di grandezza e di intangibilità dello Stato» fu tale da modificare il clima generale[68].

In questo clima, era motivo di debolezza politica per Sonnino, non solo la sua scarsa duttilità, ma anche la sua insistita avversione al mondo cattolico contro ogni spirito conciliatorista[69]. Il suo modello di riformismo paternalistico inseguiva la realtà, inesistente, di un grande partito liberale che non si divideva per non essere condizionato né dai cattolici, a destra, né dai socialisti, a sinistra. Si trattava di uno schema, ribadito nel saggio sempre pubblicato sulla «Nuova Antologia», un anno più tardi, nel settembre 1901, *Questioni urgenti*, che riproponeva la chiusura a destra e a sinistra delle forze emergenti.

Giolitti replicò a Sonnino con una lettera alla «Stampa» nella quale tornava sul tema della riforma fiscale, che era divenuto il suo cavallo di battaglia politico. Nella lettera si proponeva la detassazione dei piccoli proprietari. Alessio si occupava di replicare a Sonnino sulla rivista di Maggiorino Ferraris proponendo una detassazione dei generi di prima necessità e una tassazione progressiva dei patrimoni ereditari. A fronte di Sonnino, che negava la possibilità per la finanza pubblica di affrontare

[67] *Ivi*, p. 120.
[68] G. Spadolini, *L'opposizione cattolica*, cit., p. 452.
[69] E. Falco, *Il Ministero Saracco*, cit., p. 142.

la riforma fiscale, intervenne anche Pasquale Villari sul «Corriere della Sera» asserendone la possibilità, contribuendo a dare centralità alla questione e, indirettamente, indebolendo le posizioni di Sonnino. Giolitti poi interveniva sull'altro grande tema che aveva accompagnato la crisi di fine secolo: la centralità del Parlamento. In polemica con Frassati che aveva criticato il Parlamento, Giolitti ne rivendicava i meriti, puntualizzando che proprio il Parlamento aveva garantito le libertà statutarie a fronte delle manovre di ministeri reazionari. Inoltre, si dichiarava avverso alla prassi di designare i presidenti del Consiglio incaricati senza la previa indicazione del Parlamento[70]. Si trattava di una presa di posizione che si profilava come liquidatoria dei piani sonniniani e di tutti coloro che avevano inseguito il disegno del «governo del principe». A Saracco si proponeva l'alternativa fra la soluzione Sonnino del riformismo conservatore, che politicamente rigettava ogni apertura verso le forze popolari, e quella Giolitti, che si apriva al dialogo con l'Estrema e che faceva della riforma fiscale il cardine della sua politica riformatrice.

Saracco cercò di non scegliere, anche se di fatto propendeva per Sonnino, quando si aprì la crisi di governo per le dimissioni di Rubini dal Ministero del Tesoro per contrasti interni al governo. Mentre Saracco provvedeva a coprire il vuoto attribuendo a Chimirri l'*interim*, chiara testimonianza della sua propensione per Sonnino, scoppiava un altro fronte di crisi che avrebbe portato il suo governo alla caduta. A seguito di relazioni e rapporti della questura di Genova che rappresentavano la Camera del lavoro di Genova come invasa dagli anarchici, oltre che dai socialisti, il prefetto, su autorizzazione di Saracco, ne ordinò la chiusura[71]. Seguì lo sciopero generale. A fronte della dura reazione del movimento operaio verso un atto che si configurava in controtendenza rispetto all'amnistia promulgata dal re a novembre su proposta del governo e che contraddiceva il clima aperturista che si era venuto consolidando nella seconda metà dell'anno dopo le dimissioni di Pelloux, Saracco convocò i vertici della Camera del lavoro e il repubblicano Mazza arrivando a rimangiarsi il provvedimento, contro il parere del prefetto e contraddicendo le precedenti decisioni, anche perché si accettava la restaurazione dei vecchi vertici della locale Camera del lavoro. Nel frattempo, Saracco teneva aperte le trattative con Sonnino per giungere al rimpasto del governo. La richiesta del deputato di San Casciano era per il ministro dell'Interno, mentre Luzzatti sarebbe andato al Tesoro[72]. Ma la prima opzione non era ben accetta a Saracco

[70] *Ivi*, p. 171.
[71] *Ivi*, p. 199.
[72] *Ivi*, pp. 204-205.

che aveva davanti lo spettro della riproposizione dello schema Pelloux, con l'ombra di Sonnino incombente e condizionante. Quindi la trattativa fallì e a gennaio 1901 al Tesoro Saracco designò Finali.

Il *redde rationem* giunse fra fine gennaio e febbraio 1901 quando si sviluppò il dibattito parlamentare sullo scioglimento della Camera del lavoro di Genova. A fronte di una mozione presentata da Daneo, forse di ispirazione sonniniana, nella quale si chiedeva che il governo precostituisse le condizioni perché quanto accaduto a Genova non si ripetesse, il giolittiano Fulci presentò un emendamento di condanna dello scioglimento della Camera del lavoro di Genova. La presentazione dell'emendamento fu accompagnata, il 4 febbraio, dal discorso di Giolitti che riaffermava le linee del discorso di Dronero dell'ottobre '99, tornando sul tema del rapporto fra governo e classi subalterne. Era occasione per ribadire il principio che lo Stato doveva astenersi da ogni intervento nei conflitti sociali per contenere i salari. Questo, infatti, era una ingiustizia a danno di una parte sociale ed era la negazione del fine primario di avvicinare alle istituzioni «quelle classi le quali costituiscono in realtà la maggioranza del Paese»[73]. Il passaggio a larga maggioranza dell'emendamento Fulci suonava a condanna del governo. Saracco rassegnò le dimissioni il 6 febbraio, salvo tentare di nuovo di formare un governo con Rudinì agli Esteri e Zanardelli alla Giustizia. Ma il mondo liberale restava diviso. Quindi il 9 febbraio il re incaricò Zanardelli. Tutte le ambiguità compromissorie erano superate a favore di una netta scelta politica che chiudeva la crisi politica e istituzionale di fine secolo sia nel senso della riaffermazione della centralità del Parlamento nel sistema costituzionale, sia nel senso dell'apertura al coinvolgimento nella vita delle istituzioni dei partiti popolari. La soluzione Sonnino ne usciva politicamente sconfitta mentre si affermava la leadership di Giolitti.

[73] A. Aquarone, *L'Italia giolittiana*, cit., p. 195.

VI.

La svolta liberale

1. Fra Sonnino e Giolitti. Una scelta politica e istituzionale

Non c'è dubbio che Vittorio Emanuele III, con l'incarico a Zanardelli, avesse compiuto una scelta politica e istituzionale nel contesto di un orientamento politico condizionato dagli umori del Paese e dagli straordinari risultati ottenuti dal partito socialista alle elezioni dell'agosto del 1900. Quest'ultimo, in particolare, aveva raddoppiato i deputati e il programma minimo, adottato nel 1895, si era affermato come programma della maggioranza del Partito socialista al congresso di Roma del settembre 1900. La prima questione da porsi è perché a simbolo del nuovo e della svolta venisse assunto Zanardelli e non Giolitti. Forse perché era l'unico in grado di impersonificare la Sinistra nel nome dei principi di libertà[1]. O forse anche perché i suoi trascorsi come ministro di Grazia e Giustizia nei governi Crispi e Rudinì lasciavano prevedere una entratura e un gradimento anche presso la destra e la sinistra meridionale: verifica e ricerca di sostegni essenziali dati i numeri alla Camera. Ma forse ancora perché era un uomo del Risorgimento che, giunto in età avanzata, ne rappresentava i valori in chiave di continuità. Quindi poteva interpretare un *heri dicebamus* senza soluzione di continuità, relegando nel dimenticatoio la pagina oscura di Pelloux.

Va precisato, tuttavia, che il mandato dato dal re contraddiceva "l'aritmetica" parlamentare e la logica politica, perché Sonnino poteva essere considerato il capo della maggioranza conservatrice, certamente più numerosa. La scelta politica, peraltro, non aveva solo un impatto immediato, a breve termine; aveva anche una valenza di lungo periodo. Rilevanti e specifici del programma sonniniano, infatti, erano un riformismo che investiva sia gli operai dell'industria manifatturiera sia i lavoratori agricoli.

[1] L. Lotti, *Zanardelli e la maggioranza parlamentare*, in *Giuseppe Zanardelli*, Atti del convegno, Brescia 29-30 settembre 1983, a cura di R. Chiarini, Franco Angeli, Milano 1985, p. 162.

I primi erano visti in chiave di integrazione col sistema economico anche prevedendo la «partecipazione ai profitti e alla gestione delle imprese»[2]. Quanto ai secondi, Sonnino mostrava una particolare sensibilità per i contadini meridionali vessati dai patti leonini ivi vigenti. Il progetto di legge che Sonnino presentò alla Camera il 26 novembre 1902 dal titolo *Provvedimenti per le provincie meridionali, la Sicilia e la Sardegna* investiva la spinosa questione dei contratti agrari nel Mezzogiorno, sia favorendo la diffusione di istituti giuridici come l'enfiteusi, che incrementassero la crescita della piccola proprietà contadina, sia introducendo la riforma coatta dei patti agrari[3]. Ovviamente, in termini di realizzabilità politica sarebbe stato molto problematico per Sonnino concretizzare una convergenza sul tema con la deputazione meridionale espressa da ceti agrari che si sentivano minacciati nei loro interessi dal riformismo rurale del leader toscano. Non a caso, la diffidenza del gruppo rudiniano verso Sonnino restò una costante dell'atteggiamento di questa Destra[4]. Inoltre, era tutta da verificare la possibilità di arrivare a una alleanza fra «centro» sonniniano e sinistra di classe, sia per i suoi precedenti politici, sia perché l'impronta del programma sonniniano era paternalistico: era "per" i lavoratori, ma escludeva la loro partecipazione autonoma alla vita politica e alla compagine di governo[5]. In astratto, comunque – in concreto tale disegno ebbe un'effimera (e fallimentare) realizzazione solo col Ministero del 1906 –, le relazioni fra la deputazione liberale del Nord e quella del Mezzogiorno, secondo Sonnino, non avrebbero dovuto assumere quel profilo "coloniale" che acquistarono soprattutto a partire dalle elezioni del 1904, con la ministerializzazione della deputazione meridionale. Il riformismo, per il toscano, doveva essere anche riformismo del Mezzogiorno per un complessivo riequilibrio dei livelli di sviluppo del Paese[6].

Il secondo elemento strutturale di riforma del sistema politico, nella visione di Sonnino, era la creazione di un grande partito liberale. Questo passaggio assolveva, nella sua visione, a due funzioni. Anzitutto, metteva il ceto politico liberale nelle condizioni di fronteggiare l'"offensiva" della

[2] E. Gentile, *L'Italia giolittiana 1898-1914*, vol. 3 della *Storia d'Italia dal Risorgimento alla Repubblica*, il Mulino, Bologna 1990, p. 26.

[3] S. Rogari, *Sonnino e la questione agraria*, in *Rappresentanza, corporazione conflitto*, cit., pp. 297-298.

[4] P.L. Ballini, *La Destra mancata*, cit., pp. 46-47.

[5] H. Ullrich, *La classe di governo nella crisi di partecipazione dell'Italia giolittiana 1909-1913. Liberali e radicali alla Camera dei Deputati*, Archivio storico della Camera dei deputati, Roma 1979, t. I, pp. 72-73.

[6] S. Rogari, *Sonnino e la questione agraria*, cit., in particolare il paragrafo *L'esperienza politica del nuovo secolo*, pp. 296 e ss.

sinistra socialista e repubblicana ad armi pari. Questo sarebbe stato, senza dubbio, un tratto forte di modernizzazione del sistema politico. Inoltre, cercava di dare una risposta in termini di organizzazione politica al limite fondamentale che si frapponeva a un grande disegno riformatore, ossia la frammentazione regionale e locale del ceto politico liberale e della borghesia italiana[7] che, assieme ad altre fratture, come appunto quella fra clericalismo e anticlericalismo, città e campagna e altre[8], ne minavano la compattezza. Era naturalmente un auspicio da verificare nel concreto – e che restò indimostrato per la mancata attuazione del progetto di Sonnino – che un'organizzazione di partito potesse compensare con un amalgama di tipo verticale tali fratture e divenire sostegno politico del riformismo "dall'alto" pensato dal leader toscano. Resta, infatti, valida l'osservazione di chi ha fatto notare che tale localismo tormentò anche il Partito socialista, che pure era un partito organizzato di tipo "moderno", senza che esso riuscisse a superarlo[9], e anzi esso fu un fattore politico determinante che in certi passaggi chiave della sua storia, come il congresso di Reggio Emilia del 1912, contribuì a segnare drammatiche rotture interne.

Ben diverso era il disegno di Giolitti, per certi aspetti più innovatore e progressivo, per altri in linea di continuità con le tradizionali regole non scritte del sistema politico. Il primo tratto risiedeva nel programma che recepiva dal programma minimo socialista del 1895 e da quello repubblicano del 1897 il punto qualificante dell'introduzione dell'imposta personale progressiva nel sistema tributario. Ad esso si aggiungeva l'abolizione delle imposte di consumo sui beni di prima necessità e altri sgravi fiscali, soprattutto sulla piccola proprietà immobiliare[10]. Fu un disegno di riforma che il ministro delle Finanze del ministero Zanardelli cercò di portare avanti senza successo, a conferma della mancanza dei numeri parlamentari necessari per promuovere un programma tanto ardito. Inoltre – e questo era più direttamente attinente alle sue future funzioni di ministro dell'Interno – nel già ricordato discorso pronunciato alla Camera il 4 febbraio 1901 Giolitti ribadì la necessaria neutralità del governo nei conflitti di lavoro, sia per il non interesse dello Stato a tenere bassi i salari dei lavoratori, sia perché lo Stato non si identificava

[7] A. Aquarone, *Tre capitoli sull'Italia giolittiana*, il Mulino, Bologna 1987, pp. 43-44.

[8] P. Farneti, *Sistema politico e società civile. Saggi di teoria e ricerca politica*, Giappichelli, Torino 1971, p. 194.

[9] A. Aquarone, *Tre capitoli sull'Italia giolittiana*, cit., p. 44.

[10] E. Gentile, *L'Italia giolittiana*, cit., pp. 27-28.

con una parte sociale, ma doveva essere casa comune di tutti i cittadini[11]. I risvolti sociali e politici di questo programma erano il coinvolgimento della sinistra, anche di classe, nella responsabilità di governo grazie ad una grande alleanza fra democrazia liberale progressiva e socialisti riformisti. La strategia giolittiana per l'integrazione dei ceti subalterni nel tessuto istituzionale dello Stato era quindi questa alleanza con le forze organizzate della sinistra di classe politica e sindacale, purché e fino a quando questa avesse operato secondo una strategia gradualista e non avesse manifestato propositi di attacco politico alle istituzioni. I limiti di questo programma risiedevano nel fatto che questo possibile incontro politico avveniva al vertice, mentre presupponeva da parte dei partiti dell'Estrema un'opera di nazionalizzazione delle masse e di loro coinvolgimento dal basso nella vita politica e istituzionale del Regno d'Italia. Questa, in realtà, era un'azione che la sinistra di classe svolgeva in modo spesso ambiguo e oscillante e presto avrebbe abbandonato le «masse operaie agli istigatori rivoluzionari» che inducevano a pensare alle lotte come il «prodromo del futuro comunismo»[12]. Inoltre, il programma di tutela giolittiano delle classi subalterne aveva un occhio di attenzione e di riguardo verso i lavoratori industriali e anche agricoli, ma delle aree più sviluppate del Paese. Non volendo andare ad incidere sui contratti agrari per garantirsi l'appoggio della deputazione meridionale, esso lasciava i ceti subalterni meridionali, i contadini, in balia della proprietà meridionale post feudale. Erano i limiti dell'azione politica giolittiana che si combinavano con le carenze dell'organizzazione sindacale e politica della sinistra di classe.

La seconda debolezza del disegno giolittiano era il suo essere dipendente dalla dominanza del riformismo e del gradualismo nell'ambito della sinistra di classe. Oltre a ciò, l'alleanza ch'egli presupponeva era di difficile realizzabilità in un Parlamento a maggioranza di centro-destra. Richiedeva la messa in opera di mediazioni trasformistiche in linea di continuità con la consolidata prassi parlamentare italiana. Infine, non appena il riformismo socialista fosse entrato in crisi, il progetto politico di Giolitti avrebbe richiesto l'uso massiccio di metodi clientelari e manipolativi per la formazione delle maggioranze liberali, al momento del voto e dopo il voto, per riuscire a dare stabilità al sistema. Questo aspetto, al momento ancora abbastanza celato, della continuità del giolittismo rispetto ai tradizionali meccanismi di funzionamento del sistema politico, avrebbe fatto di Giolitti il più acerrimo avversario del progetto di un partito liberale

[11] F. Barbagallo, *Da Crispi a Giolitti. Lo stato, la politica, i conflitti sociali*, in G. Sabbatucci, V. Vidotto (a cura di), *Storia d'Italia*, vol. 3, cit., p. 72.

[12] B. Croce, *Storia d'Italia dal 1871 al 1915*, cit., pp. 225-226.

che, per sua natura, avrebbe ostacolato la cura meticolosa da lui dedicata alla costruzione delle maggioranze[13], intessendo rapporti personali coi singoli deputati e punendo gl'infedeli alle elezioni.

2. Le premesse della svolta. Ascesa e declino del riformismo socialista. Nascita del Pri

La cultura dominante delle élite socialiste nella seconda metà degli anni Novanta fu espressa soprattutto dai riformisti, ossia da quanti operarono per fare passare il Partito socialista dalla concezione operaista a quella socialdemocratica, anche se il modello tedesco fu solo parzialmente recepito in Italia[14]. Per paradosso questa transizione fu favorita, dopo i propositi d'intransigenza del congresso di Reggio Emilia (1893), proprio dai provvedimenti repressivi messi in atto da Crispi e dalla messa fuori legge del partito nell'ottobre 1894. Il primo fondamentale impulso verso questa conversione venne dalla promozione, su iniziativa di Cavallotti, leader del radicalismo italiano, sempre nell'ottobre 1894, della Lega italiana per la difesa della libertà. I radicali perseguivano con questa iniziativa la realizzazione del disegno del «grande partito della democrazia borghese»[15], sempre fallito. Ma con questo progetto coinvolsero socialisti e repubblicani in un'alleanza politica per la difesa della libertà. Quando Turati disse che era giunta l'ora di «combattere per Cavallotti, contro Crispi»[16], come abbiamo visto, rese esplicito che si trattava di una battaglia che il Partito socialista combatteva per difendere le libere istituzioni, certo in funzione del proprio diritto alla vita, ma anche, di conseguenza, per difendere il principio generale. Analoga scelta fu compiuta dalla Consociazione repubblicana romagnola[17] e da altre Consociazioni regionali prima della nascita del partito.

Le prime prove di tali alleanze furono fatte alle elezioni amministrative del 1895: soprattutto a Milano, nel maggio 1895[18]. Ma anche in molte altre città; a Forlì, per esempio, ove era particolarmente forte lo spirito d'autonomia repubblicana, ciononostante, in funzione anti clerico-moderata,

[13] A. Aquarone, *Tre capitoli sull'Italia giolittiana*, cit., p. 56.

[14] F. Grassi Orsini, *Modelli e strutture del socialismo italiano*, in *Il partito politico nella Belle époque. Il dibattito sulla forma partito in Italia fra Otto e Novecento*, a cura di G. Quagliariello, Giuffrè, Milano 1990, p. 358.

[15] A. Galante Garrone, *I radicali in Italia*, cit., p. 334.

[16] *Ivi*, p. 321.

[17] L. Lotti, *I repubblicani in Romagna*, cit., p. 78.

[18] A. Galante Garrone, *I radicali in Italia*, cit., p. 325.

repubblicani e socialisti si piegarono alla logica del blocco della sinistra[19]. Alla diffusione delle alleanze fra cattolici e moderati, che abbiamo visto verificarsi in quelle elezioni amministrative, corrispondeva dunque l'alleanza fra i partiti dell'Estrema. Senza dunque perseguirlo in modo esplicito, le une stimolavano e incentivavano le altre in chiave di contrapposizione e avevano l'effetto di avvicinare sia i cattolici, sia la sinistra di classe alla vita delle istituzioni nel luogo di più diretta pregnanza per i cittadini, il comune. Inoltre, per la sinistra socialista e per quella repubblicana – quest'ultima si sarebbe costituita in partito a Milano il 21 aprile 1895 – l'alleanza dimostrava che i processi di consolidamento della propria identità, anche se ancora non del tutto compiuti, non impedivano più le alleanze elettorali che erano state escluse fino a poco prima.

Un grosso passo avanti sulla via dell'affermazione della linea transigente del partito si ebbe nel marzo 1895, quando il consiglio nazionale del Psi elaborò il programma minimo con cui si presentò alle successive elezioni politiche. Tale programma si articolava in una serie di riforme politiche e di natura economica che rispondevano ai canoni classici del gradualismo riformatore. Fra le riforme politiche proposte primeggiava il suffragio universale, l'indennità ai deputati, la parità fra i sessi su ogni piano, l'abrogazione delle norme che limitavano la libertà di stampa, l'abolizione dell'esercito permanente, l'autonomia comunale e l'estensione dell'istruzione elementare obbligatoria alla quinta elementare. Fra le riforme economico sociali comprese in questa prima bozza del programma minimo avevano grande rilevanza la giornata lavorativa di otto ore e la limitazione dell'orario di lavoro per donne e fanciulli, l'imposta unica progressiva sui redditi e sulle successioni, l'abolizione dei dazi di consumo sui beni alimentari e la riforma delle imposte comunali, il riscatto delle ferrovie, la riforma dei patti colonici e l'affidamento delle terre incolte alle associazioni dei contadini[20].

Era evidente anche da questo sintetico elenco che si trattava di un programma che ben poco aveva di rivoluzionario. Molti dei punti elencati erano temi da sempre cari alla sinistra democratica e repubblicana, come quello della nazione armata e dell'abolizione dell'esercito permanente. Altri, come la richiesta della progressività delle imposte, erano stati fatti propri dalla sinistra liberale e furono presenti nel programma del ministero Zanardelli del 1901, anche se concretamente non realizzati. Altri ancora, come la statizzazione delle ferrovie, risalivano addirittura all'esperienza della Destra. Fu caldeggiata dalla destra piemontese e sarà realizzata da

[19] L. Lotti, *I repubblicani in Romagna*, cit., p. 85.
[20] Z. Ciuffoletti, *Storia del Psi*, cit., p. 129.

un luogotenente di Giolitti, Alessandro Fortis, nel 1905. Era, comunque, rilevante che la comune ispirazione dei diversi punti di questo programma – taluni di più realistica attuazione altri bandiera per una sinistra democratica e di classe – fosse il principio gradualistico e riformatore. Il socialismo italiano sembrava esprimere uno spirito evoluzionistico che affondava le proprie radici nella cultura democratica positivista di Turati e di altri dirigenti del partito. Questo programma poteva essere un terreno di convergenza con i liberali progressisti ed era funzionale a staccarli dai settori più conservatori. Tale alleanza si dimostrò vincente sotto la guida di Zanardelli e di Giolitti per il versante liberale e di Turati per la sinistra di classe.

Il congresso successivo del Partito socialista che si tenne a Bologna nel settembre 1897 non fu ancora risolutivo per l'adozione ufficiale del programma minimo. Tuttavia, furono fatti ulteriori passi sulla strada del disegno politico di Turati. Anzitutto, il leader lombardo ribadì la tesi dell'alleanza con i settori progressisti della borghesia contro la posizione sostenuta dagli intransigenti del «blocco di potere reazionario»[21]. Le vicende del biennio successivo confermeranno la sua tesi. Poi, sulla questione agraria si verificò una certa revisione rispetto alla linea rigorosamente classista e bracciantile assunta al congresso di Reggio Emilia. Dall'odg Agnini emerse l'attenzione del partito anche per le categorie intermedie come i mezzadri, per i quali si auspicava una riforma dei contratti; mentre per la piccola proprietà si tornava a ribadire la tesi del suo esaurimento via via che avanzava il capitalismo nella campagna. Comunque, emergeva una nuova sensibilità del partito anche per diverse categorie del mondo rurale lontane dall'universo di classe.

Finalmente col congresso di Roma del settembre 1900, i riformisti guidati da Turati, da Bissolati e dalla Kuliscioff, sostenitori del programma minimo, ossia della linea possibilista del partito, che non rinnegava la prospettiva di un approdo alla società socialista, ma che perseguiva azioni gradualiste e riformiste su questa via, conquistarono il controllo del partito. Questa vittoria fu determinata dalla ormai chiara sconfitta della reazione, dopo le elezioni politiche del giugno precedente nelle quali il Psi aveva più che raddoppiato i seggi parlamentari, con le conseguenti dimissioni di Pelloux; sia dalla vincente strategia degli anni precedenti che aveva dimostrato l'efficacia del disegno politico di Turati. Dal congresso di Roma uscì rafforzata l'alleanza con la borghesia industriale e con quel ceto politico che la rappresentava, Zanardelli e Giolitti; il rapporto culturale

[21] *Ivi*, p. 149.

fra socialismo e democrazia si fece più stretto, fino al punto che questa seconda divenne un «aspetto intrinseco della lotta per il socialismo»[22].

Ciò non significa che non mancassero aree di dissenso e opposizione alla politica riformista. La tradizione operaista, anche se per ora nell'angolo, era pur sempre presente. Intellettuali meridionali e meridionalisti, come Salvemini, rivendicavano una nuova sensibilità e attenzione per i contadini meridionali e si associavano ai grandi economisti liberisti come Einaudi, Cabiati, de Viti de Marco nel condannare il protezionismo per le distorsioni allo sviluppo che esso creava assieme alla corruzione[23]. Poi c'era il meridionalismo alla Arturo Labriola, che non coglieva gli aspetti progressivi del riformismo turatiano perché nel Mezzogiorno non esisteva una borghesia progressista e quindi la linea del movimento non poteva essere che di radicale opposizione verso i ceti parassitari e retrivi lì dominanti. D'altra parte, l'arretratezza meridionale impediva la via del riformismo[24]. Si riproduceva, quindi, nel socialismo italiano il dualismo territoriale del Paese, ma con una intrinseca debolezza che affliggeva i meridionalisti: il partito aveva una dislocazione di iscritti e di consenso centro-settentrionale. Nel 1897 in Piemonte, Lombardia, Emilia-Romagna e Toscana risiedeva oltre il 70% degli iscritti[25]. Nel 1914, allo spirare dell'età giolittiana, tale concentrazione avrebbe registrato un'ulteriore accentuazione al 74%[26]. Nel complesso, quindi, posizioni antiriformiste sopravvivevano nel partito, ma finché la strategia riformista non fosse entrata in crisi, ovvero l'asse con la sinistra liberale di Zanardelli e di Giolitti non garantisse più la crescita organizzativa del movimento e il successo degli scioperi, l'opposizione interna al partito era destinata a restare ai margini. E questo accadde per almeno due anni dal congresso di Roma del settembre 1900.

L'altro modello di partito innovativo, rispetto al panorama dell'universo liberale, era il Partito repubblicano. La nascita del partito era stata accelerata dalla crisi del patto di Fratellanza causato dalla conversione collettivista di tante società associate. Organizzarsi era fondamentale per non perdere la propria identità nell'ambito della Sinistra, superando il regionalismo che aveva caratterizzato la storia del movimento. L'atto di

[22] M. Degl'Innocenti, *Socialismo e classe operaia*, in *Storia d'Italia*, vol. 3, cit., p. 153.

[23] A. Cardini, *Stato liberale e protezionismo in Italia 1890-1900*, il Mulino, Bologna 1981, pp. 265 e ss.

[24] G. Arfè, *Storia del socialismo italiano 1892-1926*, Einaudi, Torino 1965, pp. 116-117.

[25] M. Ridolfi, *Il Psi e la nascita del partito di massa 1892-1922*, Laterza, Roma-Bari 1992, p. 27.

[26] *Ivi*, p. 36.

nascita del partito fu, quindi, come già ricordato, il convegno milanese del 21 aprile 1895, promosso dalla Consociazione lombarda, anche se il primo impulso era venuto da quella romagnola[27]. Quest'ultima, comunque, che era la più potente, organizzò il primo congresso nazionale a Bologna nel novembre 1895, nella clandestinità per non incappare nella repressione crispina. Ne scaturì la prima commissione direttiva di tre membri dei quali due dovevano «risiedere nel luogo prescelto dal congresso»[28]. Ne traspariva il localismo e lo spirito autonomistico che faceva parte della trazione del movimento e che rifluì nello Statuto approvato al congresso di Firenze del maggio 1897.

Il clima era del tutto cambiato rispetto a due anni prima. Le relazioni con i radicali guidati da Cavallotti erano difficili e la costituzione di un gruppo autonomo di 22 deputati dopo le elezioni del 1897 era indicativo della volontà del partito di garantire la propria identità e autonomia. Questo indebolì la strategia di Cavallotti[29] e la sua scomparsa, l'anno dopo, lasciò un vuoto mai colmato nel radicalismo italiano[30]. Quando nel 1904 i radicali si costituirono in partito non riuscirono comunque a darsi nel Paese una struttura organizzativa paragonabile a quella socialista e repubblicana, mentre proseguiva il loro processo di ministerializzazione.

I rapporti furono difficili per i motivi visti anche fra socialisti e repubblicani, finché la crisi di fine secolo e i provvedimenti liberticidi di Pelloux ebbero l'effetto di ricompattare la Sinistra. Del resto, il congresso di Firenze del Pri del 1897 aveva segnato un passaggio fondamentale nel varo di un programma politico che si articolava in riforme politiche e riforme economico sociali. Per loro natura i repubblicani privilegiavano i temi politici e li calavano in un disegno di governo di popolo di regime repubblicano. Naturalmente, questa era una contraddizione di fondo. Rivendicare riforme economico sociali profonde e calarle in un disegno di carattere anti istituzionale finiva per ostacolare la capacità del partito di dialogare come forza progressista con la sinistra liberale[31]. Nel complesso, comunque, nonostante le frizioni fra le due forze della sinistra che si venivano organizzando nel Paese con forme politiche nuove e inedite per il mondo liberale, a Firenze furono gettate le premesse dell'alleanza

[27] L. Lotti, *I repubblicani in Romagna*, cit., p. 97.

[28] *Ivi*, p. 106.

[29] A. Galante Garrone, *I radicali in Italia*, cit., p. 351.

[30] Sulle origini del radicalismo vedi ora anche G. Orsina, *Anticlericali e democrazia. Storia del partito radicale in Italia e a Roma, 1901-1914*, Rubbettino, Soveria Mannelli 2002.

[31] M. Tesoro, *Il partito repubblicano da galassia regionale a partito nazionale*, in *Il partito politico nella bélle époque*, cit., p. 478.

fra le due forze fino ad auspicare, al congresso di Lugano del settembre 1899, l'unione dei partiti popolari in occasione delle elezioni[32]. Di fatto, il regionalismo e la faticosa e lenta costruzione di un partito nazionale, ben più lenta di quella socialista, costrinse il Partito repubblicano in occasione del congresso di Forlì dell'ottobre 1903, agli esordi dell'età giolittiana, a sciogliere il gruppo parlamentare per la conclamata incapacità di controllarlo e imporgli un indirizzo univoco[33].

Nel complesso, comunque, il mondo della sinistra, l'Estrema, così qualificata da Agostino Bertani negli anni Settanta, stava acquisendo una configurazione del tutto nuova agli esordi del nuovo secolo e si profilava come spalla fondamentale dei nuovi indirizzi del Paese che si sostanziavano in politiche nuove e nella decisa parlamentarizzazione del sistema. Il limite, per ora scarsamente visibile di questa strategia di parlamentarizzazione perseguita da Zanardelli e da Giolitti, risiedeva nella sempre maggiore pregnanza di forze e organizzazioni politiche e sindacali che stavano fuori del Parlamento e alle quali era affidato il processo di nazionalizzazione delle masse.

3. Il governo Zanardelli e le crescenti difficoltà a sinistra

Le due figure centrali del governo Zanardelli erano Giolitti, ministro dell'Interno, e Leone Wollenborg, ministro delle Finanze. Ma era rilevante anche l'attribuzione del Ministero di Grazia e giustizia a un zanardelliano di ferro come Francesco Cocco Ortu e il conferimento dei Lavori pubblici a Girolamo Giusso, che rappresentava il liberalismo meridionale. Va precisato che tali figure non potevano assolvere allo scopo di creare seguito presso la rappresentanza della proprietà fondiaria meridionale che difendeva a spada tratta il protezionismo cerealicolo, fondamentale sostegno alle posizioni di rendita e ultimo baluardo di difesa dei propri interessi economici minacciati dal rialzo dei salari prodotto della scarsità della mano d'opera, causa la grande emigrazione. Infatti, a fronte del tentativo di Zanardelli di ricostituire il "connubio" con Rudinì, quest'ultimo votò contro per non perdere il contatto con il resto della deputazione meridionale che, guidata da Salandra, si oppose nettamente all'esperimento politico Zanardelli-Giolitti[34]. Era del tutto assente la rappresentanza radicale nel governo per il rifiuto di Sacchi e Marcora, determinato ufficialmente

[32] L. Lotti, *I repubblicani in Romagna*, cit., p. 183.
[33] *Ivi*, p. 146.
[34] P.L. Ballini, *La Destra mancata*, cit., pp. 45-46.

dalla mancata accettazione di un programma di riduzione delle spese militari, ma probabilmente ancor più dal fine di tenere vivo il disegno di leadership radicale della Sinistra e per non correre il rischio di schiacciarsi sulle posizioni di Zanardelli[35]. Si trattava, dunque, di una compagine di governo squilibrata a favore della rappresentanza settentrionale e carente sul fronte della sinistra radicale.

Tuttavia, fino all'estate del 1901, sul fronte della politica interna, l'alleanza fra il Ministero e l'Estrema procedette senza intoppi, sostenuta dal formidabile sviluppo organizzativo del movimento sindacale grazie alla libera diffusione delle leghe operaie e contadine, delle Camere del lavoro e soprattutto delle Federazioni verticali che favorirono il superamento di particolarismi di mestiere e territoriali. Inoltre, la grande maggioranza degli scioperi economici attuati nell'industria e nella campagna ebbe risultati positivi per i lavoratori[36] – a differenza di quanto accadde nel biennio successivo –, sia perché Giolitti fece cadere la prassi delle tutele della forza pubblica al padronato, sia perché proprietari fondiari e imprenditori si fecero trovare impreparati sotto il profilo organizzativo dall'ondata di scioperi.

Tutto ciò provocò la dura reazione degli agrari[37], con larga eco parlamentare e forti resistenze, soprattutto al Senato. In questo caso, tuttavia, si fa esclusivo riferimento agli agrari settentrionali, perché gli agrari meridionali non subivano analoga conflittualità sociale da parte dei contadini in quanto in quei territori le leghe erano poche e mal organizzate e perché Giolitti adottò sempre la prassi di usare due pesi e due misure. Nel Mezzogiorno, la linea repressiva da parte delle forze di polizia restava come il «prezzo pagato alle forze conservatrici ed in particolare alla borghesia agraria meridionale»[38]. Questa linea era un buon viatico per la costruzione di alleanze politiche che facessero perno sulla deputazione meridionale e che furono largamente sperimentate da Giolitti a partire dalla legislatura inaugurata con le elezioni del novembre 1904. La Destra tentò di disarcionare il governo in occasione della discussione del bilancio del Ministero dell'Interno. Il bilancio passò grazie al voto socialista, come era stato deliberato a maggio dalla direzione del partito[39]. Il governo acquisì quindi una coloritura ancor più di sinistra, mettendo a repentaglio la propria stabilità. Proprio dall'estate del 1901, infatti, si cominciarono

[35] A. Galante Garrone, *I radicali in Italia*, cit., p. 364.

[36] R. Rigola, *Storia del movimento operaio italiano*, Domus, Milano 1947, p. 218.

[37] E. Gentile, *L'Italia giolittiana*, cit., p. 36.

[38] A. Aquarone, *L'Italia giolittiana*, cit., p. 206.

[39] M. Degl'Innocenti, *Socialismo e classe operaia*, cit., p. 157.

a sentire le prime incrinature e i primi sintomi di crisi nel rapporto fra la sinistra liberale e la sinistra di classe. Pochi giorni dopo il voto socialista sul bilancio alla Camera si verificò a Berra Ferrarese uno scontro a fuoco fra manifestanti e forze di polizia con conseguenze gravi, caduti e feriti. Fu una grossa crepa nei rapporti fra Giolitti e il gruppo parlamentare socialista[40], riassorbita solo perché emerse con chiarezza che il ministro dell'Interno non aveva responsabilità negli eventi.

Ma il passaggio politico parlamentare che più incise sulla deriva futura del governo fu il fallimento della riforma tributaria avanzata dal ministro delle Finanze Leone Wollemborg. Era una riforma che introduceva elementi di progressività nelle imposte a scapito dei maggiori redditi e dei più grandi patrimoni, anche nelle imposte di successione. Giolitti, che pure a suo tempo aveva fatto della progressività dell'imposta uno dei suoi cavalli di battaglia, fino a cadere a sinistra sulla questione nel 1893, ora si era tenuto ben lontano dal Ministero delle Finanze nella consapevolezza che le maggioranze presenti alla Camera e al Senato avrebbero reso vano ogni tentativo di fare passare la riforma. Né all'interno del Gabinetto sarebbe stato possibile raggiungere una intesa su un tema tanto spinoso. Infatti, il 29 luglio 1901 il consiglio dei Ministri bocciò la riforma tributaria costringendo Wollemborg alle dimissioni[41]. La sostituzione di Wollemborg con Paolo Carcano nell'agosto successivo aprì la strada alla revisione del disegno di legge con l'introduzione di una limitata progressività dell'imposta di successione. I motivi che indussero ad accantonare il progetto furono duplici: politici e finanziari. Sotto il profilo politico, una riforma di tale portata e impatto avrebbe avuto l'effetto di ricompattare tutte le destre contro il governo con l'alta probabilità di provocarne la caduta. In secondo luogo, la riforma, come tutte le riforme tributarie di grande impianto, avrebbe potuto far mancare risorse utili al risanamento finanziario[42].

Luci e ombre, quindi, sul piano della politica interna. Se gli indirizzi di Giolitti che miravano a integrare il movimento operaio nello Stato, facendo percepire le istituzioni alle classi subalterne come neutrali nei conflitti di lavoro, e i successi degli scioperi concorrevano a migliorare le condizioni di vita dei lavoratori, il fallimento della riforma Wollemborg dimostrava la difficoltà d'introdurre una riforma fiscale che pure avrebbe introdotto principi di equità tributaria nel sistema.

[40] Z. Ciuffoletti, *Storia del Psi*, I, *Le origini e l'età giolittiana*, cit., p. 206.

[41] E. Gentile, *L'Italia giolittiana*, cit., p. 40.

[42] A. Aquarone, *L'Italia giolittiana*, cit., pp. 213-215. Per questi aspetti si veda G. Marongiu, *La politica fiscale nell'età giolittiana*, Olschki, Firenze 2015.

In politica estera, dopo gli accordi di Visconti Venosta, ministro del governo Saracco, e Barrère, ambasciatore francese a Roma, che garantivano il reciproco disinteresse dell'Italia e della Francia per quanto riguarda rispettivamente la Tripolitania e il Marocco[43], Prinetti, il nuovo titolare degli Esteri, andava in continuità con una politica particolarmente distensiva verso la Francia fino ad arrivare nel 1902 a firmare accordi segreti italo-francesi di reciproca neutralità qualora una delle due potenze fosse stata attaccata. Evidentemente si trattava di una garanzia unilaterale alla Francia in caso di attacco da parte della Germania. Questo di per sé non contraddiceva lo spirito della Triplice, che era un'alleanza di tipo difensiva, ma era una politica lontana anni luce da quella crispina, dal momento che rovesciava di 180° l'approccio al tema della Francia. Nei cinque anni seguiti ad Adua, le relazioni italo-francesi avevano cambiato radicalmente lo scenario e se gli accordi commerciali del '98 avevano gettato le basi per nuovi rapporti economici, gli accordi politici successivi, compreso quello sulla delimitazione delle frontiere dei possessi italiani e francesi nel Mar Rosso e nel Golfo di Aden, avevano aperto la via a una stabilizzazione amichevole delle relazioni italo-francesi. Tuttavia, probabilmente, le intenzioni di fondo erano diverse. Nelle dichiarazioni di insediamento del governo Zanardelli alla Camera, il presidente del Consiglio parlò di continuità nelle alleanze, ma anche di amicizia con tutti. Inoltre, fece cenno alla necessità che alle alleanze politiche si affiancassero accordi commerciali: evidente richiamo alla Germania[44]. Poi, nel febbraio 1902, nel discorso della Corona, Zanardelli fece dire al re che l'Italia aveva relazioni «ottime con tutte le potenze»[45]. Questo rappresentava bene la politica dell'Italia volta a migliorare costantemente i rapporti con Parigi, ma anche a restare ancorata alla Triplice, anche se probabilmente oltralpe si puntava piuttosto a fare uscire l'Italia dalla Triplice con un'azione di crescente coinvolgimento.

Forse questo obiettivo sarebbe divenuto più plausibile se le relazioni italo-russe avessero compiuto rapidi e consistenti passi avanti. La Russia, infatti, con gli accordi del 1892, del 1894 e del 1899 aveva impiantato una vera e propria alleanza politico-militare con la Francia[46]. D'altra parte la Russia era un plausibile interlocutore per l'Italia in merito a tutte

[43] E. Decleva, *Liberalismo e politica estera*, in *Giuseppe Zanardelli*, a cura di R. Chiarini, cit., p. 266.

[44] *Ivi*, pp. 265-267.

[45] *Ivi*, p. 268.

[46] S. Rogari, *L'età della globalizzazione. Storia del mondo dalla Restaurazione alla grande guerra*, vol. 1, UTET, Torino 2022, pp. 264-265.

le questioni balcaniche per le quali quest'ultima trovava muro da parte austriaca. Prinetti accompagnò il re in visita a San Pietroburgo nella speranza di rafforzare le relazioni con la Russia, ma quando per motivi di salute, nel febbraio 1903, Prinetti fu costretto a lasciare la carica ancora non aveva raggiunto i risultati auspicati. Poi venne meno la restituzione della visita dello zar in Italia, sia per le minacciate manifestazioni popolari contro l'autocrate russo, sia perché a San Pietroburgo, una volta raggiunto l'accordo con l'Austria in tema di Macedonia, non ci si voleva esporre a coinvolgimenti dell'Italia[47]. La visita della famiglia reale a Parigi nell'ottobre 1903 sancì la definitiva riconciliazione italo-francese, ma per ora la politica estera continuava nella continuità della Triplice.

Le dimissioni di Wollemborg per il fallimento del progetto di riforma fiscale che aveva creato la più forte convergenza col programma della sinistra di classe concorrono a spiegare la presa di distanza dal governo assunta dalla direzione del Psi nel settembre 1901. Il rigetto del ministerialismo fu poi ribadito dalla direzione del partito e del gruppo parlamentare nel febbraio 1902[48]. Ne fece le spese il candidato governativo alla presidenza della Camera, Villa, che riscosse 135 voti contro 142 schede bianche e 25 al socialista Costa. Il Ministero rassegnò le dimissioni che il re respinse. Non si trattava di vera e propria rottura, perché i riformisti detenevano ancora il controllo del partito e tenevano ferma la loro linea politica. Tuttavia, l'indebolimento del gruppo turatiano era alimentato dalla linea dura assunta da Giolitti nei confronti dei ferrovieri e dei gasisti torinesi, in sciopero nel febbraio marzo 1902[49]. Tale fermezza era giustificata dal fatto che, mentre Giolitti contemplava l'astensione dello Stato negli scioperi economici che incidevano nelle relazioni fra parti private – sempre limitatamente al Centro-Nord del Paese –, non tollerava scioperi nei servizi pubblici, perché ai suoi occhi si configuravano come un attacco allo Stato e per l'eco negativa che avevano presso l'opinione pubblica e in Parlamento. Inoltre, aspirando a succedere a Zanardelli alla presidenza del Consiglio, Giolitti sapeva bene che in quella Camera, con una destra maggioritaria, ogni cedimento sul punto lo esponeva ad attacchi e preclusioni.

Inoltre, era assai penalizzante per i riformisti la reazione della proprietà fondiaria, che di fronte alla nuova ondata di scioperi della primavera estate 1902 non si fece trovare impreparata. Come reazione alla forza del movimento contadino si andavano diffondendo nelle campagne del Centro-Nord le associazioni agrarie come forme nuove di organizzazione

[47] E. Decleva, *Liberalismo e politica estera*, cit., pp. 274-275.

[48] M. Degl'Innocenti, *Socialismo e classe operaia*, cit., p. 157.

[49] Z. Ciuffoletti, *Storia del Psi*, cit., p. 212.

per la resistenza della proprietà fondiaria, cui fecero seguito le leghe industriali[50]. La conseguenza fu che mentre gli scioperi del 1901 erano stati in gran misura di successo, i conflitti del 1902 si tradussero più di frequente in sconfitte per il movimento operaio e bracciantile[51].

Ciò non impedì al governo e alla maggioranza di proseguire col proprio disegno riformatore. Nel giugno 1902 fu creato il Consiglio superiore del lavoro, affidato alla guida di un socialista riformista e con larga rappresentanza sindacale al proprio interno. Era la conferma della volontà di Giolitti di tenere salda l'alleanza col riformismo socialista, fino a subire le proteste dei cattolici che, pur organizzati in un consistente movimento sindacale e cooperativo, non ebbero rappresentanza in esso. Altro provvedimento riformatore importante e gradito dal socialismo riformista fu la legge del marzo 1903 che avviava l'esperienza delle aziende municipalizzate per l'erogazione di servizi pubblici essenziali[52]. Tale strumento permise al municipalismo socialista di crescere e di rafforzarsi, anche sul piano delle capacità e delle responsabilità amministrative di governo della città. Era un percorso scarsamente visibile, ma profondo, di coinvolgimento e maturazione della sinistra di classe a contatto con la gestione dei servizi ai cittadini. Ma la legge intervenne proprio quando si consumava la rottura definitiva fra gruppo parlamentare socialista e governo a seguito dell'ennesimo conflitto a fuoco, con caduti, fra dimostranti e forza pubblica: Candela (settembre 1902); Giarratana (ottobre 1902); Petacciano (febbraio 1903)[53], per ricordarne solo alcuni, avvenuti tutti nel Mezzogiorno e divenuti simbolo della doppia linea adottata dal governo e dalla forza pubblica al Nord e al Sud.

Il definitivo disimpegno socialista dal sostegno al Ministero fu la premessa delle dimissioni di Giolitti dall'Interno nel giugno 1903, poi assunto *ad interim* da Zanardelli. L'occasione fu il respingimento con i voti della Destra della richiesta del gruppo socialista di aprire un'inchiesta parlamentare sui rapporti fra il ministro della Marina ammiraglio Bettòlo e la società siderurgica Terni[54]. Si trattò per Giolitti della buona occasione per uscire dal governo da sinistra nella prospettiva di riprendere il dialogo con i riformisti nel quadro di un governo da lui guidato. In realtà, quando nell'ottobre successivo le dimissioni di Zanardelli

[50] S. Rogari, *Proprietà fondiaria e modernizzazione*, cit., p. 168.

[51] G. Procacci, *La lotta di classe in Italia agli inizi del XX secolo*, Editori Riuniti, Roma 1972, p. 284.

[52] A. Aquarone, *L'Italia giolittiana*, cit., pp. 215-217.

[53] *Ivi*, pp. 224-225.

[54] F. Barbagallo, *Da Crispi a Giolitti*, cit., p. 79.

aprirono la strada al ritorno di Giolitti alla presidenza del Consiglio non si erano ricostituite a sinistra le condizioni per quell'alleanza politica e sociale di «centro sinistra» ch'egli inseguiva e che ispirava i suoi indirizzi politici. Anzi, l'indebolimento del gruppo turatiano aveva subito un'accelerazione. Prima, del resto, nel febbraio 1903, aveva lasciato il ministro degli Esteri Prinetti, protagonista del vistoso riavvicinamento alla Francia.

Abbiamo visto come il disimpegno del gruppo parlamentare socialista fosse avvenuto a seguito di azioni repressive messe in atto dalla forza pubblica contro i manifestanti in taluni comuni meridionali. Questo dualismo della linea del governo concorreva a creare una frattura all'interno del Partito socialista con una sinistra meridionale di opposizione. Questa aveva buon gioco a contestare la convergenza d'interessi economico-sociali, prima che politici, fra borghesia imprenditoriale e movimento operaio, dalla quale i ceti rurali meridionali erano esclusi e della quale subivano le conseguenze.

Al congresso di Imola del Psi del settembre 1902, i riformisti riuscirono ancora a mantenere la maggioranza, ma si profilò chiaramente una convergenza fra i settori intransigenti del socialismo meridionale, che veniva rialzando il tiro della lotta alle istituzioni, condannate perché borghesi e monarchiche, e l'opposizione meridionale guidata da Arturo Labriola, che sollevò la questione del dazio sul grano come terreno di alleanza del capitalismo industriale con i ceti possidenti più retrivi del Mezzogiorno e del quale chiese l'abolizione[55]. Turati riportò i termini del conflitto sociale sul terreno economico ove, secondo le sue parole, si combatteva la lotta contro il capitalismo sfruttatore. Ma non seppe o non poté dare una risposta alla questione dei contadini e dei braccianti meridionali per i quali l'unica speranza di salvezza restava l'emigrazione oltreoceano. Le premesse della crisi del riformismo socialista erano state gettate, mentre gli esiti spesso fallimentari degli scioperi operai e bracciantili, anche al Nord, nel 1902, concorrevano ad indebolire le posizioni di coloro che nell'universo politico e sindacale di ispirazione socialista intendevano abbandonare politiche di avversione alle istituzioni e concentrarsi sulle lotte economiche.

[55] M. Degl'Innocenti, *Socialismo e classe operaia*, cit., p. 158.

4. La politica della legislazione speciale per il Mezzogiorno, l'inchiesta della Società degli agricoltori e l'esaurirsi del ministero Zanardelli

Adua e quanto ne conseguì ebbero anche l'effetto implicito di liquidare ogni possibile soluzione della questione dell'emigrazione meridionale con politiche di insediamento dei nostri contadini nelle colonie del Mar Rosso: un progetto che, come abbiamo visto, era stato caro a Crispi e a Leopoldo Franchetti. La questione riassunse le sue caratteristiche prettamente interne. Fu allora inaugurata, sia pure in modo larvato e prudente, la prassi della legislazione speciale, ossia delimitata per competenze e per area territoriale[56], che aveva all'origine una ispirazione sonniniana, ma che nell'accezione del toscano riguardava essenzialmente i contratti agrari, a partire dal disegno di legge che presentò nel 1893[57] come ministro delle Finanze del ricostituito governo Crispi, ma che nella lettura zanardelliana e poi, a maggior ragione, giolittiana acquistò un profilo utile a non collidere con gli interessi rappresentati dalla deputazione meridionale. Il primo esempio fu la legge del 2 agosto 1897 costitutiva della Cassa ademprivile per la Sardegna che veniva creata come ente autonomo delegato a ricevere i canoni enfiteutici e a definire il prezzo di riscatto della terra[58]. Seguirono poi una serie di provvidenze che ebbero il loro passaggio intermedio nel famoso viaggio del presidente del Consiglio Zanardelli in Basilicata, a dorso di mulo, nel settembre 1902, e nella conseguente legge del 1904 e nella legge per Napoli. In realtà, dopo il fallimento della riforma Wollemborg, Zanardelli aveva perseguito un graduale avvicinamento alla Destra e aveva recepito quanto gli aveva chiesto Salandra in merito alla legge per Napoli, all'acquedotto pugliese e ai lavori pubblici da promuovere nel Mezzogiorno entro il 20 dicembre 1901[59]. La successiva legislazione giolittiana si pose in linea.

[56] Per un'analisi critica della legislazione speciale si veda F. Barbagallo, *Propaganda liberista e politica delle leggi speciali del Mezzogiorno agli inizi del '900*, in «Rivista storica italiana», LXXXVII, 4, 1975, pp. 666-725.

[57] S. Rogari, *Sonnino e la questione agraria*, cit., p. 291.

[58] Id., *La politica italiana e la legislazione speciale tra fine Ottocento e primo Novecento*, in *La legislazione speciale e l'azione del ministro Francesco Cocco Ortu. Atti della giornata di studi*, Cagliari 26-27 novembre 1997, in «Bollettino bibliografico e rassegna archivistica e di studi storici della Sardegna», XVI, 25, 2, Cagliari 1990, p. 47. Per un profilo di Cocco Ortu si veda M. Sagrestani, *Francesco Cocco Ortu. Un protagonista dell'Italia liberale*, Polistampa, Firenze 2003.

[59] F. Barbagallo, *Il ministero Zanardelli e il Mezzogiorno*, in *Giuseppe Zanardelli*, a cura di R. Chiarini, cit., p. 197.

Tuttavia, non vanno trascurati anche altri provvedimenti che, pur non assumendo un carattere territoriale specifico, rientravano in logiche di intervento rilevanti per le regioni meridionali. In particolare, va ricordata la legge Pavoncelli del giugno 1899 che modificava la legge Baccarini sulle bonifiche del 1882, accentuando, soprattutto, per le cosiddette bonifiche di prima categoria, il ruolo dello Stato e degli enti locali, riducendo quello della proprietà fondiaria e quindi accrescendo le possibilità d'intervento. Né va dimenticata la legge del 1902 volta a finanziare l'acquedotto pugliese, anch'essa fra le richieste perentorie di Salandra. Nel complesso, è corretto dire che l'ispirazione della legislazione speciale per il Mezzogiorno aveva origine sonniniana, ossia era ispirata al principio che era necessario adottare provvedimenti specifici e finalizzati a risolvere problemi non omologhi a quelli di altre realtà del Paese. Tuttavia, va precisato che l'impostazione di Sonnino aveva caratteri peculiari ed era tutta piegata ad affrontare la realtà rurale del Mezzogiorno in termini di ridistribuzione della ricchezza. Incidere sui contratti leonini presenti nel Mezzogiorno aveva questo preciso significato e avrebbe provocato la reazione delle categorie lese. Nel caso specifico della legge per Napoli, l'impostazione era ben diversa. Essa scaturiva dalle risultanze dell'Inchiesta Saredo, istituita nel novembre 1900[60], dalla quale era emerso uno stato di corruzione e di degrado camorristico che si ritenne di potere riassorbire con un forte slancio delle attività industriali. Infatti, si trattava in questo caso specifico di un intervento volto all'industrializzazione, integrato da un provvedimento di risanamento del bilancio della provincia[61].

Nel complesso, la crisi di fine secolo e il malessere che era esploso anche nelle campagne italiane, oltre che nel tessuto urbano, avevano posto al centro del dibattito politico e culturale la questione degli interventi da operare nell'agricoltura italiana. Fra il 1899 e il 1901, sulle pagine della «Nuova Antologia», il direttore Maggiorino Ferraris sviluppò il suo disegno di riforma agraria[62] che affrontava sia l'aspetto dell'organizzazione e della rappresentanza dei ceti agrari sia la questione del credito. I due aspetti non erano scissi poiché al livello intermedio della rappresentanza, ossia alle unioni regionali, che nella sua visione sarebbero state veri e

[60] Si veda la riproduzione anastatica del primo volume degli Atti dell'Inchiesta, *Relazione sull'Amministrazione comunale*, a cura di S. Marotta, Istituto Italiano per gli studi filosofici, Vivarium, Napoli 1998.

[61] S. Rogari, *La politica italiana e la legislazione speciale*, cit., pp. 50-52.

[62] Per un'analisi del progetto che riprendeva il modello tedesco e per il dibattito che ne seguì si veda S. Rogari, *Proprietà fondiaria e modernizzazione*, cit., pp. 98 e ss.

propri organi della pubblica amministrazione, era riservata competenza nell'erogazione del credito, nella somministrazione dei concimi, nelle provvidenze ai contadini, nei contratti agrari, nel regime della proprietà, ecc. Per il credito, che Ferraris intendeva soprattutto volto a sostenere lo sviluppo delle colture, si prevedeva il coinvolgimento delle casse postali di risparmio[63]. Si trattava nel complesso di un disegno vasto e organico, talmente burocratico nella sua articolazione da essere destinato al fallimento sul nascere. Una proprietà fondiaria che osteggiava in modo così drastico anche la sola idea che i poteri dello Stato potessero intervenire nell'impedire contratti angarici non avrebbe mai permesso il varo di una riforma che prevedeva l'intervento della mano pubblica nelle campagne con svariate competenze. Comunque, fu un tentativo illuministico di affrontare un tema cruciale che aveva anche agli occhi dei fautori della legislazione speciale il difetto di prevedere una architettura uniforme per tutto il territorio nazionale. Della riforma si discusse a lungo in varie sedi, ma senza alcun effetto concreto.

La questione dei contratti, pur di difficilissima soluzione, era comunque ineludibile, soprattutto da parte di un governo come quello Zanardelli che nel 1901 rappresentò il segno forte della svolta politica del Paese a superamento della crisi di fine secolo. Di nuovo si mise al lavoro la Commissione Chimirri che, evitando ogni possibile intervento sulla mezzadria classica, affrontò nel disegno di legge approntato per il governo nel luglio 1901 la questione dei fitti e dei contratti di compartecipazione. Nel complesso si riprendevano le linee del vecchio progetto del 1894. L'ampia documentazione raccolta dalla commissione comprendeva anche un progetto Faina, che, affrontando il tema dei contratti, introduceva l'interesse massimo del 5% per le sementi anticipate dal proprietario al conduttore: quindi attenuava l'impatto sociale che pure era stato previsto dalla Commissione nel '93. A sua volta Sonnino traeva spunto da questo progetto per presentarne uno nuovo, che garantiva condizioni di miglioramento economico per le classi lavoratrici e per i piccoli proprietari. Inoltre, introduceva il rimborso per una miglioria particolare, ossia la costruzione di case coloniche in latifondi di oltre 300 ettari.

Il progetto Sonnino non aveva carattere limitato alla Sicilia come il precedente del 1894. Esso si inseriva nell'orientamento favorevole a progetti di respiro nazionale piuttosto che ad impostazione locale, che peraltro contrastavano con la sua sensibilità. Quest'ultimo si adeguava, pur reintroducendo nel progetto alcuni elementi di specificità che avevano una evidente valenza locale, come per le case coloniche che erano parti-

[63] S. Rogari, *Ruralismo e anti industrialismo di fine secolo*, cit., p. 120.

colarmente carenti nel Mezzogiorno. Da tutti questi materiali e proposte il Ministero trasse spunto per definire un disegno di legge dai contenuti molto blandi e soprattutto molto attento ad evitare riforme coattive nel rapporto fra locatore e conduttore[64]. Comunque, l'approccio generalista del disegno di legge seguiva una formula d'intervento nella materia palesemente inefficace. Concepire un disegno di respiro nazionale imponeva l'articolazione di un progetto onnicomprensivo che finiva per essere inefficace proprio per la sua genericità e per il costante rinvio agli usi e costumi locali. Inoltre, in termini parlamentari, si optava per la genericità e la scarsa efficacia del provvedimento, altrimenti sarebbe divenuta ancor più difficile l'approvazione di un disegno di legge che investisse interessi territoriali così ampi.

La ripresa dell'impostazione sonniniana dell'intervento mirato a competenza territoriale limitata venne dal famoso viaggio, di Zanardelli in Basilicata[65]. Al termine del viaggio, che si svolse nell'estate-autunno del 1902, il presidente del Consiglio incaricò l'ingegner Sanjust di compilare una relazione anche «sulla base di una documentazione raccolta attraverso un questionario trasmesso ai singoli comuni»[66]. Sanjust attribuiva le responsabilità specifiche dell'arretratezza a molti soggetti.

Il problema è adunque assai complesso – scriveva – e di non facile soluzione. Tutti hanno la loro parte di colpa: i latifondisti col loro assenteismo e collo andare a spendere la massima parte della rendita fuori della provincia; i medi proprietari e in genere coloro che stanno sul luogo, trattando in modo esoso il contadino, cosicché questo è costretto a fuggire in America; i lavoratori a loro volta non contentandosi di una retribuzione modesta, ma buona e continua, ed affidandosi all'alea degli sbalzi del prezzo della mano d'opera, sbalzi artificiosamente prodotti talora nei momenti di urgente richiesta[67].

L'analisi finiva per essere generica e "cerchiobottista", pronta a individuare le responsabilità del proprietario per metterle poi sullo stesso piano di quelle del contadino[68]. È interessante che Sanjust escludesse che il pro-

[64] S. Rogari, *Proprietà fondiaria e modernizzazione*, cit., p. 124.

[65] Per l'apprezzamento di parte cattolica del viaggio si veda L. Sturzo, *La battaglia meridionalista*, a cura di G. De Rosa, Laterza, Roma-Bari 1979, p. 59.

[66] P. Corti, *Introduzione* a *L'Inchiesta Zanardelli sulla Basilicata (1902). Condizioni storiche, gruppi sociali, modi d'intervento dello Stato nel Sud*, Einaudi, Torino 1976, p. XXXI.

[67] *L'Inchiesta Zanardelli*, cit., p. 91.

[68] Per un giudizio critico sulla legge sulla Basilicata del 31 marzo 1904 proprio per i mancati benefici ai contadini si veda G. Calice, *Lotte politiche e sociali in Basilicata*, Editori Riuniti, Roma 1974, p. 72.

blema fosse risolvibile con una diminuzione della fondiaria «la quale sarà risentita in Basilicata più dai proprietari grandi e medi, che dai lavoratori; e che non varrà a risollevare lo spirito dei primi per modo da portare a un cambiamento d'indirizzo senza del quale ogni rimedio è vano»[69]. Questa osservazione è interessante perché esprime un parere negativo e pertinente su un punto che sarà poi centrale nel disegno di Sonnino di modifica dei patti agrari, ossia compensare i proprietari con una riduzione della fondiaria. In realtà, Sonnino intendeva usare la fondiaria come arma di scambio, anche perché le vicende del 1894 l'avevano reso consapevole di quanto la proprietà fondiaria fosse sensibile al tema, fino al punto di tentare la costituzione di un partito agrario avverso al governo, come abbiamo visto. Tuttavia, la tesi della inefficacia del provvedimento di riduzione della fondiaria ai fini del miglioramento della situazione economica generale delle province meridionali, che emerse dal dibattito parlamentare, era stata correttamente anticipata da Sanjust. L'idea che, senza un cambio generale d'indirizzo, la proprietà fondiaria non avrebbe fatto buon uso del calo della imposta fondiaria era del tutto fondata.

I provvedimenti proposti da Sanjust riguardavano i rimboschimenti, la correzione dei corsi d'acqua e la bonifica dei terreni paludosi, la stabilità degli abitati, la facilitazione dei trasporti, la diffusione dell'istruzione agraria e la creazione del piccolo e medio credito agrario. La stesura materiale del provvedimento di legge fu abilmente attribuita dal successivo governo Giolitti a Torraca che era avversario di Zanardelli, come del resto fu incaricato Nitti, già in conflitto con l'ex presidente del Consiglio, di redigere la legge per Napoli[70]. In questo caso si trattò di un provvedimento volto a favorire l'industrializzazione dell'area e il risanamento del bilancio della provincia. Fu istituito l'Ente Volturno per la produzione di energia elettrica, fu sistemato il porto e si destinò una riserva di minerale ferroso dell'Elba come premessa per la nascita del centro siderurgico di Bagnoli dell'Ilva.

Diversamente, l'impostazione del provvedimento per la Basilicata che ne seguì fu essenzialmente produttivistico. Nelle intenzioni, migliorando consistentemente il governo del territorio, sarebbe stato possibile arrivare ad un aumento delle produzioni e quindi al deciso miglioramento delle condizioni di vita della popolazione. Era carente, nel complesso, nella relazione e nella legge, la consapevolezza degli effetti positivi sul cambiamento che potevano venire dall'emigrazione e dalle rimesse degli emigranti. Era assente la tesi della trasformazione del regime della proprietà con la diffu-

[69] *L'Inchiesta Zanardelli*, cit., p. 92.

[70] F. Barbagallo, *Il ministero Zanardelli e il Mezzogiorno*, cit., p. 201.

sione della piccola proprietà contadina. Rientrò, sia pure in modo blando e differenziato, il principio degli sgravi d'imposta[71].

Questo complesso d'iniziative, disegni di legge, commissioni parlamentari, proposte innovative trovarono un riscontro nella posizione ufficiale assunta dalla proprietà fondiaria attraverso il suo più importante organo di rappresentanza, la Società italiana degli agricoltori, previa un'inchiesta. Ufficialmente essa fu ispirata dal segretario della Società, Francesco Coletti, e trasse spunto dal disegno di legge Cocco Ortu, in via di elaborazione, che si avvaleva dei lavori della commissione Chimirri; dal progetto di legge Alessio, che introduceva responsabilità patrimoniali per disdetta e per sospensione del lavoro; e dal progetto di legge che prevedeva la creazione dei probiviri agricoli. Questi due ultimi progetti furono poi riassunti, su iniziativa di Chimirri, in un unico progetto che prevedeva anche il riconoscimento giuridico obbligatorio per le associazioni dei lavoratori e dei datori di lavoro e l'obbligatorietà degli arbitrati collettivi[72]. Questi ultimi punti erano il sintomo della reazione della proprietà alla conflittualità sociale che aveva investito il Nord dell'Italia agli inizi del nuovo secolo. Riflettevano la ricerca di strumenti giuridici di controllo e di contenimento che, tuttavia, ben poco significato avevano nella realtà meridionale del Paese.

L'annuncio ufficiale dell'inchiesta della Società degli agricoltori fu dato nel giugno 1902. Va precisato, tuttavia, in premessa, che sul punto specifico dei patti angarici diffusi nella realtà siciliana, la Società prese una posizione ferma in occasione del convegno organizzato a Palermo nei giorni 3-10 maggio 1902, dal quale scaturì un odg di inusitata durezza, dopo lungo dibattito/requisitoria contro i gabellotti, la proprietà assenteista e la criminalità diffusa. Il relatore ufficiale Filippo Lo Vetere denunciò:

> L'ignoranza dei nostri proprietari più che quella dei contadini, l'egoismo innato dei primi, misto ad un fatale misoneismo, impediscono che possa spezzarsi questa diga insormontabile che ci tiene separati dalle regioni più civilmente progredite[73].

Ovviamente, date le premesse, la Società si schierò a favore del disegno Sonnino. I soggetti interpellati nel corso dell'inchiesta della Società furono 330 fra comizi agrari, associazioni, consorzi e accademie; 52 cattedre ambulanti e una decina di privati. Nel complesso le risposte furono abbastanza numerose, ma concentrate soprattutto nel Centro-Nord.

[71] *L'Inchiesta Zanardelli*, cit., pp. 122-123.

[72] S. Rogari, *Proprietà fondiaria e modernizzazione*, cit., pp. 118-119.

[73] *Ivi*, p. 120.

Le risposte che provenivano dalla realtà meridionale tirrenica indicavano la diffusione di un fenomeno, l'usura, prodotto dall'uso della anticipazione delle sementi. Queste ultime, infatti, erano per lo più acquisite tramite indebitamento verso terzi. Ne erano vittime gli affittuari e i piccoli proprietari. Il tema del credito era quindi messo in particolare rilievo. La sua riforma era considerata un passaggio obbligato perché la situazione economica generale di quelle terre potesse essere risollevata. Il rispetto delle consuetudini locali, richiamato dal disegno di legge ministeriale, era considerato un limite da superare per combattere lo stato di degrado.

Per quanto riguarda la Sicilia, nelle risposte veniva accentuata la condanna del proprietario assenteista. Questo, infatti, produceva la figura del gabellotto, intermediario parassitario che, a sua volta, subaffittava, generando un sistema piramidale di sfruttamento che gravava tutto sul coltivatore. Gli oneri dell'anticipazione salivano in Sicilia al 25% al semestre. Ma emergeva anche dalle risposte la preoccupazione che, se il gabellotto fosse stato costretto a chiedere tassi d'interesse più bassi, sarebbe stato indotto a modificare le quote di riparto del prodotto che nel disegno ministeriale non erano vincolate. La soluzione, si diceva, sarebbe venuta dalla clausola prevista nel progetto Sonnino che prevedeva la restituzione delle sementi anticipate sottraendole al monte comune, prima di effettuare la ripartizione del prodotto[74].

Comunque, dal complesso delle risposte emergeva che dalle regioni meridionali proveniva una forte ostilità al disegno di legge, certamente maggiore di quella espressa al Nord. Questo dipendeva anche, probabilmente, dalla natura dell'inchiesta che si basava su interviste ad enti e associazioni. Mentre nel caso del Centro-Nord le risposte che provenivano anche dalle cattedre ambulanti riequilibravano gli orientamenti a favore dei contadini, nel caso del Mezzogiorno l'assenza di queste istituzioni e il monopolio delle risposte esercitato da associazioni che a vario titolo rispecchiavano posizioni vicine alla realtà padronale finivano per dare ad esse un senso quasi sempre univoco. Era la conferma che la politica giolittiana dei due pesi e due misure rispondeva alla divisione profonda del Paese. La Società aveva anche promosso un'inchiesta sul valore della terra con risultati sconcertanti, soprattutto nel Mezzogiorno, che denunciavano un vero azzeramento della rendita; e un'inchiesta sugli scioperi che naturalmente aveva una dimensione quasi esclusivamente di tipo settentrionale, con qualche eco anche in quelle province meridionali come la Puglia ove il movimento contadino aveva un minimo di organizzazione. Sul merito, le risposte provenienti dal Mezzogiorno alla fine del

[74] *Ivi*, pp. 130-131.

1901, dopo la prima grande ondata di scioperi, tendevano a sottolineare gli effetti negativi dell'emigrazione sui salari e il depauperamento della forza lavoro meridionale[75].

Del resto, che gli spiriti della proprietà fondiaria fossero di forte ostilità verso quel panorama complesso e variegato di fenomeni sociali che accompagnava la svolta del nuovo secolo con effetti parzialmente convergenti – due essenzialmente, gli scioperi e il conseguente rialzo dei salari al Nord, l'emigrazione e il rafforzamento della capacità contrattuale della mano d'opera al Sud – emergeva chiaramente dalla pubblicistica.

In sostanza, la legislazione meridionalistica avviata da Zanardelli e continuata da Giolitti seguiva due linee fondamentali. La prima era la dislocazione di risorse di bilancio a favore del finanziamento dei lavori pubblici nel Mezzogiorno con l'intento di alleviare la disoccupazione e di migliorare le condizioni generali del territorio. L'impatto era qualitativamente rilevante[76], ma insufficiente in relazione alla grande arretratezza di alcune aree. La seconda, come abbiamo visto, solo per Napoli, era l'industrializzazione indotta del territorio, ispirata da Nitti per il quale questa, assieme al controllo delle acque, al rimboschimento e alla lotta contro la malaria, era la via maestra per risolvere i problemi del Mezzogiorno. Si trattava quindi di provvedimenti importanti che, tuttavia, non incidevano né sui contratti agrari né sulle posizioni di rendita protette dal dazio sul grano che erano il pilastro su cui si reggeva la statica e rigida gerarchia sociale del Mezzogiorno. Tali leggi, insomma, non ostacolavano il disegno di ministerializzazione della deputazione meridionale che Zanardelli aveva avviato col viaggio in Basilicata[77] e che Giolitti intendeva perseguire.

Le dimissioni di Zanardelli intervennero come effetto del logoramento della compagine governativa, a destra e a sinistra. A sinistra, per i motivi che abbiamo visto, si trattò di una crisi crescente a partire da quel fatidico luglio 1901 che segnò il fallimento del disegno Wollemborg di riforma fiscale: senza dubbio la riforma socialmente più avanzata e incisiva per i tempi. A destra, perché l'intesa a lungo ricercata da Zanardelli con Rudinì era resa impossibile dalla opposizione dei giolittiani, anche dopo l'uscita di Giolitti dal ministero[78]. Inoltre, la mancata visita dello zar Nicola II in Italia per il minacciato sciopero generale aveva concorso a gettare discredito sul governo[79] e a galvanizzare l'opposizione della Destra al governo.

[75] *Ivi*, p. 116.

[76] G. Barone, *Mezzogiorno e modernizzazione*, Einaudi, Torino 1986, pp. 14-15.

[77] F. Barbagallo, *Il ministero Zanardelli e il Mezzogiorno*, cit., p. 199.

[78] P.L. Ballini, *La destra mancata*, cit., p. 86.

[79] A. Aquarone, *L'Italia giolittiana*, cit., p. 229.

Sul versante della politica interna dimostrava la paura del governo di non essere nelle condizioni di governare la piazza. Su quello della politica estera segnava l'apparente fallimento di quella svolta antitriplicista che non era mai stata nelle dichiarazioni esplicite del Ministero, ma che settori dell'opinione pubblica avevano letto in premessa della rinnovata amicizia italo-francese. Non solo: il governo che aveva ottenuto il disinteresse francese alla Libia e mano libera, anche in assenza di una parallela azione francese in Marocco, aveva fallito nel tentativo di insinuarsi negli accordi balcanici che sarebbero stati funzionali nella ricerca di compensazioni all'Austria a fronte della eventuale acquisizione da parte dell'Italia delle terre irredente.

Si consideri, infine, la malferma salute del presidente del Consiglio che sarebbe deceduto nel dicembre 1903 e ben si vede come fosse ormai aperta la strada per l'incarico a Giolitti che, uscito dal Ministero a sinistra sulla mancata inchiesta Bettòlo, si era preparato a realizzare il disegno di portare Turati nella formazione di un governo di centro-sinistra. Un obiettivo, questo, destinato a fallire per due fondamentali motivi: la crisi del riformismo, che si era manifestata anche con il cambio della direzione dell'«Avanti!» da Bissolati a Ferri nell'aprile 1903[80], e la consapevolezza di Giolitti di non potere mettere sul piatto della bilancia la riforma tributaria con l'imposta progressiva sui redditi, l'unica che, giusta l'osservazione della Kuliscioff, avrebbe dato ai socialisti una valida ragione per entrare al governo[81]; il fallimento Wollemborg aveva dimostrato che in quel Parlamento non c'erano le condizioni per far approvare un simile provvedimento. I radicali non vollero entrare per pressione dei socialisti[82] e costrinsero Giolitti a formare una compagine di governo squilibrata per la presenza di due figure eminenti della Destra nei ministeri chiave degli Esteri, Tittoni, e del Tesoro, Luzzatti. Decisamente si trattava di una eterogenesi dei fini.

Di fatto, la svolta Zanardelli, che aveva avuto il suo maggior slancio nei primi mesi di governo, fino all'estate 1901, aveva definitivamente chiuso ogni ipotesi politica di inseguire la riduzione della centralità del Parlamento. Ma appariva preclusa la via al disegno Giolitti di portare la sinistra di classe a condividere la vita delle istituzioni in una prospettiva di consolidamento del sistema liberale.

[80] Z. Ciuffoletti, *Storia del Psi*, cit., p. 226.

[81] M. Degl'Innocenti, *Socialismo e classe operaia*, cit., p. 160.

[82] A. Galante Garrone, *I radicali in Italia*, cit., p. 364.

Breve bibliografia di riferimento

Opere classiche

Aquarone Alberto, *L'Italia giolittiana (1896-1915). I. Le premesse politiche ed economiche*, il Mulino, Bologna 1981.

Arfè Gaetano, *Storia del socialismo italiano, 1892-1926*, Einaudi, Torino 1965.

Aubert Roger, Ghisalberti Alberto M., Passerin d'Entrèves Ettore (a cura di), *Chiesa e Stato nell'Ottocento. Miscellanea in onore di P. Pirri*, 2 voll., Antenore, Padova 1962.

Barone Giuseppe, *Mezzogiorno e modernizzazione*, Einaudi, Torino 1986.

Belardinelli Mario, *Un esperimento liberal-conservatore: i governi di Rudinì 1896-1898*, Elia, Roma 1976.

Berselli Aldo, *La Destra storica dopo l'Unità. 1. L'idea liberale e la Chiesa Cattolica*, il Mulino, Bologna 1963.

Id., *La Destra storica dopo l'Unità. 2. Italia legale e Italia reale*, il Mulino, Bologna 1965.

Cammarano Fulvio, *Il progresso moderato. Un'opposizione liberale nella svolta dell'Italia crispina (1887-1892)*, il Mulino, Bologna 1990.

Capone Alfredo, *Destra e Sinistra da Cavour a Crispi*, UTET, Torino 1981.

Cardini Antonio, *Stato liberale e protezionismo in Italia, 1890-1900*, il Mulino, Bologna 1981.

Chabod Federico, *Storia della politica estera italiana dal 1870 al 1896*, Laterza, Bari 1962.

Chiarini Roberto (a cura di), *Giuseppe Zanardelli*, Franco Angeli, Milano 1985.

De Rosa Gabriele, *Storia del movimento cattolico in Italia*, I, Laterza, Bari 1966.

Decleva Enrico, *L'Italia e la politica internazionale dal 1870 al 1914. L'ultima delle grandi potenze*, Mursia, Milano 1974.

Del Vecchio Edoardo, *La via italiana al protezionismo. Le relazioni economiche internazionali dell'Italia 1879-1888*, 5 t., Archivio storico della Camera dei deputati, Roma 1979-1980.

Farneti Paolo, *Sistema politico e società civile. Saggi di teoria e ricerca politica*, Giappichelli, Torino 1971.

Fonzi Fausto, *Crispi e lo "Stato di Milano"*, Giuffrè, Milano 1965.

Galante Garrone Alessandro, *I radicali in Italia 1849-1925*, Garzanti, Milano 1974.

Jemolo Arturo Carlo, *Chiesa e stato in Italia negli ultimi cento anni*, Einaudi, Torino 1971.

Levra Umberto, *Il colpo di stato della borghesia. Crisi politica di fine secolo in Italia 1896-1900*, Feltrinelli, Milano 1982.

Manacorda Gastone, *Il movimento operaio attraverso i suoi congressi*, Editori Riuniti, Roma 1974.

Martina Giacomo, *Pio IX (1867-1878)*, Pontificia Università Gregoriana, Roma 1990.

Mascilli Migliorini Luigi, *La Sinistra storica al potere: sviluppo della democrazia e direzione dello Stato (1876-1878)*, Guida, Napoli 1979.

Meriggi Marco, Schiera Pierangelo (a cura di), *Dalla città alla nazione. Borghesie ottocentesche in Italia e in Germania*, il Mulino, Bologna 1993.

Mori Renato, *Il tramonto del potere temporale. 1856-1870*, Edizioni di Storia e Letteratura, Roma 1967.

Pecorari Paolo, *Luigi Luzzatti e le origini dello «statalismo» economico nell'età della Destra storica*, Signum, Padova 1983.

Pellegrino Confessore Ornella, *Cattolici con il Papa, liberali con lo statuto. Ricerche sui conservatori nazionali (1863-1915)*, Editrice Elia, Roma 1973.

Pescosolido Guido, *Stato e società 1870-1898*, Esi, Napoli 1976.

Petrignani Rinaldo, *Neutralità e alleanza. Le scelte di politica estera dell'Italia dopo l'Unità*, il Mulino, Bologna 1987.

Pombeni Paolo (a cura di), *La trasformazione politica nell'Europa liberale. 1870-1890*, il Mulino, Bologna 1986.

Quagliariello Gaetano (a cura di), *Il partito politico nella Belle époque. Il dibattito sulla forma partito in Italia tra Otto e Novecento*, Giuffrè, Milano 1990.

Quazza Guido, *L'utopia di Quintino Sella: la politica della scienza*, Comitato di Torino dell'Istituto per la storia del Risorgimento italiano, Torino 1992.

Ridolfi Maurizio, *Il partito della Repubblica. I repubblicani in Romagna e le origini del PRI nell'Italia liberale, 1872-1895*, Franco Angeli, Milano 1989.

Rogari Sandro, *Ruralismo e anti-industrialismo di fine secolo. Neofisiocrazia e movimento cooperativo cattolico*, Le Monnier, Firenze 1984.

Romanelli Raffaele, *Il comando impossibile. Stato e società nell'Italia liberale*, il Mulino, Bologna 1988.

Romani Mario, *Storia economica d'Italia nel secolo XIX. 1815-1914. Con una scelta di documenti e testi*, 2, Giuffrè, Milano 1976.

Saba Vincenzo, *Le esperienze associative in Italia (1861-1922)*, Franco Angeli, Milano 1978.

Spadolini Giovanni, *L'opposizione cattolica da Porta Pia al '98*, Vallecchi, Firenze 1954.

Ullrich Hartmut, *La classe di governo nella crisi di partecipazione dell'Italia giolittiana 1909-1913. Liberali e radicali alla Camera dei deputati*, t. 1, Archivio storico della Camera dei deputati, Roma 1979.

Vallauri Carlo, *La politica liberale di Giuseppe Zanardelli dal 1876 al 1878*, Giuffrè, Milano 1967.

Verucci Guido, *L'Italia laica prima e dopo l'Unità. 1848-1876. Anticlericalismo, libero pensiero e ateismo nella società italiana*, Laterza, Roma-Bari 1981.

Zamagni Vera, *La seconda rinascita economica dell'Italia 1861-1990*, il Mulino, Bologna 1990.

Studi degli ultimi trent'anni

Adorni Daniela, *Francesco Crispi. Un progetto di governo*, Olschki, Firenze 1999.

Álvarez Lázaro Pedro, Ciampani Andrea, García Sanz Fernando (a cura di), *Religione, laicità e società nella storia contemporanea. Spagna Italia e Francia*, Rubbettino, Soveria Mannelli 2018.

Anghelone Francesco, Pierantonio Piatti, Emilio Tirone (a cura di), *La Breccia di Porta Pia. Raccolta di studi del 150 anniversario, (1870-2020)*, Libreria Editrice Vaticana, Città del Vaticano 2022.

Arisi Rota Arianna, *1869. Il Risorgimento alla deriva: affari e politica nel caso Lobbia*, il Mulino, Bologna 2015.

Augello Massimo M., Guidi Marco E.L. (a cura di), *Associazionismo economico e diffusione dell'economia politica nell'Italia dell'Ottocento. Dalle società economico-agrarie alle associazioni di economisti*, 2 voll., Franco Angeli, Milano 2000.

Ballini Pier Luigi (a cura di), *La questione elettorale nella storia d'Italia. Da Depretis a Giolitti (1876-1892)*, Camera dei deputati, Archivio storico, Roma 2003.

Ballini Pier Luigi, Ridolfi Maurizio (a cura di), *Storia delle campagne elettorali in Italia*, Bruno Mondadori, Milano 2002.

Banti Alberto M., *Storia della borghesia italiana. L'età liberale*, Donzelli, Roma 1996.

Baumeister Martin, Ciampani Andrea, Jankowiak François, Regoli Roberto (a cura di), *Il Concilio Vaticano I e la modernità*, G&B Press, Roma 2020.

Benigno Francesco, *La mala setta. Alle origini di mafia e camorra, 1859-1878*, Einaudi, Torino 2015.

Berselli Aldo, *Il governo della Destra. Italia legale e Italia reale dopo l'Unità*, il Mulino, Bologna 1997.

Berti Giampietro, *Errico Malatesta, e il movimento anarchico italiano e internazionale (1872-1932)*, Franco Angeli, Milano 2003.

Bevilacqua Piero, De Clementi Andreina, Franzina Emilio (a cura di), *Storia dell'emigrazione italiana*, 2 voll., Donzelli, Roma 2009.

Cammarano Fulvio, *Storia politica dell'Italia liberale 1861-1901*, Laterza, Roma-Bari 1999.

Carusi Paolo, *Superare il trasformismo. Il primo ministero di Rudinì e la questione dei partiti "nuovi"*, Studium, Roma 1999.

Cassese Sabino, *Governare gli italiani. Storia dello Stato*, il Mulino, Bologna 2014.

Cattane Michele, *Benedetto Cairoli. Il vessillo della Sinistra storica 1825-1889*, Carocci-Comitato di Torino dell'Istituto per la storia del Risorgimento italiano, Roma-Torino 2020.

Ciampani Andrea, *Cattolici e liberali durante la trasformazione dei partiti*, Istituto per la Storia del Risorgimento italiano, Roma Archivio Izzi, Roma 2000.

Ciampani Andrea, Bruni Domenico M. (a cura di), *Istituzioni politiche e mobilitazioni di piazza*, Rubbettino, Soveria Mannelli 2018.

Conte Giampaolo, *Il credito di una nazione: politica, diplomazia e società di fronte al problema del debito pubblico italiano. 1861-1876*, Edizioni di Storia e Letteratura, Roma 2021.

Conti Fulvio, *Storia della massoneria italiana dal risorgimento al fascismo*, il Mulino, Bologna, 2003.

De Francesco Antonino, *La palla al piede: una storia del pregiudizio antimeridionale*, Feltrinelli, Milano 2012.

De Nicolò Marco, *Trasformismo, autoritarismo, meridionalismo. Il ministro dell'Interno Giovanni Nicotera*, il Mulino, Bologna 2001.

Falco Emilio, *Il Ministero Saracco. Un governo liberalconservatore dalla crisi di fine Ottocento all'età giolittiana*, Franco Angeli, Milano 2007.

Fiorentino Carlo M., *Chiesa e Stato a Roma negli anni della Destra storica. 1870-1876*, Istituto per la Storia del Risorgimento italiano, Roma 1996.

Gentile Pierangelo, *L'ombra del re. Vittorio Emanuele II e le politiche di corte*, Carocci, Roma 2011.

Gentiloni Silveri Umberto (a cura di), *Cattolici e liberali, Manfredo da Passano e «La Rassegna Nazionale»*, Rubbettino, Soveria Mannelli 2004.

Labanca Nicola, *In marcia verso Adua*, Einaudi, Torino 1993.

Manali Pietro (a cura di), *I Fasci dei lavoratori e la crisi italiana di fine secolo 1892-1894*, Salvatore Sciascia, Caltanissetta-Roma 1995.

Manica Giustina (a cura di), *Le inchieste agrarie in età liberale*, Polistampa, Firenze 2017.

Marongiu Gianni, *Storia del fisco. 2. La politica fiscale della sinistra storica, 1876-1896*, Einaudi, Torino 1996.

Melis Guido, *Storia dell'amministrazione italiana. 1861-1993*, il Mulino, Bologna 2020.

Montaldo Silvano, *Patria e affari. Tommaso Villa e la costruzione del consenso tra unità e grande guerra*, Carocci-Comitato di Torino dell'Istituto per la storia del Risorgimento italiano, Roma-Torino 1999.

Monzali Luciano, Imperato Federico, Milano Rosario, Spagnulo Giuseppe, *Storia delle relazioni internazionali (1492-1918). Dall'ascesa dell'Europa alla Prima guerra mondiale*, vol. 1, Mondadori, Milano 2022.

Orsina Giovanni, *Anticlericalismo e democrazia. Storia del Partito radicale in Italia e a Roma, 1901-1914*, Rubbettino, Soveria Mannelli 2002.

Pescosolido Guido, *Nazione, sviluppo economico e questione meridionale in Italia*, Rubbettino, Soveria Mannelli 2017.

Piccioni Riccardo (a cura di), *Marco Minghetti e il liberismo temperato*, IBL, Torino 2015.

Piretti Maria Serena, *La giustizia dei numeri. Il proporzionalismo in Italia 1860-1923*, il Mulino, Bologna 1991.

Ridolfi Maurizio, *La politica dei colori. Emozioni e passioni nella storia d'Italia dal Risorgimento al ventennio fascista*, Mondadori, Milano 2015.

Rogari Sandro, *Proprietà fondiaria e modernizzazione. La Società degli agricoltori italiani, 1895-1920*, Franco Angeli, Milano 1994.

Id., *Alle origini del trasformismo. Partiti e sistema politico nell'Italia liberale*, Laterza, Roma-Bari 1998.

Id., *Ruggiero Bonghi nella vita politica dell'Italia unita*, Vivarium, Napoli 2001.

Id. (a cura di), *Leopoldo Franchetti, la nuova Destra e il modello toscano*, Rubbettino, Soveria Mannelli 2019.

Id. (a cura di), *Firenze dopo la capitale*, Polistampa, Firenze 2022.

Romanelli Raffaele (a cura di), *Storia dello Stato italiano dall'Unità ad oggi*, Donzelli, Roma 1995.

Rossi Fabrizio, *Saggio sul sistema politico dell'Italia liberale. Procedure fiduciarie e sistema dei partiti fra Otto e Novecento*, Rubbettino, Soveria Mannelli 2001.

Sabbatucci Giovanni, *Il trasformismo come sistema, Saggio sulla storia politica dell'Italia unita*, Laterza, Roma-Bari 2003.

Sanfilippo Matteo, *Il lungo ottocento delle migrazioni italiane*, Sette Città, Viterbo 2023.

Satto Christian, *«Un leone alla catena corta». Bettino Ricasoli politico nell'Italia unita (1861-1880)*, Le Monnier, Firenze 2019.

Id., *Dalla rivoluzione al governo. La Sinistra di Antonio Mordini nell'età della Destra (1861-1869)*, Franco Angeli, Milano 2014.

Scavino Marco, *La svolta liberale, 1899-1904: politica e società in Italia alle origini dell'età giolittiana*, Guerini, Milano 2012.

Solia Marco Valerio, *Il medico degli eroi: Agostino Bertani e l'estrema sinistra storica*, Armando, Roma 2017.

Soresina Marco, *"Non potendo esser fiori contentiamoci di essere radici". Una biografia di Cesare Correnti*, Biblion, Milano 2014.

Ugolini Romano (a cura di), *Prima della tempesta: continuità e mutamenti nella politica e nella società italiana e internazionale (1901-1914)*, Istituto per la storia del Risorgimento italiano, Roma 2015.

Ungari Andrea (a cura di), *Roma A.D. 1870. Dalla Roma pontificia alla Roma liberale*, Rubbettino, Soveria Mannelli 2020.

Zangheri Renato, *Storia del socialismo italiano*, 2 t., Einaudi, Torino 1993-1997.

Indice dei nomi

STAMPATO IN ITALIA
nel mese di maggio 2024
da Rubbettino print per conto di Rubbettino Editore srl
88049 Soveria Mannelli (Catanzaro)
www.rubbettinoprint.it

Storia dell'Italia contemporanea
Il profilo politico

1. Roberto Balzani, Carlo M. Fiorentino, *Risorgimento: costituzione e indipendenza nazionale. 1815-1849 / 1849-1866*
2. Andrea Ciampani, Sandro Rogari, *Patria, rappresentanza politica e mutamento sociale. 1866-1887 / 1887-1903*
3. Gerardo Nicolosi, Giuseppe Parlato, *Nazione e Stato, Stato e Nazione. 1903-1924 / 1925-1946*
4. Andrea Ciampani, Giovanni Orsina, *Democrazia repubblicana. 1946-1969 / 1970-1994*